AF536615

FAST CO_2-FREI

ZUG STATT FLUG

52 KLIMABEWUSSTE KURZTRIPS IN EUROPA

KUNTH

Auf rund 850 000 Einwohner kommen in Amsterdam circa 900 000 Fahrräder, aber nur etwa 225 000 Autos. Kein Wunder, dass die Stadt als fahrradfreundlich gilt!

Singel Stremming
i.v.m.
kademuurwerk-
zaamheden tussen
Haarlemmersluis
en Brug 10
Blauwburgwal/
Lijnbaansteeg

Kleine Lokale säumen die romantische Gasse »Hinter der Grieb« in der Altstadt von Regensburg und laden an Sommerabenden zum Verweilen ein.

Auf dem Campo de' Fiori findet vormittags einer der größten Märkte Roms statt, und abends gibt es buntes Straßenleben.

SUN-DRIED TOMATO
1x500g 8,00€
1x250g 4,00€
SWEET TAMARIND
PREMIUM QUALITY
Avocado
fruit du soleil

BLUE MAN
ERLEBEN SIE DIE HIGHLIGHTS VON BERLIN.
BLUE MAN GROUP
www.woerlitztourist.de
Bär Liner

ZUGFAHREN STATT FLIEGEN!

Ob Malmö oder London, Florenz oder Breslau: Europa bietet nicht nur wahnsinnig schöne und spannende Orte, die zu Reisen einladen, sondern verfügt auch über ein hervorragend ausgebautes Schienennetz, das uns viele Städte und Regionen ganz komfortabel mit dem Zug erreichen lässt – mit einem Zehntel des CO_2-Ausstoßes im Vergleich zu einer Fluganreise. Und Deutschland liegt verkehrstechnisch günstig mitten im Zentrum des Kontinents, sodass sogar die schönsten Metropolen Skandinaviens, noch unentdeckte Perlen in Polen und Tschechien wie auch Städte am Mittelmeer nur ein paar Stunden Bahnfahrt entfernt liegen. Also: Nichts wie los und Europa mit der Bahn entdecken!

UMWELTFREUNDLICH REISEN

Um umweltfreundlich zu reisen, muss man sich nicht zwangsweise mit einem großen Rucksack auf dem Rücken zu Fuß von A nach B schleppen. Es gibt einige Möglichkeiten, auf Flugzeug und Auto zu verzichten und trotzdem die schönsten Städte Europas zu entdecken. Ein bisschen Planung ist dabei nie verkehrt und dazu gehört es, vorher einige Punkte zu bedenken:

○ AUF AUSZEICHNUNGEN ACHTEN

Sowohl für klimafreundliche Hotels als auch für nachhaltige Restaurants oder umweltschonende Verkehrsmittel gibt es eine Reihe an Auszeichnungen, die die Orientierung im Angebot erleichtern und dafür sorgen, dass man sich der Einhaltung von Normen sicher sein kann. Einen Überblick über diverse Gütesiegel und Auszeichnungen bietet www.tourism-watch.de.

○ ÖPNV, FAHRRAD UND CO.

Nicht nur bei der Anreise kann man bereits einige Kilogramm CO_2 einsparen, indem man auf Flüge verzichtet. Auch vor Ort sollte man sich fernhalten von Mietwagenvermittlungen und stattdessen in die S-Bahn einsteigen, sich ein Fahrrad leihen oder zu Fuß die Stadt erkunden. Selbstverständlich kann man auch das eigene Fahrrad mitnehmen, hier sollte man sich allerdings vorher erkundigen, zu welchen Bedingungen das Rad in der Bahn transportiert werden darf.

○ GEPÄCK REDUZIEREN

Nicht nur hat man selbst geringer zu schleppen, wenn Rucksack oder Koffer weniger wiegen, auch das gewählte Verkehrsmittel muss weniger Energie aufwenden – so können immerhin kleine Mengen Treibstoff und damit CO_2 vermieden werden. Außerdem spart man sich nach dem Urlaub den einen oder anderen Durchlauf der Waschmaschine.

○ UNTERKUNFT WEISE WÄHLEN

Klimafreundlich übernachten geht auch ohne Zelt, indem man Hotels wählt, denen Nachhaltigkeit ein Anliegen ist. Denn Klimaanlage und Whirlpool sind natürlich schön zu haben – aber würden nicht auch einfach ein Fenster zum Öffnen und eine simple Dusche reichen? Und ist es nicht absurd, dass es dem Planeten wärmer wird, weil man es selbst kälter haben möchte? Wer dennoch nicht auf allen Komfort verzichten möchte, wählt nachhaltige Hotels, die umweltschonend heizen und kühlen. Und benutzt Handtücher mehr als einmal, so einfach kann Umweltschutz schon sein!

Links: An der Spree entstanden in den letzten Jahren viele Straßencafés, die zu einem Sonnenbad einladen. Berlins gute Zuganbindung mit den großen Bahnhöfen wie Hauptbahnhof oder Gesundbrunnen lässt sich für viele Reisen in Richtung Ost- und Nordeuropa nutzen.

CO_2-FREUNDLICH DURCH DIE STADT

Mit dem Fahrrad // Dass man große Metropolen wie London nicht an einem Wochenende komplett mit dem Fahrrad erkunden kann, ist logisch. Doch gerade in kleineren Städten lohnt es sich oft, auf das Zweirad umzusteigen, wenn die wichtigsten Sehenswürdigkeiten in geringer Distanz zueinander liegen.

Mit dem ÖPNV // Alternativ kann man das wachsende Angebot von Elektrobussen nutzen oder sich in Städten wie Amsterdam ein Kanu mieten, um den Ort von den Grachten aus zu erkunden.

Welche Möglichkeiten es (noch) gibt, sich in der jeweiligen Stadt umweltschonend zu bewegen, verraten die Tipps unter der Rubrik »CO_2-freundlich durch die Stadt«.

○ MEHR KOSTEN EINPLANEN

Leider ist es teilweise teurer, umweltfreundliche Alternativen zu wählen. Doch wer klug und rechtzeitig im Voraus bucht, findet auch für Bahnreisen günstige Preise. Auch nachhaltige Unterkünfte können durchaus mehr kosten als eine 08/15-Hotelkette. Doch wem Umweltschutz wichtig ist, plant sicher gern mit einem etwas höheren Budget.

○ MENTALITÄT MITNEHMEN

Umweltschutz ist nicht einfach nur ein Wort, es ist eine Einstellung. Auf Reisen kann man diese Mentalität wunderbar mitnehmen und mit anderen teilen. Außerdem hilft die Einstellung, über (meist doch nicht so große) Ärgernisse hinwegzusehen. Ein Beispiel: Die Bahnfahrt dauert länger als der Flug? Kein Problem, dafür kann man auf dem Weg schon ganz viel sehen und spart sich umständliche Sicherheitskontrollen. Generell gilt, je weiter das Ziel entfernt, desto länger sollte der Urlaub dort auch andauern. Und übrigens: E-Tickets sparen Papier und schonen die Ressourcen.

ÜBERNACHTEN

Hotels mit grünem Gewissen // Nicht wenige Hotels, Gasthöfe und weitere Unterkünfte haben mittlerweile erkannt, dass ein nachhaltiger Lebensstil die Menschen nicht davon abhält, zu reisen. Das Engagement der Gastgeber, den neuen Ansprüchen gerecht zu werden, ist dabei vielfältig: intelligentes Wasser- oder Abfallmanagement, eigene Stromerzeugung in Blockheizkraftwerken, Verwendung von biologischen Reinigungsmitteln und nachhaltig produzierten Frühstückszutaten, klimaneutrales Hosting der Hotel-Website und so weiter. Ausgewählte Häuser mit einem möglichst nachhaltigen Konzept finden Sie in der Rubrik »Übernachten«.

Links: Erst einmal in einer Stadt angekommen, bieten sich viele Möglichkeiten zur Erkundung an: Nicht nur zu Fuß und mit öffentlichen Verkehrsmitteln, auch das Angebot an Leihfahrrädern und Elektro-Tretrollern nimmt ständig zu.

Rechts: Einer der ältesten Märkte Londons: Auf dem Old Spitalfields Market in der Nähe der Liverpool Street wird seit Jahrhunderten gehandelt, mittlerweile in einer Markthalle. Es gibt Obst- und Gemüsestände, aber auch allerlei Schnickschnack, von Ökokleidung bis zu regional produzierten Mitbringseln.

○ UND SONST?

Umweltfreundlich unterwegs zu sein, kann schon in der Vorbereitung beginnen: So gehören in den Koffer eine Glas- oder Thermosflasche für den Wasserbedarf tagsüber sowie Shampoo und (Natur-)Seife, um auf die kleinen Plastikfläschchen in den Hotels zu verzichten. Nicht mehr verwertbare Essensreste aus dem heimischen Kühlschrank am besten an Nachbarn verteilen oder bei Foodsharing-Plattformen anbieten (etwa www.foodsharing.de). Elektrogeräte vom Strom trennen und natürlich muss die Heizung auch nicht eine unbewohnte Wohnung wärmen.

REGIONAL EINKAUFEN

Wer es leid ist, nur noch in dem in fast jeder europäischen Innenstadt anzutreffenden Angebot der immer gleichen Modeketten zu stöbern, sollte sich einmal die unter der Rubrik »Regional einkaufen« aufgeführten Adressen genauer ansehen. Hier findet man Bio- und Wochenmärkte, auf denen in der Umgebung angebaute oder produzierte Waren feilgeboten werden. Aber auch Secondhand-Läden, in denen mit Leidenschaft und Kreativität der Wegwerfmentalität der Kampf angesagt wird, Zero-Waste-Shops oder Geschäfte, die in der jeweiligen Stadt und im Umland entworfene und gefertigte Produkte aus Design, Handwerk und Co. anbieten.

NACHHALTIG GENIESSEN

Bio, vegetarisch oder vegan – und auf jeden Fall lecker // Längst ist es kein Geheimnis mehr: Der menschliche Lebensmittelkonsum hat weitreichende Auswirkungen auf Umwelt und Klima. Damit man auch unterwegs ohne schlechtes Gewissen einkehren kann, um neue Energie zu tanken, sind unter der Rubrik »Nachhaltig genießen« Restaurants, Cafés und Bars aufgelistet, die sich Nachhaltigkeit auf die Fahne geschrieben haben – sei es durch eine komplett vegane oder vegetarische Speisekarte, sei es durch die ausschließliche Verwendung von Bio-Zutaten aus der Region oder den Verzicht auf Plastikabfall und auf große Buffets mit viel Wegwerfware.

GANZ BEWUSST ERLEBEN

Beim Yoga in der Luxemburger Philharmonie mitmachen, in Amsterdam mit dem Kajak Müll aus den Grachten fischen oder das kleinste Wahrzeichen Breslaus suchen – die Aktivitäten der Rubrik »Ganz bewusst erleben« sind das gewisse Extra für einen Städtetrip, bei dem man nicht nur in den ausgetretenen Fußspuren zahlreicher Touristen von einer Sehenswürdigkeit zur nächsten trotten möchte. Vielmehr geht es darum, sich von der innerstädtischen Natur inspirieren zu lassen, kulinarische Spezialitäten zu kosten, Klänge, Farben und Stimmungen zu erleben. Es geht also um das Entdecken der europäischen Städte mit allen unseren Sinnen.

INHALT

AUF IN DEN NORDEN!

GO WEST!

OSTWÄRTS!

AB IN DEN SÜDEN!

Die Mischung ländlicher und urbaner Bautraditionen ist ein Kennzeichen Straßburgs. Während die Häuser in der auf das Münster zuführenden Rue Mercière mit ihren Arkaden eher städtische Eleganz verströmen, trifft man noch vielerorten, etwa hier im Viertel La Petite France, auf bodenständiges Fachwerk mit steilen Giebeln.

Durchschnittliche Reisezeit ab Hamburg

AUF IN DEN NORDEN!

NORDDEUTSCHE KLEINODE UND CHARMANTE ZIELE IN DÄNEMARK UND SCHWEDEN

Oben: Entspannt geht es auf den Altstadtgassen von Århus zu; die dänische Stadt lässt sich hervorragend mit dem Fahrrad erkunden.

Lübeck, die »Königin der Hanse«, präsentiert sich in der vom Wasser umschlossenen Altstadt als Gesamtkunstwerk der Backsteingotik. Ihr maritimes Erbe kann man am Museumshafen nachvollziehen (rechts).

Hamburg als Tor zum Norden ist an sich schon eine eigene Reise wert, ist aber auch ein guter Ausgangspunkt für eine Zugfahrt in die umliegenden Städte im Norden Europas. Nur innerhalb einer Stunde kann man die entspannten Hansestädte Bremen und Lübeck erreichen, in nur zwei Stunden Rostock, eine weitere Stadt im Hansebund. Reisen hierher vermitteln noch heute ein lebendiges Bild von der wirtschaftlichen Kraft und dem stolzen Bürgertum des spätmittelalterlichen Städtebundes, wovon noch eindrucksvolle Bauten der Backsteingotik zeugen. Als nördlicher Nachbar Deutschlands schließt sich Dänemark an: Die Zugstrecke nach Århus führt durch den Südteil Jütlands, der von fruchtbarem Marschland, Wäldern, Dünen, Heideflächen und liebenswerten Kleinstädten geprägt wird und damit ein für Dänemark typisches Bild zeigt, das sich mit dem Begriff »hyggelig« (»gemütlich«) treffend beschreiben lässt. Auf der Insel Seeland empfängt die Haupt- und Residenzstadt Kopenhagen ihre Besucher mit der berühmten Kleinen Meerjungfrau und skandinavischer Lässigkeit. Mit dem Nachtzug in nur sechs Stunden ist man bequem ins schwedische Malmö unterwegs, das mit Jugendlichkeit und moderner Architektur auftrumpft.

01 HAMBURG

KOSMOPOLITISCH UND JUNGGEBLIEBEN: DIE PERLE AN DER ELBE

Wer an Hamburg denkt, dem kommen wohl zuerst der Hafen, die Elbe und die Alster in den Sinn. Vielleicht denkt man auch an den »Michel«, den berühmten Fischmarkt, die noble Elbchaussee und die legendäre Reeperbahn. Doch die Stadt der vielen Brücken und Millionäre ist mehr. Sie ist eine pulsierende Wirtschaftsmetropole, ein internationaler Handelsplatz und eine facettenreiche Kultur- und Medienstadt. Dabei hat sich das »Tor zur Welt«, das in seiner über tausendjährigen Geschichte von schweren Schicksalsschlägen nicht verschont geblieben ist, im Lauf der Jahrhunderte immer wieder verändert und ist doch nach hanseatischer Art seiner Tradition stets treu geblieben. Trotz ihres Hangs zum Understatement gelten die Söhne und Töchter Hammonias als selbstbewusst, weltoffen und tolerant - in der Elbmetropole kein Widerspruch, sondern ein Versprechen.

○ JUNGFERNSTIEG

Der mondäne Boulevard zählt zu den beliebtesten Promeniermeilen der Stadt. Ob im traditionsreichen Alsterhaus oder in den etablierten Flagship-Stores renommierter Modelabels – hier finden Shopping-Begeisterte, was sie suchen. Am Jungfernstieg starten auch Dampfer zu einem Törn auf Binnen- und Außenalster.

○ RATHAUS

Für den 1897 abgeschlossenen Bau des Sitzes von Bürgerschaft und Senat der Freien und Hansestadt Hamburg wurde jegliche hanseatische Zurückhaltung über Bord geworfen. Das Gebäude umfasst insgesamt 647 Zimmer, der Turm ist 112 Meter hoch, die Fassade zieren aufwendig gestaltete Skulpturen, darunter auch einige Darstellungen deutscher Kaiser.

○ MÖNCKEBERGSTRASSE

Die auch als »Mö« bekannte Einkaufsstraße zwischen Rathaus und Hauptbahnhof wird von Kaufhäusern und Filialen großer Einzelhandelsketten geprägt. Auf dem Gerhart-Hauptmann-Platz finden gelegentlich kulturelle Veranstaltungen wie Konzerte und Filmvorführungen sowie ein Weihnachtsmarkt statt.

○ KUNSTHALLE

Die architektonisch relativ schlicht gehaltene Kunsthalle zählt zu den bekanntesten Kunstsammlungen Deutschlands. Europäische Kunst mit dem Schwerpunkt deutsche Romantik wird hier chronologisch präsentiert. 1997 wurde die Kunsthalle um die Galerie der Gegenwart bereichert.

○ MUSEUM FÜR KUNST UND GEWERBE

Von der Antikensammlung über islamische Kunst und Jugendstil bis zur Moderne – das MKG bietet als führendes Zentrum für Kunst, Kunsthandwerk und Design einen Streifzug durch sämtliche Epochen menschlichen Schaffens. Zu den Höhepunkten des Museums gehören neben Buchkunst auch die Sammlungen von Musikinstrumenten sowie Kleidungsstücken.

○ DEICHTORHALLEN

In den beiden Hallen, in denen früher Märkte abgehalten wurden, finden heute Ausstellungen zur Gegenwartskunst statt. Die Buchhandlung für Gegenwartskunst gehört zu den bestsortierten ihrer Art in Hamburg.

○ CHILEHAUS

Das zehn Stockwerke hohe Bürogebäude im Kontorhausviertel ist ein einzigartiges Beispiel der Hamburger Klinkerarchitektur der 1920er-Jahre. Sein spitzwinkliger Grundriss erinnert an den Bug eines Schiffes.

Links: Die Fassade der Elbphilharmonie besteht aus 1100 individuell gebogenen, schillernden Glasscheiben. In dem alten Speicher wurden das Parkhaus, ein weiterer Konzertsaal, Cafés, Bars und Restaurants untergebracht. In der Fuge zwischen dem alten Backsteinsockel und dem gläsernen Aufbau befindet sich in 37 Meter Höhe eine Plaza, die für alle Besucher zugänglich ist und von der aus man einen Panoramablick über die Innenstadt, die HafenCity und den Hafen hat.

Rechts: Blick über die Binnenalster auf den Jungfernstieg.

CO_2-FREUNDLICH DURCH DIE STADT

ÖPNV // Das umfangreiche Verkehrsangebot Hamburgs reicht von Bus über Bahn und führt sogar über den Wasserweg. Sowohl mit dem Schnellbahnnetz, bestehend aus S- und U-Bahnen, den viel getakteten Bussen und den Fährenverbindungen in die Elbvororte Finkenwerder und Teufelsbrück gelangt man überall autofrei und umweltfreundlich hin.

Mit dem Fahrrad // Wer keine Lust hat, auf Bus und Bahn zu warten, nimmt das Rad, denn die Stadt bietet Routen, die auch bewerkstelligt werden können, wenn man kein Radprofi ist. Neben dem ökologischen Faktor erheitert die sportliche Aktivität und frische Luft zudem das Gemüt. Insgesamt zwölf Velorouten, die auch bei Regen und Dunkelheit gut befahrbar sind, führen vom Rathausmarkt zu den äußersten Stadtteilen.

Ganz oben: Das Wasserschloss liegt auf einer Halbinsel zwischen zwei Fleeten.

Oben: Übersetzt bedeutet der Name des Elbstrandabschnitts Övelgönne »Übelgunst«.

Links: Der kreuzförmige Innenraum des Michels ist aufgrund seiner klaren Fenster lichtdurchflutet.

Rechts: Hamburg ist Hafenstadt. Seit in den 1960er-Jahren die ersten Container im Hamburger Hafen gelöscht wurden, hat sich das Bild des Hafens grundlegend verändert. Mit Milliardeninvestitionen wurden neue Lagerflächen geschaffen und die Technik zum Löschen und Laden der Schiffe errichtet.

○ DEICHSTRASSE

Die Deichstraße am Nikolaifleet wird von den ältesten noch erhaltenen Kaufmannshäusern der Stadt gesäumt; einige Gebäude sind aus dem 18. Jahrhundert. Die Durchgänge zwischen den schmalen Häusern sind als »Fleetgänge« bekannt.

○ ST. MICHAELIS (»MICHEL«)

Das bekannteste Gotteshaus der Stadt zählt zu den schönsten Barockkirchen in Norddeutschland. Der von den Hamburgern kurz »Michel« genannte Kirchturm ist 132 Meter hoch und das Wahrzeichen der Hansestadt. Berühmt ist das Turmblasen: Vom Turm wird an Werktagen um 10 und 21 Uhr, sonntags um 12 Uhr ein Choral in alle vier Himmelsrichtungen geblasen.

○ SPEICHERSTADT UND HAFENCITY

Der Hafen ist das lebendige Herz der Elbmetropole. Hier liegen Vergangenheit und Zukunft dicht beieinander. Die Speicherstadt mit ihren imposanten Backsteingebäuden entstand Ende des 19. Jahrhunderts für die zollfreie Lagerung von Waren aus aller Welt. Direkt daneben wächst Hamburgs neues Quartier mit grandiosem Blick auf Schiffe und Kaianlagen: die HafenCity, eines der größten urbanen Projekte Europas.

○ ELBPHILHARMONIE

Hamburgs spektakuläres neues Wahrzeichen: 2004 beauftragte der Senat das renommierte schweizerische Architekturbüro Herzog & de Meuron mit den Planungen für die Elbphilharmonie, der Grundstein wurde drei Jahre später gelegt. Auf dem als Sockel dienenden historischen Kaispeicher erhebt sich ein geschwungener Glasaufbau, der insgesamt 110 Meter hoch aufragt. In seinem Inneren beherbergt er zwei Konzertsäle.

○ LANDUNGSBRÜCKEN

Wohl jeder Besucher der Stadt kommt einmal zu den Landungsbrücken, um Hafenluft zu schnuppern oder einfach um ein Fischbrötchen mit Blick auf den Hafen zu essen. Zu allen Jahreszeiten herrscht an der 688 Meter langen Anlegestelle reges Treiben. An den Landungsbrücken starten und enden die Hafenrundfahrten. Das 205 Meter lange Abfertigungsgebäude wurde 1907 bis 1909 erbaut und steht seit 2003 unter Denkmalschutz.

NACHHALTIG GENIESSEN

MAD About Juice // Superfood von MAD About Juice soll die müden Geister einer durchzechten Partynacht wecken. Besonders die kräftespendenden Säfte sind Energy-Booster, die einen den ganzen Tag über fit halten sollen.

// www.madaboutjuice.de

Golden Temple Teehaus // Für ein paar Stunden Urlaub – das ist hier möglich. Die feinen Speisen werden nach ayurvedischen Rezepten und mit viel Liebe zubereitet. Genießen kann man die Soulfood-Gerichte gemütlich auf dem Sofa, im Garten oder auf der indischen Liegewiese.

// www.gt-teehaus.de

Conscious-Café ÆNDRÈ // Bewusstsein und Achtsamkeit – vor allem im Hinblick auf die Ernährung: Das ist das Motto des Cafés. Außerdem überzeugt der Laden mit seiner Zero-Waste-Küche, veganen Speisen und Getränken und dem gemütlichen Ambiente.

// www.aendre.de/conscious-cafe

○ ALTER ELBTUNNEL

Am westlichen Ende der Landungsbrücken unterquert der 426,50 Meter lange Alte Elbtunnel die Norderelbe. Im Gegensatz zu Autos können Fußgänger und Radfahrer den 1911 eröffneten Tunnel kostenlos und ohne zeitliche Begrenzung nutzen.

○ REEPERBAHN

Diese 930 Meter lange Straße im Herzen des Vergnügungsviertels St. Pauli zählt sicher zu den bekanntesten in Deutschland. Bars, Amüsierlokale und Kulturstätten säumen die Reeperbahn zu beiden Seiten. Ihren Namen verdankt sie den Reepschlägern, die hier bis zum Ende des 19. Jahrhunderts Schiffstaue drehten.

ÜBERNACHTEN

Sleeperoo // Der innovative Schlafwürfel kann theoretisch überall stehen. In Hamburg ist er auf dem Energiebunker zu finden. Der gemütliche Unterschlupf mit Panoramablick ist zudem ausgestattet mit einer nachhaltigen Inneneinrichtung.
// www.sleeperoo.de

Superbude // Die zwei Standorte des Hotels überzeugen nicht nur mit Lebensmitteln und Baumaterialien aus der Region, sondern verbannen zudem Einwegartikel aus ihren Häusern. Instagram-taugliche Fotomotive lassen sich überall finden und gestalten das Ganze neu und innovativ.
// www.superbude.com

Raphael Hotel im Wälderhaus // Die 82 Zimmer tragen die Namen der heimischen Holzart, die für die jeweilige Innenausstattung verwendet wurde. Das grüne Dach rundet das umweltfreundliche Hotel ab.
// raphaelhotelwaelderhaus.de

REGIONAL EINKAUFEN

○ STÜCKGUT

An den Standorten Hamburg-Ottensen und in der Rindermarkthalle St. Pauli kann ehrliche Ware ohne (Mogel-)Packungen gekauft werden.
// www.stueckgut-hamburg.de

○ ROSENBLATT & FABELTIERE

Die Modeartikel für Frauen und Kinder werden vor Ort in St. Pauli von 15 Menschen mit psychischen Einschränkungen gefertigt. Ökologische Verträglichkeit und soziale Fairness sind hier das A und O.
// www.rosenblatt-und-fabeltiere.de

○ SOLEREBELS

Das afrikanische Lable stellt seine Schuhe ausschließlich aus recycelten Autoreifen und regionaler Bio-Baumwolle her.
// www.solerebels.com

○ FLOHMÄRKTE

Ob Antik- oder Trödelmarkt – die Hansestadt hat für jeden etwas: z. B. der Flohmarkt in der Fabrik, ein Markt in einer alten Fabrikhalle in Altona, der Markt der Völker im Völkerkundemuseum oder einmal im Monat der Sternbrücken Nachtflohmarkt.

AUSFLÜGE

○ EISERNER KANZLER IM SACHSENWALD

Den Wald bekam Bismarck von Kaiser Wilhelm I. geschenkt. In Friedrichsruh erinnert ein Museum an ihn. Zu besuchen: Mausoleum und Schmetterlingsgarten.

○ DAS ALTE LAND

Ein Abstecher lohnt sich nicht nur während der Obstblüte. Viele alte Höfe, Wasser- und Windmühlen sowie die Stadt Stade beeindrucken das ganze Jahr über.

GANZ BEWUSST ERLEBEN

DIE PFLANZENVIELFALT IM ALTEN BOTANISCHEN GARTEN ERKUNDEN

Auf rund 2800 Quadratmeter Fläche gibt es in den Schaugewächshäusern jede Menge Pflanzen und Blumen zu bestaunen. Von exotischen Blüten bis heimischen Stauden, von dichtem Dschungel und gigantischem Regenwald über Wüstenpflanzen hin zu ausgefallenen Gewächsen – hier gedeihen Pflanzen aus aller Welt. In einem Tropen-, einem Subtropen- sowie einem Kakteen- und einem Farnhaus dürfen sie bewundert werden. Auch die Konstruktion ist eine Besonderheit: Die unterschiedlich temperierten Häuser sind komplett verglast und hängen an außen liegenden Profilen, im Innenraum sind so keine tragenden Stützen notwendig. Die Schaugewächshäuser sowie die Mittelmeerterrassen stehen unter Denkmalschutz.

SICH MIT DEM THEMA »WALD« BESCHÄFTIGEN

Im Wälderhaus in Wilhelmsburg dreht sich alles um das Thema »Wald und Holz«. Eine Dauerausstellung im Science Center Wald, dem Herzstück des Hauses, bringt Wald und Mensch in Zusammenhang und regt zum Nachdenken über die Umwelt und eine nachhaltige Lebensweise an. Darüber hinaus bietet das Wälderhaus CO_2-neutrale Tagungsmöglichkeiten, ein Hotel und ein Restaurant sowie einen Upcycling-Markt. Natürlich ist auch die Innenausstattung komplett aus Holz.

DIALOG IM DUNKELN

Blinde Menschen führen Besucher durch eine Welt der Dunkelheit. In dieser Welt der Klänge, Texturen und Düfte gibt es nichts zu sehen, aber jede Menge zu entdecken – eine neue Erfahrung für sehende Menschen, die hier eine Kultur ohne Bilder erleben.

MIT EINER HAFENFÄHRE FAHREN

Sie bildet die Alternative zu den gewerblichen Anbietern von Hafenrundfahrten. Der Hamburger Verkehrsverbund betreibt auch auf der Elbe ein Streckennetz. Auf den Linien 61, 62, 64, 73, und 75 kann sich jedermann eine individuelle Tour durch den Hafen zusammenstellen – und dies zum Preis eines einfachen U-Bahn-Tickets. Die meistgenutzte Verbindung ist dabei die Linie 62. Man kommt nicht nur schnell von einer Elbseite auf die andere, sondern hat auch noch eine wunderbare alternative Rundfahrtmöglichkeit

STAUNEN IM MINIATUR WUNDERLAND

In dieser Welt der Superlative fühlen sich nicht nur Eisenbahnfans wohl: Die mehr als 700 Waggons der größten digital gesteuerten Modelleisenbahn der Welt durchfahren bis ins kleinste Detail rekonstruierte Landschaften wie den Grand Canyon oder die Schweizer Alpen. Zu den Höhepunkten dieser Szenerie gehört die Nachbildung von Las Vegas.

HAUS DES GLOCKENSPIELS
Böttcherstraße

02 BREMEN

ZWISCHEN STADTMUSIKANTEN UND CHARMANTEM SCHNOOR

Bremen, bereits im Mittelalter mächtig stolze Hansestadt, ist immer noch ein bedeutender Seehandelsplatz. Der Zweite Weltkrieg hat das Gesicht der Stadt stark entstellt. Viel historische Bausubstanz ging verloren, moderne Trabantenstädte entstanden. Doch zwischen Domhügel und Weser blieb der alte Charme erhalten. Bei einem Spaziergang durch Bremen wird die Bedeutung der Bürgerlichkeit rasch sichtbar. Kirchen oder Kathedralen prägen hier nicht die Architektur. Eine Ausnahme macht der Dom St. Petri mit seinen zwei Türmen direkt am Marktplatz. Der spätgotische Bau ist durchaus imposant, hat aber unter jahrelanger Vernachlässigung gelitten. Aufwendiger angelegt und liebevoller gepflegt ist das 600 Jahre alte Rathaus. Oder die Böttcherstraße zwischen Rathaus und Weser. Mittelalterliche Häuser, dem Verfall geweiht, erstrahlen seit Anfang des 20. Jahrhunderts in neuem Glanz. Auch das Schnoor, eines der ältesten Viertel der Stadt, ist durch und durch bürgerlich. Hier reihen sich Fachwerkhäuser aneinander, die man in Bremen sonst nicht häufig sieht.

Oben: Der mehr als 3400 Quadratmeter große Marktplatz von Bremen zählt zu den schönsten Europas. Außer dem Weihnachts- und dem Kleinen Freimarkt finden hier jedoch keine Märkte mehr statt.

Links: Durch und durch ein Gesamtkunstwerk ist die elegante Böttcherstraße.

○ ALTSTADT

In der Altstadt, umzogen von Stadtgraben und ehemaligen Wallanlagen, zeigt sich Bremen von einer besonders romantischen und schönen Seite. Rund um den Marktplatz sind die ältesten Gebäude und berühmtesten Skulpturen der Stadt versammelt. Neben dem Rathaus aus dem 15. Jahrhundert mit einer Renaissancefassade aus dem 17. Jahrhundert stehen die Bremer Stadtmusikanten von Gerhard Marcks. Im Dom St. Petri aus dem 11. Jahrhundert mit zwei 98 Meter hohen Türmen wird von einer Barockkanzel aus dem 17. Jahrhundert – einem Geschenk von Königin Christine von Schweden – gepredigt. Sehenswert sind auch die Böttcherstraße mit ihren hohen Giebelhäusern und das Schnoorviertel, das älteste Wohn- und Künstlerviertel. In den Bürgerhäusern aus dem 15. bis 18. Jahrhundert befinden sich Galerien, Museen und Kunstgewerbegeschäfte.

○ RATHAUS UND ROLAND

Das Rathaus und der Roland auf dem Marktplatz gehören zu den berühmtesten Bauwerken der Hansestadt Bremen. Das Rathaus wurde zwischen 1405 und 1410 im Stil der Backsteingotik errichtet. 200 Jahre später verschönerte man es mit einer Renaissancefassade. Die 13 Meter breite, 40 Meter lange und acht Meter hohe Halle war einst ein Gerichtssaal. Seit vielen Jahren dient der zu den vornehmsten Sälen Deutschlands zählende Raum einmal im Jahr den Bremer Reedern und Schiffern als Kulisse ihrer »Schaffermahlzeit«. Ebenso berühmt wie sein Festsaal ist der Weinkeller des Rathauses. Über 600 alte Weine lagern hier. Mitten auf dem Platz vor dem Rathaus steht der zehn Meter hohe Roland (1404), ein Sinnbild der Stadtfreiheit und der Gerichtsbarkeit Bremens. Seit 2004 gehört das Ensemble Rathaus und Roland zum Weltkulturerbe der UNESCO.

CO_2-FREUNDLICH DURCH DIE STADT

Mit dem Fahrrad // In der Stadt mit den kurzen Wegen bietet es sich an, sich auf das Rad zu schwingen. Fahrradreparaturstationen sorgen dafür, dass die Erkundungstour unfallfrei vonstatten laufen kann.

Zu Fuß // Es empfiehlt sich aber auch, zu Fuß durch Bremen zu bummeln. Damit sich niemand verläuft und man auch wirklich alle wichtigen Sehenswürdigkeiten zu Gesicht bekommt, sind an vielen Ecken Infotafeln zu finden.

Nostalgisch // Allen, die in der langen Seefahrtstradition der Bremer schwelgen wollen, ist eine Fahrt auf der Weser mit der Fähre zu raten. Wer noch etwas in vergangenen Zeiten bleiben will, kann im Rahmen einer Sonderfahrt mit der historischen Straßenbahn zur Überseestadt fahren.

Oben: Vor dem im Stil der Backsteingotik und Weserrenaissance gestalteten Rathaus steht der »steinerne Roland«.

Die Statue zeigt den aus dem »Rolandslied« (12. Jahrhundert) bekannten Heerführer Karls des Großen.

Links: Besonders gemütlich präsentiert sich der Schnoor, Bremens Altstadtviertel mit seinen engen Gassen.

Rechts: Das Innere des St.-Petri-Doms ist im Stil der Gotik gehalten.

○ BÖTTCHERSTRASSE

Die berühmteste Straße Bremens ist eine etwa 110 Meter lange, in mittelalterlichen Stilformen rekonstruierte Handwerkergasse, in der einst zünftige Bottiche und Fässer entstanden. Die heutige Böttcherstraße ist ein Gesamtkunstwerk, bei dem sich mittelalterliche mit expressionistischen Formen verbinden. In den Jahren 1922 bis 1931 schufen die Architekten Eduard Scotland und Alfred Runge zusammen mit dem Bildhauer Bernhard Hoetger zwei Häuserreihen aus Backstein, in denen u. a. Kunsthandwerksgeschäfte, ein Kino und zwei Museen untergebracht sind: Im Roselius-Haus lernt man den Wohnstil Bremer Kaufleute des 19. Jahrhunderts kennen und sieht Kunstwerke von Tilman Riemenschneider und Lucas Cranach d. Ä. Das Paula Modersohn-Becker Museum ist dagegen ganz den Werken der Worpsweder Künstlerin gewidmet.

○ DOM ST. PETRI

Der Bremer St.-Petri-Dom ist wie so viele Kirchen ein über die Jahrhunderte gewachsenes Bauwerk, das erst im 19. Jahrhundert sein heutiges Erscheinungsbild bekam. Ab dem 11. Jahrhundert wurde der romanische Bau aus Sandstein und Backstein über den Fundamenten vorheriger Bauten errichtet. Im gotischen Stil wurde er bis in das 13. Jahrhundert umgebaut, seitliche Kapellen wurden im 14. Jahrhundert hinzugefügt, und ab 1502 wurde er in eine spätgotische Hallenkirche umgestaltet, bis die Reformation den Umbau stoppte, als nur ein neues Nordseitenschiff entstanden war. Eine umfassende Renovierung beziehungsweise Restaurierung erfolgte schließlich im späten 19. Jahrhundert in Anlehnung an das ursprüngliche Aussehen, mit einer Doppelturmfassade im Westen und einem Vierungsturm im neoromanischen Stil. Seit 1995 sitzt hier das Erzbistum Hamburg.

○ SCHNOORVIERTEL

Auf dem Pflaster der autofreien verwinkelten Gassen im Schnoorviertel fühlt sich der Reisende in die Vergangenheit versetzt. Dieses Gängeviertel aus dem Mittelalter zählt zu dem wohl ersten besiedelten Teil der Stadt. Das Schiffshandwerk gab ihm seinen Namen: In den verschiedenen Bereichen wurden diverse Berufe und Handwerke ausgeübt, beispielsweise wurden Seile und Taue hergestellt – »Schnoor« bedeutet »Schnur«. Die ältesten noch erhaltenen Häuser sind das Haus Schnoor 15 aus dem Jahr 1402

NACHHALTIG GENIESSEN

Vegefarm // Für alle, die aus gesundheitlichen oder ethischen Gründen auf Fleisch verzichten, ist Vegefarm genau das Richtige. Das im Ecodesign gestaltete Restaurant bietet nach Fleisch schmeckende Gerichte an, die aber kein Fleisch sind, wie etwa vegane Ente oder vegetarisches Lamm.

// www.restaurant.vegefarm.de

Emmi-Suppenbar // Wöchentlich ändert sich hier die Speisekarte – die Zutaten bleiben aber konsequent biologisch und regional und zudem oft sogar vegan.

// www.emmi-suppenbar.de

Canova // Den Betreibern des Slow-Food-Restaurants liegt vor allem Saisonalität und Regionalität der Speisen am Herzen. Zudem wird der Fokus auf bewusstes und genussvolles Essen gelegt.

// www.canova-bremen.de

und das Packhaus Schnoor 2 von 1401. Die Bausubstanz macht das Viertel zu einer der Hauptsehenswürdigkeiten Bremens. In den schmalen und giebelständigen Häusern verschiedener Baustile wohnen und arbeiten heute Kunsthandwerker und Schmuckdesigner. Stilvolle Restaurants, Antiquitätengeschäfte, Teestübchen und Cafés sowie ein Theater ergänzen das illustre Angebot.

REGIONAL EINKAUFEN

○ BREMEN: BERNSTEIN-ATELIER AM SCHNOOR

Mitten im historischen Schnoor-Viertel, in der kürzesten Straße Bremens, hat sich ein Atelier für Bernstein-Schmuck etabliert.

// www.bernstein-atelier.de

○ BREMERHAVEN: FISCHRÄUCHEREI

Schon während des Eintretens in die Fischräucherei läuft einem das Wasser im Munde zusammen. Frisch geräuchert hängt der Fisch im Laden von Herbert Franke und wartet darauf, auf den Teller zu gelangen.

// Am Pumpwerk 2, Bremerhaven

AUSFLÜGE

○ BREMERHAVEN

Der Hafen und die Stadt entstanden aus blanker Not. 1827 drohte die Weser zu versanden. Die Bremer sahen ihre Geschäfte gefährdet und legten einfach 60 Kilometer entfernt an der Nordsee einen neuen Hafen an. Der Ort hat sich prächtig entwickelt. Was als Außenposten von Bremen begann, ist längst die größte deutsche Stadt an der Nordsee. Ihr Hafen ist einer der wichtigsten Europas. Krananlagen und Container, so weit das Auge reicht. Gleich daneben, am Alten Hafen, ein Kreuzfahrtterminal und davon nicht weit entfernt, am Neuen Hafen, der Alte Leuchtturm, der daherkommt, als wäre er Teil einer Kathedrale. Er ist nicht der Einzige in Bremerhaven. Der nördlichste ging um 1900 in Betrieb, seine Nebelglocke warnt die Kapitäne noch heute. Vom Ufer der Weser windet sich die Geeste durch die Stadt. Nur wenige Schritte von der Alten Geestebrücke liegt der ehemalige Marktplatz, jetzt Theodor-Heuss-Platz. Ein Denkmal erinnert an Bürgermeister Johann Smidt, der Hannover, dem das Land an der Geeste gehörte, dazu brachte, Bremen genug Fläche für den Bau des Hafens abzutreten.

Die Bremerhavener Havenwelten umfassen zahlreiche architektonisch brilliante Gebäude wie etwa das Klimahaus oder das Deutsche Auswandererhaus. Die Havenwelten wurden 2009 mit dem Nationalen Preis für integrierte Stadtentwicklung und Baukultur ausgezeichnet.

ÜBERNACHTEN

Hotel zum Kuhhirten// Das Drei-Sterne-Hotel unweit von der Innenstadt bietet dank seiner Lage im Erholungsgebiet Werdersee einen idealen Ort zur Entspannung.

// www.hotel-zum-kuhhirten.de

Hotel NordRaum // Das Hotel versucht in allen Bereichen so nachhaltig wie möglich zu handeln. Vor allem bei der Stromversorgung konnten Erfolge erzielt werden.

// www.hotel-nordraum.de

Maritim Hotel Bremen // Ein schonender Umgang mit Ressourcen ist wichtig – so sieht das auch das Maritim Hotel Bremen.

// www.maritim.de

GANZ BEWUSST ERLEBEN

DEN BREMER STADTMUSIKANTEN EINEN BESUCH ABSTATTEN

Wer kennt nicht das Märchen von Esel, Hund, Hahn und Katze, die ihr nacktes Leben retten und in Bremen musizieren wollen? Es steckt ein Fünkchen Wahrheit darin. Zum Beispiel, dass die Stadt im 14. Jahrhundert wirklich ein bekannter Ort für musikalische Veranstaltungen war. Und noch etwas soll stimmen: Mittellose Musikanten konnten darauf hoffen, in Bremen auf mildtätige und sozial eingestellte Kollegen zu treffen, die sie aufnahmen. In Bremen gibt es mehrere Abbildungen der vier Tiere. Die berühmteste Skulptur steht an der Westseite des Rathauses.

DAS KLIMAHAUS IN BREMERHAVEN BESUCHEN

Dieses Museum zu den Themen Klima, Klimawandel und Wetter gibt am Beispiel von fünf Kontinenten und neun verschiedenen Orten lebendige Einblicke in Klima und Natur unserer Erde. Als Besucher begibt man sich auf eine Erlebnisreise durch die verschiedenen Klimazonen, man trifft auf deren Bewohner und darf spüren, wie das Leben der Menschen unterschiedlicher Länder und Kontinente durch das jeweilige dort vorherrschende Klima beeinflusst wird. Klimawandel und Wetterextremitäten spielen eine wichtige Rolle im Museum. Darüber hinaus werden regelmäßig Veranstaltungen zu aktuellen Themen, besonders zum Klimawandel und seinen Auswirkungen auf unseren Planeten angeboten.

DURCHS SCHNOORVIERTEL SCHLENDERN

Als ältester Stadtteil Bremens breitet sich das Schnoorviertel zwischen Dombezirk und Weser aus. Viele Häuser des ehemaligen Wohnquartiers der Handwerker und Fischer stammen noch aus dem 15. und 16. Jahrhundert. Das Viertel wurde in den Jahren 1955 bis 1975 saniert und zeigt sich heute malerisch ausgestattet mit vielen schnuckeligen Läden, Galerien, Werkstätten und Gastronomiebetrieben.

IM UNIVERSUM SCIENCE CENTER STAUNEN

250 Stationen auf 4000 Quadratmetern Ausstellungsfläche: Bei einem Rundgang durch das Wissenschaftserlebniszentrum werden die Besucher durch drei große Themenbereiche geleitet: Mensch, Erde und Kosmos. Das Thema Mensch erstreckt sich von der Sekunde der Zeugung über unsere Sinne bis zu den Welten in unseren Köpfen. Das Thema Erde ist eine Expedition zum Mittelpunkt unseres Planeten. Man erlebt, wie Planeten entstehen, wie die Erde im Innersten und an der Oberfläche aussieht. Das Thema Kosmos bringt uns die Weiten des Alls näher.

DURCH DEN RHODODENDRONPARK SPAZIEREN

Der mehr als 46 Hektar große Park ist vor allem im späten Frühjahr ein Paradies für Liebhaber von Rhododendren und Azaleen. Hier wachsen rund 500 der weltweit 1000 wilden Rhododendronarten. Eine Attraktion ist die »botanika«. In deren Gewächshäusern glaubt man, durch den Regenwald Borneos und die Gebirgslandschaft des Himalaya zu spazieren.

CONCORDIA DOMI FORIS PAX

LÜBECK

CHARMANT, ALTEHRWÜRDIG UND EINE GRÜNE HANSEKÖNIGIN

»Concordia domi foris pax« lautet eine Inschrift im Holstentor, einem der berühmtesten Bauwerke der Hansestadt: »Drinnen Eintracht, draußen Frieden«. Fast gäbe es das Holstentor nicht mehr, denn es sollte Mitte des 19. Jahrhunderts Gleisanlagen weichen. Dieses Schicksal hat die anderen der ursprünglichen vier Tore tatsächlich ereilt. Viele alte Gebäude der Stadt verleihen Lübeck ihren heutigen Charme: Da sind die Gängeviertel, die ehemaligen Wohnstätten von einkommensschwachen Arbeitern. Und da sind die reich verzierten Giebelhäuser, mit denen die Kaufleute der Hanse ihren Wohlstand zur Schau stellten. Die Altstadt liegt auf einer Erhebung zwischen Stadt- und Kanal-Trave und reckt ihre sieben Türme stolz in den Himmel. Bummelt man vom Burgtor vorbei am Heiligen-Geist-Hospital weiter zum Rathaus, fühlt es sich an wie ein Spaziergang durch die Vergangenheit.

○ HOLSTENTOR

Das kleine schiefe Stadttor aus dem späten Mittelalter ist das Wahrzeichen Lübecks und eines der beliebtesten Fotomotive. Es wird von zwei eisernen Löwen bewacht. Im Inneren des Tores ist das sehr sehenswerte Stadtgeschichtliche Museum untergebracht. In sieben Themenräumen kann man auf den Spuren der Lübecker Fernhandelskaufleute wandeln oder den Gefahren der Seefahrt zu Zeiten der Piraten nachspüren.

○ ST. PETRI

Das Gotteshaus erfuhr im Zweiten Weltkrieg schwere Zerstörungen, doch nach gründlicher Restaurierung erstrahlt es heute wieder in alter Schönheit. Zwei Bauphasen sind zu unterscheiden: Die einst romanische dreischiffige Kirche aus der zweiten Hälfte des 13. Jahrhunderts wurde zwischen 1450 und 1519 zur fünfschiffigen gotischen Halle erweitert. Ein Highlight für die Besucher ist die Aussichtsplattform im Turm mit einem schönen Panoramablick über ganz Lübeck.

○ RATHAUS

Zwischen Marktplatz und Breite Straße liegt das Rathaus. 1308 wurde der Ursprungsbau fertiggestellt, dann immer wieder um verschiedene Anbauten ergänzt. Die Renaissancetreppe, von der Fußgängerzone aus wunderbar zu sehen, stammt aus dem Jahr 1594. Markant ist neben den Türmchen und den Schaufronten über den Giebeln der rötliche Backstein, der an vielen Stellen beinahe schwarz aussieht. Heute ist es ein Rätsel, wie der Stein gebrannt wurde, um dieses Aussehen zu bekommen.

Links: Das Wahrzeichen von Lübeck ist das Holstentor im Westen der Stadt. Es schützte früher die Innenstadt vor Bedrohungen von außen.

○ MARIENKIRCHE

Die Marienkirche wurde 1159 gegründet und 1250 bis 1280 als Backsteinbasilika nach dem Vorbild des Lübecker Doms errichtet. Nach einem Brand erfolgte der Umbau zu einer frühgotischen Halle ohne Querschiff. Dann wurden Ende des 13. Jahrhunderts nochmals die Baupläne geändert. Die Kirche wurde zu einer Kathedrale mit dreischiffigem Umgangschor und Kapellenkranz nach französischen Vorbildern umgestaltet. Diese neue Variante wurde zum Vorbild für den gesamten Ostseeraum.

○ BUDDENBROOKHAUS

Die Geschichte des Buddenbrookhauses beginnt im Jahr 1758 mit dem Kauf des Grundstücks in der Mengstraße 4 und der Erbauung des Hauses durch den Marburger Kaufmann Johann Michael Croll. 1842 erwarb Johann Siegmund Mann, der Großvater der Literaten, das Haus. Bis 1891 verblieb es in Familienbesitz, bis es 1893 von der Stadt Lübeck übernommen und weitervermietet wurde. In den 1920er-Jahren beherbergte es eine Buddenbrookbuchhandlung. 1942 während der Bombenangriffe der britischen Luftwaffe auf Lübeck bis auf die Fassade und den Gewölbekeller zerstört, kaufte 1954 eine Bank das Gebäude und ließ hinter der alten Fassade einen Neubau für eine Filiale errichten. 1991 kehrte es in den Besitz der Stadt zurück. 1993 schließlich entstand anlässlich der Expo 2000 die Idee zu einem Museum.

○ HEILIGENGEIST-HOSPITAL

Lübeck durfte sich Königin der Hanse nennen. Schon im Mittelalter war sie eine reiche Handelsstadt. Glücklicherweise waren die Kaufleute Männer mit Verant-

CO_2-FREUNDLICH DURCH DIE STADT

In der Innenstadt // Die historische Innenstadt von Lübeck kann problemlos zu Fuß erkundet werden.

Ins Umland // Wen es in die wunderschöne Natur im Umland zieht, kann in eine der Regionalbahnen steigen. Da das Bundesland Schleswig-Holstein viel Geld in den Ausbau der Ostsee-Fahrradwege investiert hat, sind besonders Fahrradtouren empfehlenswert, um die Natur an der Küste zu erkunden. Bei einem Reitausflug auf dem Rücken eines Pferdes können die Weiten des Nordens erfahren werden, während einem der Wind um die Ohren pfeift. Lübeck ist außerdem ein idealer Startpunkt für einen Segeltörn auf der Ostsee.

Ganz oben: Das Museum, in dem man viel über Thomas Mann erfährt, ist an den Roman »Buddenbrooks« (1901) angelehnt.

Oben: Das bereits 1806 gegründete Café Niederegger ist eine Institution. Das Marzipan ist weltbekannt.

Links: Giebelhäuser mit prachtvoll geschwungenen Fassaden machen den Reiz der Lübecker Altstadt aus.

Rechts: Die Marienkirche, im Stil der Backsteingotik erbaut, besitzt das höchste gemauerte Gewölbe der Welt.

wortungsgefühl. Als eine der ersten Sozialeinrichtungen Europas entstand 1227 ein Hospital, das 100 Menschen Platz bot. Das heutige Gebäude wurde 1286 in Betrieb genommen. Wer kunsthistorisch interessiert ist, sieht sich die Kirchenhalle mit den Altären und der Kanzel sowie Heiligenfiguren aus dem 14. und 15. Jahrhundert an.

○ DOM

Der Sachsenherzog Heinrich der Löwe legte 1173 den Grundstein für Lübecks romanischen Dom, der später, 1226–1335, zu einer gotischen Hallenkirche umgestaltet wurde. Wie St. Marien erlitt auch der Dom 1942 schwere Zerstörungen, doch schon in den 1950er-Jahren wurden die Türme wiederaufgebaut, um die Silhouette der Stadt mit ihren charakteristischen sieben Türmen aufs Neue zu komplettieren. Ein Meisterwerk der Gotik ist das Triumphkreuz von Bernt Notke von 1477.

○ GROSSE PETERSGRUBE

Vom Holstentor die Trave entlang und dann links abbiegen, schon erreicht man die Große Petersgrube. Die historisch bedeutsame Straße ist ein Muss für Architekturliebhaber. Hier stehen Häuser der Gotik, des Barock, des Spätbarock, des Rokoko und des Klassizismus dicht beieinander.

○ MARZIPANMUSEUM

Zwölf Gestalten stehen um einen Globus – darunter der Literaturnobelpreisträger Thomas Mann und der Modeschöpfer Wolfgang Joop. Die Figuren sind nicht etwa aus Wachs geformt, sondern sie sind aus Marzipan geschnitzt. Es verbindet sie die Geschichte der edlen Mandelmasse. Das Marzipanmuseum Lübeck führt in die Historie des Marzipans ein: Ursprünglich stammt Marzipan wohl aus dem Orient und wurde von den findigen Kaufleuten Lübecks importiert. 1806 gründete Wolfgang Niederegger in der Hansestadt eine eigene Manufaktur, die bis heute fortbesteht und in dessen zweitem Stock sich heute das skurrile Museum befindet.

○ MUSEUMSHAFEN

Am Wenditzufer am Rand der Altstadt schaukeln meist über zehn historische Wasserfahrzeuge vor der malerischen Kulisse der denkmalgeschützten Drehbrücke (1892). Darunter sind Schönheiten wie ein Stagsegelschoner (1893). Wer mit dem eigenen Schiff

NACHHALTIG GENIESSEN

Café Niederegger // Das Café Niederegger in der Breiten Straße steht auf dem Plan jedes Lübeck-Besuchers. Neben der Marzipan-Nuss-Torte ist ein Besuch im zweiten Stock empfehlenswert. Im Marzipan-Salon erfährt man alles Wissenswerte über die Süßigkeit aus Mandeln, und man kann lebensgroße, per Hand modellierte Persönlichkeiten aus Marzipan bestaunen.

// www.niederegger.de

Haus der Schiffergesellschaft // Im 16. Jahrhundert nannte sich das markante Backsteingebäude mit dem Treppengiebel »Amtshaus der Schiffer und Bootsleute«. Noch heute ist die ehemalige Versammlungsstätte der Seefahrer ein geselliger Ort. Im Restaurant hängen alte Schiffsmodelle, maritime Wandgemälde und ein pompöser Kronleuchter, in dem abends natürlich echte Kerzen brennen. Gespeist wird zum Teil auf alten Gelagen, rustikalen Holzbänken.

// schiffergesellschaft.de

die Brücke passieren und im Museumshafen festmachen will, muss vorher Kontakt zum Hafenmeister aufnehmen.

REGIONAL EINKAUFEN

○ HÜX- UND FLEISCHHAUERSTRASSE

Die Shoppingmeile Lübecks ist ohne Zweifel die Breite Straße. Doch wer statt internationaler Läden, die in jeder anderen Stadt zu finden sind, typisch Lübisches und wirklich Einzigartiges entdecken möchte, sollte die inhabergeführten Läden in der Hüxstraße und der Fleischhauerstraße besuchen.

// www.die-huexstrasse.de
// www.diefleischhauer.de

○ WELTLADEN TRAVEMÜNDE

Nachhaltig, biologisch und familiär ist der Weltladen in Travemünde. Hier findet man Besonderheiten aus der ganzen Welt, zum Verschenken und Behalten.

// Kurgartenstraße 98, Travemünde

○ CYROLINE

Mode für Frauen und Männer, von den Socken bis zum Mantel. Und all das fair und nachhaltig in Europa produziert. So werden die Textilien aus griechischer Baumwolle und dem nachwachsenden Rohstoff Buchenfaser Modal gewonnen und europaweit zu modischen Kleidungsstücken verarbeitet.

// www.cyroline.de

AUSFLÜGE

○ TRAVEMÜNDE

Travemündes markantestes Bauwerk strahlt jede Nacht weit in die Lübecker Bucht hinein: Auf einem Hotelturm in 118 Meter Höhe blinkt ein Leuchtfeuer. Das Seebad bietet Sandstrände, Promenaden, Kuranlagen, Spielkasino, feudale Hotels und Restaurants. An der Strandpromenade oder entlang der Promenade an der Trave kann man kilometerweit spazieren oder Rad fahren. Wer es ruhiger mag, macht einen Abstecher mit der Fähre zur drei Kilometer langen Halbinsel Priwall, die auf der anderen Uferseite der Trave liegt. Der Badestrand von Priwall ist ein Paradies für alle Naturliebhaber. Zahlreiche geschützte Pflanzen wie Sanddorn oder Strandroggen wachsen zwischen den Dünen.

○ BRODTENER STEILUFER

Nördlich von Travemünde findet sich dieses etwa vier Kilometer lange und teilweise bis zu 30 Meter hohe Steilufer mit der Hermannshöhe.

ÜBERNACHTEN

Ringstedtenhof // Auf dem ökologischen Landwirtschaftsbetrieb lässt sich das ganze Jahr über in einer liebevoll restaurierten, geräumigen Ferienwohnung übernachten. Mit dem Fahrrad braucht man nur 15 Minuten in die Lübecker Innenstadt. Busse fahren im 30-Minuten-Takt.

// www.ringstedtenhof.de

Strandkind // Das nachhaltig gebaute Holzhotel in Pelzerhaken bietet neben Kosmetik- und Körperbehandlungen auch Yogakurse an. Die wohltuenden Aromen und belebenden Dämpfe der beiden Saunen tragen zur vollkommenen Entspannung bei.

// www.hotel-strandkind.de

Hotel an der Marienkirche // Das fahrradfreundliche Hotel bietet helle Zimmer in skandinavischem Design. Das reichhaltige Frühstück ist mit Bioprodukten regionaler Anbieter, wahlweise gluten- und laktosefrei, sowie Fair-Trade-Lebensmitteln bestückt.

// www.hotel-an-der-marienkirche.de

GANZ BEWUSST ERLEBEN

DRACHEN STEIGEN LASSEN AN DER KÜSTE

Die kontinuierliche Brise vom Meer macht's möglich: Ostholsteins Küste ist ein Drachenparadies – überall und besonders im Frühjahr und Herbst: Doch Drachen steigen zu lassen ist schon lange kein Kinderkram mehr. Vom klassischen Kleindrachen über chinesische oder sportliche Lenkdrachen bis hin zu gewaltigen Gebilden – mit dem richtigen Wind und etwas Geschick steigen sie alle auf, um den Himmel zu schmücken. Besonders faszinierend sind für Zuschauer die großen Drachenfeste, die von März bis Oktober in verschiedenen Städten stattfinden.

IN LEBEN UND WERK VON GÜNTER GRASS EINTAUCHEN

Nobelpreisträger Günter Grass war nicht nur Literat, sondern auch Maler und Bildhauer. Im Grass-Haus in der Glockengießerstraße lernt man all seine Facetten kennen. Des Weiteren werden im ständigen Wechsel andere Künstler, die auf verschiedenen Gebieten tätig waren, ausgestellt. Dazu gehören z. B. Goethe, Hermann Hesse, John Lennon und Gottfried Keller. Im hübschen Hof des Museums kann man zwischen Originalskulpturen entspannen.

AUF DEM OSTSEEKÜSTEN-RADWEG DIE UMGEBUNG ERKUNDEN

Wer an die Ostsee kommt, möchte natürlich möglichst viel vom Meer sehen. Und deshalb empfiehlt sich für Fahrradtouren stets der 425 Kilometer lange, gut ausgeschilderte Ostseeküsten-Radweg von Lübeck nach Ahlbeck auf Usedom, dessen Etappen man auch einzeln angehen kann.

DURCH GÄNGE UND HÖFE SCHLENDERN

In der Altstadt Lübecks gibt es eine Vielzahl an mittelalterlichen Gängen und Höfen, die größtenteils öffentlich zugänglich sind. Kopf einziehen heißt es im Bäckergang (Engelsgrube 43), und trotz der lichten Gestaltung ist es manchmal schwer, im Dunkel- und Hellgrünen Gang den Überblick zu behalten. Engelsgrube und Füchtingshof wiederum machen alltägliches Leben im Spiegel der Zeit erlebbar, und von bekannten Stiftern zeugen Glandorps Gang, Glandorps Hof, Illhornstift und Haasenhof.

DIE AUSSICHT VOM TURM DER PETRIKIRCHE GENIESSEN

Keine Sorge! Die 50 Höhenmeter müssen nicht zu Fuß bewältigt werden. Denn um die Aussichtsplattform in der Petrikirche zu erreichen, wurde ein Lift installiert. Oben angekommen ist das einzige Programm: Staunen! Direkt unter einem breitet sich das Dächermeer der Stadt aus. Die Kirche St. Marien ist von hier oben ebenso zu sehen wie das mächtige Holstentor.

SEPTEMBER, HABET DIES 30.
OCTOBER, HABET DIES

04 ROSTOCK

HANSEATISCHES FLAIR UND JEDE MENGE GESCHICHTE

Die slawische Burg Roztoc gab der späteren Hansestadt ihren Namen. Übertragen bedeutet dies »Breiter werdender Fluss«. Am Ufer der Warnow, genauer gesagt, der Unterwarnow, präsentiert sich Rostock stolz als historisch einmaliges Juwel. Rostock macht kein Aufhebens darum, aber sie ist mit über 200 000 Einwohnern die größte Stadt Mecklenburg-Vorpommerns. Das hat die See- und Hafenstadt, die durch den Handel über das Meer zu Ansehen und Wohlstand gelangt ist, gar nicht nötig. Sie hat sich gegen Freibeuter wie Klaus Störtebeker und seine Gesellen durchgesetzt, die auf der Ostsee Handelsschiffe aufgebracht haben. Und sie hat einen berühmten Feldherrn hervorgebracht: Gebhard Leberecht von Blücher, vor dem selbst Napoleon kapitulieren musste. Vom Wasser aus hat man den besten Blick auf Rostocks Silhouette, die von der alles überragenden Marienkirche dominiert wird. Schlendert man durch die Straßen, entdeckt man an jeder Ecke Historisches, vornehmlich der Backsteingotik zuzuordnen. Dank alter Aufzeichnungen konnte die Stadt nach dem Zweiten Weltkrieg wieder rekonstruiert werden.

Oben: Der Möwenbrunnen von Waldemar Otto auf dem Neuen Markt in Rostock. Im Hintergrund liegt das Rathaus im Stil der Backsteingotik.

Links: Das mittelalterliche Uhrwerk der astronomischen Uhr der St.-Marien-Kirche funktioniert seit 1472.

○ ALTSTADT

Sie liegt zwischen Stadthafen und Wallanlagen und lässt sich bestens zu Fuß durchstreifen. In ihrer Mitte steht die wuchtige Marienkirche. Um sie herum scharen sich Petri- und Nikolaikirche, das Rathaus, das Herzogliche Palais und auch die Universität.

○ ST. MARIEN

Mit ihrem ungewöhnlich langen Querschiff und dem mächtigen Westbau samt Turmmassiv strahlt die dreischiffige Basilika, die nach dem Vorbild der Lübecker Marienkirche erbaut wurde, eine monumentale Größe aus. Die heutige Hauptkirche von Rostock entstand zwischen 1290 und 1450 auf den Fundamenten eines Vorgängerbaus, der jedoch stark vergrößert wurde. Die aufeinanderfolgenden Bauphasen sind am horizontal gestreiften Außenmauerwerk zu erkennen, das aus roten Backsteinen älteren Ursprungs und farbig glasierten Ziegeln neueren Datums besteht. Trotz der Wirren der Reformationszeit blieben der mittelalterliche Rochusaltar, der barocke Hochaltar, die Renaissancekanzel, die Fürstenloge mit Orgel, der um 1290 geweihte Tauffünte (Taufkessel) und die elf Meter hohe astronomische Uhr vom Bildersturm verschont und erstrahlen heute in altem Glanz. Berühmt geworden ist die Marienkirche 1989 durch die sogenannten Donnerstagsgebete, die der deutschen Wiedervereinigung vorausgingen.

○ NEUER MARKT

Ursprünglich hatte die Hansestadt drei Marktplätze. Schließlich gab es auch drei Zentren, die sich jeweils

CO_2-FREUNDLICH DURCH DIE STADT

Zu Fuß und mit dem Schiff // Während sich die Altstadt von Rostock am besten mit einem Spaziergang entdecken lässt, erlebt man die maritimen Sehenswürdigkeiten der Stadt optimalerweise bei einer Hafenrundfahrt.

Mit dem Fahrrad // Nicht nur Einheimische, sondern auch Gäste lassen sich von der Kampagne »Rostock steigt auf« begeistern. Dabei sollen Radfahrer bestärkt und Autofahrer zum Umdenken und Umsteigen angeregt werden, damit Rostocks Mobilität grüner wird. Zur umweltfreundlicheren Fortbewegung sollen demnächst auch die in vielen anderen Städten bereits eingeführten E-Scooter dienen.

um mindestens eine Kirche gruppierten. Der Neue Markt gehörte zur Mittelstadt bei der Marienkirche. 1265 wurden die drei Zentren vereint, der Neue Markt wurde zur Hauptschlagader. Damals wurde er komplett von schmucken Giebelhäusern eingerahmt. Viele sind davon nicht mehr übrig, die aber sind umso hübscher anzusehen. Allen voran das Rathaus mit seinen sieben Türmen. Es entstand im 15. Jahrhundert aus drei Giebelhäusern, die man mit einer Schauwand optisch zu einem Gebäude zusammengefasst hat. Später bekam das Rathaus den barocken Vorbau, den man heute bewundern kann. Mitten auf dem Marktplatz steht seit 2002 der Möwenbrunnen, der aus einer Säule mit Möwe und vier modern gestalteten Meeresgöttern aus Bronze besteht.

○ RATHAUS

Am Neuen Markt, nicht weit von der Marienkirche, steht das Rathaus. Im 13. Jahrhundert standen hier drei Giebelhäuser, die rund 200 Jahre später kurzerhand mit einer Schauwand optisch zu einem Gebäude wurden. Im 18. Jahrhundert kam noch ein barocker Vorbau hinzu.

○ KERKHOFHAUS

Berthold Kerkhof, Ratsherr und Bürgermeister der Stadt, ließ sich 1470 ein Giebelhaus bauen, das seinen Reichtum zeigen sollte. Der Terrakotta-Schmuck am Stufengiebel wurde im 16. Jahrhundert zugefügt. Das Kerkhofhaus ist Sitz des Stadtarchivs und des Standesamtes.

○ HAUSBAUMHAUS

Ungefähr 20 Jahre jünger als das Kerkhofhaus ist das Hausbaumhaus. Sein eigenartiger Name erklärt sich so: Die Holzkonstruktion, die das Gebäude stützt, ist wie ein Baum aufgebaut. Unten sitzt ein mächtiger Stamm, der das Gewicht trägt und viel Raum lässt, nach oben werden die Balken immer feiner, dafür gibt es mehr von ihnen.

○ MITTELALTERLICHE STADTTORE

Das Steintor war das imposanteste der Stadttore. Johann Albrecht I. von Mecklenburg ließ im 16. Jahrhundert den Vorgängerbau samt der gesamten Stadtbefestigung schleifen, da die Rostocker ihm nicht die gewünschte Ehrerbietung entgegenbrachten. Erhalten geblieben ist auch das benachbarte Kuhtor.

Links oben: Am Universitätsplatz versprüht der »Brunnen der Lebensfreude« gute Laune.

Links unten: Die Geschäftsgebäude im Ostteil des Stadthafens an der Warnow sind im Stil traditioneller Speicherhäuser gehalten.

Rechts: In Rostock befindet sich der einzige Tiefwasser- und Universalhafen Deutschlands.

NACHHALTIG GENIESSEN

Weinwirtschaft // Zu den feinsten Weinen werden hier regionale, saisonale, vegetarische und vegane Köstlichkeiten gereicht.

// www.weinwirtschaft-rostock.de

Grüne Kombüse // Im gemütlichen Restaurant lässt es sich sorgenfrei schlemmen. Alle Gerichte stammen aus ökologischen Betrieben rund um Rostock und sind zudem vegan, gluten-, zucker- und sojafrei. Zum Nachkochen der Köstlichkeiten werden Kochkurse angeboten.

// www.gruenekombuese.de

Greenbox // Dass Imbiss-Essen nicht gleich ungesund sein muss, zeigt die Greenbox am Kröpeliner Tor. Die frischen Speisen werden möglichst fettfrei unter schonender Garung und ohne Zusatz von Geschmacks- und Konservierungsstoffen zubereitet. Besonders beliebt sind die Detox-Smoothies.

// Kröpeliner Straße 54

○ STADTHAFEN

Der Name ist Programm: Nur wenige Schritte vom Neuen Markt entfernt, an der Unterwarnow direkt in der Innenstadt, liegt der Stadthafen. Rote Backsteinfassaden bestimmen das Bild, wenn man mal vom Blau des Wassers absieht. Das Areal ist eine Flaniermeile geworden, ein Viertel, in dem Einheimische wie Gäste essen, trinken, klönen. Das war nicht immer so. Früher wurde hier körperlich hart gearbeitet. Waren wurden aus den Bäuchen der Schiffe geholt oder an Bord gehievt. Zwischen Cafés und Kneipen sind glücklicherweise auch Zeugen aus dieser Zeit geblieben. Zum Beispiel der Tretkran – zumindest ein Nachbau davon. Oder das Mönchentor, das einzige Stadttor, das es am Hafen noch gibt. Am zweiten Augustwochenende steht der Stadthafen jedes Jahr im Zeichen der Hanse Sail. Dann schippern Dampfschiffe, Haikutter und Traditionssegler nach Warnemünde und zurück.

○ KUNSTHALLE

Das schlichte Gebäude, das die Kunsthalle beheimatet, ist zu Zeiten der DDR entstanden. Kunstinteressierte können sich dort der ostdeutschen Moderne widmen. Ein kleiner Schatz sind Handzeichnungen des Dresdener Spätexpressionismus.

○ ÜBERSEEHAFEN

Eine Hafenrundfahrt, die ist lustig – und in Rostock gleichzeitig höchst interessant. Neben Stadt- und Fischereihafen kriegt man auch den Überseehafen zu sehen. Der wurde in den 1950er-Jahren gebaut, um die Innenstadt zu entlasten. Schließlich war er für den Güterverkehr zuständig. Anlieferung und Abtransport hätten diese überfordert, zumal die Wirtschaft in der DDR zu der Zeit wuchs. Und auf Überseefrachter war der damals bestehende Hafen nicht eingerichtet. Heute werden auf 7,5 Quadratkilometern Gelände Getreide, Düngemittel, Öl und mehr gelagert. Fischverarbeitungs- und Schiffsreparaturbetriebe kamen hinzu. Mit der Wende kam für den Rostocker Überseehafen eine Talfahrt. Diese wurde mit dem Bau von Fährterminals abgefangen. Rund zwei bis drei Millionen Passagiere nutzen den Fährverkehr von und nach Skandinavien, Russland, Finnland und dem Baltikum.

Der »Teepott« von Warnemünde ist ein gastronomisches Juwel mit direktem Blick auf die Ostsee.

○ WARNEMÜNDE

Mit Warnemünde hat Rostock ein eigenes Seebad. Beliebter Treffpunkt ist das Ende der Promenade, wo Leuchtturm, Westmole und Hafeneinfahrt nicht weit sind. Wahrzeichen ist der Teepott, der seinen Namen einem Vorgängerbau, einem Teepavillon, verdankt.

HEIMATMUSEUM WARNEMÜNDE

Schon das Äußere des 1767 erbauten Fischerhäuschens macht Lust auf Regionalgeschichte. Seit mehr als 80 Jahren ist das Heimatmuseum darin untergebracht. Man kann eine Küche, Schlafstube und eine Diele besichtigen. Dazu gibt es Informatives über Fischer, Seefahrer, Lotsen und die ersten Badegäste sowie einen kleinen Museumsladen.

REGIONAL EINKAUFEN

○ GALERIE ROSTOCKER HOF

Über 40 Läden beherbergt die zweigeschossige Innenstadtpassage unter einem Dach, darunter zahlreiche Fachgeschäfte.

// rostocker-hof.de

○ WARNEMÜNDE: MECKLENBURGER BIOHOF

Zum Selbstessen oder als Mitbringsel geeignet sind die Produkte des Mecklenburger Biohofs – von Schokolade über Wein bis zu Fruchtaufstrichen und Tee.

// www.mecklenburger-biomarkt.de

ÜBERNACHTEN

Intercity Hotel Rostock // Direkt am Hauptbahnhof garantiert die Unterkunft kurze Wege in die Stadt. Mit dem FreeCity Ticket, das im Zimmerpreis enthalten ist, können Gäste den ÖPNV Rostocks kostenlos nutzen.

// www.intercityhotel.com

Hotel »Alles Paletti« // Unmittelbar am Erlebnis-Dorf Rövershagen gelegen, bietet das schicke Upcycling-Hotel eine Übernachtungsmöglichkeit der anderen Art. Die E-Ladestationen am Hotelparkplatz können Gäste kostenlos nutzen. Aber auch ohne Auto erreicht man Rostock mit der Regionalbahn innerhalb von zehn Minuten.

// www.karls.de

Finnhütten Markgrafenheide // Auf einer großer Rasenfläche direkt hinter den Dünen des Ostseestrandes kann man in zehn kleinen Finnhütten mitten in der Natur übernachten.

// www.rostock.de

GANZ BEWUSST ERLEBEN

AM ALTEN STROM IN WARNEMÜNDE FLANIEREN

Der Alte Strom wurde 1423 angelegt und hat Hunderte Jahre Rostocks Anschluss an die Ostsee garantiert. 1903 wurde der Neue Strom in Betrieb genommen, durch den seither die großen Pötte, die Fähren und – während der Hanse Sail – auch die alten Schätzchen pflügen. Am Alten Strom ist der Fischereihafen geblieben. Hinzugekommen sind kuschelige Pensionen, Hotels und Restaurants. Die Straße »Am Strom« hat sich zur Flaniermeile gemausert. Hier kann man bis zur Spitze wandern, wo der Alte Strom auf die Seepromenade trifft. Leuchtturm, Westmole und Warnemündes Wahrzeichen, der Teepott, liegen hier beieinander.

IN DER WARNOW SCHWIMMEN GEHEN

Rostocks Flussbad direkt an der Warnow lädt zum Planschen, Schwimmen und Sonnen ein. Neben einem Schwimm- und einem Nichtschwimmerbecken können sich Sportbegeisterte im Wasserballbecken austoben. Außerdem existiert ein weiteres Becken für den Bootsverleih. Darüber hinaus gibt es verschiedene Sportangebote.

DAS ROBBEN-FORSCHUNGSZENTRUM BESUCHEN

Was können Seehunde? Und wie kommunizieren sie untereinander? Auf einem Forschungsschiff in Warnemünde beschäftigen sich Wissenschaftler der Uni Rostock intensiv mit acht Seehunden und einem Seebären. Besucher dürfen ihnen dabei vom Sonnendeck aus zusehen. Wer sich rechtzeitig anmeldet, kann auch an Sonderprogrammen teilnehmen und etwa mit den Tieren schwimmen, tauchen oder sie streicheln. // www.marine-science-center.de

DEN PREISTRÄGER DES ROSTOCKER KABARETTPREISES MITWÄHLEN

Zum Kampf um den »Rostocker Koggenzieher« treten im Februar Kabarettisten und Comedians aus ganz Deutschland an. Von Donnerstag bis Samstag müssen sich alle Bewerber dem Urteil des Publikums stellen, um die Finalisten zu ermitteln, die dann am Sonntag mit Witz und Wortfertigkeit, Satire und schwarzem Humor um die Trophäe streiten.

BEI DER HANSE SAIL MITFEIERN UND DIE SCHIFFE BEWUNDERN

Die Rostocker Hanse Sail, die fünf Tage dauert und stets am zweiten Sonntag im August endet, ist eine der größten maritimen Veranstaltungen im Ostseeraum und Mecklenburg-Vorpommerns größtes Volksfest. Erstmals wurde sie im Juli 1991 gefeiert. Traditionell beginnt sie am Mittwoch um 10 Uhr an der Ostmole von Warnemünde, wo die Schützengesellschaft »Concordia« alle einlaufenden Gastschiffe mit Salut begrüßt. Am Donnerstag ab 10 Uhr ist dann sowohl in Warnemünde als auch am Rostocker Stadthafen entlang der Kais, an denen die Segler liegen, Festtreiben mit Fahrgeschäften, Schaustellern und einem vielfältigen Angebot an Imbissständen.

 05

ÅRHUS

DYNAMISCHE STUDENTENSTADT AN DER OSTSEEKÜSTE

Die an der gleichnamigen Ostseebucht gelegene und mit 277 000 Einwohnern zweitgrößte Stadt Dänemarks präsentiert sich als weltoffene und junge Metropole. Die 50 000 Studenten, die an den Hochschulen in Århus eingeschrieben sind, geben im Alltagsleben den Rhythmus vor. Kein Tag vergeht, an dem nicht irgendwo in der Stadt ein Konzert, eine Tanzshow oder eine Theateraufführung stattfinden würde. Es gibt unzählige Clubs, Bars und Kneipen. Trotz aller Urbanität ist Århus überschaubar geblieben. Die wichtigsten Sehenswürdigkeiten liegen nicht weit voneinander entfernt und lassen sich meist auf einem Spaziergang erreichen.

Oben: Reinste Idylle herrscht in der mit bunten Häuschen gesäumten Møllestien-Straße, die bereits über 800 Jahre alt ist.

Links: An den Kanälen von Århus lässt es sich in speziell angelegten Bereichen entspannen.

Rechts: Blickfang in der Domkirche sind die Eichenholzkanzel und der Altar.

○ DOMKIRCHE

Das Zentrum ist von alter und neuer Architektur gleichermaßen geprägt. Es wird von den schlanken Türmen der romanisch-gotischen Domkirche überragt. Das Gotteshaus wartet mit einem Altar aus der Werkstatt des Lübecker Meisters Bernt Notke (1435–1509) auf. Die von reformatorischen Eiferern im 16. Jahrhundert übertünchten Fresken, die die Wände der Kirche ursprünglich schmückten, wurden mittlerweile wieder freigelegt und restauriert.

○ VIKINGE MUSEET

In den 1960er-Jahren konnten unterhalb eines in der Nähe der Domkirche gelegenen Bankgebäudes die Spuren einer wikingerzeitlichen Siedlung freigelegt werden. Direkt über dem Fundort wurde das Vikinge Museet eingerichtet, in das man durch den Keller der Bank gelangt.

○ ÅRHUS TEATER

Gegenüber dem Dom bildet das spielerisch gestaltete Århus Teater einen unübersehbaren Blickfang. Das denkmalgeschützte Jugendstilgebäude von 1900 beeindruckt nicht nur mit seiner reich geschmückten Fassade, sondern auch mit dem in Gold dekorierten Innenraum. Von Anfang September bis Mitte Juni

CO_2-FREUNDLICH DURCH DIE STADT

Mit dem Fahrrad // In Århus, wo Fahrräder zum alltäglichen Stadtbild gehören, kommen Radfahrer auf ihre Kosten. Markierte Wege und ein neues Ampelsystem machen die Stadt zum regelrechten Radfahrparadies. Die Fahrt auf der Ringstraße ermöglicht einen Überlick über die Innenstadt und ihre Sehenswürdigkeiten. Aber auch stadtauswärts kann das umliegende Land ohne Probleme mit dem Rad erkundet werden. Wege durch die Marselisborger Wälder oder entlang der Küste führen mitten in die Natur.

ÖPNV // Wem nach langen Touren die Beine schmerzen, kann auf die 2018 eingeführten umweltfreundlichen Tram-Trains umsteigen, die sowohl innerstädtische Punkte verknüpfen, aber Passagiere auch ins Umland transportieren.

In Århus trifft in unmittelbarer Nähe Altes, Historisches, und Neues, Modernes, aufeinander: Die futuristisch gestalteten Wohngebäude direkt am Hafen (oben) bilden einen gelungenen Kontrast zu den von Rosen umrankten, alten Häuser in einer kopfsteingepflasterten Gasse (links oben). Ein schönes Ausflugsziel mit dem Fahrrad ist Schloss Rosenholm (links unten).

Rechts: Das 2004 eröffnete Kunstmuseum ARoS ist über die Grenzen Dänemarks hinaus bekannt.

Links: An das Ufer des Å reihen sich zahlreiche Geschäfte, gemütliche Cafés und Restaurants.

können auf vier Bühnen Theaterstücke und Tanzvorstellungen besucht werden.

○ KVINDEMUSEUM

Im alten Rathaus auf der anderen Seite des Doms ist das Kvindemuseum, das über die dänischen Frauenschicksale durch die Jahrhunderte informiert, untergebracht.

○ NEUES RATHAUS

Das 1941 fertiggestellte Neue Rathaus in der Nähe des Bahnhofs gilt als Meisterwerk moderner skandinavischer Architektur. Abgesehen vom Innenhof, der mit Glas überdacht ist, und der Außenverkleidung aus norwegischem Marmor besteht das Rathaus zu größtem Teil aus Beton. In der Spitze des markanten, 60 Meter hohen Turms befindet sich ein Glockenspiel.

○ DOKK1

Das Multimediahaus an der Mündung der Århus Å, des Wasserwegs durch die Stadt, gilt als Bindeglied zwischen Meer und Stadt. Unter seinem Dach ist nicht nur die »Bibliothek der Zukunft« mit Büchern und technischen Medien zu finden, sondern auch ein Mehrzwecksaal, in dem Konzerte, Theateraufführungen, Vorträge und Bürgerversammlungen stattfinden. Bei der Geburt eines jungen Århusers läutet im DOKK1 ein Gong, den frischgebackene Eltern vom Krankenhaus aus bedienen können.

○ SVALEGANGENS DUKKETEATER

Das Svalegangens Dukketeater ist Dänemarks einziges professionelles Papiertheater. Sowohl die kleine Bühne als auch die Figuren bestehen aus Papier. Die Bandbreite des Theaters reicht von traditionellen bis zu modernen Stücken. Es gibt sowohl Angebote für Erwachsene als auch für Kinder. Königin Margrethe ist so begeistert von den Aufführungen, dass sie das Theater finanziell unterstützt und sogar schon selbst Figuren für ein neues Stück entwarf.

○ KUNSTMUSEUM AROS

Nicht weit entfernt vom neuen Rathaus ragt mit dem verklinkerten Kubus des Kunstmuseums ARoS die größte Attraktion der Stadt empor. Das 2004 eröffnete Museum beeindruckt nicht nur durch seine Sammlung dänischer Maler und internationaler Gegenwartskunst, sondern auch durch eigenwillig ge-

NACHHALTIG GENIESSEN

Kvindemuseets Café // Wer trotz veganer Ernährungsweise nicht auf typisch dänische Speisen verzichten will, ist im Café des Frauenmuseums genau richtig. Die pflanzlichen Gerichte sind zudem an Gluten-Allergiker und Kinder angepasst. Der idyllische Ort im sonst so pulsierenden Århus ist eine wahre Oase.

// kvindemuseet.dk/museumscafeen

Mikuna // Der 100% vegane Take-Away-Laden wurde als bestes veganes Restaurant Dänemarks ausgezeichnet. Die Auswahl reicht von Burgern mit selbst gebackenem Brot über Chili sin Carne bis hin zu indischen Currys. Zum Nachtisch werden vegane Kuchen gereicht.

// www.mikuna.dk

Dome of Visions // Das moderne, nachhaltige und energieoptimierte Gebäude aus Glas und Holz gilt als der coolste Ort der Stadt. Hier kann ein Kaffee geschlürft oder einer Lesung, einer Band oder einem Vortrag gelauscht werden.

// www.domeofvisions.dk/

staltete Ausstellungsräume. Der würfelförmige Bau gehört zu den meistbesuchten Kunstmuseen Nordeuropas.

○ QUARTIER LATIN

Das Quartier Latin entstand im späten 14. Jahrhundert und gilt als Århus' ältester Stadtteil. Rund um den malerischen Platz Pustervig Torv erstrecken sich kopfsteinpflasterne Gässchen, die an kleinen Cafés und Restauants vorbeiführen. Antiquariate, Trödelläden und trendige Boutiquen laden zum Stöbern ein.

○ MUSEUM MOESGÅRD

Ein wichtiges Museum zur Geschichte Dänemarks residiert auf Gut Moesgård südlich von Århus. Es beherbergt eine umfangreiche Sammlung von Funden aus allen Epochen der dänischen Frühgeschichte vom Neolithikum bis zur Wikingerzeit. Hauptattraktion ist der Grauballemann, eine Moorleiche, die 1956 in der Nähe von Silkeborg gefunden und dort vermutlich um 50 v. Chr. begraben wurde. Zum Museum gehört ein Lehrpfad, der an prähistorischen Monumenten vorbeiführt.

REGIONAL EINKAUFEN

○ BAZAR VEST

Hochwertige Kleidung und exotische Speisen können bei diesem kulturell vielfältigen Basar zu günstigen Preisen erworben werden. Bei Gemüse und Fleisch wird auf Frische und Qualität geachtet.

// www.bazarvest.dk

○ FREDERIKSBJERG

In der Einkaufsstraße vom Bahnhof bis zur Paulskirche säumen sich mehr als 90 Geschäfte und Lädchen. Unter anderem bieten hier lokaler Designer und Kunsthandwerker ihre Ware an, wie handgefertigte Keramik- oder Schmuckstücke.

○ RETRO GOLD MARKET

Auf dem Vintagemarkt am Godsbanen mitten in Århus werden Retroträume wahr. Händler verkaufen erstklassige Einzelstücke, die von Kleidung bis hin zu Möbeln reichen.

// retroguld.dk

Das Århus-Theater wurde nach den Entwürfen des dänischen Architekten Hack Kampmann erbaut und stellt eine Mischung aus Jugendstil, Heimatstil und Nationalromantik dar. Es ist das größte Regionaltheater Dänemarks.

ÜBERNACHTEN

Radisson Blue Scandinavia Hotel Aarhus // Dank seiner zentralen Lage mit einer Entfernung von nur zehn Gehminuten vom Hauptbahnhof ist das preisgekrönte Hotel ein idealer Ausgangspunkt zur Stadterkundung – ganz ohne Auto.

// www.radissonhotels.com

Scandic Aarhus City // Die Zimmer des Familienhotels werden zu 90% mit der Energie aus den auf dem Dach befindlichen Solarzellen versorgt. Ebenso sind auf dem Dach Bienenstöcke zu finden, aus denen hausgemachter Honig für die Hotelgäste gewonnen wird.

// www.scandichotels.dk

Zleep Hotel Aarhus Skejby // Neben dem Qualitätsinterieur kann das Hotelgebäude mit der Erfüllung der hohen Anforderungen ökologischer, ökonomischer und sozialer Nachhaltigkeit punkten.

// www.zleep.com

GANZ BEWUSST ERLEBEN

IN DIE GESCHICHTE EINTAUCHEN IN »DEN GAMLE BY«

Das Freilichtmuseum von Århus ist landesweit eines der ältesten und meistbesuchten. Es wurde zu Beginn des 20. Jahrhunderts gegründet und um einen aus dem Zentrum der Stadt stammenden renaissancezeitlicher Kaufmannshof, der beinahe abgerissen worden wäre, sukzessive aufgebaut. Mittlerweile stehen 75 historische Gebäude aus Dänemark auf dem Areal, darunter nicht nur Bürgerhäuser, Werkstätten und Läden, sondern auch eine Windmühle und das Theater von Helsingør. »Die alte Stadt« – so die deutsche Übersetzung – ist ein Living-History-Museum, das seinen Besuchern ein authentisches Bild städtischen Lebens im Dänemark des 17., 18. und 19. Jahrhunderts vermitteln möchte, und die bunten Häuser wirken nicht kulissenhaft, sondern echt.

DURCH DEN KÖNIGLICHEN SCHLOSSPARK SPAZIEREN

Wenn das Schloss Marselisborg gerade nicht von der dänischen Königin Margrethe II. bewohnt wird, kann ein Spaziergang durch den riesigen Schlosspark unternommen werden. Der im traditionell englischen Stil angelegte Park weist neben vielen Skulpturen und Kunstwerken auch einen wohlduftenden Rosen- und Kräutergarten auf. Immer, wenn sich die Regentin hier in ihrer Sommerrresidenz im Schloss aufhält, kann stattdessen täglich um 12 Uhr mittags miterlebt werden, wie die königliche Leibgarde ihre Wache wechselt.

AM ÅRHUS FESTUGE TEILNEHMEN

In Århus findet seit 1965 im Spätsommer jährlich das Kunst- und Kulturfestival statt, das als eines der größten in ganz Skandinavien gilt. Überall in der Stadt sind dann für zehn Tage Theater, Musik, Kunst, Architektur und Tanz zu finden – egal, ob auf den Straßen oder in Clubs, Gallerien, Museen oder auf der Bühne. Jedes Jahr kommen hier Künstler aus aller Welt zusammen, um die Stadt mit Leben, Energie und Kreativität zu füllen.

AUSFLUG IN DEN NATIONALPARK MOLS BJERGE

Östlich von Århus liegt der Nationalpark Mols Bjerge auf einer ins Kattegat hinausragenden Halbinsel der von vielen Buchten geprägten Ostseeüste. Mit der Gründung 2009 kann eine typische Hügellandschaft der jungen eiszeitlichen Grundmoränenlandschaft Dänemarks im Sinne des Natur- und Landschaftsschutzes entdeckt werden. Auf einer Fläche von ca. 180 Quadratkilometern findet der Besucher unterschiedliche Biotope wie Seen, Heideflächen, Wälder, Moore, Strandwiesen und Dünenlandschaften vor. Seltene Tier- und Pflanzenarten finden hier einen Lebensraum. Wanderwege erschließen das Gebiet. Eine besondere Attraktion sind einige Grabhügel aus der Bronzezeit, die auf die Besiedlungsgeschichte dieses Naturraumes verweisen.

RUNDGANG AUF »YOUR RAINBOW PANORAMA«

Der 150 Meter lange und drei Meter breite Panoramarundweg aus Glas auf dem Dach des Kunstmuseums ARoS lässt Århus in allen Farben des Regenbogens erscheinen und verändert dadurch den Blick auf die Stadt. Der Architekt Olafur Eliasson bezeichnet die Konstruktion als einen Vermittler zwischen »dir«, dem Museum und der Stadt. In »Your Rainbow Panorama« werden Besucher zu einem Teil des Kunstwerks.

06 KOPENHAGEN

EINMALIG LEBENSWERT: DÄNEMARKS HAUPTSTADT

Eine entspannte Atmosphäre und lebensfrohe Menschen – das ist Kopenhagen. Wie sollte es auch anders sein, wenn schon die berühmte kleine Meerjungfrau aus den Fluten grüßt und sogar das Königshaus einen unbekümmerten, volksnahen Lebensstil pflegt! Die dänische Hauptstadt hat ein großes und vielseitiges kulturelles Angebot, und die Ausgeh- und Vergnügungsviertel sind weltberühmt. Insbesondere wenn sich die Sonne zeigt, spielt sich das Leben auf den Straßen, in den Parks und nicht zuletzt am Wasser ab. Das im Westen und Norden von Wasser, den Kopenhagener Seen, eingefasste und im Osten an den Hafen grenzende historische Zentrum wartet mit einem Ensemble aus prächtigen Renaissance- und klassizistischen Repräsentationsbauten auf. Eine erste Blütezeit erlebte die Stadt am Öresund, die seit 1443 Hauptstadt von Dänemark ist, im späten Mittelalter als Handelshafen.

Oben: Die Strøget ist nicht nur die bekannteste, sondern auch die älteste Fußgängerzone Dänemarks. Ihr Herz schlägt am Amagertorv.

Links: Bunte Häuser stehen am Nyhavn (Neuer Hafen) in Reih und Glied. Wo sich einst ein bedeutender Hafenarm befand, ist heute das wichtigste Vergnügungsviertel Kopenhagens.

Rechts: Dem Bildhauer Bertel Thorvaldsen widmete seine Heimatstadt ein interessantes Museum.

○ STRØGET

Kopenhagens berühmte Fußgängerzone zieht sich über fünf Straßen vom Rathausplatz bis zum Kongens Nytorv, dem Königlichen Neumarkt, hin. Ein Bummel über die Flaniermeile ist ein Muss für jeden Besucher, denn hier gibt es auf Schritt und Tritt etwas zu sehen und zu bestaunen. Die Strøget wird von prachtvollen, hohen Renaissancebauten gesäumt. Überall locken interessante Geschäfte, Cafés und Restaurants, und auch Straßenmusikanten spielen auf. Außerdem liegen einige der Museen und sehenswerte Sakralbauten an der Route.

RATHAUSPLATZ

Blickfang am weitläufigen Rathausplatz ist natürlich das zwischen 1892 und 1905 errichtete Rathaus, das seinem Pendant im italienischen Siena nachempfunden wurde. Biegt man vom Rathausplatz in die Frederiksberggade ein, gelangt man nach wenigen Minuten zum Gammeltorv – einem der schönsten Plätze der Stadt und Treffpunkt junger Leute.

CO_2-FREUNDLICH DURCH DIE STADT

ÖPNV // Die umweltfreundliche Stadt bietet genügend Alternativen, um auf das Auto verzichten zu können. Mit der Copenhagen Card, die entweder für 24 oder 72 Stunden gültig ist, kann das gesamte Netz aus ElektroBus und Bahn unbegrenzt benutzt werden. Dazu gehören auch die Metros, fahrerlose Züge, und Hafenbusse, also Fähren, die entlang des Hafens an den bekanntesten Sehenswürdigkeiten vorbeischippern.

Mit Fahrrad & Co. // Orte, die von den vielen Bus-, Bahn- und Hafenverbindungen nicht angefahren werden, können zu Fuß, auf Rollerblades oder dem Rad erreicht werden – es gibt extra Stadträder zum Leihen und besonders breite Radwege.

LATINERKVATERET

Nördlich des Platzes schließt sich das »Lateinische Viertel« mit dem in den 1830er-Jahren errichteten Hauptgebäude der Universität, der St.-Petri- und der Liebfrauenkirche an. Zwar sind die meisten Universitätsgebäude inzwischen umgezogen, trotzdem hat sich das einstige Studentenviertel seinen Charme bewahrt.

○ TIVOLI

Der hinter dem Rathausplatz gelegene Vergnügungspark ist, neben der kleinen Meerjungfrau, wohl das bekannteste Wahrzeichen der dänischen Hauptstadt. Seit nun mehr als 170 Jahren locken Dutzende von Karussells und andere Fahrgeschäfte, Gaukler und Akrobaten die Besucher in den Tivoli. Mehrmals wöchentlich finden Konzerte statt.

○ SLOTSHOLMEN

Auf dieser am Inderhavn gelegenen und nach drei Seiten durch einen schmalen Kanal vom übrigen Stadtgebiet getrennten Insel schlägt das politische Herz Dänemarks. Hier befindet sich Schloss Christiansborg – der Sitz des dänischen Parlaments, der Regierung und des Obersten Gerichtshofs.

○ KLEINE MEERJUNGFRAU

Kreuzfahrtschiffe, die das Langelinie-Pier anlaufen, aber auch Scharen von Touristen, die an Land spazieren, kommen an Kopenhagens Wahrzeichen vorbei. Seit 1913 sitzt die nur 125 Zentimeter große Statue auf ihrem Felsblock an der Uferpromenade und blickt traumverloren aufs Meer. Sie ist nach einem Märchen von Hans Christian Andersen benannt und wurde im Auftrag des Mäzens Jacob Christian Jacobson von dem Bildhauer Edvard Eriksen geschaffen.

○ NYHAVN

Der Kanal im Norden des Stadtzentrums verbindet den Kongens Nytorv mit dem Hafen und zählt zu den touristischen Attraktionen der dänischen Hauptstadt. Sehenswert ist die Front aus farbenfrohen alten Kontorhäusern im Norden des Nyhavn. Seit den 1980er-Jahren hat sich hier eine lebendige Kneipen- und Restaurantszene entwickelt.

○ SCHLOSS AMALIENBORG

Auf halbem Weg zwischen Nyhavn und dem Kreuzfahrtpier Langelinie liegt Schloss Amalienborg – die

Links oben: Vor Schloss Christiansborg wurde Christian IX, dem Stammvater der glücksburgischen Linie, ein Denkmal in Form eines Reiterstandbildes errichtet.

Links unten: Eher melancholisch erscheint das Wahrzeichen Kopenhagens: die kleine Meerjungfrau von Edvard Eriksen, die an der Hafeneinfahrt sehnsüchtig auf ihren Prinzen wartet.

Rechts: Im Tivoli wird gefeiert, was es zu feiern gibt, egal, ob Hochzeiten, Jahrestage oder Geschäftsjubiläen. Selbst Königin Margarethe war zu ihrem 60. Geburtstag hier. Währenddessen drehen sich im Park die Karussells.

Rechts unten: Die Amalienborg war eigentlich nicht als Königsschloss bestimmt. Als jedoch 1794 der königliche Wohnsitz Schloss Christiansborg einem Brand zum Opfer fiel, zog Christian VII. kurzerhand in Amalienborg ein, das damit zur Residenz des dänischen Königshauses wurde und dies bis heute geblieben ist.

Residenz der dänischen Königin. Das Ensemble aus vier um einen achteckigen Platz gruppierten Palästen wird weltweit als eine außergewöhnliche Rokokoanlage gelobt. Ein Besuch ist nicht nur für Fans des Königshauses ein Muss.

NACHHALTIG GENIESSEN

42Raw // Im hippen Rohkostbistro können ausschließlich pflanzliche und größtenteils nur kalte Gerichte bestellt werden. Falls doch ein warmes Gericht gewünscht wird, werden die Speisen schonend bei 42 °C im Dörrofen erwärmt – daher der Name.

// www.42raw.com

ØsterGRO // Das Restaurant im Rooftop-Gewächshaus lässt Veganerherzen höher schlagen. Alle servierten Lebensmittel werden entweder auf dem Dach selbst gezüchtet oder von regionalen Händlern bezogen.

// www.oestergro.dk

Plant Power Food // Minimalismus und Zero Waste werden hier groß geschrieben. Ebenso wird die Restaurantausstattung und Warenbeschaffung konsequent nachhaltig gestaltet.

// www.plantpowerfood.dk

○ CHRISTIANSHAVN

Das Viertel auf der Insel Amager zählt zu den urigsten von ganz Kopenhagen. Es wurde unter König Christian IV. ab 1619 nach dem Vorbild Amsterdams angelegt und mit einem Kanalsystem ausgestattet. Da es von Zerstörungen verschont blieb, sind viele Teile der historischen Bebauung erhalten. Weltweit bekannt wurde Christianshavn durch die 1970 von Hippies gegründete »Freistadt Christiania«, in der alternative Lebensformen und -konzepte entwickelt und erprobt werden sollten.

○ NATIONALMUSEUM

In der Sammlung des Nationalmuseums, die in einem Rokokopalast untergebracht ist, spiegelt sich die Geschichte der dänischen Kultur von der Bronzezeit bis in das 20. Jahrhunderts wider; das Herzstück ist der berühmte Sonnenwagen von Trundholm.

REGIONAL EINKAUFEN

○ AMAGERTORV

Der Platz ist das Mekka des dänischen Designs, denn hier ist die Ladendichte dafür sehr hoch. Außerdem ist der Amagertorv ein guter Startpunkt für einen Einkaufsbummel auf der Strøget.

○ HOUSE OF AMBER

Bernstein ist wieder schwer angesagt. Im House of Amber, Kopenhagen hat allein drei Filialen, findet man klassische und moderne Schmuckkreationen. Im Ravhuset in Nyhavn ist auch ein Museum untergebracht, das den weltgrößten Bernstein präsentiert.

// www.houseofamber.com

○ ILLUMS BOLIGHUS

Ein Warenhaus in Sachen Design. Hier gibt es neben Möbeln und Kücheneinrichtungen Dekoratives, von der Lampe bis zum Spiegel, vom Teppich bis zur Tapete. Außerdem kann man sich gleich einkleiden und mit Accessoires ausstatten. Kosmetik gibt es obendrauf.

// www.illumsbolighus.com

○ KOPENHAGENER FLOHMÄRKTE

Man war nicht in Kopenhagen, wenn man keinen Flohmarkt besucht hat. Ein bekannter »Loppemarked«, wie es hier heißt, findet von Mai bis November jeden Samstagvormittag am Israels Plads statt. Hier findet man Trödel und Antikes. Bei schlechtem Wetter weicht man in die Remisen aus, dort ist fast jedes Wochenende Hallenflohmarkt.

○ ECOEGO

Grünes Leben wid bei EcoEgo großgeschrieben. Der Laden ist spezialisiert auf Fair-Trade-Möbel und -Kleidung. Dazu gibt es allerlei Wohnungsdeko und Naturkosmetik – und eine tolle Schuhabteilung.

// ecoego.dk

Das Designwarenhaus Illums Bolighus lebt auch das vor, was hier verkauft wird: In den Verkaufsräumen überwiegt schlichtes nordisches Design.

ÜBERNACHTEN

Crowne Plaza Copenhagen Towers // In Sachen Nachhaltigkeit zeigt sich das Hotel vorbildlich. Das Gebäude selbst stellt die größte private Photovoltaikanlage Dänemarks dar. Daneben verleiht die Unterkunft Elektoautos und Fahrräder an Gäste.

// www.ihg.com/crowneplaza

Hotel Bertrams // Das Hotel achtet umfassend auf Nachhaltigkeit, vom Frühstück aus Bio-Zutaten zum cleveren Abfallmanagement. Davon abgesehen überzeugt es durch die gemütliche Lounge und den Garten für erste Sonnenstrahlen im Frühling.

// www.guldsmedenhotels.com/bertrams

Axel Guldsmeden // Die komfortable Unterkunft zählt in Kopenhagen als das Lieblingshotel umweltbewusster Reisender und wurde bereits mit dem »Golden Ø« (Ø für Økologisk) und dem »Green Globe« ausgezeichnet.

// www.guldsmedenhotels.com/axel-hotel

GANZ BEWUSST ERLEBEN

ZUM OPEN FOYER IN DIE OPER GEHEN

Das umstrittene Bauwerk – der Mäzen hat jedes Detail entschieden, statt die Stadt in die Gestaltung einzubeziehen – liegt genau gegenüber von Schloss Amalienborg. Täglich werden gegen Gebühr Führungen angeboten. Drei Stunden vor einer Vorstellung kann das Foyer kostenlos betrachtet werden.

EINEN DÄNISCHEN HOTDOG AN EINEM PØLSEVOGN ESSEN

Die Wurst im Brötchen mit Senf, Ketchup, Remoulade, Röstzwiebeln und Gurkenscheiben gehört zu Dänemark wie Rotwein zu Frankreich. Am besten bei DØP am Runden Turm oder an der Heiliggeistkirche probieren, oder bei Mortens Pølser, Stubbeløbsgade. Mittlerweile gibt es auch mehr und mehr Wurstwägen, die vegetarische oder vegane Hotdogs anbieten, so zum Beispiel in der Købmagergade oder am Amagertorv.

DURCH DEN BOTANISCHEN GARTEN SPAZIEREN

Seit 1874 bildet der Botanische Garten die grüne Lunge im Zentrum der Stadt. Unbedingt das alte Palmenhaus besuchen und die Wendeltreppe erklimmen! Anschließend auf der Terrasse Leckereien aus dem Citroën-Kastenwagen genießen.

AN EINER FÜHRUNG DURCH CHRISTIANIA TEILNEHMEN

Das Viertel auf einem ehemaligen Militärgelände nennt sich »Freistaat«. Tatsächlich organisieren die Bewohner einiges selbst, was üblicherweise die Stadtverwaltung regeln würde. Ein bisschen machen sie auch ihre eigenen Gesetze. Fotografieren ist hier streng verboten. Wer dagegen verstößt, bekommt Unannehmlichkeiten. Man kann das Gelände auf eigene Faust erkunden oder im Café verweilen, sollte sich sicherheitshalber aber besser einer Führung anschließen.

SKIFAHREN AUF DEM COPENHILL

Seit Jahren wird durch Dänemarks innovative Abfallverwertung Müll in Strom und Heizwärme umgewandelt. Um das Image der stadtnahen Müllverwertungsanlage aufzuwerten, setzte Kopenhagen neue Maßstäbe in Sachen nachhaltige Architektur, Design und Technologie und schuf eine grüne Skipiste auf dem Dach der Anlage. Das neue Konzept verbindet das Thema Nachhaltigkeit mit Spaß. So kann man jetzt auch im flachen Dänemark skifahren – mit herrlichem Blick über Kopenhagen.

07 MALMÖ

NACHHALTIG UND MODERN: SCHWEDENS DRITTGRÖSSTE STADT

Ende des 20. Jahrhunderts sah es in der drittgrößten Stadt Schwedens nicht gut aus. Werften und Industrieanlagen wurden nicht mehr genutzt und verfielen, die Bewohner zogen weg. Doch Malmö schaffte den Sprung in die Moderne: Mit einem Zentrum für Wissenschaft und Forschung putzten sich verlassene Gebäude wieder heraus, die Öresundbrücke sorgte für Aufschwung. Heute leben rund 300 000 Menschen in der City und so viele Nationalitäten wie sonst nirgends in Schweden. Historische Fachwerkhäuser stehen neben modernen Gebäuden, und gerade das macht Malmö interessant. Vom Rathausplatz Stortorget aus lassen sich alte Prachtbauten in der Altstadt bewundern, im Südwesten sticht der Lilla Torg ins Auge. Der Platz diente im 16. Jahrhundert Händlern als Markt, heute finden sich ringsum kleine Lokale, die ihn zur Ausgehmeile werden ließen.

Oben: Direkt am Kanal erhebt sich der moderne Bau der erst 1998 gegründeten Universität von Malmö. Schwerpunkte der internationalen Hochschule liegen auf den Themen Nachhaltigkeit, Urbane Studien und Technologie.

Links: Der Turning Torso in Västra Hamnen wurde vom Architekten Santiago Calatrava im Stil des Dekonstruktivismus entworfen und gilt mit seiner Höhe von 190 Metern als höchstes Gebäude Skandinaviens.

○ HAFEN

Das modernen Hafenviertel von Malmö, Västra Hamnen, präsentiert sich in einem erfrischenden Mix aus Alt und Neu. Auf der einen Seite der moderne Westhafen mit dem Turning Torso und einem hippen Wohn- und Geschäftsviertel, auf der anderen Seite das traditionelle Hafenviertel mit dem sehenswerten Koggenmuseum, das über die mittelalterliche Seefahrt im Ostseeraum informiert und außerdem Hafenrundfahrten in originalgetreu nachgebauten Koggen anbietet. Das gesamte Stadtviertel ist durchzogen von Grünflächen, Teichen, künstlichen Wasserläufen und Springbrunnen. An einigen Stellen befinden sich Badeplätze, die praktisch vor der Haustür zum Sprung in das Wasser des Öresunds einladen. Eine lange Strandpromenade führt von hier aus durch ausgedehnte Grünflächen am Meer entlang zum nahe liegenden Ribbersborgstrand.

○ GAMLA STADEN

Das von Kanälen umgebene historische Zentrum Malmös beginnt südlich des Bahnhofs und lässt sich gut zu Fuß erkunden. Als Ausgangspunkt für einen Stadtbummel bietet sich der Stortorget an. Der weitläufige Platz wird von einem Reiterstandbild König Karls X. Gustav, unter dem Malmö endgültig schwedisch wurde, geschmückt. An seiner Ostseite zieht die reich dekorierte Fassade des in der Mitte des 16. Jahrhun-

CO_2-FREUNDLICH DURCH DIE STADT

ÖPNV // Mit ElektroBussen gelangt man nicht nur zu beliebigen Stadtbezirken innerhalb der City, sondern auch zu den Vorortbezirken außerhalb. Zudem verbindet die Museumsstraßenbahn – die letzte Straßenbahn der Stadt seit 1973 – das Museum für Technik mit dem Park von Malmöhus.

Mit dem Fahrrad // Obwohl Malmö mit seinem Seehafen und dem großen Busbahnhof als das wichtigste Verkehrszentrum Südschwedens gilt, ist das Hauptfortbewegungsmittel innerhalb der Stadt das Rad. So sollen täglich rund 100 000 Fahrten mit dem umweltfreundlichen Verkehrsmittel unternommen werden. Bei den gut ausgebauten Radwegen ist das kein Wunder!

derts errichteten und um 1860 umgebauten Rathauses alle Blicke auf sich. Den auffallenden herrschaftlichen Backsteinbau an der Nordwestecke des Stortorget ließ der als Reformator und baufreudiger Bürgermeister Malmös bekannt gewordene Jörgen Kock um 1525 errichten. Auch an der Västergatan finden sich einige sehenswerte historische Backsteinbauten wie etwa das Rosenvingehuset, das als Paradebeispiel renaissancezeitlicher skandinavischer Stadtarchitektur gilt.

○ LILLA TORG

Der Lilla Torg südwestlich des Stortorget wird immer wieder als schönster Platz Malmös gerühmt. Er wurde Ende des 16. Jahrhunderts als Marktplatz für die vielen Einzelhändler der Stadt angelegt und ist von stattlichen Fachwerkhäusern gesäumt. In den hippen Lokalen, die hier zu finden sind, herrscht meist Hochbetrieb. Den ganzen Sommer über kann man sich hier draußen an einem der zahlreichen Tische niederlassen und das bunte Treiben beobachten. Hedmanska Gården, ein Kaufmannshof aus dem 18. Jahrhundert, wurde in ein Kulturzentrum verwandelt. In einem Teil des Fachwerkbaus ist das Form Design Center untergebracht. Malmös Altstadt bietet gute Einkaufsmöglichkeiten. Rund um den Lilla Torg und in

Oben: Die zwei erhaltenen Rondeltürme von Schloss Malmöhus sind im klassischen Rot des ehemaligen Renaissanceschlosses gestrichen.

Links: Der gemütliche Platz Liilla Torg ist ein beliebter Treffpunkt für Touristen und Einheimische. Typisch schwedische Restaurants und nette Cafés laden hier zum Verweilen ein.

der Hauptgeschäftsstraße Södergatan zwischen Stortorget und Gustav Adolfs Torg finden sich Geschäfte für jeden Geschmack und Geldbeutel.

○ ST. PETRI KYRKA

Die rote Backsteinkirche hinter dem historischen Rathaus wurde im 14. Jahrhundert im gotischen Stil errichtet und ist das älteste Gebäude der Innenstadt Malmös. Im Inneren des Kirchenbaus lassen sich einige Besonderheiten finden: So ist der hölzerne Altar der größte seiner Art in ganz Nordeuropa und die einzigartigen Wand- und Deckenmalereien, die während der Reformation mit weißer Farbe übermalt wurden, konnten wieder freigelegt werden.

NACHHALTIG GENIESSEN

Mineral Malmö // Vintage-Holzeinrichtung, überall grüne Pflanzen, leere Weinflaschen, die zu Kerzenständern umfunktioniert wurden. Im Mineral fühlt man sich wie in einem gemütlichen Wohnzimmer. Die leckeren veganen Gerichte können an warmen Tagen auch im kleinen Garten des Lokals verzehrt werden.

// www.mineralmalmo.se

Vegan Bar // Es gibt sie tatsächlich: eine vegane Bar in Malmö. Serviert werden schmackhafte, pflanzliche Burger, die sogar besser als normale Burger sein sollen. Dazu kann man eine Auswahl an kühlen Getränke ordern und den Abend in uriger Atmosphäre ausklingen lassen. Prost!

// www.veganbar.se

Köld // Zu finden im hippen Einkaufszentrum Mitt Möllan, bietet die Eisdiele Köld vegane Eissorten an. Hergestellt werden diese mit Pflanzenmilch wie Kokosnuss-, Cashew-, oder Hafermilch. Mit intensiven Geschmacksrichtungen werden vegane Eisträume wahr.

// www.kold.co

○ SCHLOSS MALMÖHUS

Der trutzige Backsteinbau westlich der Altstadt wurde um 1430 unter Erik VII. von Dänemark als Kastell errichtet und von König Christian III. ab 1526 zu einer Residenz ausgebaut. Nach dem im Jahr 1658 geschlossenen Frieden von Roskilde, mit dem Dänemark seine südschwedischen Provinzen verlor, nahmen die Schweden Schloss Malmöhus zwar in Besitz, ließen es aber verfallen. Erst in den 1930er-Jahren wurde das Gebäude restauriert. Heute beherbergt es Malmös Stadtmuseum, ein Naturkundemuseum mit angeschlossenem Aquarium und Tropikarium sowie das Malmö Konstmuseum, das über die größte Sammlung moderner skandinavischer Kunst in Schweden-

Rechts oben: Besonders in den Sommermonaten herrscht am Lilla Torg eine entspannte Atmosphäre.

Rechts unten: Das von 1544 bis 1547 erbaute Rathaus zieht mit seinem holländischen Renaissancestil alle Blicke auf sich.

verfügt. Schloss Malmöhus liegt inmitten einer baumbestandenen und von Wassergräben durchzogenen Parklandschaft, die zu ausgedehnten Spaziergängen einlädt.

○ MALMÖ LIVE

Vom Västra Hamnen aus liegt das 2015 eröffnete Gebäude des Malmö Live auf dem Weg Richtung Bahnhof. Der Komplex beherbergt neben Konzerthallen und Konferenzsälen ein Hotel und verschiedene Restaurants. Im 25. Stock hat sich der Starkoch Marcus Samuelsson mit seinem Lokal Kitchen & Table eingerichtet. Von hier aus genießt man nicht nur eine atemberaubende Aussicht über Malmö, sondern auch Gourmetgerichte der Extraklasse.

REGIONAL EINKAUFEN

○ MALMÖ SALUHALL

Einst ein Lagerhaus, heute ein riesiger Essensmarkt, der von hochwertigem Fleisch und Fisch über frisches Obst und Gemüse bis hin zu feinster Schokolade alles anbietet. Die nachhaltigen Erzeugnisse und deren Verarbeitung sowie die Qualität der Produkte stehen dabei im Mittelpunkt. Ein Paradies für Food-Lover aller Art.

// www.malmosaluhall.se

○ MITT MÖLLAN

Im Stadtteil Möllan befindet sich ein Shoppingcenter der anderen Art. Die Läden im Mitt Möllan bieten statt Massenwaren lokal und ökologisch verträglich hergestellte Speisen, Kunstwerke, Designerstücke und Mode an. Es ist ein Ort, an dem man die dynamische Vielfalt und Kultur von Malmö erfahren kann.

// www.mittmollan.se

○ DESIGNTORGET

Die Kette mit Geschäften in ganz Schweden ist alles andere als Mainstream. Jungen Designern wird hier die Chance gegeben, ihre innovativen Produkte wie Schmuckstücke, Wohnaccessoires und Bücher vorzustellen.

// www.designtorget.se

Links: Die Öresundbrücke verbindet das schwedische Malmö mit der dänischen Hauptstadt Kopenhagen.

Links unten: Am Kanalufer zeigt sich eine gelungene Symbiose aus dem alten Glockenturm und den neuen Bürogebäuden.

ÜBERNACHTEN

Oh Boy Hotel // Im ersten Fahrradhotel der Welt werden den Gästen nicht nur wie üblich Hotelzimmer zugewiesen, sondern auch ein Fahrrad, mit dem sie die Stadt umweltfreundlich erkunden können.

// www.ohboy.se

Happy Dogs Ranch // Die 45 Minuten außerhalb von Malmö gelegene Unterkunft bietet Übernachtungsmöglichkeiten in malerischen roten Schwedenhäusern. Umgeben von einem kleinen Wald genießt man hier von der Terasse aus einen herrlichen Blick auf einen See.

// www.happydogsranch.se

GANZ BEWUSST ERLEBEN

IM RIBERBORGS KALLBADHUS BADEN GEHEN

Vom Sandstrand aus führt ein langer Holzsteg zum Riberborgs Kallbadhus – von Einheimischen kurz »Kallis« genannt –, das Ende des 19. Jahrhunderts im Jugendstil erbaut wurde. Um sich auf das Bad vorzubereiten, gehen Männer und Frauen getrennt voneinander in eine Holzofensauna. Im Anschluss daran tauchen sie ins Meer. Für Hartgesottene, die sich auch bei eisigen Temperaturen in die kalten Fluten wagen, hat das Badehaus ganzjährig geöffnet. Wissenschaftlern zufolge soll das kalte Bad das Immunsystem stärken und Erkältungen vorbeugen. Das Café des Kaltbadehauses bietet schließlich Kaffee und Tee an, um die Gäste wohlig aufgewärmt wieder zu entlassen.

DEN TURNING TORSO VON ALLEN SEITEN BETRACHTEN

Das 190 Meter hohe Gebäude im nachhaltigen Viertel Västra Hamnen gilt als das höchste Gebäude Skandinaviens und ist das Wahrzeichen der umweltbewussten Stadt Malmö. Da sich das vom spanischen Architekten Santiago Calatrava entworfene Hochhaus seiner ganzen Länge nach um 90 Grad dreht, eröffnen sich von jeder Himmelsrichtung neue Perspektiven auf den riesigen Komplex.

EINE FIKA MACHEN

Die typisch schwedische Tradition Fika ist ganz banal übersetzt eine Kaffeepause, zu der Kekse, Plundergebäck oder Kuchen gereicht wird. Doch tatsächlich ist sie viel mehr als das: Für die Schweden ist die Fika eine Art tägliches Ritual, das nicht nur soziale Kontakte pflegt, sondern auch dazu dient, Stress abzubauen. Gerade in Malmö – einer der vegansten Städte weltweit – kommen Veganer hierbei auf ihre Kosten. Die gebackenen Leckereien, die zum Kaffee gereicht werden, können pflanzlich hergestellte Zimtschnecken, Spießkuchen oder in der Adventszeit Plätzchen sein.

IM SLOTTSTRÄDGÅRDEN DIE SEELE BAUMELN LASSEN

Der rund 12 000 Quadratmeter große Garten liegt in unmittelbarer Nähe zum Schloss Malmöhus. Ein Verein setzt sich für die ökologisch wertvolle Bepflanzung und Bebauung des Schlossgartens ein. Aufgeteilt in den Küchengarten, Obstgarten, Rosengarten, Staudengarten, japanischen Garten oder das Gewächshaus lassen hier die verschiedendsten Zier- und Nutzpflanzen Botanikerherzen höher schlagen. Das duftende Blumenmeer bietet mitten im geschäftigen Treiben der Stadt einen Ort der Ruhe und Erholung.

SICH IM FOLKETS PARK VERGNÜGEN

Der älteste Volkspark der Welt bietet mit seinem vielfältigen Angebot aus Karussells, Fahrgeschäften und Spielplätzen nicht nur einen Ort der Zerstreuung, sondern mit seinen Musik- und Tanzveranstaltungen auch ein Kulturzentrum für die gesamte Familie.

Durchschnittliche Reisezeit ab Köln

GO WEST!

VIELFÄLTIGES WESTEUROPA: VON KASSEL BIS NACH LONDON

Ihre bezaubernde Lage auf einem von der Alzette und der Pétrusse durchschnittenen Sandsteinplateau und nicht zuletzt der Kontrast zwischen kosmopolitischer Weltläufigkeit und beschaulicher Provinzialität verleihen der mehr als 1000 Jahre alten Kapitale des Großherzogtums Luxemburg ihren besonderen Charme.

Der majestätische Dom, die zahlreichen Kirchen, die Fülle an Museen und die Altstadtgassen: Köln bildet einen würdigen Auftakt für Reisen in die schönsten Städte Westeuropas. Im Norden Hessens wartet mit Kassel ebenfalls eine kunst- und kulturreiche Stadt, und Saarbrücken, die Hauptstadt des Saarlandes, kann mit viel französischem Laissez-faire aufwarten.

Liberal, weltoffen, multikulturell – diese Merkmale nehmen viele Metropolen für sich in Anspruch. Aber so sehr wie auf Amsterdam treffen sie auf kaum eine andere zu. In gut drei Zugstunden hat man die heimliche Fahrradhauptstadt der Welt schon erreicht. Noch ein wenig schneller kommt man in Rotterdam an, eine Stadt, die mit viel Wagemut und Fortschrittlichkeit den Wandel vom industriellen Hafen zu einer modernen Wohlfühlmetropole gestemmt hat. Südlich schließt sich das Nachbarland Belgien an: Seit dem 16. Jahrhundert zählt Antwerpen zu den bedeutendsten Handelsstädten Europas. Entsprechend reich ist das Erbe der Vergangenheit in dieser geschäftigen Stadt. Das historische Brüssel glänzt nicht nur mit einem der schönsten Plätze Europas, sondern auch mit Jugendstilbauten und erstklassigen Museen. Ebenfalls eine Reise wert ist Luxemburg-Stadt: Jahrhundertelang war das kleine Großherzogtum Luxemburg Spielball der europäischen Großmächte. Heute ist es ein internationaler Finanz- und Handelsplatz und Europas Bankenhochburg. Gleichzeitig ist es still und beschaulich, besitzt idyllische Landschaften und gemütliche alte Gassen. Mit dem Eurostar über Brüssel erreicht man auch in sensationellen 4,5 Stunden Fahrzeit London. Die britische Hauptstadt hat jedem etwas zu bieten: grandiose Baudenkmäler, rund 70 Museen, Theaterbühnen von Weltformat und Konsumtempel, die keinerlei Wünsche offen lassen.

Entscheidet man sich für eine Reise ins französische Nachbarland, darf ein Besuch in der geschichtsträchtigen Hauptstadt Paris nicht fehlen. Mit dem TGV ist die »Stadt der Liebe« in etwas über drei Stunden von Deutschland aus erreichbar. Das historische Zentrum der Metropole ist relativ überschaubar und gut zu Fuß zu erkunden. Dabei gibt die Seine, Lebensader seit römischer Zeit, die Orientierung vor. Weiter im Süden Frankreichs laden die Städte Dijon im Burgund und Straßburg im Elsass dazu ein, mittelalterliches Fachwerk zu erkunden und sich dabei den Gaumenfreuden hinzugeben.

Einstein
Sion

01 KÖLN

»ET KÜTT WIE ET KÜTT« – LEBENSFREUDE AM RHEIN

»Köln gibt's schon, aber es ist ein Traum«, sagte einst Heinrich Böll über seine Heimatstadt und meinte damit, dass sich Köln jeder Einordnung entzieht. Die Stadt vereinigt etliche Gegensätze: Sie ist die zweitälteste Deutschlands und eine moderne Metropole. Sie ist das heilige Köln mit dem zum UNESCO-Welterbe gehörenden Dom, einem Dutzend romanischer Kirchen und einem Erzbischof, aber gleichzeitig auch eine sündige und sinnenfrohe Karnevalshochburg. Doch bei allen aufgezeigten Widersprüchen – eines ist in Köln auch klar: Das Zentrum, das pulsierende Herz der Stadt, der Ausgangspunkt für alles – das ist der Dom.

Oben: Kein anderes Bauwerk ragt so markant in den Himmel über Köln wie der Dom. Und als gehöre sie schon fast dazu, ist auch die Hohenzollernbrücke auf den meisten Ansichten mitvertreten.

Links: Nicht nur weltgewandt und modern zeigt sich Köln, auch Gassen mit Kopfsteinpflaster und bodenständigen Häusern kann man in der Stadt noch antreffen.

○ KÖLNER DOM

Die größte Kirche Deutschlands, gleichzeitig die größte gotische Kathedrale weltweit: Superlative gibt es wahrlich genügend für den Kölner Dom. Das Wahrzeichen und Zentrum von Köln ist das Ziel von Besuchern und Pilgern aus aller Welt.

○ HOHENZOLLERNBRÜCKE

Direkt auf die Achse des Kölner Domes zielt die Hohenzollernbrücke – so verbanden die preußischen Könige, welche die erste Brücke errichten ließen, die Technikbegeisterung des frühen 20. Jahrhunderts mit dem Mittelalter. Das heute ausschließlich als Eisenbahnbrücke genutzte Bauwerk misst gut 409 Meter.

○ MUSEUM LUDWIG

Ein Kulturtempel erster Güte verbirgt sich unter dem grauen Zink-Sheddach: Die Sammlung Ludwig, die moderne und zeitgenössische Kunst präsentiert, wurde 1976 mit der Schenkung von 350 Kunstwerken gegründet. Unter demselben Dach befindet sich auch die Kölner Philharmonie mit ihrem Konzertsaal.

○ RÖMISCH-GERMANISCHES MUSEUM

Um das Dionysos-Mosaik herum, das einst eine römische Villa schmückte, wurde 1970–1974 das Römisch-Germanische Museum erbaut, das vom Alltagsleben in der Römerstadt Colonia Claudia Ara Agrippinensium erzählt.

○ RATHAUS

Der auffälligste Teil des Rathauses ist sein spätgotischer Turm, der mit Skulpturen von 130 verdienstvollen Kölner Persönlichkeiten geschmückt ist. Mit dem Fernglas kann man einzelne davon erkennen: so z. B. Stephan Lochner, Heinrich Böll oder Konrad Adenauer. Beachtenswert sind aber auch der hochgotische Hansasaal und der renaissancezeitliche Vorbau.

○ ALTER MARKT

Der größte und belebteste Platz in der Altstadt und ihr Mittelpunkt ist der »Alter Markt«, der von einigen prachtvollen traditionellen Bürgerhäusern der vergangenen Jahrhunderte gesäumt wird. Mitten auf dem Platz steht der Jan-von-Werth-Brunnen, der im Jahr 1884 zu Ehren des volkstümlichen Reitergenerals

CO_2-FREUNDLICH DURCH DIE STADT

ÖPNV // Im Jahr 2016 nahmen die ersten Elektrobusse in Köln ihre Fahrt auf, seitdem wurden immer mehr Linien auf die umweltschonenende Alternative zum Verbrennungsmotor umgestellt. Auch alle weiteren öffentlichen Nahverkehrsmittel tragen entschieden zur Reduktion von Kohlenstoffemissionen bei.

Mit Fahrrad und Co. // Wer sich ein bisschen individueller fortbewegen möchte, kann sich Fahrräder oder E-Roller ausleihen und damit die Stadt erkunden.

entstand – zum Wohlgefallen der protestanischen Preußen wurde hier bewusst auf eine Mariensäule verzichtet. Direkt gegenüber ist die älteste Apotheke der Stadt Köln zu bestaunen.

○ GROSS ST. MARTIN

Von außen groß, mächtig und wuchtig, im Innere aber überraschend leicht und hell – so präsentiert sich die Kirche Groß St. Martin, die Mitte des 13. Jahrhunderts fertiggestellt wurde und deren romanische Architektur schon deutliche Zeichen der aufkommenden Gotik verrät.

○ WALLRAF-RICHARTZ-MUSEUM

Das Wallraf-Richartz-Museum zählt zu den großen klassischen Gemäldesammlungen in Deutschland und zeigt überwiegend europäische Kunst vom 13. bis zum Ende des 19. Jahrhunderts, darunter zahlreiche Werke von Lochner, Dürer, Rubens und Renoir.

○ ALT ST. ALBAN

Als Mahn- und Erinnerungsmal an die Toten beider Weltkriege dient heute die im 11. Jahrhundert erbaute Kirche, die im Zweiten Weltkrieg zerstört wurde.

○ GÜRZENICH

Der nach dem Rathaus größte gotische Profanbau Kölns wurde im 15. Jahrhundert als Festhaus der Kölner Bürger errichtet – und er dient auch heute noch seinem Zweck, denn schließlich werden hier unter anderem Karnevalsbälle in rheinischer Ausgelassenheit gefeiert.

○ ST. MARIA IM KAPITOL

Die auf den Fundamenten eines römischen Tempels, der den Kapitolinischen Göttern Jupiter, Juno und Minerva geweiht war, erbaute Anlage ist die größte romanische Kirche Kölns. Ein Vorläufer entstand bereits um 690, der heutige Bau wurde im 11. Jahrhundert vollendet. Als seine Besonderheit gilt der sogenannte Dreikonchen- oder Kleeblattchor, der hier erstmalig in Deutschland entstand.

○ OVERSTOLZENHAUS

Weinhandel machte die Familie Overstolz im 13. Jahrhundert reich, und so ließ sie sich zwischen 1225 und 1230 ein neues, repräsentatives Patrizierhaus erbauen – das einzige noch heute fast vollständig in Köln erhaltene Wohngebäude aus romanischer Zeit.

Links oben: Wenn die Sonne lacht und keine Termine drängen, genießt man die Zeit am besten auf der Rheinwiese am Fischmarkt.

Links unten: »Kölle alaaf!« Bunt geht es in der fünften Jahreszeit zu, wenn der Karneval die Kölner auf die Straßen lockt.

○ SCHOKOLADENMUSEUM

Alles Wissenswerte über den Anbau und die Verarbeitung von Kakao wird hier vermittelt – allerdings nicht nur in trockenen Fakten und Schaubildern. Die Naschkatzen dürfen sich freuen, denn zu probieren gibt es genug, u. a. am Schokoladenbrunnen im Foyer, aus dem flüssige Schokolade läuft, oder auch im Schoko-Shop.

○ DEUTSCHES SPORT- UND OLYMPIAMUSEUM

Von den antiken Olympischen Spielen bis hin zum heutigen Profisport informiert das Museum über die Entwicklung des Leistungssports, über Highlights, große Sportler, triumphale Siege und bittere Niederlagen.

NACHHALTIG GENIESSEN

Edelgrün // Nachhaltigkeit bezieht sich im Edelgrün nicht nur auf die Herkunft der Zutaten, auch die Vermeidung von Abfall zählt beispielsweise dazu. Die Philosophie des Lokals ist Clean Eating.

// www.edelgruen.bio

Bunte Burger // Regionale, fair gehandelte und biologisch angebaute Zutaten werden zu Burgern, die schmecken und satt machen. Und das alles zudem komplett vegan.

// www.bunteburger.de/restaurant/

Sattgrün // Das Konzept des veganen Restaurants überzeugt, denn hier kann man sich am Buffet das nehmen, was einem zusagt.

// www.sattgruen.com

Heimisch Café // Der Name ist Programm: Das Café zeigt transparent auf, wo die Zutaten herkommen – alles aus der Region. Besonders am Morgen kann man sich hier mit einem guten Frühstück stärken.

// www.heimisch.cafe

○ RAUTENSTRAUCH-JOEST-MUSEUM

Das Kölner Museum für Völkerkunde ist zwar räumlich sehr beengt, aber spannend: Es besitzt bedeutende Sammlungen zur indianischen Kunst und Lebensweise in Nord- und Südamerika sowie zur Kunst und Kultur Afrikas und Ozeaniens.

○ SEVERINSTORBURG

Am Chlodwigplatz steht die ab dem 12. Jahrhundert entstandene Severinstorburg, das südliche der mittelalterlichen Stadttore. Der obere Teil vom Untergeschoss stammt aus dem 13. Jahrhundert, die anderen Bauteile wurden später erneuert. Heute werden die unterschiedlich großen Säle für Festivitäten auch an Privatleute vermietet.

○ ST. SEVERIN

Der »Dom der Südstadt« ist ein Gemisch vieler Stilepochen. Um- und Anbauten aus verschiedenen Jahrhunderten haben die ursprünglich als romanische Basilika ab dem 10. Jahrhundert errichtete Kirche vor allem gotisch umgestaltet. So wirkt sie an der Schaufassade mit dem Westturm eher wie ein spätgotisches Bauwerk. Als Namenspatron ehrt man den heiligen Severin, dessen Gebeine hier ruhen. Dass die Südstadt eine der Hochburgen des Karnevals ist, findet auch an der Kirche seinen Ausdruck: Im unteren Teil des Fensters an der Westfassade ist ein kleiner Karnevalsclown zu entdecken.

Rechts: Im Rheinauhafen entstand Anfang des 20. Jahrhunderts ein 170 Meter langes Lagergebäude, das wegen der Zahl seiner Giebel im Volksmund Siebengebirge heißt. Ein Jahrhundert später wandelt sich der Hafen zu einem Viertel, in dem man arbeiten, wohnen und seine Freizeit verbringen kann. Die futuristischen Kranhäuser vom Rheinauhafen beherbergen heute Büros und Wohnungen.

REGIONAL EINKAUFEN

○ WOCHENMARKT APOSTELNMARKT
Zentral in der Altstadt-Nord reihen sich dienstags und freitags hübsche Stände aneinander mit besten Lebensmitteln von Obst bis Fisch sowie leuchtend bunten Blumen. Der Wochenmarkt findet von 7 Uhr morgens bis 14 Uhr statt.

ÜBERNACHTEN

Hotel UHU // Inhabergeführt bietet das UHU modernen Komfort und Behaglichkeit in guter Lage und bester ÖPNV-Anbindung. Im Konzept wird Nachhaltigkeit groß geschrieben: 90% selbst erzeugter Strom, regionale Bio-Lebensmittel, Reduktion von Abfall, Nahverkehrsticket für die Mitarbeitenden und vieles mehr.

// www.hotel-uhu.de

Hopper Hotel et cetera // Das mit vier Sternen ausgezeichnete Hotel verbindet Kunst, dezenten Komfort und historische Bausubstanz zu zeitgemässer Hotelkultur – die gelungene Renaissance eines ehemaligen Klosters aus dem 19. Jahrhundert.

// www.hopper.de

Hotel Viktoria // Das Privathotel Viktoria, einst gebaut als Musikhistorisches Museum, ist eine der imposantesten Großvillen Kölns. Äußeres und Inneres bilden eine stilistische Einheit mit Erkern, Marmorwänden, Stuckarbeiten und Säulennischen.

// hotelviktoria.com

○ VEEDELSKRÄMER
In Ehrenfeld sowie im Agnesviertel kann man verpackungsfrei Lebensmittel, Kosmetik-, Reinigungsartikel und vieles mehr einkaufen.

// www.veedelskraemer.de

○ GREEN GUERILLAS
An zwei Standorten in Köln bietet Green Guerillas Mode, die ökologisch nachhaltig hergestellt und fair gehandelt wird.

// www.neumarktgalerie.com

○ MUNDO VERDE
Führende Öko-Modelabel bekommt man im Mundo Verde im Zentrum Kölns. Faire Produktion und ausgezeichnetes Material trifft dort auf Design.

// www.mundo-verde-fashion.de

○ WOCHENMARKT NIPPES
Besonderheit des Marktes im Stadtteil Nippes: Außer sonntags bekommt man täglich am Vormittag Obst und Gemüse, Fleisch, Käse und vieles mehr.

AUSFLÜGE

○ ZONS
Ein Ausflug nach Zons nördlich von Köln ist wie eine Reise in die Vergangenheit, denn das Städtchen sieht mit Stadtmauer, Mühle und Schloss aus, als sei es dem Mittelalter entsprungen.

○ AHRTAL
Die Ahr ist ein knapp 90 Kilometer langer Nebenfluss des Rheins. Das Tal mit seinen Schluchten, Weinbergen und Auen lädt zum Wandern und Radfahren ein.

○ SIEBENGEBIRGE
Das bis zu 460 Meter hohe Mittelgebirge liegt rechts des Rheins. Die bekannteste Stadt ist Königswinter. Ein Besuchermagnet ist der Berg Drachenfels mit Burgruine und Aussichtsplateau.

GANZ BEWUSST ERLEBEN

EIN CHORKONZERT DER KÖLNER DOMMUSIK BESUCHEN

Der Chor des Domes wurde im Jahr 1322 geweiht, 74 Jahre nach der Grundsteinlegung – er kann also mit einer fast 700-jährigen Geschichte aufwarten. Mit 104 Plätzen ist das Chorgestühl aus dem frühen 14. Jahrhundert das größte in Deutschland. Aufgrund der Umgebung und wegen der Akustik ist ein Konzert im Kölner Dom einzigartig. Zu empfehlen ist die Konzertreihe Geistliche Musik am Dreikönigenschrein mit dem Dom-Ensemble und Gastchören.

IM BRAUHAUS PÄFFGEN EINEN KÖBES BEI DER ARBEIT ERLEBEN

Das Päffgen ist die Traditionsbrauerei Kölns. Wie in vielen Kneipen der Stadt wird das obergärige Kölsch vom Kellner, Köbes genannt, in großen Mengen und ungefragt herangeschleppt.

EINE AUFFÜHRUNG DER »PUPPENSPIELE DER STADT KÖLN« BESUCHEN

Seit 1802 gibt es – mit kurzer Unterbrechung – das Hänneschen-Theater. Statt Menschen kommen Stockpuppen auf die Bühne. Es gibt sogar eine Karnevalssitzung, die Puppensitzung. Kenntnisse der Kölner Mundart sind von Vorteil.

»ENE BESUCH EM ZOO ...«

Der Zoologische Garten wurde 1860 gegründet. Neben den Anlagen in Berlin und Frankfurt am Main ist er Deutschlands drittältester Zoo. Vom ursprünglichen Gedanken der Käfigschau ist man heute weit entfernt. Das Elefantenhaus von 1863 steht unter Denkmalschutz, heute leben die Tiere im 20000 Quadratmeter großen Elefantenpark. Ebenso modern präsentiert sich das Tropenhaus mit frei fliegenden Flughunden.

EINE FÜHRUNG DURCH DIE ARCHÄOLOGISCHE ZONE IM RATHAUSVIERTEL

Rund um das Rathaus hat die Geschichte Spuren hinterlassen, von den Römern bis zum Jüdischen Quartier. Die Ausgrabungen sind ein beeindruckendes unterirdisches Museum.

KASSEL

DOCUMENTA, GRIMMS UND WELTERBE: KULTURSTADT IN NORDHESSEN

Ein modernes, funktionales Zentrum, prachtvolle Gebäude und Schlösser, der ausgedehnte Bergpark Wilhelmshöhe mit seinen Kaskaden sowie die größte Schau zeitgenössischer Kunst, die documenta, machen den Reiz dieser nordhessischen Großstadt aus. Die drittgrößte Stadt Hessens liegt von Wäldern und Berghängen eingerahmt in einem ausgedehnten Talkessel, durch den sich die Fulda mit ihren Nebenflüssen schlängelt. Tiefe Wälder und liebliche Flussauen sowie der zum Weltkulturerbe zählende Bergpark machen die Stadt zu einem Erholungsort, der auch bei den eingewanderten Waschbären sehr beliebt ist. Kassel ist aber nicht nur die »Hauptstadt« der kleinen Bären, sondern auch der zeitgenössischen Kunst: Seit 1955 wird sie alle fünf Jahre für 100 Tage zu einem riesigen Ausstellungsgelände, dessen Zentrum das Fridericianum ist. Der prachtvolle Bau zeugt wie das Schloss Wilhelmshöhe und die Orangerie von der Zeit Kassels als Residenzstadt. Von 1277 bis in das 19. Jahrhundert residierten hier die hessischen Landgrafen. Die historische Fachwerkaltstadt wurde leider im Zweiten Weltkrieg weitestgehend zerstört.

○ BRÜDERKIRCHE

Im Jahr 1298 wurde mit dem Bau als Gotteshaus für den Karmeliterorden begonnen. Die im hochgotischen Stil erbaute Kirche ist heute die zweitälteste der Stadt. Bis auf wenige Ausnahmen wird sie in erster Linie für kulturelle Veranstaltungen aller Art genutzt.

○ RONDELL

Das Rondell ist Teil einer alten Befestigungsanlage. 1523 als Geschützturm errichtet, diente es der Familie des Landgrafen später als Essplatz mit schöner Aussicht auf die Fulda. Wer es dem Grafen gleichtun möchte, besucht den Biergarten, der sich heute dort befindet.

○ NATURKUNDEMUSEUM IM OTTONEUM

Das älteste Herbarium Europas und der Goethe-Elefant, ein Skelett, das dem Dichter für Zeichenstudien diente, sind die Prunkstücke.

○ DOCK 4

Theater, Tanz, Musik, Open-Air-Kino und ein umfangreiches Kinder- und Jugendprogramm werden in dem 1990 gegründeten Kulturhaus geboten. Es befindet sich unweit des Friedrichsplatzes.

○ FRIDERICIANUM

1779 wurde das Fridericianum am Friedrichsplatz fertiggestellt. Es war eines der ersten europäischen Museen, die Kunst einer breiten Öffentlichkeit zugänglich machten. In dem klassizistischen Bau werden zeitgenössische Werke präsentiert.

○ ORANGERIE IN DER KARLSAUE

Die Orangerie entstand in den Jahren 1701 bis 1711. In dem Gewächshaus wurden Orangen gezüchtet und kälteempfindliche Pflanzen überwintert. Heute ist dort das Astronomisch-Physikalische Kabinett ansässig, das seine Sammlungen ausstellt und ein Planetarium betreibt.

Mittelalterliche Baukunst in ihrer Reinform – könnte man meinen. Doch die zum Bergpark Wilhelmshöhe gehörende Löwenburg ist deutlich jünger. Erbaut wurde sie nämlich zwischen 1793 und 1801. Doch der Stil sollte an die lange Tradition der Familie von Landgraf Wilhelm I. von Hessen-Kassel erinnern.

NACHHALTIG GENIESSEN

Weissenstein // Im Weissenstein weiß man genau, wo die Zutaten herkommen: ausschließlich von ökologischen Betrieben aus der Region. Im puristisch eingerichteten Lokal kann man durch eine Glaswand direkt in die Küche sehen. Früh, mittags, abends – das Weissenstein hat den ganzen Tag geöffnet.

// www.weissenstein-kassel.de

Herbstapfel // Vegane und vegetarische Köstlichkeiten zu angemessenen Preisen kann man im Herbstapfel genießen. Besonders viel Einfallsreichtum und Leidenschaft steckt das Team in das wechselnde Kuchenangebot.

// www.herbstapfel.de

CO_2-FREUNDLICH DURCH DIE STADT

ÖPNV // Falls man nicht das Fahrrad nehmen möchte oder zu Fuß Kassel erkunden will, kann man auf die Tram oder den Bus umsteigen, ohne ein schlechtes Umweltgewissen zu haben. Alle Tramlinien fahren in Kassel mit Naturstrom aus Wasserkraft. Die gesamte Busflotte ist zudem kohlenstoffdioxidneutral. Und an einigen Bahnübergängen wurden die Signalgeber auf LED umgestellt, sodass auch hier Strom gespart werden kann. Dank all dieser Maßnahmen wurde die Kasseler Verkehrsgesellschaft zertifiziert als »Klimaneutrales Unternehmen«.

○ KULTURBAHNHOF

Seit die meisten Zugverbindungen über Kassel-Wilhelmshöhe laufen, entwickelte sich der Hauptbahnhof zum Kulturbahnhof. Galerien, Veranstaltungsräume, Kinos und der Offene Kanal sind hier zu finden.

○ ST. MARTIN

An der 1367 eingeweihten Kirche wurde über Jahrhunderte hinweg gebaut. Die beiden neugotischen Türme kamen erst Ende des 19. Jahrhunderts hinzu. Heute wird die Martinskirche für Gottesdienste und Ausstellungen genutzt.

○ NEUE GALERIE

Kunst vom 19. Jahrhundert bis heute mit Schwerpunkt Malerei. Der im Stil der Neorenaissance errichtete Bau wurde mehrfach umgestaltet und befindet sich an der Schönen Aussicht nahe der Karlsaue.

○ DEUTSCHES TAPETENMUSEUM

Die geschichtliche Entwicklung der Wandbekleidung lässt sich hier an über 20000 Objekten nachvollziehen. Die einzigartige Sammlung ist im Hessischen Landesmuseum untergebracht und noch bis 2020 geschlossen.

○ BERGPARK WILHELMSHÖHE

Seit 2013 zählt der Bergpark Wilhelmshöhe zum Weltkulturerbe. Der großzügig angelegte barocke Park umfasst eine Fläche von 2,4 Quadratkilometern und ist damit der größte Bergpark in Europa. Neben dem Schloss Wilhelmshöhe, das früher von Fürsten und Königen als Sommerresidenz genutzt wurde und heute unter anderem eine Gemäldegalerie beherbergt, beeindrucken vor allem die Wasserkünste. Aus zahlreichen Teichen und Wasserfällen wird eine riesige Fontäne unterhalb des Herkules, dem Wahrzeichen Kassels, gespeist. Ein Besuch des achteckigen, 70,50 Meter hohen Monuments lohnt schon wegen der grandiosen Aussicht von der Besucherplattform.

ÜBERNACHTEN

Biohotel Wilhelmshöher Tor // Im Westen der Stadt findet sich das erste Biohotel Kassels. Zur Philosophie gehört neben der ausschließlichen Verwendung von ökologischen Nahrungsmitteln und umweltfreundlichen Naturkosmetika und Reinigungsmitteln der Bezug von Strom aus regenerativen Quellen und die Nutzung von Öko-Papiersorten. Einige der Zimmer sind zudem speziell für Allergiker eingerichtet.
// www.biohotel-kassel.de

Schlosshotel Bad Wilhelmshöhe // Sehr zentral in Kassel gelegen, ist das Schlosshotel vor allem für einen Kurztrip bestens geeignet. Komfort und Entspannung stehen im Vordergrund, zum Spa-Angebot gehört beispielsweise auch ein chlorfreier und stattdessen durch Pflanzen gereinigter Pool. Der Strom wird zeitgemäß und nachhaltig durch ein Blockheizkraftwerk erzeugt. Praktisch ist auch der Verleih von E-Bikes.
// www.schlosshotel-kassel.de

GANZ BEWUSST ERLEBEN

GRIMMWELT

Die erst im September 2015 eröffnete Grimmwelt ist der jüngste Neuzugang in der Museumslandschaft von Kassel. Wie der Name verrät, ist sie dem Leben und Werk von Jacob und Wilhelm Grimm gewidmet, die durch ihre Märchenbücher jedem Kind geläufig sind. Die Brüder waren aber mehr als nur Märchenonkel. Um den Besuchern alle Facetten begreifbar zu machen, besteht das Museum aus zwei Teilen: einem Erlebnisbereich, in dem die Märchen allgegenwärtig sind, und einem Teil, der sich mit der Rolle der Brüder Grimm als Literatur- und Sprachwissenschaftler befasst. Dabei ist es den Ausstellungsmachern gelungen, selbst dieses eher »trockene« Thema unterhaltsam und kurzweilig aufzubereiten. Sie führen die Besucher zum Beispiel entlang der Buchstaben des Alphabets mitten hinein in ein Kabinett aus Buchseiten, in dem die wissenschaftliche Arbeit der Grimms präsentiert wird. Eine riesige Collage aus aufgespießten Papierstreifen belegt eindrucksvoll den Fleiß der Sprachwissenschaftler. Auf diese Zettel notierten sie Worte und deren Quellen, die sie in ihr unvollendetes »Deutsches Wörterbuch« aufnahmen, mit dem sie den Reichtum der deutschen Sprache darstellen wollten.

DIE KUNST DER STUNDE NUTZEN

Schade eigentlich, dass die documenta, eine der herausragendsten Ausstellungen ihrer Art, nur alle fünf Jahre stattfindet. Seit 1955 gibt sie Einblicke in zeitgenössische Kunst und den jeweiligen Diskurs. In den Zwischenjahren kann man zumindest einige Außeninstallationen bewundern wie den Himmelsstürmer von Jonathan Borofsky vor dem Hauptbahnhof.

KASSEL ERSCHMECKEN

Dass Kassel so grün ist, freut nicht nur menschliche Bewohner und Besucher, auch zahlreiche Bienen finden das ausgezeichnet. Und so wird seit einigen Jahren auf mehreren Hausdächern der sogenannte Stadthonig produziert. Er ist deutlich weniger von Pestiziden belastet als Honig vom Land und auch Schadstoffe von Autos und Co. finden dank der natürlichen Filterfunktion der Bienen keinen Eingang in das flüssige Gold. Und vergleichen lohnt sich: Je nach Stadtteil schmeckt der Kasseler Stadthonig anders.

HOLZSORTEN ENTDECKEN IN DER XYLOTHEK

Die Schildbachsche Xylothek gilt als eine der bedeutendsten Holzsammlungen weltweit. Zahlreiche später entstandene Holzbibliotheken nahmen sich die Sammlung von Carl Schildbach (1730–1817) zum Vorbild, erreichten aber nie die gleiche Qualität. In Kassel zu sehen sind insgesamt 530 sogenannte Scheinbücher, mit großer Liebe zum Detail und erstaunlicher Sorgfalt hergestellt. Jeder Band besteht aus einem buchförmigen Kästchen mit Schubdeckel, aus dem Holz des beschriebenen Baumes gefertigt. Im Inneren des »Buches« zeigt Schildbach den gesamten Lebenszyklus des Baums vom Samen bis zur Frucht. Verderbliche Teile sind aus Wachs modelliert, die übrigen Exponate, wie Blätter oder Samen, sind getrocknete originale Pflanzenteile.

03 SAARBRÜCKEN

KLEINE STADT MIT GROSSEM CHARME

Landeshauptstadt, das klingt nach riesigen Behörden und Banken, nach breiten Straßen, Lärm und Hektik. Einen Hauch davon mag es in Saarbrücken geben, doch in erster Linie strahlt die Stadt französische Lebensart und fast süddeutsche Gemütlichkeit aus. Eine Stadt der Gegensätze ist sie. Zwar ist davon auszugehen, dass Kelten und Römer hier siedelten, doch im Grunde beginnt die Geschichte von Saarbrücken erst Anfang des 18. Jahrhunderts nach dem Dreißigjährigen Krieg. Der hatte die Bevölkerung nahezu ausgelöscht. Es folgten die Schlachten von Ludwig XIV., die die Stadt faktisch vernichteten. Doch dann kam die Wende. Kirchen werden gebaut, ein Rathaus und eine Barockresidenz. 1909 schließlich werden Saarbrücken, St. Johann auf der anderen Saar-Seite und Malstatt-Burbach zu einer Großstadt zusammengefasst. Gegensätze finden sich auch in der Architektur. Hier das Rathaus mit Türmchen, Zinnen und Statuen, dort der zum Einkaufszentrum umgewandelte Gropiusbau am Hauptbahnhof. Hier die barocke Ludwigskirche, dort die Kirche St. Albertus Magnus, die einem Ufo gleicht.

○ LUDWIGSPLATZ UND LUDWIGSKIRCHE

Friedrich Joachim Stengel war einer der berühmtesten Architekten seiner Zeit und hat Saarbrücken seinen Stempel aufgedrückt. Gut zu sehen an der Ludwigskirche, die mit dem Ludwigsplatz und weiteren Gebäuden zu einem der bedeutendsten Barockensembles gehört.

○ ALTES RATHAUS

Auch das 1750 fertiggestellte Rathaus beruht auf Plänen von Stengel. Leider wurde der Prachtbau im Zweiten Weltkrieg zerstört, doch mit den Plänen Stengels originalgetreu wieder errichtet. Auffällig an dem Barockbau ist die Schaufassade, die zum Schlossplatz blickt. Das Mansarddach ziert des Weiteren ein ansehnliches Uhrtürmchen aus Schiefer.

○ SCHLOSS SAARBRÜCKEN

Das Schloss liegt auf einem Sandsteinhügel über der Saar. Es war von Stengel als Herz des alten Saarbrücken geplant. Heute sind in der hufeisenförmigen Barockresidenz mit Mittelstück aus Stahl und Glas das Museum in der Schlosskirche und das Historische Museum Saar beheimatet.

○ HISTORISCHES MUSEUM SAAR

Überirdisch ist es ein lebendiges Spiegelbild des Lebens im Grenzbereich zwischen Deutschland und Frankreich. Unterirdisch entführt das Museum in die Kasematten, Schießkammern und Verliese der erhaltenen mittelalterlichen Burganlage unter dem Schlossplatz.

Malerische Anblicke bieten sich jedem, der an der Saar entlangspaziert. An alte Zeiten erinnert hier beispielsweise auch der Saarkran, ein Nachbau eines Krans aus dem 18. Jahrhundert.

○ SAARLANDMUSEUM

Das Museum besteht aus mehreren Teilen. Zum einen gibt es die Moderne Galerie in der Bismarckstraße, in der es um Malerei und Plastiken des 19. bis 21. Jahrhunderts geht. Weiter in die Vergangenheit reist man im Museum in der Schlosskirche, das sakrale Kunst seit dem Mittelalter ausstellt. Und dann gibt es noch die Alte Sammlung. Dort begegnet man unter anderem Meisterwerken niederländischer Kunst.

NACHHALTIG GENIESSEN

Moccachili Bio Café // Das Ambiente ist entspannt, besonders wenn man draußen sitzen kann. Ob zum Frühstück, für eine Kleinigkeit mittags oder auf einen Kaffee kommt man vorbei, auch Veganer kommen auf ihre Kosten. Bio-Qualität und vieles fair gehandelt.
// www.moccachili.blogspot.com

Ritas Restaurant // Mit viel Herzblut und Wissen betreibt Rita das Restaurant nach der Vollkost-Philosophie; regionale, saisonale und ökologische Zutaten sind dafür selbstverständlich.
// www.ritas-vollwertkueche.de

CO_2-FREUNDLICH DURCH DIE STADT

Zu Fuß und mit dem Rad // Saarbrücken ist im Wesentlichen überschaubar, viele Sehenswürdigkeiten liegen zentral und nicht weit voneinander entfernt. Man kann also als Besucher gut zu Fuß die Landeshauptstadt erkunden. Im Vergleich zu anderen größeren Städten ist das System für Leihfahrräder noch nicht so stark ausgebaut, aber zwei Fahrradläden in der Innenstadt bieten einen Verleih an.

Bio-Bus // Wer raus in die Natur möchte, sollte das Biosphärenreservat Bliesgau besuchen. Umweltfreundlich kommt man mit dem Biosphärenbus dorthin.

○ MUSEUM FÜR VOR- UND FRÜHGESCHICHTE

Ebenfalls am Schlossplatz nehmen archäologische Funde den Besucher mit auf eine Reise in das Saarland der Stein- oder Bronzezeit. Bis ins frühe Mittelalter führt der Ausflug, bei dem man Grabbeigaben oder auch Wandmalereien zu sehen bekommt.

○ ALTE BRÜCKE

Sie zählt zu den ältesten Bauwerken der Stadt und ist die älteste Brücke des Saarlandes. Hochwasser und Kriege setzten ihr immer wieder zu und heute sind von 14 Bögen im Jahr 1546 noch acht geblieben. Zuletzt wurde wegen der Begradigung der Saar die Brücke kurzerhand gekürzt.

○ ST. JOHANNER MARKT

Geht man über die Alte Brücke, läuft man direkt auf den St. Johanner Markt zu, das Wohnzimmer der Saarbrücker. Altstadtfest und Weihnachtsmarkt finden hier statt. Marktbrunnen und barocke Bürgerhäuser ringsherum stammen natürlich von Friedrich Joachim Stengel.

○ BERGWERKSDIREKTION SAARBRÜCKEN

Martin Philipp Gropius und Heino Schmieden haben Ende des 19. Jahrhunderts ein monumentales Gebäude im Stil der Neorenaissance geschaffen. Auf den ersten Blick erinnert es an einen Palazzo in Florenz, nicht zuletzt dank Freitreppe, Bogen-Loggia und Balkon. Der frühere Sitz der Bergwerksverwaltung im Saarkohlerevier ist seit 2010 Teil eines Einkaufszentrums. Dank massiver Bürgerproteste blieben historische Fliesen und Bleiglasfenster erhalten – vor allem im imposanten Treppenhaus entfalten sie in stilistischer Kombination mit der gusseisernen Treppe ihre besondere Wirkung.

ÜBERNACHTEN

Hotel Madeleine // Direkt an der Johanniskirche gelegen, legt das Hotel Madeleine das Hauptaugenmerk auf Nachhaltigkeit und Gästezufriedenheit. Das aus ausschließlich biologischen Zutaten bestehende Frühstücksbuffet liefert zum Beispiel schon den besten Start in den Tag.
// www.hotel-madeleine.de

Hotel Leidinger // Zukunftsorientiert setzt das Hotel auf den Verzicht von Verpackungen beim Frühstück, die Nutzung von Regenwasser in den Toiletten, LED-Beleuchtung, die Installation eines Blockheizkraftwerks und sogar das Hosting der Hotel-Website ist klimaneutral. Der Service ist unkompliziert und freundlich, die Zimmer sind gut ausgestattet.
// www.leidinger-saarbruecken.de

Campingplatz Am Spicherer Berg // Schön im Grünen, direkt an der Stadtgrenze gelegen, kann man sein Zelt aufschlagen, ohne weit von der Stadt entfernt zu sein.
// www.camping-saarbruecken.de

GANZ BEWUSST ERLEBEN

SPAZIERGANG ZUM SCHWARZENBERGTURM

Nach einem herrlich entspannenden Spaziergang durch den Stadtwald von St. Johann erreicht man den 1930 eingeweihten Turm. Gut 240 Stufen sind es hinauf bis zur Aussichtsplattform. Die Anstrengung lohnt sich, denn von der höchsten Aussichtsplattform der Stadt hat man einen großartigen Blick auf die Umgebung.

SAAR-SPEKTAKEL

Jedes Jahr dreht sich Anfang August alles um Wasser und Wassersport. Von Drachenbootrennen über eine Kletterwand direkt über der Saar bis Stand-up-Paddling wird alles geboten, was im nassen Element möglich ist. Dazu gibt es ein Rahmenprogramm, bei dem die Kleinen sich austoben und die Großen Livemusik genießen können.

»HAUPTSACH' GUDD GESS!«

Schon mal etwas von Dibbelabbes gehört? Und was bitte sind Grumbeeren? Das Saarland hält einiges Überraschendes bereit, wenn es um kulinarische Spezialitäten geht. Im Mittelpunkt stehen meist Kartoffeln (Grumbeeren), die zu Klößchen (Hoorische) verarbeitet oder mit Dörrfleisch gegart werden (Dibbelabbes).

MEISTERTÖNEN LAUSCHEN

In Saarbrücken muss man für meisterhaft gespielte Musik keinen Tageslohn zahlen. Denn der jährlich stattfindende Musiksommer bietet Genuss für die Ohren – komplett ohne Eintrittspreise. Über die ganze Stadt verteilt finden dann völlig unterschiedliche Konzerte statt, von klassisch bis modern, von Jazz bis Kammermusik. Das Festival steht jedes Jahr unter einem anderen Thema und verbindet die Musik auch mit anderen Künsten wie der Literatur.

MIT ESELN IN DIE NATUR

Grüne Natur genießen ist um Saarbrücken herum nicht schwer. Wer nicht einfach nur spazieren gehen möchte oder auch unter freiem Himmel die Hektik nicht losbekommt, kann an Eselwanderungen teilnehmen und sich von der unerschütterlichen Ruhe der Tiere anstecken lassen. Los geht es im Eselzentrum Neumühle in Heusweiler.

BARBIZON

04 AMSTERDAM

GRÜNER WIRD'S NICHT: ZU BESUCH IN DER FAHRRADHAUPTSTADT DER WELT

Eine Altstadt ganz auf Holzpfählen erbaut, 80 Kilometer Wasserstraßen, Hunderte von Brücken und dazu ein Rotlichtviertel rund um eine gotische Kirche: Amsterdam ist wirklich einzigartig. Die große Zeit Amsterdams war das 17. Jahrhundert, das Goldene Jahrhundert der Niederlande, die sich in dieser Epoche zur führenden See- und Wirtschaftsmacht entwickelten, Kolonien und Handelsniederlassungen in aller Welt gründeten. Viel Geld floss in die Heimat zurück, und die Amsterdamer Bürgerschaft investierte es nicht zuletzt in die Schönheit ihrer Stadt. Man dachte aber auch praktisch und legte rund um die Stadt den Grachtengürtel an, um die Waren direkt zu den Handelshäusern transportieren zu können. Heute sind die Grachten mit ihren historischen Häuserzeilen und Brücken das Sinnbild des romantischen Amsterdam.

Oben: Eng aneinandergebaut stehen die hohen, schmalen Grachtenhäuser an der Amstel, doch der farbenreiche Himmel stiehlt ihnen fast die Show.

Links: An jeder Ecke, auf jedem Platz, einfach überall stehen in Amsterdam die Fahrräder. So auch vor der Basilika St. Nikolaus.

Rechts: Das Amsterdamer Rijksmuseum ist das größte Museum für Kunst und Geschichte in den Niederlanden. Insbesondere seine umfangreiche Sammlung niederländischer Meister genießt Weltruf.

○ RIJKSMUSEUM

Die Geburtsstunde des Museums ist 1800. Seither ist es stets gewachsen und präsentiert nun in einem Neorenaissancebau vor allem niederländische Meister. Rembrandts »Nachtwache« ist zu sehen. Neben weiteren weltberühmten alten Meistern wie Ruisdael und Vermeer sind mehr als sieben Millionen Kunstwerke aller Epochen, Genres und Provenienzen zu sehen.

○ ANNE-FRANK-HAUS

Ein Besuch in der Prinsengracht ist obligatorisch. In dem Hinterhaus lebte die berühmte Anne Frank mit ihrer Familie. Der Unterschlupf, in dem sie sich vor den Nazis versteckten, ist zu besichtigen, dazu persönliche Gegenstände und Fotografien.

○ DAM-PLATZ UND KÖNIGSPALAST

Der Dam ist ein weitläufiger Platz vor dem Königspalast. Die Keimzelle der Stadt gab ihr auch ihren Namen. Der Platz wurde nämlich auf einem Damm im Fluss Amstel angelegt. Im königlichen Palast sind Wandmalereien und edle Möbel zu besichtigen, sofern die Königsfamilie nicht da ist.

CO_2-FREUNDLICH DURCH DIE STADT

Mit dem Fahrrad // Wie sollte es auch anders sein in dieser Stadt, in der die Zweiräder eine ebenso ikonografische Rolle einnehmen wie die Tulpen? Durch die vielen engen Gassen und Brücken ist es sowieso besser fürs Vorankommen geeignet als ein Auto. Zum Verleih gibt es überall in der Stadt genügend Fahrräder und es werden auch unterschiedlichste Stadtführungen auf dem Rad angeboten.

Auf dem Wasser // Wer Amsterdam auf dem Wasserweg erkunden möchte, sollte nicht in die Standard-Touristenmotorboote einsteigen, sondern sich stattdessen lieber ein Tretboot oder ein Paddelboot ausleihen – das ist besser für die Umwelt und obendrein für die eigene Fitness.

Links: Auf den Tulpenfeldern des Keukenhofs wird der Frühling eingeläutet. Die Blütenpracht erstreckt sich schier endlos.

Ganz oben: Patrizierhäuser säumen die Herengracht. Ihre geringe Breite täuscht: Nach hinten sind die Häuser ausladend.

Oben: Zu Wasser lässt sich Amsterdam am besten erkunden. Zahlreiche Anbieter veranstalten geführte Bootstouren.

Rechts: Abendstimmung am Kloveniersburgwal, auch »de Kloof« genannt, eine der ältesten Grachten der Stadt.

○ GRACHTENRING

Wie Ringstraßen fassen Amsterdams Grachten den alten Stadtkern ein. Wohlhabende Kaufleute siedelten sich hier an. Früher wurden die Pflanzen per Boot auf der Singelgracht geliefert und direkt verkauft. Heute kommt die Ware zwar per Lkw, wird aber noch immer hauptsächlich von Hausbooten aus feilgeboten. Neben der Singelgracht sind dabei vor allem die Prinsengracht, die Keizersgracht und die Herengracht von Bedeutung.

○ JORDAAN

Kunterbunt ist das alte Handwerker- und Arme-Leute-Viertel Jordaan westlich der Prinsengracht. Es verdankt seinen heimeligen Charme auch den vielen Hausbooten entlang der Kais und den Hofjes, verwinkelten, oft begrünten Wohnhöfen.

○ ROTLICHTVIERTEL

Die Rossebuurt, wie die Niederländer sie nennen, liegt in der Altstadt. Die Frauen in den Schaufenstern dürfen aber bitte nicht fotografiert werden! Es gibt hier sogar nette Restaurants und eine Condomerie und ebenso informative wie amüsante Führungen. Mitten im Rotlichtviertel steht eins von Amsterdams ältesten Gebäuden, die Oude Kerk. Sie wurde um 1300 erbaut und wird jetzt als Ausstellungsraum genutzt.

○ VAN-GOGH-MUSEUM

Das Haus rühmt sich, die weltweit größte Sammlung der Werke Vincent van Goghs zu zeigen.

○ BEGINENHOF

Die schmalen, teils etwas windschief wirkenden Häuser mit Innenhof gehören zu den ältesten Gebäuden. Früher lebten hier alleinstehende Frauen in einer religiösen Gemeinschaft.

○ REMBRANDTHAUS

Beinahe 20 Jahre lebte und arbeitete Rembrandt in dem Haus. Zu sehen sind eine rekonstruierte Einrichtung, eine alte Druckerpresse und kleine Skizzen des Meisters.

○ NIEUWMARKT

Wo früher ein Kanal floss, entstand 1614 ein Platz, auf dem bis heute täglich Markt ist. Zu den alten Gassen um den Markt gehört Amsterdams Chinatown.

NACHHALTIG GENIESSEN

Restaurant De Kas // Noch frischer wird man in Amsterdam wohl kaum essen können, denn das noble Restaurant befindet sich direkt in dem großen Gewächshaus, in dem die Zutaten für die täglich wechselnden Gerichte angebaut werden.

// www.restaurantdekas.nl

Restaurant Greetje // Auch wenn Amsterdam für seine Multikulti-Küche bekannt ist, findet man mancherorts noch traditionelle Gerichte, herausragend und mit starkem Fokus auf Regionalität ist dabei das Greetje im Viertel Nieuwmarkt en Lastage.

// www.restaurantgreetje.nl

Café de Jaren // Modern und lichtdurchflutet präsentiert sich eines der beliebtesten der sogenannten Grand Cafés. Um die ersten Sonnenstrahlen im Frühling zu genießen, lohnt es sich, einen Platz auf der Terrasse zu reservieren, die, mit Blick auf die Amstel, direkt am Wasser des Kloveniersburgwal liegt.

// www.cafedejaren.nl

REGIONAL EINKAUFEN

○ BOEKENMARKT OUDEMANHUISPOORT

Zwischen historischen Universitätsgebäuden findet täglich, außer am Sonntag, der kleine feine Büchermarkt statt. Auch für Regentage geeignet, denn die Stände liegen unter Arkaden.

○ RUMORS VINTAGE

Von den Zwanzigern bis zu den Sechzigern – Nostalgiker und Vintage-Fans werden in dem gemütlichen Second-Hand-Shop nicht enttäuscht.

// Haarlemmerstraat 99

○ DE KAASKAMER

Der Name deutet es schon an: Im »Käsezimmer« dreht sich alles um die goldgelben Laibe. Qualität und Auswahl ebenso wie die Beratung unterscheiden ihn von den touristischen Käseläden, die man an jeder Straßenecke in Amsterdam finden kann.

// www.kaaskamer.nl

AUSFLÜGE

○ ZANDVOORT

Der Badeort ist der Strand der Amsterdamer, die eine Stadt-Auszeit brauchen. Neben hübschen Pavillons am Meer findet man dort auch eine bezaubernde Dünenlandschaft und ruhige Nationalparks. Auf dem Weg an die Nordsee darf ein Stopp in der malerischen Altstadt von Haarlem nicht fehlen.

○ IJSSELMEER

Zwischen Friesland und Nordholland liegt der größte See der Niederlande, das Ijsselmeer. Hübsche Fischerorte, herrliche Natur und gleichzeitig ein prima Segelrevier findet man hier. Die Region ist für Sportliche von Amsterdam aus sehr gut per Fahrrad zu erreichen.

Neben der futuristischen Fassade bietet das Conversatorium Hotel eine gemütliche Außenterrasse.

ÜBERNACHTEN

Hotel The Exchange // Wer einen Faible für das Außergewöhnliche hat, nimmt sich am besten eines der individuellen Zimmer in diesem Hotel. Alle Zimmer wurden von Amsterdamer Modestudenten im wahrsten Sinne des Wortes »eingekleidet«.

// www.hoteltheexchange.nl

Hotel Jakarta // Bereits beim Bau des Hotels auf der Stadtinsel Java stand Nachhaltigkeit an erster Stelle, es ist eines der ersten komplett klimaneutralen Hotels in den Niederlanden. Dabei muss man auf keinen Komfort verzichten, den man von einem Viersternehotel erwartet.

// www.hoteljakarta.de

Conscious Hotel Vondelpark // Direkt an der namensgebenden Grünfläche gelegen, überzeugt das nachhaltige Konzept mit bepflanztem Dach, Wassermanagement, Strom aus erneuerbaren Quellen, Bio-Lebensmitteln, nachhaltigen Möbeln etc.

// www.conscioushotels.com/hotels/vondelpark-amsterdam

GANZ BEWUSST ERLEBEN

AUF DER MAGERE BRUG 15 BRÜCKEN BETRACHTEN

Die schmale alte Ziehbrücke aus Holz – 1617 erbaut und 1871 erneuert – ist gerade abends, wenn sie mit 1200 Glühlampen beleuchtet ist, ein tolles Fotomotiv. Dank ihrer Lage über der Amstel auf Höhe der Kirchenstraße ist sie außerdem ein guter Aussichtspunkt – 15 Brücken können von hier aus gleichzeitig betrachtet werden. Sie verbindet die Ufer über der Amstel zwischen Kaisergracht und Prinzengracht. Jährlich findet hier auch – zumeist im Beisein des Königs – ein Konzert am Jahrestag des »Victory in Europe Day« statt. Außerdem ist sie Kulisse zahlreicher Filme, z. B. des James-Bond-Films »Diamantenfieber«.

EIN »BRAUNES CAFÉ« BESUCHEN

Bruin Cafés sind typische Amsterdamer Einrichtungen. Es handelt sich übrigens um Kneipen, die ihre dunkle alte Einrichtung gemeinsam haben. Beste Möglichkeit, vom Stadttrubel abzuschalten und Einheimische kennenzulernen. Etwa im Café Oosterling oder im 't Smalle, das schon im 18. Jahrhundert als Genever-Probierstube anfing.

EIN STÜCKCHEN WELT VERBESSERN

In Amsterdam wird die Mission von weniger Plastik in Gewässern durch das Plastic Fishing realisiert: Gemeinsam paddelt man durch die Grachten, kann sich die schöne Stadt ansehen und fischt auf dem Weg Plastik aus dem Wasser – aus dem dann Büromöbel sowie Boote gefertigt werden. Vor allem für Gruppen ein unfassbar spaßiges Erlebnis!

ANTIQUITÄTEN AUF DEM WATERLOOPLEIN

Von Montag bis Samstag findet der wohl bekannteste Markt der Stadt statt. Aber nicht von seinem Namen täuschen lassen, denn es handelt sich hierbei um einen Flohmarkt, auf dem von Second Hand bis Trödel alles zu haben ist, also nicht nur Antiquitäten. Trotzdem: Die Atmosphäre ist einzigartig und das eine oder andere Schätzchen zu entdecken.

EIN KOSTENLOSES LUNCHKONZERT IM CONCERTGEBOUW ERLEBEN

Eine Perle der seit 1888 existierenden Konzerthalle mit ihren zwei Sälen ist die Orgel mit 60 Registern. Von September bis Juni finden um 12.30 Uhr am Mittwoch Konzerte statt, denen man kostenfrei lauschen darf.

ROYALE

ROTTERDAM

DYNAMISCHE UND GROSSSTÄDTISCHE HAFENSTADT

Im größten Hafen Europas reihen sich entlang des Nieuwe Waterweg auf einer Strecke von 20 Kilometern Containerterminals, Umschlagplätze, Lagerhallen und Silos aneinander. Umgeschlagen werden in der Hafenmetropole im Mündungsgebiet von Maas und Rhein Güter aller Art. Dass in »Maashattan« moderne Hochhaus-Architektur groß geschrieben wird, liegt auch daran, dass die Innenstadt im Mai 1940 fast komplett zerstört wurde. Moderne Architektur in der Stadt ist die Folge. So ist eine der wichtigsten Sehenswürdigkeiten die Erasmusbrug. Die Brücke über die Nieuwe Maas wurde 1996 von Ben van Berkel konstruiert. In einem ehemaligen Verwaltungsgebäude der Deichanlagen aus dem 17. Jahrhundert, im Het Schielandshuis, ist das historische Museum der Stadt untergebracht. Das Museum Boijmans van Beuningen am Museumspark beherbergt eine ansehnliche Sammlung alter und neuer Meister. Und auch in der Rotterdamer Kunsthal gibt es eine breite Palette von Kunstwerken zu sehen. Außerdem beeindrucken die »Het Potlood«, die Würfelwohnungen.

○ VAN-NELLE-FABRIK

Nichts Geringeres als »die ideale Fabrik« wollten die Architekten Johannes Brinkmann und Leendert van der Vlugt schaffen, nachdem sie im Jahr 1923 den Auftrag erhalten hatten, für den niederländischen Kaffee-, Tee- und Tabakkonzern Van Nelle ein neues Kontor und neue Produktionsstätten zu errichten. Mit Erfolg: Bei seiner Eröffnung wurde der Komplex als modernstes und innovativstes Gebäude der Welt gefeiert. Er besticht durch von Licht durchfluteten Produktionshallen und -räume. Nicht Backstein, sondern Glas zählt hier zu den wichtigsten Baumaterialien. Den bis zu 2000 Mitarbeitern, die in der Fabrik tätig waren, standen eine Kantine, eine Teestube sowie eine Bibliothek und Sporteinrichtungen zur Verfügung. Bis zum Jahr 1990 wurde in der Fabrik, die seit 2014 zum UNESCO-Weltkulturerbe zählt, produziert. Heute residieren hier Designer- und Architekturbüros sowie einige Werbeagenturen.

○ GROTE KERK

Es ist nicht ganz sicher, ob Erasmus von Rotterdam wirklich in Rotterdam geboren wurde. Aber da nichts anderes bekannt ist, kann Rotterdam den berühmten Gelehrten für sich beanspruchen. Vor der Laurenskirche, dem ältesten erhaltenen Gebäude der Stadt, steht sein Denkmal. In einen großformatigen Folianten versunken erinnert die schon 1622 gegossene Bronzeskulptur an die Zeit, als wissenschaftliche Dialoge noch im Medium von Briefen und Büchern geführt wurden. Angefangen wurde der Kirchenbau schon 1449, also vor der Geburt des Humanisten, die zwischen 1466 und 1469 verortet wird. Doch die lange Bauphase fällt auch in seine Kindheit und Jugend. Während eines Stadtbesuches (aufgewachsen ist Erasmus im nahen Gouda) konnte er Anteil nehmen an der Errichtung des spätgotischen Gotteshauses. Es hat die Zeiten überdauert und wurde nach dem Zweiten Weltkrieg wiederaufgebaut.

○ STADTHUIS

Das zwischen 1914 und 1920 gebaute Rathaus Rotterdams überstand trotz seiner imposanten Größe die fast völlige Innenstadtzerstörung im Zweiten Weltkrieg. Es gehört somit zu den ältesten, original erhaltenen Gebäuden der Altstadt. Ursprünglich hatte sich das Stadthuis Rotterdams inmitten von belebten Gassen zwischen Hoogstraat und Kaasmarkt befunden. Ende des 19. Jahrhunderts wurden Pläne für den Neubau an der heutigen Stelle entworfen. Die Zandstraatbuurt galt jedoch als finsteres Rotlichtmilieu. Auf nicht einmal zwei Hektar Fläche wohnten um die 2500

Links: Heute und gestern unmittelbar nebeneinander: Laurenskerk und Kijk-Kubus gehören gleichermaßen zum Antlitz Rotterdams.

Rechts: Tiefblau spannt sich der Himmel über den Wolken und der Laurenskerk.

CO_2-FREUNDLICH DURCH DIE STADT

ÖPNV // In naher Zukunft wird es auch in Rotterdam immer leichter sein, den ökologischen Fußabdruck so gering wie möglich zu halten, denn 2019 wurde mit der Anschaffung von Elektro- und Hybridbussen begonnen. Innerhalb von rund zehn Jahren soll der komplette Busbetrieb in der Stadt emissionsfrei sein. Bis das erreicht ist, kann man sich getrost auf das Fahrrad schwingen und Rotterdam mit eigener Muskelkraft erkunden.

Menschen. Sie mussten dem Neubau weichen, das Viertel wurde dem Erdboden gleichgemacht und der heutige Komplex entstand.

○ KIJK-KUBUS

Kreativ müssen die Bewohner des Kubus-Waldes sein, den der Architektenkünstler Piet Blom Anfang der 1980er-Jahre errichtete. Denn gerade Wände gehören nicht zu den kleinen, auf drei Etagen verteilten Wohnkuben, denen dennoch nachgesagt wird, sie würden den zur Verfügung stehenden Raum optimal ausnutzen. Um sich selbst von den Möglichkeiten und Grenzen des Wohnens in einem der auf Betonpfeilern errichteten Wohnwürfel zu überzeugen, empfiehlt sich ein Besuch im sogenannten Kijk-Kubus. Ein ehemaliger Kubus-Bewohner hat ihn für Besucher geöffnet – inklusive Einrichtung. Noch intensiver wird das Erlebnis allerdings im Hostel-Kubus, denn wer über Nacht bleibt, kann am besten einschätzen, wie das Kubus-Leben so ist. Die Kuben liegen zentral auf einer Fußgängerbrücke im Oude Haven-Gebiet und ziehen zahlreiche Neugierige an.

Oben: Fast wirkt es, als beugen sich die Kuben über das Hafenbecken, um sich im Wasser selbst zu betrachten.

Links: Futuristisch mutet die Markthalle an.

○ EUROMAST

Türme mit Panoramafahrstühlen und Aussichtsplattformen sind immer eine nette Gelegenheit, sich einen Eindruck von einer Stadt zu verschaffen. Zumal, wenn der Turm so groß und architektonisch bedeutsam wie in Rotterdam ist. Mit dem Euroscoop, der sich langsam emporschraubt und dabei um 360° dreht, um jedem Anwesenden den vollen Rundumblick zu gewähren, können die 185 Meter bis zur Spitze zurückgelegt werden. Auf 100 Meter Höhe befinden sich ein kleines Hotel und ein Panorama-Restaurant. Bis zum Bauabschluss von »De Zalmhaven«, dem neuen Hochaus, das gegenwärtig an der Maas entsteht, wird der Euromast noch das höchste Gebäude der Niederlande sein. Ungefähr ab dem Jahr 2021 wohnen dann einige Auserwählte Rotterdams noch höher, als der Euroscoop sich emporzuschrauben vermag.

NACHHALTIG GENIESSEN

Spirit // Von einem saisonal variierendem Buffet aus ausschließlich vegetarischen und biologischen Köstlichkeiten kann man sich im Spirit so viel auf den Teller nehmen, wie man mag, und zahlt je nach Gewicht. Ein Großteil der Gerichte ist auch vegan.

// www.spiritrestaurants.nl/rotterdam

The Walk'In Fish // Täglich frischer Fisch aus kontrolliertem Fang wird in dem Restaurant im Rotterdam Foodsquare mit Bio-Zutaten zu hervorragendem Genuss kombiniert.

// www.thewalkinfish.com

Dumbo // Das Dumbo hat sich selbst das Ziel gesetzt, in keinster Weise dem Standard zu entsprechen. So erfindet man sich immer wieder neu, das Interieur ist ebenso exzentrisch wie die kleinen veganen Köstlichkeiten. Zu 100% pflanzlich sind auch die Cocktails, mit denen man entspannt zum Sound der 80er und 90er durch den Abend feiert.

// www.dumbo.restaurant

○ MARKTHALLE

Eine moderne Basilika im alten Sinne, als darunter noch gigantische römische Hallenbauten verstanden wurden, die der Versammlung und dem Handel dienten – so erscheint die Markthalle Rotterdams. Ein riesiges Hufeisen, in die Länge gezogen, aus Stahl und Glas. Und zwei Besonderheiten stechen hervor. Ein unglaubliches, verspieltes, vielfarbiges Hightech-Deckenbild im Inneren, das die Stände überspannt. Mit Riesenfrüchten. Und dazwischen Fenster, die aus teilweise 40 Meter Höhe hinabschauen auf das bunte Gewimmel, denn in dieser Markthalle wohnen auch Menschen. Rund 128 Wohnungen wurden über den Ständen, Restaurants und Cafés errichtet. Theoretisch bräuchten die hier Lebenden nicht einmal einen Kühlschrank, denn die Markthalle hat – wie fast überall in den Niederlanden – an sieben Tagen die Woche geöffnet. Und bietet neben einem exquisiten kulinarischen Rundgang durch die ganze Welt auch einen normalen Supermarkt im Untergeschoss an.

○ MUSEUM BOIJMANS VAN BEUNINGEN

»Boijmans bij de Buren« – Teile der berühmten Boijmans-Kollektion befinden sich derzeit in diversen Museen über die ganze Stadt verteilt, unter der program-

Rechts: Das muss eine ehemalige Fabrik von Kaffee, Tabak und Tee erst einmal schaffen, von der UNESCO ausgezeichnet zu werden: Der Van-Nelle-Fabrik wurde diese Ehre 2004 zuteil.

matischen Überschrift »Boijmans bei Nachbarn«. Manche Werke befinden sich auch auf Weltreise. Und vieles ist nicht zu sehen während der auf sieben Jahre veranschlagten Renovierung. Doch die Wartezeit wird sich lohnen. Unter anderem ein riesiges öffentlich zugängliches Depot entsteht gegenwärtig, dass diejenigen Werke sichtbar macht, die nicht in einer Ausstellung präsentiert werden. Das Depot, das erste dieser Art weltweit, wird 2021 fertig sein und 151 000 Objekte umfassen. Zusammengesetzt ist der Museumsbestand aus zwei gewaltigen Privatsammlungen. Es spannt einen Bogen vom 13. bis zum 21. Jahrhundert und enthält Werke von Brueghel, Bosch, Rembrandt, van Gogh, Künstler die »de Stijl« prägten, bis hin zu Objekten von Gegenwartskünstlern wie Maurizio Cattelan.

Auf der Erasmusbrücke radelt es sich ganz hervorragend dem Feierabend entgegen.

REGIONAL EINKAUFEN

○ MARKT AM EENDRACHTSPLEIN

Jeden Dienstag findet am Eendrachtsplein ein Wochenmarkt statt, auf dem man Käse, Obst, Gemüse, Fleisch und mehr kaufen kann – 100% biologisch.

// Eendrachtsplein 12

○ DE GROENE PASSAGE

Nachhaltiges Shoppen ist in De Groene Passage kinderleicht, denn unter einem Dach sind unterschiedlichste Läden versammelt, in denen man (fast) alles – Bücher, Kleidung, Lebensmittel, Kosmetik, Wohnungseinrichtung ... – bekommt. Allen gemein ist die ressourcenschützende Unternehmensphilosophie.

// www.degroenepassage.nl

○ THE GOODPEOPLE

The GoodPeople designt Männermode in Rotterdam, der Flagshipstore befindet sich in der Pannekoekstraat 52a. Großer Wert wird auf eine qualitativ hochwertige und nachhaltige Produktion gelegt, Teil dieser Philosophie ist die Herstellung in Europa.

// www.thegoodpeople.com

ÜBERNACHTEN

Hotel Pincoffs // Das Designhotel ist zu Fuß 15 Minuten vom Stadtzentrum entfernt und etwas für Individualisten. Praktisch ist die Möglichkeit, Fahrräder zu leihen, damit man nicht erst in die Stadt laufen muss, sondern gleich losradeln kann. Die Bemühungen um Nachhaltigkeit wurden zudem mit dem Green Key Gold ausgezeichnet.

// www.hotelpincoffs.nl

Stadscamping // Unkompliziert und naturverbunden, ist der Campingplatz vor allem für kurze Aufenthalte geeignet. Das Zentrum ist nicht weit entfernt und die Mitarbeiter sind zuvorkommend.

// www.stadscamping-rotterdam.nl

Hotel Bienvenue // Das Budget-Hotel besticht vor allem aufgrund der guten Lage nahe dem Hauptbahnhof und durch die familiäre Atmosphäre. Auch für Veganer geeignet: Nach Ankündigung wird das Frühstücksbuffet ganz einfach erweitert.

// www.bienvenue. rotterdamcityhotel.com

GANZ BEWUSST ERLEBEN

AMPHIBIENTOUR

Eine völlig neue Art, eine Stadtrundfahrt anzubieten, ist mit Amphibienbussen. Erst werden an Land wichtigen Stationen angefahren, mit kundigen Entertainern an Bord. Und dann geht's ab in die Maas. Von wo aus lässt sich ein so imposanter Hafen wie in Rotterdam auch besser betrachten als vom Wasser aus. Also schwimmt der quietschgelbe Bus. Vor allem der Übergang vom Land ins Wasser sorgt bei denjenigen, die noch nie in einem Amphibienfahrzeug saßen für eine äußerst ausgelassene Stimmung, sobald das Gefährt auf dem Wasser schaukelt. »Splashbus« bietet unterschiedliche Touren an. Auf einer dieser Fahrten können sogar unbegrenzt Pfannkuchen gegessen werden (niederländisch »Pannekoeken«).

GERÜCHE UND GENÜSSE DER MARKTHALLE

Bereits die Architektur der Markthalle in Rotterdam ist einen Besuch wert. Unverkennbar ist sie in ihrer Form, die von vorne betrachtet an ein umgedrehtes Hufeisen erinnert. Im Inneren ziehen auf ein Vielfaches vergrößerte Abbildungen von Früchten und Ähnlichem den Blick zur gewölbten Decke. Dann aber sollte man sich endlich auf die verschiedenen Stände konzentrieren, die Spezialitäten aus der Region und der ganzen Welt anbieten. Wem die Preise zu gesalzen sind, kann sich auf das Wahrnehmen der bunten Gerüche konzentrieren.

DAS URSPRÜNGLICHE ROTTERDAM ENTDECKEN

Die schweren Bombardierungen zerstörten im Zweiten Weltkrieg den Großteil der Stadt Rotterdam. Nur wenige Viertel blieben verschont, darunter Delfshaven. So zeigt sich hier um den kleinen innerstädtischen Hafen das ursprüngliche Gesicht Rotterdams mit vielen historischen und pittoresken Häuschen.

ZWISCHEN MUSEEN IM GRÜNEN WANDELN

Einige der wichtigsten Museen Rotterdams werden durch den Museumspark verbunden, darunter die Kunsthal, Het Natuurhistorisch Museum Rotterdam und das Museum Boijmans Van Beuningen. Dort kann man sich nicht nur Entspannung im Grünen holen, sondern auch von verschiedensten Kunst- und Kulturformen unter freiem Himmel inspirieren lassen. Jeden August verwandelt sich der Museumspark zudem allabendlich in ein Freiluftkino.

UMWELTINITIATIVEN BESTAUNEN

Mit speziellen Müllfallen wird in Rotterdam Plastikabfall aus den Flüssen gefischt, bevor er das offene Meer erreicht. Das Projekt Recycled Park hat diesen Müll zu Blöcken gepresst und diese bepflanzt – so entstand direkt im Rijnhaven ein kleines äußerst sehenswertes Naherholungsgebiet, das weiter wachsen wird und als Vorbild für sinnvolles Upcycling dienen kann.

06 ANTWERPEN

STADT DER DIAMANTEN, DER MODE UND DER KURZEN WEGE

In Antwerpen, der größten Stadt Flanderns und der zweitgrößte Ballungsraum Belgiens, bildet der Hafen den Lebensnerv der Stadt. Der Hafen zählt zu den leistungsfähigsten der Welt, schuf von alters her eine weltoffene Atmosphäre und trug maßgeblich zum Aufstieg Antwerpens ab dem 12. Jahrhundert bei. Die europäische Kulturhauptstadt von 1993 besitzt historische Baudenkmäler und ein reges kulturelles Leben. Die meisten Sehenswürdigkeiten liegen in der Innenstadt, die am rechten Ufer der Schelde einen Halbkreis bildet.

○ GROTE MARKT MIT STADTHUIS UND BRABO-BRUNNEN

Wenn frühmorgens im Sommer die fein gegliederte Renaissancefassade des Rathauses im ersten Sonnenglanz erstrahlt und die Schatten der Nacht sich allmählich zurückziehen, ist die Stimmung am Grote Markt besonders schön, jedenfalls für die Lerchen unter den Antwerpen-Besuchern. Schnell füllt sich der Platz mit Menschen. Beliebtes Fotomotiv ist der Brabo-Brunnen mit seinem jungen Bronzehelden, der soeben anhebt, eine Riesenhand in den Fluss Schelde zu werfen, mythischer Hintergrund der Stadtgründung Antwerpens. Die Cafés am Rande des großen Platzes füllen sich, der Geräuschpegel steigt an, untermalt vom beständigen Knattern der Flaggen am Rathaus. Stadtführungsgruppen versammeln sich, es gibt viel zu erzählen über die alten Gildehäuser, die den Platz säumen, steinerne Zeugen des einstigen Reichtums der alten Handelsstadt, die immerhin einst reichste Stadt Mitteleuropas war.

○ LIEBFRAUENKATHEDRALE

Es lässt sich kaum ausmalen, welche Kunstwerke in der Liebfrauenkathedrale heute zu bestaunen wären, hätte es den Bildersturm 1566 nicht gegeben, dem nur eine Madonnen-Plastik aus dem 14. Jahrhundert entging. Wenigstens tobten calvinistische Bilderhasser nicht noch einmal einhundert Jahre später durch die Kirche und so lassen sich immerhin vier barocke Meisterwerke bewundern, von niemand Geringerem als Peter Paul Rubens. Darunter die berühmte zwischen 1611 und 1614 entstandene »Kreuzabnahme«. Zur Zeit ihrer Entstehung gehörte Rubens schon zur High Society Antwerpens, war angesehener Hofmaler und Meister einer wachsenden Malwerkstatt. Die Liebfrauenkathedrale ist die größte gotische Kirche Belgiens. Glücklicherweise entging sie zumindest als Bauwerk den Wirren der Geschichte und bewahrte sich eine eigene Aura von Erhabenheit und Imposanz, trotz der Barockisierung im Inneren.

○ MUSEUM PLANTIN-MORETUS

Im 16. Jahrhundert gehörte Antwerpen zu den drei größten Publikationszentren in Europa. Das bedeutendste Druckhaus war die Officina Plantiniana des Humanisten Christophe Plantin (1520–1589). Sie be-

Links: Abendlicher Glanz spiegelt sich im Kopfsteinpflaster des Grote Markt.

Rechts oben: Wie ein Wächter ragt die Liebfrauenkathedrale über die Stadt.

Rechts unten: Dem Buchdruck gewidmet: das Plantin-Moretus-Museum

CO_2-FREUNDLICH DURCH DIE STADT

Mit dem Fahrrad // Antwerpen steht dem fahrradfreundlichen Ruf der Städte in den Benelux-Staaten in nichts nach, und mit einem gut ausgebauten Radwegenetz, Fahrradtunnels und Ähnlichem kann man ohne Weiteres auf das Auto verzichten.

ÖPNV // Der öffentliche Nahverkehr ist ebenso gut ausgebaut, allerdings steht die Umrüstung auf umweltfreundlichen Antrieb durch Elektromotoren beispielsweise noch in ihren Kinderschuhen. Immerhin hat die Stadt eine strikte Umweltzone in der kompletten Innenstadt und im Viertel Linkeroever eingerichtet.

stand aus mehreren zu einem Patrizierhaus gehörigen Werkstätten. An den Pressen waren etwa 80 Arbeiter beschäftigt, unter ihnen 22 Schriftsetzer, 32 Drucker und drei Korrektoren. 1689 übernahm Plantins Schwiegersohn Jan Moretus die Firma. Die Welterbestätte umfasst das gesamte Gebäude sowie die aus verschiedenen Epochen stammende Inneneinrichtung, den Wohnbereich, die Werkstätten, die Arbeitsgeräte und die kostbaren Sammlungen. Das Museum präsentiert neben frühen Drucken auch etwa 15 000 Holzdruckstöcke.

○ RUBENSHUIS

Das Rubenhuis ist eine der größten Attraktionen von Antwerpen, lebte hier doch der große Peter Paul Rubens in den letzten 29 Jahren seines Lebens hier, besser gesagt von 1611 bis 1640. Noch kurz vor dem Zweiten Weltkrieg war es eine Ruine, die sorgfältige Renovierung erfolgte erst in der darauffolgenden Zeit. Ein ausgeschilderter Rundgang führt durch das Haus. Wer das Rubenshaus besucht, um das authentische Lebensumfeld des Malers kennenzulernen, könnte jedoch einen Hauch von Enttäuschung verspüren, denn die Möbel, die hier ausgestellt sind, stammen zwar aus seiner Zeit, nicht aber aus seinem Besitz. Für alle anderen, denen es mehr um eine Art Gesamteindruck geht, sei der Besuch empfohlen. Außerdem erzählt auch schon die Anordnung der Zimmer, ihre Größe und Helligkeit etwas über das tatsächliche Leben des großen Künstlers. So ist das Schlafzimmer der Familie ebenso zu sehen wie das Speisezimmer, die »Familienkamer« und die Gartenanlagen. Vor allem in die »Kunstkamer« sollte man einen längeren Blick werfen, hängen hier doch einige Werke des Malers, darunter »Adam und Eva«, »Der Sündenfall«, ein Selbstbildnis von 1626 oder eine Version der »Anbetung der Hirten«. Auch zahlreiche Werke von Rubens-Schülern und Zeitgenossen sind vertreten.

○ BAHNHOF

Jede Zeit hat ihre grandiosen Bauten, in denen sich technisches Können und menschliche Hybris vereinen. Anfang des letzten Jahrhunderts waren es Stahl und Glas, die neue Superlative erschufen. Es verwundert nicht, dass der Bahnhof Antwerpens auch den Spitznamen »Eisenbahnkathedrale« trägt. Die pompöse Eingangshalle lässt Ankommende gefühlt schrumpfen. Aus dem einstigen Kopfbahnhof ist heute ein moderner Durchgangsbahnhof geworden, al-

Links oben: Im Sommer säumt leuchtendes Grün den Hafen der Stadt.

Links unten: Pompös empfängt der Hauptbahnhof die Anreisenden.

Rechts oben: Das Havenhuis repräsentiert gut die Stadt durch die Verbindung aus Tradition und Zukunftgewandheit.

Rechts unten: Rubens' Meisterwerke kann man im Königlichen Museum für Schöne Künste in aller Ruhe auf sich wirken lassen.

lerdings in der Tiefe, sodass der majestätische Prachtbau erhalten blieb. Für Architekturfotografen interessant ist unter anderem die 46 Meter hohe überdachte Gleishalle mit ihren symmetrischen Stahlstreben. Doch auch der unterirdische Neubau muss sich nicht verstecken und wird der ästhetischen Herausforderung gerecht, Gegenwärtiges zu schaffen, ohne den Gesamteindruck zu zerstören. Bahnhöfe zeigen das Selbstbild einer Stadt. Antwerpen bleibt unübertroffen selbstbewusst.

○ KÖNIGLICHES MUSEUM DER SCHÖNEN KÜNSTE

Schon seit 2011 erwartet Kunstfreunde in Antwerpen eine herbe Enttäuschung – das berühmte Königliche Museum der schönen Künste (KMSKA) ist wegen Renovierungsarbeiten geschlossen und bleibt dies vermutlich noch bis 2022. Aber während es dornröschengleich hinter Gerüsten und Zäunen schlummert und aus dem Inneren typischer Baulärm schallt, sei

NACHHALTIG GENIESSEN

Native // Im Native kommen ausschließlich biologische und saisonale Zutaten in den Kochtopf. Mit Kreativität werden dann köstliche Gerichte gezaubert. Vor allem mittags ein guter Ort, um neue Energie zu tanken.

// www.native.bio

De Biologische Dynamische Bakkerij // Besonders gut startet man hier mit einem Bio-Frühstück in den Tag. Auch Veganer und Vegetarier finden eine große Auswahl in gemütlicher Atmosphäre.

// Mechelsesteenweg 72

Wild Project // Die Küche im Wild Project ist komplett pflanzenbasiert und vor allem mediterran inspiriert. Bei der Wahl der Zutaten achtet man hingegen auf Regionalität. Konzept und Geschmack überzeugen!

// www.wildproject-antwerp.com

zumindest angedeutet, welcher Schatz (wieder)zu entdecken sein wird, der derzeit in anderen Sammlungen zerstreut ist oder verborgen im Archiv ruht. Jean Fouquets seltsam surreal anmutende »Maria mit Kind« gehört beispielsweise ebenso zur etwa 7600 Werke umfassenden Sammlung wie die Großen ihrer Zeit, Breughel, Memling, van Eyck. Rubens soll im Neubau besonders gefeiert werden. Immerhin darf das Museum die »Die Anbetung der Könige« von ihm sein Eigen nennen, genauso wie die in ihrer charakteristischen Pose auf eine griechische Plastik zurückzuführende »Venus frigida«.

○ HAFEN

Häuser kommen und gehen. Wo bis 1893 das alte Hansahaus stand, steht heute ein imposanter Bau aus Sandstein und Glas mit Blick auf Antwerpen. Das MAS, Museum aan de Stroom, erzählt unzählige Geschichten anhand von Sammlungsstücken aus ehemals vier städtischen Museen. Wie ein Hybrid hingegen wirkt der neue Sitz der Hafengesellschaft Antwerpens. Vergangenheit und Zukunft sind in dem Umbau des Kultarchitektenbüros Zaha Hadid gleichzeitig sichtbar und formen eine architektonisch greifbar werdende Gegenwart.

Auf den ersten Blick mag das Museum aan de Stroom (MAS) an Tetris erinnern. Doch man sollte nicht nur staunend davor stehen bleiben, sondern lieber die faszinierenden Ausstellungen im Inneren besuchen.

REGIONAL EINKAUFEN

○ BIOMARKT FALCONPLEIN

Jeden Sonntag von 8 bis 16 Uhr kann man sich auf dem Falconplein mit zertifizierten Bioprodukten eindecken.

// www.kaashuistromp.nl

○ MARKT VAN MORGEN

Seit 2007 findet an sieben Terminen im Jahr der Markt van Morgen in der Kloosterstraat im südlichen Stadtzentrum statt. Dort präsentieren und verkaufen Antwerpens junge Designer, Künstler und Kreative ihre Werke – von Mode über Interior bis zu Schmuck und Accessoires.

// www.marktvanmorgen.be

○ F.A.A.M

Aus ökologischem Material, fair und nachhaltig hergestellt und gehandelt – das sind die Grundprinzipien der Damen- und Herrenmode von F.A.A.M, die man im Flagship Store in der Nationalestraat 65 zu angemessenen Preisen erhalten kann.

// www.faamstore.com

ÜBERNACHTEN

Maison Emile // Im Süden der Innenstadt liegt das exklusive Boutique-Hotel, das mit einem Sinn fürs Detail eingerichtet wurde und mit Herzlichkeit geführt wird. Die Kosmetikartikel werden von einem nachhaltigen Unternehmen bezogen.

// www.maisonemile.be

Astoria Hotel // Zentral gelegen und unproblematisch bei speziellen Kundenwünschen ist das Astoria Hotel. Veganes, glutenfreies oder koscheres Frühstück ist auf Anfrage möglich. Wasser- Strom- und Abfallmanagement ist nachhaltig ausgerichtet, wofür das Hotel mit dem Green Key prämiert wurde.

// www.astoria-antwerp.com

B&B Yellow Submarine // Sehr freundlich inhabergeführt, mit guter zentraler Lage und reichhaltigem Frühstück ist das Yellow Submarine eine gute Adresse. Modern und komfortabel eingerichtet.

// www.yellowsubmarine.be/bedandbreakfast.html

GANZ BEWUSST ERLEBEN

KNOWHOW ÜBER NACHHALTIGKEIT SAMMELN

Wie kann man ein Haus umweltfreundlich renovieren? Wie gelingt Nachhaltigkeit im Alltag? Auf was muss man achten, wenn man einen Hausbau plant? Welche Möglichkeiten bietet ein Stadtgarten? Diesen und vielen weiteren Fragen widmet sich das EcoHuis, das grüne Epizentrum der Stadt. In kostenlosen Vorträgen und Workshops wird auf interessante Art viel Wissenswertes weitergegeben. Natürlich geht auch das Gebäude an sich sowie das Eco-Café im Inneren mit gutem Beispiel voran und setzen nachhaltige Architektur und Konzeption unter Beweis. Besuchen kann man des Weiteren Ausstellungen, zum Beispiel zum Thema »Weniger grau, mehr grün«.

DIE STADT VON OBEN SEHEN

Das wohl bekannteste Museum Antwerpens ist das Museum aan de Stroom, oft nur abgekürzt als MAS. Inspiriert von Speicherbauten des 19. Jahrhunderts, kombiniert mit modernen Strukturen, ist das Gebäude bereits von Außen ein architektonisches Highlight. Doch nicht nur für die Ausstellungen sollte man hierher kommen, denn von der kostenlos zugänglichen Dachterrasse (60 Meter Höhe) bietet sich die vielleicht schönste Rundumsicht auf die Stadt und ihre Wasser.

BELGISCHES BIER KOSTEN

Wie das gesamte Land ist auch Antwerpen selbst mit dem Bier innig verbunden. Zu den bekanntesten Traditionsbrauereien zählt »De Koninck«. Auf dem Gelände der Brauerei wurde ein Erlebniszentrum eingerichtet, in dem man viel Wissenswertes über das Brauen lernen kann – und natürlich ein frisch gezapftes Bollekes kosten sollte.

EIN HIGHFIVE MIT KULINARISCHER TRADITION

Den einen erinnert es an eine Stopphand, den anderen an ein Highfive – die Rede ist von der köstlichen Stadt-Spezialität, den Antwerpse Handjes. Traditionell werden sie aus Sauerteig mit Mandeln oder aus Schokolade hergestellt. Ihre Form bekamen sie dank der Legende um den Riesen Druon Antigoon, der zahlungsunwilligen Schiffern auf der Schelde eine Hand abschlug. Seinem grausamen Treiben setzte Silvius Brabo durch einen tapferen Kampf ein Ende. Zu kaufen gibt es die Köstlichkeit in der Innenstadt, beispielsweise bei Château Blanc.

AUF RUBENS' SPUREN WANDELN

Wenn man sich auf die Spuren des alten Meisters in Antwerpen begeben will, ist das Rubenshuis vermutlich die erste Adresse. Jedoch sollte man nicht vergessen, auch sein Grab in der Jakobskirche mit dem eigens gefertigten Grabgemälde zu besuchen sowie seine vier Gemälde (darunter die berühmte »Kreuzabnahme«) in der Liebfrauenkathedrale zu bestaunen.

AU
PETIT PAON
LE PETIT PAON

07 BRÜSSEL

COMICS UND JUGENDSTIL, KOPFSTEINPFLASTER UND MODERNE PRUNKBBAUTEN

Hauptsitz der EU und vieler internationaler Organisationen: Die belgische Haupt- und Residenzstadt präsentiert sich als wahre Weltstadt. Großartige Sehenswürdigkeiten machen sie zum Touristenmagneten. Gotik und Barock sowie die Baustile des 19. und 20. Jahrhunderts haben das Stadtbild von Brüssel geprägt. Die historische Entwicklung ist auch der beste Wegweiser für eine Stadtbesichtigung. So wird man mit der überschaubaren Altstadt um die Grand-Place beginnen. Hier ist Brüssel elegant und mondän. Rund um die Altstadt dominiert das 19. Jahrhundert mit seinen Prunkbauten, Boulevards und Parks, die die neue Hauptstadt des 1830 gegründeten Königreichs repräsentativ machten.

Oben: Touristische Hauptattraktion, UNESCO-Weltkulturerbe und pulsierendes Herz der Stadt: Die Grand-Place zählt zu den schönsten Plätzen Europas.

Linke Seite: Das dominierende Bauwerk auf der Grand-Place ist das reich dekorierte Rathaus (Hôtel de Ville/Stadhuis) aus dem 15. Jahrhundert mit dem 96 Meter hohen Belfried (Glockenturm), das ein Musterbeispiel der Brabanter Spätgotik ist.

○ GRAND-PLACE

Der Grote Markt – oder die Grand-Place – in Brüssel gehört mit seinem einzigartigen Ensemble aus öffentlichen und privaten Gebäuden zu den schönsten Plätzen der Welt. Victor Hugo bezeichnete den Platz als »ein wahres Wunder«. Er misst lediglich 110 Meter in der Länge und 68 Meter in der Breite, doch die dichte Bebauung mit Zunfthäusern rund um das Rathaus macht ihn zu einem der schönsten Architekturkomplexe in ganz Europa. Zentrum des Platzes ist das siebenstöckige Rathaus.

○ RUE DES BOUCHERS

Die Rue des Bouchers, eine malerische Seitenstraße der Grand-Place, ist Brüssels legendäre »Fressgasse«: Die Auslagen quellen über von Hummer und allerlei anderem Meeresgetier, ein Restaurant reiht sich ans andere, und natürlich werden hier nicht nur Pommes frites aufgetischt, Belgiens Nationalgericht, sondern Spezialitäten aus aller Welt. Da ist für jeden Geschmack etwas dabei, und nicht alle Restaurants sind teuer. Wenn an lauschigen Abenden die Tische im Freien voll besetzt sind, ist kaum ein Durchkommen. Dann nimmt man kaum noch wahr, wie prachtvoll die alten Häuser hier sind, im »Bauch von Brüssel« und auf historischem Boden, wo die Fleischer bereits im Mittelalter in der Rue des Bouchers/Beenhouwersstraat ansässig waren.

○ MANNEKEN PIS

Die bronzene Brunnenfigur des pinkelnden Knaben »Manneken Pis« (1619) ist das beliebte Wahrzeichen von Brüssel. Manchmal wird sie bekleidet, etwa mit dem Trikot der Nationalmannschaft, wenn ein Länderspiel ansteht.

○ JUGENDSTILBAUTEN VON VICTOR HORTA

Mit seinen Stadtpalästen und Wohnhäusern schuf Victor Horta (1861–1947) in Brüssel ein einzigartiges architektonisches Ensemble früher Jugendstilbauten in Europa. Die Hotels Tassel, Solvay und van Eetvelde sowie das Wohnhaus und Atelier des belgischen Architekten sind frühe Beispiele urbaner Wohnhäuser, bei denen er die Gestaltungsprinzipien der Art nouveau in immer neuen Variationen artikulierte.

CO_2-FREUNDLICH DURCH DIE STADT

ÖPNV // Wie viele andere westeuropäische Städte setzt auch Brüssel vermehrt auf umweltfreundlichen ÖPNV. So begann man im Jahr 2018 mit der Umstellung auf Elektrobusse.

Zu Fuß und mit dem Fahrrad // Doch eigentlich ist man in der Europastadt nicht zwangsweise auf motorisierte Fortbewegung angewiesen, denn die meisten Sehenswürdigkeiten der Stadt kann man gut zu Fuß verbinden. Oder man leiht sich ein Fahrrad, zum Beispiel an den zahlreichen Stationen von »Villo!«.

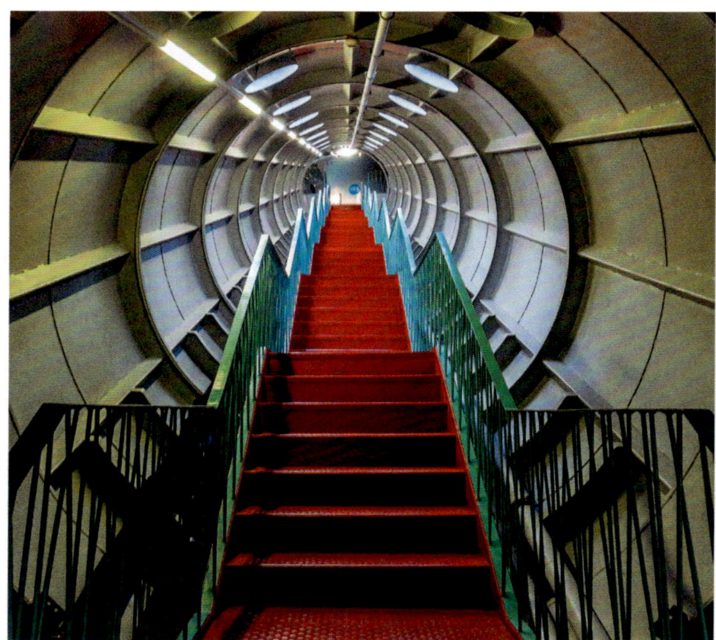

Bilder links: Shoppen und lecker speisen kann man in den Galeries Royales St. Hubert, eine der ältesten – und schönsten – Einkaufsgalerien der Welt im Herzen der Altstadt. Oben: das Wahrzeichen des modernen Brüssel, das Atomium. Sechs der neun Kugeln dieses überdimensionalen Modells eines Eisenkristalls sind begehbar und bieten tolle Ausblicke.

Links oben: Neben all der Pracht zwischen Grand-Place und Königs- und Justizpalast zeichnet sich Brüssel durch pittoreske Gassen aus.

Rechts: Blick ins Mittelschiff der Kathedrale mit Altar und dem herrlichen Kreuzrippengewölbe.

○ BÖRSE

In den 1850er- und 1860er-Jahren, als das junge Königreich Belgien seinen ersten Wirtschaftsboom erlebte, wurde klar, dass die Börse ein neues, großes Gebäude in zentraler Lage brauchte. Es sollte sowohl repräsentativ als auch zweckmäßig sein, um der wachsenden Bedeutung des Finanzmarktes gerecht zu werden. 1865 beauftragte die Stadt den Architekten Léon Suys mit der Planung. Als Standort wurde der einstige Buttermarkt am Anspach Boulevard gewählt. Heute zählt La Bourse zu den markantesten Bauwerken der Altstadt.

○ KATHEDRALE

Der Dom des Erzbistums Brüssel-Mechelen, Schauplatz von königlichen Hochzeiten und Staatsbegräbnissen, zählt zu den herausragenden Werken der Gotik in Brüssel. Fast 300 Jahre lang (ab 1226) hat man an diesem mächtigen dreischiffigen Gotteshaus mit dem hohen Kreuzrippengewölbe gebaut. Da der Innenraum 1579 von Bilderstürmern heimgesucht wurde, ist die jetzige Ausstattung überwiegend späteren Datums. Besondere Aufmerksamkeit verdienen die zwölf Apostelfiguren (17. Jahrhundert) an den Säulen sowie die geschnitzte Barockkanzel.

○ KÖNIGSPALAST

In der zweiten Hälfte des 19. Jahrhunderts gehörte Belgien zu den reichsten Ländern der Welt. Das sollte nach außen auch sichtbar sein. Leopold I. bezog die Brüsseler Residenz seines Vorgängers, des niederländischen Königs. Mehrfache Um- und Ausbauten, vor allem unter Leopold II. (reg. 1865–1909), schließlich die neubarocke Gestaltung Anfang des 20. Jahrhunderts ließen den heutigen Königspalast entstehen, in dem sich nach wie vor die königlichen Büros befinden. Bis zum Tod Königin Astrids 1935 diente der Palast als Residenz. König Leopold III. siedelte daraufhin nach Schloss Laeken über, wo die königliche Familie seitdem innerhalb der Domaine Royal im Norden Brüssels residiert. Innerhalb dieser Anlage befinden sich auch die unter König Leopold II. entstandenen königlichen Gewächshäuser.

○ JUSTIZPALAST

Bei der Einweihung 1883 war er das größte Gebäude der Welt. Und auch heute beeindruckt der Brüsseler Justizpalast (Palais de Justice/Justitie-paleis) an der Place Poelaert schon durch seine Baumasse, die

NACHHALTIG GENIESSEN

AMI // Im AMI werden kreative Gerichte in Bio-Qualität und zu 100% vegetarisch serviert; besonders beliebt sind die Burger. Auch glutenfreie und vegane Auswahlmöglichkeiten bietet das AMI. Südlich der Innenstadt in Ixelles gelegen.

// www.ami-veggie.be

Délirium Café // Es gibt unzählige Möglichkeiten, in Brüssel Bier zu trinken. Ein absolutes Highlight ist für Bierliebhaber aber sicherlich das Délirium Café: Mit über 2000 verschiedenen Sorten und Geschmäckern aus aller Welt (von klassisch-herb bis schokoladig-vollmundig) hat es die Bar sogar schon ins Guinnessbuch der Rekorde geschafft. Sie befindet sich in einem Kellergewölbe aus dem 18. Jahrhundert – mitten im historischen Innenstadtviertel Ilôt Sacré.

// www.deliriumvillage.com

Liu Lin // Die Küche Taiwans wird im Liu Lin authentisch und schmackhaft vegan interpretiert. Hier wird nicht einfach das Fleisch oder die Meeresfrüchte weggelassen, sondern ersetzt. Zero Waste ist ein weiterer Bestandteil der Philosophie.

// www.liulin.business.site

sich auf einer Grundfläche von 160 auf 150 Metern erhebt und von einer kolossalen Kuppel gekrönt ist. 17 Jahre betrug die Bauzeit, 360 000 Kubikmeter Mauerwerk wurden rund um die acht Innenhöfe errichtet, 65 000 Ladungen mit je zehn Tonnen waren notwendig, um das Baumaterial zu transportieren, fast 100 Meter hoch ist der Kuppelsaal.

○ QUARTIER EUROPÉEN

Wenn es heißt, etwas sei in »Brüssel« beschlossen worden, denkt keiner an die belgische Hauptstadt, sondern an die EU, die hier ihren Hauptsitz hat: im Europaviertel am westlichen Ende der Ausfallstraße Rue de la Loi/Wetstraat. Den kreuzförmigen Turmbau der Europäischen Kommission, das Berlaymont-Gebäude, eine Monstrosität der 1960er-Jahre, sieht man schon von Weitem. Jüngeren Datums, aber nicht weniger monumental ist das Justus-Lipsius-Gebäude (1995), Sitz des Europäischen Rates mit einer Gesamtfläche von über 200 000 Quadratmetern.

ÜBERNACHTEN

Hotel Agora // Die Grand-Place ist nur wenige Schritte entfernt, das Hotel Agora liegt also äußerst zentral. Neben dem Gästekomfort steht Nachhaltigkeit an erster Stelle: biologische Reinigungs- und Kosmetikartikel, Toilettenspülung aus Regenwasser, Solarheizung und vieles mehr.
// www.hotelagora.be

Made in Louise // Wie der Name schon sagt, liegt dieses Boutique-Hotel im relativ ruhigen Stadtteil Louise. Das Jugendstilhaus aus dem 20. Jahrhundert beherbergt 48 Zimmer, die allesamt liebevoll ausgestattet wurden. Vorbildlich ist auch das umweltfreundliche Konzept.
// www.madeinlouise.com

Qbic Hotel // 67% weniger CO_2-Emissionen als vergleichbare Hotels – so die Selbstauskunft, die durch unterschiedlichste Maßnahmen erreicht wird. Die Einrichtung ist modern und farbenfroh, für guten Schlaf sorgen hypoallergene Bio-Matratzen.
// www.qbichotels.com/brussels

○ ATOMIUM

Einer der wahnwitzigsten Bauten der Welt entstand aufgrund der Weltausstellung 1958: Das 102 Meter hohe Atomium, ein Symbol des Atomzeitalters, wurde zum Wahrzeichen Brüssels. Es stellt eine 165-Milliarden-fache Vergrößerung der Zelle eines Eisenkristalls dar und bietet Aussichtsetagen und Restaurants in schwindelerregender Höhe.

REGIONAL EINKAUFEN

○ BRÜSSEL: MARCHÉ DU MIDI

Jeden Sonntag geht es rund in Brüssel: Der drittgrößte Markt Europas findet statt, und nicht nur die Touristen machen ihn international. Produkte aus der ganzen Welt werden hier gehandelt, von Gewürzen über Gemüse bis hin zu Leder- und Stoffwaren. Dabei kann es schon mal lauter werden, wenn sich die Händler gegenseitig im Anpreisen der Waren übertrumpfen.

○ RUE ANTOINE DANSAERT

Die vom Kanal bis zur Börse reichende Rue und ihre netten Nebenstraßen haben hippe flämische Läden, in denen man gut einen ganzen Nachmittag verbringen kann. Bekannte belgische Modeschöpfer wie Jean-Paul Knott unterhalten hier ihre Trendboutiquen.

○ BIOMARKT DES TANNEURS & BE-HERE

Außer montags an zwei Standorten täglich geöffnet, bietet der Biomarkt Frisches aus der Region zu vergleichsweise niedrigen Preisen. Unter der Woche ist der Markt weniger überlaufen als am Wochenende.
// www.terrabio.be

GANZ BEWUSST ERLEBEN

EIN SOMMERTAG IM JUBELPARK

Der Jubelpark oder Parc du Cinquantenaire in Brüssel ist auch für Einheimische ein beliebter Treffpunkt. Besonders im Sommer kommt man hier zusammen für ein gemütliches Picknick unter schattigen Bäumen oder einen ausgedehnten Spaziergang. Aber nicht nur Ruhe in der Natur findet man hier, sondern auch Museen und vor allem den prächtigen Triumphbogen. Jahrelang gesperrt für den öffentlichen Besuch war der Pavillion des passions humaines, der Grund dafür war das seinerzeit zu skandalöse Relief von Jef Lambeaux im Inneren des Tempels.

EUROPA EN MINIATURE IN BRÜSSEL

Keiner kann alle Sehenswürdigkeiten Europas an nur einem Vormittag besuchen. Es sei denn, man kommt in den Miniaturpark in Brüssel. Für Groß und Klein gibt es hier viel zu entdecken, verschiedenste Attraktionen laden zum Mitmachen ein und für die Erwachsenen gibt es ein wenig politische Bildung in ansprechenden Themenkatalogen zur Europäischen Union.

NÄCHTLICHE PADDELTOUR

Die Grachtentouren mit Booten sind bereits nahezu ein Muss bei jedem Brüssel-Besuch. Wem das zu normal ist, der sollte eine umweltfreundliche Stand-up-Paddling-Tour durch Gent machen, und zwar zu keiner anderen Zeit als nachts. Da ist man ungestört, und die mittelalterlichen Bauten sind wunderschön angeleuchtet.

DEN GAUMEN VERWÖHNEN

Wer Zeit in Brüssel verbringt, ohne ein einziges Mal eine Konfiserie aufgesucht zu haben, verpasst etwas. Die Pralinen hier sind vieles, aber gewiss nicht langweilig. Mit Zutaten wie Tomatenchutney, schwarzem Pfeffer oder Limetten machen die Chocolatiers eine jede zu einem Kunstwerk, das man sich auf der Zunge zergehen lassen kann. Und natürlich sollte man sich ebenso wenig eine der berühmten Belgischen Waffeln entgehen lassen.

BRÜSSELS BIODIVERSITÄT AUFSPÜREN

Für alle, die kein klassisches Sightseeing mit den wichtigsten Gebäuden und Sehenswürdigkeiten (mehr) brauchen, sondern die Stadt von ihrer grünen Seite kennenlernen möchten, empfehlen sich die kostenlosen geführten Touren von »Eco Advice Service«. In zwei Stunden lernt man dabei die Biodiversität der Stadtparks kennen.

08 LUXEMBURG-STADT

KREATIV UND VIELFÄLTIG MIT EINWOHNERN AUS 170 NATIONALITÄTEN

Mit lediglich 115 000 Einwohnern handelt es sich bei Luxemburg-Stadt um alles andere als eine Metropole. Genau das macht aber auch den Charme aus. Nähert man sich der Stadt, fällt zuerst das Kirchberg-Plateau, das sich im wahrsten Sinne des Wortes modern gibt, ins Auge. Optisch wird es von zeitgenössischen Hochhäusern, in denen vor allem Banken und europäische Behörden residieren, dominiert. Außerdem geht es vorbei am Europäischen Gerichtshof, dem Europäischen Rechnungshof, der Europäischen Investitionsbank sowie Teilen des Generalsekretariats des Europäischen Parlaments. Aber es gibt durchaus auch Kultur in diesem Stadtviertel zu entdecken. Allen voran die 2005 erbaute Philharmonie und das ein Jahr später eröffnete und in unmittelbarer Nähe befindliche Musée, »Mudam« genannt. Die historische Altstadt dagegen ist durch das Wechselspiel von Ober- und Unterstadt geprägt.

○ BURG

Die Burg gehört mit ihren beeindruckenden Festungsanlagen sowie den einzigartigen unterirdischen Kasematten zum UNESCO-Weltkulturerbe. Bis ins 14. Jahrhundert, als Heinrich VII. von Luxemburg die römisch-deutsche Königswürde erlangte, wurde die Festung beständig erweitert. Drei Festungsgürtel dienten der Verteidigung: Der innere Gürtel bestand aus Bastionen, der zweite aus 15 Forts und der dritte aus neun Außenforts. Die Befestigungsanlagen, die sich durch die ganze Stadt ziehen, sind größtenteils unterirdische, in den Felsen gesprengte Galerien und Kasematten.

○ UNTERSTADT

Die historische Unterstadt setzt sich aus den Teilen Grund, Clausen und Pfaffenthal zusammen, die sich aus mittelalterlichen Handwerkersiedlungen an den Ufern der Alzette entwickelten. In Pfaffenthal stehen noch zwei Türme der Festung aus der Barockzeit. Sie gehen zurück auf Sébastien Le Prestre de Vauban (1633–1707), den berühmten Festungsbaumeister König Ludwigs XIV. Ebenfalls barock ist die Anlage des Klosters Neumünster in Grund. Dessen Johanneskirche wurde bereits 1309 erstmals schriftlich erwähnt. Im Stadtteil Clausen befindet sich das Geburtshaus von Robert Schuman (1886–1963), der als Vater der europäischen Einigung gilt und 1958 zum ersten Präsidenten des Europäischen Parlaments gewählt wurde. Weithin sichtbar ist die Großherzogin-Charlotte-Brücke (1965), die den Fluss Alzette in Pfaffenthal in einer Höhe von 75 Metern überspannt. Sie ist nach Charlotte von Luxemburg benannt.

○ BOCKFELSEN

Goethe höchstpersönlich beschrieb während seiner »Kampagnie in Frankreich« die Stadt Luxemburg im Allgemeinen und die Umgebung der Bockfelsen im Besonderen als ein einziges »an- und übereinandergefügtes Kriegsgebäude«. Das waren Eindrücke von 1792, 75 Jahre, bevor die Festung Luxemburg geschleift wurde, die 900 Jahre lang Wohl und Wehe ihrer Landsleute mitbestimmt hatte. Erbaut auf den Bockfelsen, einem von der Alzette geformten natürlichen Bollwerk, war die Burg Keimzelle der Stadt – und Stein des Anstoßes für viele Herrscher. Erst die Burgunder, dann Spanier, Franzosen, Österreicher, Preußen – sie alle eroberten die Trutzgemäuer und formten Burg und Felsen, Stadt und Land weiter, bis zur nächsten Inbesitznahme durch folgende Herrscher. Es sind die Bockfelsen, die am eindrücklichsten von der Geschichte Luxemburgs erzählen, die sich immer wieder neu an dem Felssporn entschied. Führungen zeigen nur einen kleinen Teil der Gesamtanlage.

Links: Vielschichtig im wahrsten Sinne des Wortes wirkt die Stadt dank ihrer Hanglage.

Rechts: Über der Alzette ragt der Bockfelsen empor mit seinen Kasematten.

CO_2-FREUNDLICH DURCH DIE STADT

Zu Fuß oder mit dem Fahrrad // Die Stadt ist sehr übersichtlich und die Distanzen nie zu weit. Besonders praktisch ist der Stadtplan »Bike promenade«, auf dem sich viele Vorschläge für Radtouren durch die Stadt befinden. Wer nicht den eigenen Drahtesel dabeihat, kann sich zum Beispiel von Vel'oh ein Fahrrad leihen.

ÖPNV// Seit 2020 ist in Luxemburg der gesamte ÖPNV kostenlos. Damit will das Land vor allem die massiven Autostaus reduzieren, die tagtäglich das Stadtbild prägten. Zugleich erhofft man sich damit Fortschritte gegen die Folgen des Klimawandels. Und auch die Umstellung auf Elektrobusse ist bereits angelaufen.

Links oben: Luxemburgs bodenständiges Rathaus blickt auf die weitläufigen Place de Guillaume.

Links unten: Mystisch wirkt das Reich, das sich im Kellerinneren der Kasematten eröffnet.

Oben: Ein schönes Beispiel für spätgotische Baukunst ist die Liebfrauenkathedrale.

Links: Die großherzogliche Familie hat sich für die Stadtresidenz typischerweise einen zentralen Platz ausgesucht.

○ KASEMATTEN

Wo Festungen sind, waren zumeist auch Kasematten – oberiridsche oder unterirdische Gänge hinter dicken Mauern, versehen mit Schießscharten und Lücken für schwere Geschütze, um Belagerungen abzuwehren und einem Feind entsprechenden Schaden zuzufügen. Die sich auf mehreren Stockwerken und über mehrere Kilometer hinziehenden Bock-Kasematten in den Bockfelsen gehören seit 1994 zum Welterbe. Sie wurden von den Spaniern in den 1640er-Jahren in den Felsen gegraben, von Vauban, dem französischen Belagerungs- und Verteidigungsgenie des 17. Jahrhunderts, ausgebaut, und im 18. Jahrhundert von den Habsburgern erweitert. Erst ab dem Jahr 1933 wurden sie für die Öffentlichkeit zugänglich gemacht.

○ PARADEPLATZ

Am zentralen Platz Luxemburgs mit seinen Linden, dem am Ostende gelegenen Stadtpalais und den sich dicht an dicht reihenden Cafés spielt sich gefühlt das öffentliche Leben der Stadt ab, tags und nachts, sommers wie winters. Aber Namen überdauern ja oft die Zeiten und weil Ludwig der XIV. hier seine Militärparaden abhielt, während Vauban im Hintergrund die ganze Stadt in eine Festung verwandelte, heißt der Platz auf Französisch »Place d'Armes« und auf Deutsch eben Paradeplatz. Open-Air-Konzerte, Kleinkunst, Straßenmusik prägen den Sommer, der Weihnachtsmarkt den Winter. Am Westende des Platzes findet sich ein kleiner Nebenplatz, der das Motto der Luxemburger in Stein gemeißelt zeigt: »Mir wëlle bleiwe, wat mir sin« (Wir wollen bleiben, was wir sind).

○ PALAIS GRAND DUCAL

In anderen Zeiten wäre die repräsentative Übernahme von Rathaus, Stadtwaage und Belfried durch den Monarchen wohl weniger friedlich verlaufen. Der heutige Großherzogliche Palast befindet sich seit 1890 in ebendiesen Gemäuern der Stadt. Allerdings verbindet mit dem Einzug des Großherzogs ins Alte Rathaus kein Luxemburger eine städtische Privilegion untergrabende Tat, im Gegenteil. Sie sind stolz auf ihren Palast, der für die fragile Unabhängigkeit des Landes steht, das so viele Jahrhunderte lang unter wechselnden Fremdherrschaften zu leiden hatte. Auf dem ehemaligen Belfried weht die Flagge des Landes bei Anwesenheit des Großherzogs im Palast. Die Neorenaissance-Fassade der Anlage zeigt unter anderem einige der Kräuter, die am ehemaligen Krautmarkt, an dem das Alte Rathaus stand, verkauft wurden: Clusius-Pfingstrose, Flieder, Kartoffelblüte finden sich in Stein gebannt. In den Sommermonaten werden Führungen durch den Palast angeboten.

○ KATHEDRALE

Eine Mondsichel liegt ihr zu Füßen: Die Muttergottes tritt mit ihrem rechten Fuß auf den Kopf einer Schlange, in der linken Hand trägt sie ihren Sohn. Die 73 Zentimeter hohe Marienstatue gilt als das Herzstück der Kathedrale. Sie stammt aus dem Jahr 1624 und ihr wird nachgesagt, dass sie Wunder wirken kann. So soll sie der Sage nach einen Jesuitenpater vor der Pest gerettet haben. Die Statue bekam den Namen »Trösterin der Betrübten«, und noch heute pilgern viele Gläubige zu ihr hin. Das um sie herum errichte-

NACHHALTIG GENIESSEN

Casa Fabiana // Südlich vom Alzette-Zufluss Petruss kommt in der Casa Fabiana Köstliches aus biologischen und größtenteils regionalen Zutaten auf den Tisch. Einiges ist vegetarisch, aber auch traditionelle Fleischgerichte werden serviert. Dazu gibt es Bier.

// www.casafabiana.lu

Nirvana Café // Indisch und vegan – mit diesen beiden Worten kann man die Küche des Nirvana Cafés beschreiben. Das Ambiente ist gemütlich, mittags kann man sich am bunten Buffet bedienen, abends bestellt man à la carte. Auch Speisen zum Mitnehmen gibt es.

// 1 Avenue de la Gare

Beet // Zweifelsohne die Stars des veganen Restaurants sind die Burger, gefüllt beispielsweise mit veganem Feta und Cranberrys oder auch mit Pilzen, Auberginen oder Guacamole. Aber auch die Falafel sind variantenreich und köstlich. Zentral in der Altstadt gelegen.

// www.beet.lu

te Bauwerk stammt aus der Spätgotik; im Jahr 1613 wurde der Grundstein gelegt. Noch im selben Jahrhundert vergrößerte ein Erweiterungsbau die Fläche des Gotteshauses, ohne dabei die umliegenden historischen Häuser zu zerstören.

Obwohl 1849 verstorben, grüßt der Großherzog Wilhelm II. jeden Besucher des Blumenmarktes.

○ PLACE GUILLAUME II

Deutlich ruhiger geht es an Nicht-Markttagen auf dem »Knuedler« zu, wie ihn die Luxemburger liebevoll nennen, im Vergleich zum Paradeplatz mit seinen vielen Cafés. Am Place Guillaume II stehen das Neue Rathaus und die würdevolle Reiterstatue von Wilhelm II. von Oranien-Nassau, dem großherzoglichen Verfassungsgeber im 19. Jahrhundert. Nach dem Reiter, mithin dem niederländischen König und luxemburgischen Großherzog von 1840 bis 1849, ist der Platz auch offiziell benannt. Einmal im Jahr verwandelt sich der Platz in ein dröhnendes, wogendes Gemenge aus Menschen, Bässen und Lichtern anlässlich des »Rock-um-Knuedler«-Festivals.

REGIONAL EINKAUFEN

○ WOCHENMARKT

Mittwochs und samstags bekommt man auf dem Markt Obst, Gemüse, Käse und Ähnliches aus der Region sowie Blumen, Marmelade und Gewürze.

// Place Guillaume II

○ KONSCHT AM GRONN

Jeden ersten Sonntag in den Monaten Mai bis Oktober findet im Stadtteil Grund die Open-Air-Galerie »Konscht am Gronn« statt. Internationale und städtische junge Künstler zeigen ihre Werke aus Malerei, Fotografie, plastischer Kunst und vieles mehr.

// www.konschtamgronn.com

○ LUXEMBOURG HOUSE

Hier weist bereits der Name darauf hin, wo die Produkte herkommen: zu 100% aus dem Land. Der Concept Store bietet neben einem dauerhaften Sortiment immer wieder spezielle Produkte zu wechselnden Themen. Lebensmittel, Design, Accessoires, Souvenirs, Kleidung, Porzellan und vieles Weiteres ist geboten.

// www.luxembourghouse.lu

ÜBERNACHTEN

Hotel Parc Beaux-Arts // Durch die absolut zentrale Lage ist das kleine Hotel insbesondere für kurze Reisen geeignet. Seinem Namen als Boutique-Hotel wird es vor allem durch die Kunstwerke gerecht, mit denen die Zimmer geschmückt sind, und durch die stilsichere Einrichtung. Das Frühstücksbuffet ist französisch und reichhaltig.

// www.goereshotels.com/beaux-arts-en

Vistay Apartments // 52 bis 82 Quadratmeter messen die sieben Appartements des Vistays. Alle haben eine gut ausgestattete Küche mit Herd, Spülmaschine und Co., auch ein Waschtrockner ist vorhanden. Die Lage ist ruhig, ins Zentrum gelangt man schnell durch die Bushaltestelle direkt vor dem Haus. Die Appartements sind für bis zu vier Personen geeignet, dadurch ideal auch für Familien.

// www.vistay.lu

GANZ BEWUSST ERLEBEN

DEN SOMMER IN DER STADT MIT ALLEN SINNEN SPÜREN

»Summer in the City« ist nicht nur der Titel eines vielfach gecoverten Songs der Sechziger, in Luxemburg bezeichnen die vier Wörter alljährlich ein kunterbuntes Festival. Den ganzen Sommer über werden an unterschiedlichen Standorten Livekonzerte gespielt, es gibt Kino im Freien, Sportereignisse, Straßentheater, Märkte, Ausstellungen, Tanz und vieles mehr. Auch der Nationalfeiertag wird im Rahmen des Festivals groß gefeiert. Wem das alles zu viel Trubel ist, kann sich seinen eigenen Summer in the City gestalten und entspannt durch die Stadtparks oder an der Petruss entlangspazieren, an den Rosen im Stadtteil Limpertsberg schnuppern oder in einem Straßencafé sitzend der Stadt zuhören.

AUF LUXEMBURGS BALKON STEHEN

Als den »schönsten Balkon Europas« bezeichnete der Luxemburger Schriftsteller Batty Weber die Corniche. Dass das durchaus seinen Grund hat, wird man sofort bemerken, wenn man den Chemin de la Corniche entlangwandelt und sich unter einem die Altstadt ausbreitet. Eine bessere Sicht über die Häuser hat man vermutlich von keinem anderen Punkt Luxemburgs aus. Als man die Wälle im 17. Jahrhundert errichtete, dachte man jedoch nicht an die gute Sicht: Ursprünglich waren sie Teil der Befestigungsanlage der Stadt.

YOGA IN DER PHILHARMONIE

Dass es Yogastunden in Stadtparks gibt, ist kein seltenes Phänomen in europäischen Großstädten. Aber eine Yoga-Session in einer Philharmonie? Das scheint schon etwas Besonderes zu sein. In Luxemburg ist es an mehreren Terminen im Jahr möglich, gemeinsam zu erstklassiger und entspannender Livemusik unter Anleitung Yoga zu machen.

FRAGEN DES GELDES

Wenn man an das Finanzwesen denkt, wird man vermutlich nicht als Erstes an Vergnügliches denken oder daran, ein Museum dazu zu errichten. Doch wie spannend das Gewerbe ist und wie interessant seine Geschichte, setzt das Bankmuseum im Zentrum Luxemburgs unter Beweis. Untergebracht ist es passenderweise im malerischen Hauptgebäude der Staatlichen Bank unmittelbar neben der berühmten Pont Adolphe. Und auch wenn sich alles ums Geld dreht: Der Eintritt zum Bankmuseum ist frei.

DEN PECKVILLERCHERN LAUSCHEN

An Ostern zieht es Jung und Alt gleichermaßen auf den Platz hinter dem Großherzoglichen Palast. Dort findet jeden Ostermontag der traditionelle Kunsthandwerksmarkt Éimaischen statt. Neben verschiedenen Folkloredarbietungen stehen die handgefertigten und nur an diesem Tag zu erwerbenden Vogel-Tonpfeifen »Peckvillercher« im Mittelpunkt.

09 LONDON

METROPOLE DER SUPERLATIVE

London ist Haupt- und Residenzstadt, britischer Regierungssitz, internationale Finanzmetropole und eine Weltstadt im wahrsten Sinne des Wortes: Denn bis vor einigen Jahrzehnten war London das Zentrum eines gigantischen Weltreichs, des »British Empire«, und das ist bis heute deutlich sichtbar. Die City of London – der historische Kern der Metropole – ist eine Stadt in der Stadt, hervorgegangen aus dem römischen Londinium und bis heute mit eigener Verwaltung. Seit fast 1000 Jahren wird hier Handel getrieben und werden Geldgeschäfte getätigt.

Oben: Der obere Fußgängerübergang der Tower Bridge ist Bestandteil einer ständigen Ausstellung über deren Geschichte und Konstruktionsprinzip.

Linke Seite: Die St Paul's Cathedral, eine grandiose Schöpfung Christopher Wrens, mit ihrer 110 Meter hohen Kuppel entstand von 1675 bis 1711, nachdem der Vorgängerbau 1666 beim Großen Brand von London vernichtet wurde.

○ TOWER BRIDGE

Die 1894 eröffnete Tower Bridge gehört nicht nur zu den Wahrzeichen Londons, sondern sie ist auch ein Zeugnis der Ingenieurskunst der damaligen Zeit. Mitte des 19. Jahrhunderts war das Londoner East End so dicht bevölkert, dass eine Brücke notwendig wurde. Die Lösung war eine kombinierte Klapp- und Hängebrücke. Dampfmaschinen setzten die Hydraulik in Gang, welche die Brücke innerhalb weniger Minuten öffnen konnte; heute geschieht dies mittels Elektrizität. In beiden Türmen befindet sich eine Ausstellung zur Geschichte des Bauwerks. Der verglaste Fußgängerübergang hoch über der eigentlichen Brücke bietet einen umwerfenden Blick über London.

○ TOWER OF LONDON

Am östlichen Rand der City wacht die massive Anlage mit dem langen Namen »Her Majesty's Royal Palace and Fortress The Tower of London« an der Themse. Bis ins 17. Jahrhundert war der Tower königliche Residenz, bis ins 20. Jahrhundert Gefängnis und bis heute eine königliche Schatzkammer, in der seit über 300 Jahren die Kronjuwelen der Öffentlichkeit präsentiert werden.

○ ST PAUL'S CATHEDRAL

Stolz und unübersehbar thront die prachtvolle Kuppel der St Paul's Cathedral inmitten der Finanzpaläste der City. Bereits seit 1400 Jahren steht auf dem Ludgate Hill in der City eine christliche Kirche. Die heutige englisch-barocke St Paul's Cathedral ist bereits die fünfte Version und ohne Frage die prächtigste.

○ WESTMINSTER ABBEY

Einzigartig ist dieses Gotteshaus, das offiziell Stiftskirche St Peter heißt, nicht nur wegen seiner großartigen Architektur, sondern vor allem wegen seiner bedeutungsvollen Symbolik. Seit Wilhelm dem Eroberer wurden in dieser Kirche bis auf wenige Ausnahmen alle Monarchen Englands gekrönt – traditionell vom Erzbischof von Canterbury –, und viele fanden hier auch ihre letzte Ruhestätte. Auch die Grabmale wei-

CO_2-FREUNDLICH DURCH DIE STADT

ÖPNV // An London können sich noch so einige europäische Städte ein Vorbild nehmen, denn die elektronische Busflotte ist die größte in Europa. Und sie soll weiter wachsen, so lange, bis alle öffentlichen Busse in London emissionsfrei sind. So muss man nicht mit einem schlechten Ökogewissen in die typischen roten Doppeldecker einsteigen. Als erste rein elektrisch betriebenen Linien sollen die Routen 43 und 134 den Ton der weiteren Entwicklung angeben.

Mit Fahrrad und Co. // Wogegen jedoch auch Elektrobusse nichts ausrichten können, sind die zahlreichen Staus, die tagtäglich das Bild der Londoner Straßen prägen. Nicht nur deshalb empfiehlt es sich oft, aufs Fahrrad umzusteigen. Diese kann man ebenso unkompliziert an vielen Stellen ausleihen wie E-Roller.

terer historischer Persönlichkeiten, darunter Schriftsteller, Künstler und Politiker, sind hier zu finden.

○ WESTMINSTER PALACE

Die neugotische Fassade des Westminster Palace mit seinen charakteristischen Türmen, darunter auch der Glockenturm mit dem Big Ben, erweckt den Eindruck, als habe sie sich schon seit dem Mittelalter in der Themse gespiegelt. Tatsächlich befand sich seit dem 11. Jahrhundert an dieser Stelle ein Herrschaftssitz. Das heutige Gebäude, zusammen mit der Westminster Abbey eine Welterbestätte der UNESCO, wurde jedoch erst Mitte des 19. Jahrhunderts errichtet.

○ TRAFALGAR SQUARE

Auf dem Trafalgar Square scheint sich die gesamte Geschichte des einstigen britischen Empire zu konzentrieren; hier spiegelt sich auch die Gegenwart des Landes mit all seinen Facetten. Der Platz im Herzen des West End wurde nach einer der wichtigsten Schlachten der Engländer gegen Napoleon benannt.

○ NATIONAL GALLERY

Sitz der Gemäldegalerie am Trafalgar Square ist ein Gebäude, das einem griechischen Tempel gleicht. Schwerpunkte sind italienische Meister und Werke niederländischer Maler.

○ PICCADILLY CIRCUS

In den Piccadilly Circus münden fünf verkehrsreiche Straßen, darunter Haymarket, Shaftesbury Avenue

und Regent Street. Der weitläufige Platz gilt daher als Entrée in die Londoner Vergnügungsviertel West End und Soho und in die größeren Einkaufsstraßen. Wegen der zentralen und verkehrsgünstigen Lage an der viel befahrenen Piccadilly Line ist er deshalb auch seit jeher ein beliebter Touristentreffpunkt.

○ BUCKINGHAM PALACE

Buckingham Palace ist der offizielle Sitz der königlichen Familie, allerdings nur werktags und außerhalb der Sommerferien. Offiziell zu besichtigen ist der Palast daher nicht – außer in den Monaten August und September, wenn 19 seiner Zimmer für die Öffentlichkeit zugänglich sind. Sehenswert ist aber auf jeden Fall das »Changing of the Guard«, die Wachablösung vor den Toren des Palasts.

NACHHALTIG GENIESSEN

The Gallery Café // In enger Zusammenarbeit mit regionalen Partnern entstehen Köstlichkeiten aus 100% pflanzlichen Zutaten – zum Frühstück, mittags oder zur Tea Time. Jeglicher anfallender Müll ist recyclebar.
// www.stmargaretshouse.org.uk

Petersham Nurseries Café // Das Café – zu Hause in einem schönen Gewächshaus – ist ein Muss für alle, die der Meinung sind, das Auge esse mit. Denn nicht nur schmeckt es vorzüglich, mit viel Liebe zum Detail und einem Faible für essbare Blüten sind die Kuchenstücke und Co. zudem hübsch dekoriert.
// www.petershamnurseries.com

222 Vegan // Der Name verrät bereits den Grundpfeiler der Küche. Von Seitan Stroganoff bis Maple Roast Pineapple – geschmacklich überzeugen die Gerichte des Restaurants sicher nicht nur Veganer. Mittags gibt es ein Buffet, abends isst man à la carte.
// www.222vegan.com

○ THE SHARD

Dieser »Splitter« ragt ganze 310 Meter in die Höhe und ist das neue Wahrzeichen in Southwark. Im Juli 2012 wurde das Gebäude eingeweiht, im Februar 2013 die Aussichtsterrasse der Öffentlichkeit zugänglich gemacht.

○ VICTORIA AND ALBERT MUSEUM

Kein Haus, in das man mal so eben einen kurzen Blick werfen kann, denn es weist sage und schreibe 145 Einzelgalerien mit über vier Millionen Objekten auf! Ein Museum für buchstäblich alles, ein Sammelsurium aus Artefakten, die aus der ganzen weiten Welt des einstigen britischen Empires stammen.

○ NATURAL HISTORY MUSEUM

Das naturhistorische Museum gleicht einem sakralen Bauwerk. In seinen vier Abteilungen kann man Dinosauriern begegnen, die Folgen von Erdbeben nachvollziehen und sich den Einfluss des Menschen auf die Natur vor Augen führen.

○ HYDE PARK

Die grüne Lunge der Stadt gehört zu den königlichen Parks. Man kann Konzerte besuchen und am Speakers' Corner jederzeit einen Vortrag halten – sofern die Queen und die königliche Familie nicht erwähnt werden.

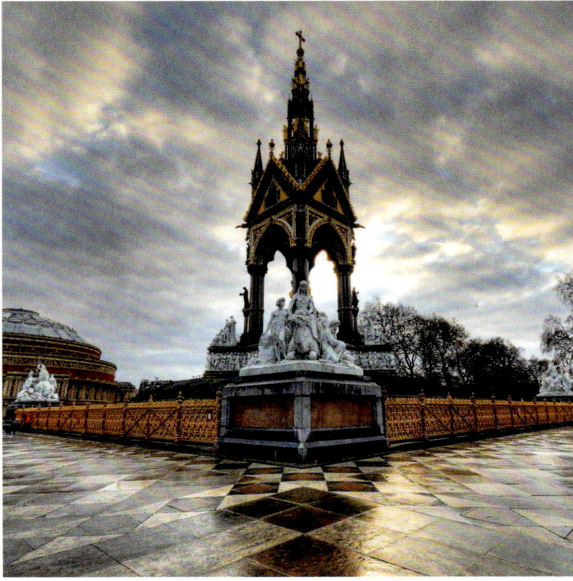

Ganz links: So grün und idyllisch zeigt sich London im Stadtteil Camden, das wegen seiner vielen Hausboote auf dem Regent's Canal auch als »Klein-Venedig« bekannt ist.

Links: Die Nelsonsäule bildet den Mittelpunkt vom Trafalgar Square.

Rechts: Das Prince Albert Memorial am Südrand von Kensington Gardens ist mit dem reichen Figurenschmuck und seiner ornamentalen Opulenz der Inbegriff viktorianischer Kunst.

REGIONAL EINKAUFEN

○ CAMDEN PASSAGE ANTIQUES MARKET

Eine Fülle von kleinen Läden und Märkten, die Antiquitäten aller Art anbieten. Donnerstags und freitags findet ein Buchmarkt statt, sonntags verkaufen Farmer Bio-Ware.

○ HARRODS

Zu Harrods kommt man nicht nur wegen der Designermode oder der Lebensmittelabteilung, sondern auch wegen der zwei Gedenkstätten für Lady Di und Dodi Al-Fayed. Und zunehmend orientiert sich auch Harrods stärker in Richtung Nachhaltigkeit.

// www.harrods.com

○ FORTNUM & MASON

Seit über 300 Jahren schon kauft man Tee bei Fortnum & Mason, ebenso Spezialitäten und Delikatessen aller Art.

// www.fortnumandmason.com/

○ BYO

Zwar ist der Zero-Waste-Shop BYO nicht zentral gelegen, doch die Philosophie überzeugt und der Laden ist dank der stilvollen Einrichtung einen Besuch wert.

// www.byo.london

○ CAMDEN MARKET

Jeden Tag erwarten die Märkte im Bezirk Camden Town ihre Besucher. Über 100 Geschäfte präsentieren Kleidung, Geschenkartikel und Ausgefallenes.

○ PORTOBELLO ROAD MARKET

Jeden Freitag und Samstag ist Flohmarkt auf der Portobello Road, viele Stände stehen die ganze Woche dort. Der Schwerpunkt sind schöne Antiquitäten.

// www.portobelloroad.co.uk

○ ROKIT

Mit vier Läden in London setzt Rokit ein deutliches Zeichen gegen die Wegwerfgesellschaft. In den Secondhandshops findet jedes Teil einen neuen begeisterten Besitzer und die Umwelt freut sich.

// www.rokit.co.uk

Edelrestaurants und Fünfsternehotels säumen die teure Brompton Road im feinen Knightsbridge. Glanzstück ist jedoch Harrods, das wohl bekannteste Kaufhaus der Welt.

ÜBERNACHTEN

The Zetter // Im trendigen Viertel Clerkenwell gelegen, setzt The Zetter Standards in einer nachhaltigen und unabhängigen Hotelführung. Von der Künstlerszene des Viertels ist die Einrichtung und Gestaltung des luxuriösen Boutiquehotels geprägt.

// www.thezetter.com

Qbic London // Nicht nur das Wassermanagement und die Stromerzeugung sind auf Nachhaltigkeit ausgerichtet, sogar die aus natürlichen, nachwachsenden Materialien in Devon gefertigten Matratzen tragen im Qbic zum Umweltschutz bei.

// www.qbichotels.com/london-city

The Cavendish // Bestens gelegen, bietet das Viersternehotel etwas mehr als den nötigen Komfort. Das hält jedoch nicht davon ab, einen möglichst geringen ökologischen Fußabdruck zu hinterlassen. Für dieses Konzept wurde The Cavendish mit dem Green Hospitality Award ausgezeichnet.

// www.thecavendish-london.co.uk

GANZ BEWUSST ERLEBEN

EINE FAHRT MIT DEM LONDON EYE

Das London Eye, ein Riesenrad zwischen County Hall und Southbank Centre, wurde 1999 eröffnet und hat sich seither zu einem Highlight der Metropole entwickelt. Mit 135 Metern ist es das bislang größte Riesenrad Europas. Während der Betriebszeiten dreht es sich ununterbrochen, aber langsam – etwa 30 Minuten dauert eine komplette Umdrehung.

TEA TIME IM »RITZ«

Ganz nobel und typisch britisch den »Tea at the Ritz« zu sich nehmen: Ein Tässchen Tee mit Sahne, dazu Scones – britischer geht es nicht. Die edelste Variante findet mit viel Prunk im Palm Court des Hotel Ritz statt. Unbedingt reservieren oder auf The Savoy oder The Dorchester ausweichen!

SHAKESPEARES WERKE LIVE ERLEBEN

Das Globe Theatre neben der Tate Gallery ist ein Nachbau des ursprünglichen Globe, in dem Shakespeare zum Ensemble gehörte. Das schmälert das Vergnügen einer Shakespeare-Aufführung darin keinesfalls.

PICKNICKEN IM HOLLAND PARK

Nicht allzu leicht zu finden und abseits des Touristentrubels – perfekte Voraussetzungen für einen Park, um zu einem richtigen Wohlfühlort zu werden. Dabei ist der Holland Park eigentlich kein wirklicher Geheimtipp, vor allem nicht für die Londoner selbst. Denn sie kommen gern hierher, um zu spazieren, mit der Familie zu picknicken oder mit den Freunden faul in der Sonne zu liegen. Frei laufende Pfaue, ein japanischer Garten und zahlreiche Kleinode der Gartenbaukunst geben dem Holland Park seinen eigenen, besonderen Charakter.

AN EINEM LITERARY LONDON WALK TEILNEHMEN

London ist die Heimat vieler Autoren und Handlungsort zahlreicher Bücher. Im Rahmen von Themenführungen lernt man die Stadt unter einem ganz bestimmten Blickwinkel kennen. Zum Beispiel bei der Charles-Dickens-Tour oder auf den Spuren von Sherlock Holmes.

10

PARIS

WILLKOMMEN IN DER STADT DER LIEBE UND DES LICHTS!

Kaum eine andere Stadt ist häufiger in Liedern besungen worden, diente öfter als Kulisse für Filme, Romane oder Theaterstücke als Paris – die Lichterstadt, die Stadt der Liebe. Die französische Hauptstadt verzaubert ihre Besucher, und oft ist es Liebe auf den ersten Blick. Ob beim Pastis in einem Straßencafé im quirligen Quartier Latin, bei einer Schifffahrt auf der Seine, bei einem Bummel im Jardin du Luxembourg oder vor einem der Kunstwerke in den Museen – dem Charme der Metropole kann man sich kaum entziehen. Aus der Keimzelle erster Besiedlung auf der Île de la Cité hat sich ein riesiges Stadtgebilde entwickelt, dessen Viertel sich noch immer gut zu Fuß erkunden lassen. Und dann gibt es schließlich noch die Métro, von der es heißt, dass kein Punkt in Paris weiter als 500 Meter von einer ihrer Stationen entfernt liegt.

Oben: Sie überstanden die tragische Feuersbrunst im April 2019 und blicken weiterhin auf die Stadt unter ihnen: die Wasserspeier von Notre-Dame.

Links: Das berühmteste Bauwerk Paris'? Das Symbol für Frankreich schlechthin? Natürlich ist beides im Eiffelturm vereint.

○ NOTRE-DAME

Die Errichtung der Kathedrale, die 1163 begann, zog sich über mehr als 150 Jahre. Die Ausmaße des Inneren der Kirche sind beträchtlich: 130 Meter Länge, 48 Meter Breite und 35 Meter Höhe. Nach dem verheerenden Brand im April 2019, bei dem das Dach zerstört wurde, hat die Renovierung begonnen.

○ SAINTE-CHAPELLE

Sie war ursprünglich die Schlosskapelle eines nicht mehr existierenden Königspalastes und steht heute auf dem Areal des Palais de Justice. Die obere Kapelle, die auf Wunsch Ludwigs IX. wertvolle Passionsreliquien wie die Dornenkrone aufnehmen sollte, fasziniert mit ihren Glasmalereien aus dem 12. bis 14. Jahrhundert, die biblische Szenen zeigen.

○ PLACE VENDÔME

Der Platz, im 18. Jahrhundert von Jules Hardouin-Mansart entworfen, besticht durch seine harmonische Gestaltung. Er ist dank Juwelieren wie Cartier oder Van Cleef & Arpels Treffpunkt der Schönen und Reichen.

○ PONT NEUF

Der Name – Neue Brücke – ist irreführend. Der Pont Neuf ist die älteste Brücke von Paris, 1607 fertiggestellt. Zugleich ist er mit 330 Metern die längste der Stadt. Auch als Kunstwerk diente er mehrmals: Christo hat ihn 1984 verpackt, der japanische Couturier Kenzo ließ ihn farbenfroh mit Blumen schmücken.

○ LOUVRE

Der riesige, über Jahrhunderte immer wieder mit neuen Anbauten versehene Stadtpalast der französischen Könige beherbergt heute eines der bedeutendsten Kunstmuseen der Welt. Beim Rundgang durchs Museum sollte man neben den Kunstwerken auch den beeindruckenden Räumlichkeiten Beachtung schenken.

CO_2-FREUNDLICH DURCH DIE STADT

ÖPNV // Bereits jetzt sind einige öffentliche Stadtbusse auf Hybridantrieb umgestellt und bis 2025 – so das gesetzte Ziel für die französische Hauptstadt – sollen alle innerstädtischen Linien rein elektrisch angetrieben sein.

Mit dem Fahrrad // »Vélib« ist bis dahin eine grüne Alternative, rund 15 000 Fahrräder stehen allein von diesem Anbieter überall in der Metropole zum Ausleihen bereit. Besonders im Sommer an der Seine entlang ist eine Fahrradtour sowieso äußerst empfehlenswert.

Mit dem E-Roller // Wer doch lieber etwas schneller unterwegs sein möchte, kann sich mit 25 km/h auf E-Rollern durch die Stadt schwingen. Praktisch daran ist, dass man diese zusammengeklappt auch in der Metro mitnehmen kann, im Gegensatz zu Fahrrädern.

○ OPÉRA GARNIER
Der Prachtbau des Architekten Charles Garnier entstand in den Jahren zwischen 1860 und 1875 unter Napoleon III., dessen Ära hier zu ihrem eigenen – neobarocken – Baustil fand. Als Aufführungsort für Opern hat das Gebäude allerdings seit Errichtung der Opéra Bastille weitgehend ausgedient. Hier werden nun Ballettaufführungen vom hauseigenen Ensemble dargeboten.

○ LA MADELEINE
Unter Ludwig XV. sollte hier eine barocke Kirche mit einer Kuppel entstehen, Ludwig XVI. wollte einen klassizistischen Bau in der Art des Panthéons, und erst unter Napoleon entstanden die Pläne für die einem altgriechischen Tempel nachempfundene Säulenhalle, die als Temple à la Gloire, als Ruhmeshalle, dienen sollte. Unter König Louis Philippe wurde 1842 die Kirche Sainte-Marie Madeleine geweiht.

○ PLACE DE LA CONCORDE
Der größte Platz von Paris, der zweitgrößte ganz Frankreichs, hat eine wechselvolle Geschichte hinter sich. Er entstand als Königlicher Platz, wurde aber 1792 in Place de la Révolution umbenannt. Hier stand die Guillotine, auf der auch das Leben von Marie Antoinette und Ludwig XVI. endete. Der Obelisk in der Mitte war ein Geschenk des ägyptischen Vizekönigs an Frankreich.

○ CHAMPS-ÉLYSÉES
Die Anfänge des Prachtboulevards, der von der Place de la Concorde bis zum Arc de Triomphe fast zwei Kilometer lang ist, reichen in die zweite Hälfte des 17. Jahrhunderts zurück. Die meisten Bauten, die das Straßenbild heute prägen, stammen aus dem 19. Jahrhundert. Die breiten Gehsteige laden zum Flanieren ein.

○ ARC DE TRIOMPHE
Bereits unter Napoleon wurde im Jahr 1806 der Grundstein für den Bogen gelegt, die Einweihung fand allerdings erst 1836 statt. Seit 1923 brennt hier am Grabmal des unbekannten Soldaten die berühmte Ewige Flamme.

○ JARDIN DU LUXEMBOURG
Dieser Park, der das Palais du Luxembourg, in dem heute der Senat tagt, umgibt, ist die grüne Lunge des

Links oben: Umweltfreundlich und flott geht es voran mit E-Rollern.

Links unten: Open-Air-Kino in einer einmaligen Atmosphäre und einer fantastischen Kulisse – das bietet das Filmfestival Cinéma en Plein Air im Sommer.

Rechts: Über das bunte Treiben der Place du Tertre strahlt ganz in Weiß Sacré-Cœur Ruhe aus.

5. und 6. Arrondissements und bietet jede Menge Freizeitmöglichkeiten: für Kinder ein Kasperletheater, ein Karussell und einen Abenteuerspielplatz, für die Großen Tennisplätze, eine Bocciabahn, einen Platz zum Schachspielen und ein Café.

○ MUSÉE D'ORSAY

Im ehemaligen Bahnhof, der für die Weltausstellung 1900 errichtet wurde, sind Kunstwerke des 19. Jahrhunderts aus gleich mehreren Museen zusammengetragen worden. Wo einst Züge abfuhren, befindet sich heute eine der weltweit bedeutendsten Sammlungen zur Kunst dieser Zeit, deren Schwerpunkt auf der impressionistischen und postimpressionistischen Malerei und Skulptur liegt.

NACHHALTIG GENIESSEN

Wild and the Moon // In der Küche verzichtet man auf so einiges: tierische Produkte, Plastik, Gluten, raffinierten Zucker, genveränderte Zutaten, Zusatzstoffe und so weiter – doch an frischen, regionalen und saisonalen Zutaten spart man nicht. Das leckere Ergebnis dieser Philosophie kann man an sieben Standorten in Paris von früh bis spät genießen.

// www.wildandthemoon.fr

Raw // Der Name verrät das Programm: Alles hier ist roh, selbst Fisch und Fleisch. Damit das trotzdem schmeckt, werden in der Fusionküche sehr hochwertige Zutaten verwendet.

// 57 rue de Turenne

Simon Lemon // Verarbeitet wird vor allem regionales, biologisches Gemüse und Obst, das den Maßnormen nicht entspricht und so selten den Weg zum Verbraucher findet – obwohl es sich geschmacklich nicht von »Formtreuen« unterscheidet. Wöchentlich wechselnde Karte; am Wochenende Brunch.

// www.simonelemon.com

○ HÔTEL UND DÔME DES INVALIDES

Von 1671 bis 1676 wurde das Hôtel des Invalides im Auftrag von Ludwig XIV. als Heim für Kriegsveteranen erbaut. Auch eine Kirche gab es dort schon. Doch der Sonnenkönig empfand sie als zu schlicht und ließ deshalb ab 1675 den Dôme des Invalides, einen prachtvollen Kuppelbau, errichten. Im Inneren des Doms, direkt unter der Kuppel, befindet sich heute der Sarkophag Napoleons. Im Hôtel des Invalides haben mehrere Museen ihre Heimat.

○ EIFFELTURM

Nur schwer kann man sich heute die Empörung vorstellen, die der Bau des wunderbar filigranen Turms aus etwa 10 000 Tonnen Stahl auslöste, als er zur Weltausstellung im Jahr 1889 errichtet wurde. Wohl kein zweites Bauwerk der französischen Métropole ist weltweit so bekannt wie der 324 Meter hohe Turm des Ingenieurs Gustave Eiffel. Aufzüge führen zu seinen Plattformen, die dem Besucher einen traumhaften Blick über die Stadt Paris und bei klarem Wetter weit in die Île-de-France hinein ermöglichen.

○ SACRÉ-CŒUR

Zwei Bauwerke beherrschen die Silhouette von Paris: der Eiffelturm und die prachtvolle Basilika Sacré-Cœur. Weithin leuchten ihre weißen Kuppeln und der Campanile über der Stadt. Um Sacré-Cœur liegt das Herz von Montmartre mit seinen kleinen malerischen Gassen und Restaurants.

REGIONAL EINKAUFEN

○ MARCHÉ AUX FLEURS

Zentral zwischen Notre-Dame und Saint-Chapelle gelegen, betört der Marché aux Fleurs die Sinne. Selbst wenn man nicht beabsichtigt, etwas zu kaufen, ist dieser berühmte Blumenmarkt einen Besuch wert.

// Place Louis Lépine

○ MARCHÉ BIOLOGIQUE DES BATIGNOLLES

Von Käse über Konfitüre bis zu Seife und Obst: In ruhigem Ambiente bieten Händler aus der Region jeden Samstag von 9 bis 15 Uhr ihre Produkte an, die zu 100% biologisch sind.

// 34 Boulevard des Batignolles

○ JEAN-PAUL HÉVIN CHOCOLATERIE

In der Chocolaterie kann man neben köstlichen Pralinen und unzähligen Schokoladen auch wunderbare französische Patisserie bestaunen: Von Eclaire über Longchamp Chocolat bis hin zu Macarons bleiben bei den Kunden keine Wünschen offen.

// www.jeanpaulhevin.com

○ KILIWATCH

Im 2. Arrondissement liegt einer der beliebtesten Concept Stores seiner Art in Paris. Nachhaltigkeit ist hier nicht schwer. Denn das große Sortiment bietet Second-Hand-Markenkleidung zusammen mit einer gehörigen Portion Vintage.

// www.kiliwatch.paris

AUSFLÜGE

○ VERSAILLES

Schloss Versailles vor den Toren von Paris ist der Prototyp der absolutistischen Herrscherresidenz und wurde zum Vorbild vieler europäischer Residenzschlösser. Umgeben ist der unter dem Sonnenkönig Ludwig XIV. errichtete Barockbau von einer groß dimensionierten Parkanlage.

Verspielte Vogelkäfige zieren den Blumenmarkt und können ebenso erworben werden.

ÜBERNACHTEN

Solar Hôtel // Wer gern nachhaltig reist, für eine Übernachtung jedoch nicht das Konto leer räumen möchte, sollte im Solar Hôtel einchecken: Strom aus Solarzellen auf dem Dach, biologische Reinigungsmittel, ein durchdachtes Wasser- und Abfallmanagement, Bio-Frühstück inklusive, kostenlose Leihfahrräder und dennoch moderate Zimmerpreise.

// www.solarhotel.fr

Hôtel Napoléon // Umweltbewusste Konzepte und der typische Pariser Charme vergangener goldener Zeiten werden im Hôtel Napoléon (5 Sterne) nahe dem Arc de Triomphe vereint.

// www.hotelnapoleon.com

Amélie // Jedes der Zimmer in dem kleinen, charmanten Hotel auf halbem Weg zwischen Eiffelturm und Hôtel des Invalides ist in unterschiedlichen Farbtönen gestaltet. Viele der Sehenswürdigkeiten sind von hier aus bequem zu Fuß erreichbar.

// www.hotelamelie-paris.com

GANZ BEWUSST ERLEBEN

EINE SHOW IM CRAZY HORSE SALOON ERLEBEN

Die Shows dieses 1951 gegründeten Revuetheaters gelten als die freizügigsten von Paris. Die Tänzerinnen werden so ausgewählt, dass sie von Größe und Statur her völlig gleich erscheinen, bekleidet sind sie in erster Linie durch die großartige Light-Show. Im Crazy Horse selbst wird kein Essen serviert, doch einige erstklassige Restaurants in der Umgebung bieten jeweils ein Dîner an, das in Kombination mit der Show gebucht werden kann.

EINE SEINE-TOUR ODER EINE FAHRT MIT DER BATOBUS-FÄHRE UNTERNEHMEN

Die Stadt wuchs von den Inseln nach außen, daher finden sich viele der wichtigsten Sehenswürdigkeiten entlang des Seine-Ufers. Von einem der Schiffe aus kann man sie nicht nur bequem, sondern aus einer ganz besonderen Perspektive bestaunen. Batobus bietet die Möglichkeit, an rund zehn Stationen zwischendurch auszusteigen. Jedes Jahr an einem Herbstwochenende kann man zudem selbst die Paddel in die Hand nehmen und beim spaßigen »Traverseine« teilnehmen.

KOCHEN LERNEN WIE EIN FRANZÖSISCHER SPITZENKOCH

Paris ist die Stadt der Liebe, und die geht durch den Magen. Im Le Cordon Bleu lernen Profis von Profis, aber auch Laien dürfen in Themenkursen, etwa über französisches Gebäck, schnuppern. Auch sehr gut zum Lernen ist das Atelier des Sens.

BEI SHAKESPEARE & COMPANY STÖBERN

Der Name Shakespeare & Company besitzt in Paris seit 1919 Tradition. Damals eröffnete die Amerikanerin Sylvia Beach ihre Buchhandlung für englischsprachige Literatur, die bald zum Treffpunkt literarischer Größen wie F. Scott Fitzgerald, Ernest Hemingway und James Joyce wurde. Neben einer reichen Auswahl an englischsprachiger Literatur gibt es heute eine Vielzahl von Veranstaltungen wie Autorenlesungen und Workshops.

BEIM PÉTANQUE IN DEN ARÈNES MITSPIELEN

In den Arènes de Lutèce treffen sich bei schönem Wetter jeden Nachmittag bis in den frühen Abend hinein die Pétanque-Spieler. Pétanque ist eine Variante des Boule-Spiels. Viele Spieler sind in einem Club organisiert und tragen jährlich Pariser Meisterschaften aus.

Adélaide
ÉLICES D'ASIE
espace intérieur
MAISON DE L'IMMOBILIER

DIJON

STADT DER 100 TÜRME IM BURGUND

Die historische Kapitale Burgunds liegt am Westrand der Saône-Ebene. Sie ist ein wichtiges Handelszentrum und berühmt für ihren Senf. Dijon ist eine Großstadt, in der man noch spazieren gehen kann. Ob man die Schaufenster der Altstadt inspiziert oder Läden mit historischer Holzumrahmung, ob man Dijons Museen besucht – darunter das Musée de la Vie Bourguignonne, das mit moderner Museumstechnik über alte Zeiten informiert – oder ob man sich an einer Bar mit einem Kir erfrischt, immer ist auch Bodenständiges im Spiel.

○ NOTRE-DAME

Architektonisches Hauptwerk ist die Kirche Notre-Dame (12. Jahrhundert) mit ihren großartigen gotischen Figuren, so die Schwarze Madonna (12.Jahrhundert), eine der ältesten Holzskulpturen Frankreichs. Symbol der Stadt ist die bunte »Jacquemart«-Figur, die stündlich die Glocke schlägt. Philipp der Kühne (1363–1404) brachte den Glöckner als Beute aus der Schlacht von Kortrijk nach Dijon.

○ MUSÉE MAGNIN

Der europäische Horizont der Stadt begegnet dem Besucher im Nationalmuseum Musée Magnin in einem Haus aus dem 17. Jahrhundert, mit Meisterwerken des 17. bis 19. Jahrhunderts. Nicht nur Gemälde kann man in dem Museum bewundern, auch Möbelstücke aus dem 18. Jahrhundert oder Skulpturen Heiliger finden in den Ausstellungen Raum.

○ PALAIS DES DUCS

Die Ursprünge des herzoglichen Palasts (»Palais des Ducs«) in Dijon reichen in die große Zeit Burgunds zurück, doch sind von damals nur noch wenige alte Bauelemente wie etwa der Turm Philippe le Bon erhalten. Ab dem Jahr 1681 begann der Umbau, der nun dem Gouverneur der Provinz Burgund und den zwei in Dijon ansässigen Gerichten ein entsprechendes – barockes – Ambiente geben sollte. Die größten Architekten der Zeit wirkten am Umbau mit, darunter Jules Hardouin-Mansart, der oberste Architekt Ludwigs XIV. Ihm ist auch der Entwurf der vor dem Palast gelegenen Place Royal (heute: Place de Libération) zu verdanken. Einer der prunkvollsten barocken Säle des Palasts ist die Salle des Etats.

Glücklicherweise hat die Kathedrale Dijons so ein hohes Turmdach. Denn das Kirchenschiff allein würde es nicht vermögen, so markant über die Häuser zu ragen.

○ LES HALLES

Louis-Clément Weinberger lieferte im 19. Jahrhundert als Ingenieur die Pläne für einen beeindruckenden Bau, der die Formensprache der Klassik mit den damaligen »Trend-Materialien« der Belle Époque ver-

NACHHALTIG GENIESSEN

Alfred Burgers & Vins // Nicht nur schmecken sollen Burger, Suppen und Co., auch nachhaltig soll die Herstellung sein. Und so ist alles hausgemacht aus biologischen Zutaten der Region. Sogar die Dekoration ist aus recyceltem Material.

// www.alfredburgers.fr

Caf&Co // Im Herzen Dijons liegt das von Freiwilligen betriebene Café, in dem es nicht um Gewinn geht, sondern um das Miteinander. Und um köstlichen Kaffee!

// www.cafandco.com

Le Shanti // Indische Fusion-Küche wird hier komplett fleischlos interpretiert. Danach kann man noch einen Tee im Salon de thé genießen oder bei Yoga-Kursen im Keller die Kalorien wieder verbrennen.

// www.leshanti.unblog.fr/a-propos

CO_2-FREUNDLICH DURCH DIE STADT

Zu Fuß und mit dem Fahrrad // Umweltfreundlich und für alle Eindrücke aufnahmefähig ist, wer Dijon zu Fuß erkundet. Da die Stadt trotz ihrer Größe überschaubar ist und viele der Sehenswürdigkeiten in geringer Distanz zueinander liegen, ist eine Erkundungstour ohne Auto ohne Weiteres empfehlenswert. Oder man leiht sich ein Fahrrad von »Divia« – unübersehbar mit ihrem leuchtend pinkfarbenen Reifenschutz warten sie an zahlreichen Stationen in der Innenstadt.

ÖPNV // Bevorzugt man eine motorisierte Fortbewegung, kann man in die ebenfalls pinkfarbenen Busse der Linie City einsteigen. Im Zehn-Minuten-Takt kurven sie durch das Stadtzentrum. Die zwei größten Pluspunkte dieser Busflotte sind, dass sie kostenlos genutzt werden kann und dass sie rein elektrisch betrieben wird.

eint. Im Inneren der historischen Hallen werden bis heute typisch französische Produkte der Region sowie internationale Spezialitäten feilgeboten.

○ SAINT-MICHEL

Eine nicht ganz gewöhnliche Architektur bietet sich dem Betrachter der Église Saint-Michel. Die hoch aufragende Fassade mit den zwei Türmen vermischt Hochgotisches mit dem Stil der Renaissance und – wie es für das Burgund zu dieser Zeit üblich war – man erkennt zudem italienische Einflüsse. Egal, wie lange man das Äußere der Kirche betrachtet, man entdeckt immer neue Details. Das sollte einen jedoch nicht davon abhalten, einzutreten und sich von den bunten Glasfenstern in Bann ziehen zu lassen. Außerdem kann man einige Gemälde des Künstlers Franz Kraus aus dem 18. Jahrhundert bewundern.

An vielen Ecken Dijons trifft man noch auf traditionelle Bauweisen – auch wenn die Fachwerkhäuser mittlerweile schon etwas schief aussehen.

ÜBERNACHTEN

Hotel des Ducs // 2018 komplett renoviert wurde das Hotel des Ducs, das ideal im historischen Zentrum der Stadt liegt. Die Zimmer sind ansprechend und individuell gestaltet, beim Service steht klar die Gästezufriedenheit im Mittelpunkt. Für Familien gibt es eigene Räume. Einen guten Start in den Tag verspricht das reichhaltige Frühstücksbuffet. Und wer noch eine Portion Spannung benötigt, findet im Hotelkeller ein Escape Game – besonders empfehlenswert, wenn man in der Gruppe reist.
// www.hoteldesducs.com

Apparteo // Zu Fuß ist die Unterkunft nur rund zehn Minuten von der Innenstadt entfernt und liegt somit vor allem für einen Kurztrip bequem zentral. Zur Ausstattung der Apartments gehört unter anderem eine Küchenzeile, sodass man ganz flexibel seine eigenen Essenswünsche umsetzen kann. Der Stil ist minimalistisch und auf hohe Funktionalität ausgerichtet.
// www.apparteo.travel/item/apparteo-dijon

GANZ BEWUSST ERLEBEN

BIODIVERSITÄT MIT ALLEN SINNEN ENTDECKEN

Was duftet? Welche Laute sind zu hören? Wie fühlt sich dieses Blütenblatt an? Wenn man sich in den Jardin des Sciences & Biodiversité im westlichen Zentrum begibt, werden sich sofort alle Sinne angesprochen fühlen. Aber nicht nur findet sich hier der Botanische Garten, zum Jardin gehört auch das Planetarium Hubert Curien, in dem man dank spannender Projektionen viel Interessantes über den Weltraum sowie Entstehungstheorien der Erde lernen kann, ebenso das Naturkundemuseum mit zahlreichen Präparaten und Fossilien. Als verbindendes Element zeigt der Themenbereich Biodiversität, wie es zur Vielfalt in der natürlichen Welt kommt und gleichzeitig, wie fragil das irdische System von Fauna und Flora ist.

IMMER DER EULE NACH

Kein Tier ist mit der Hauptstadt des Burgunds so sehr verbunden wie die Eule. Den Grund dafür findet man an der Mauer der Kathedrale Notre-Dame, hier steckt ein steinernes Exemplar, das bereits deutlich abgegriffen wirkt. Kein Wunder, denn angeblich wird durch das Berühren mit der linken Hand ein Wunsch wahr. Aber auch auf den Gehwegen der historischen Innenstadt wimmelt es vor Eulen – die kleinen Platten führen von einer Sehenswürdigkeit zur nächsten, insgesamt 22 Attraktionen verbindet der »Rundgang der Eulen« so miteinander.

DIJON-SENF UND BURGUNDERWEIN

Nicht nur ist der Dijon-Senf die Lieblingsrezeptur der Hexagon-Bewohner, auch außerhalb der Landesgrenzen Frankreichs genießt der scharfe Senf einen ausgezeichneten Ruf. Ebenso kulinarisch berühmt ist das Burgund für seinen Wein. Wer in Dijon ist, sollte beide Spezialitäten unbedingt kosten.

RAUS AN DEN STRAND

Westlich an die Stadt grenzt der Lac Kir, seitdem er in den 1960er-Jahren künstlich geschaffen wurde. Mit den öffentlichen Verkehrsmitteln ist der lang gezogene See dank der Buslinie B12 ohne Weiteres vom Stadtzentrum aus zu errreichen. Der Strand dort sorgt für wahre Sommer- und Meeresstimmung mit kleinen Umkleidehäuschen, Palmen und Sonnenschirmen. Er ist kostenfrei und besonders an warmen Sommertagen der Platz in Dijon, wo man am liebsten ist.

STADT DER 100 TÜRME

Als »Stadt mit den 100 Türmen« soll Franz I. die Burgundhauptstadt bezeichnet haben. Ob diese Zahl wirklich stimmt, kann man am besten nachzählen, wenn man die 319 Stufen auf den Turm Philippe le Bon bezwungen hat und von oben in einer herrlichen Rundumsicht auf die Stadt herabblickt.

 12

STRASSBURG

SCHLEMMEN UND STAUNEN IM ELSASS

Als Sitz des Europäischen Parlaments ist Straßburg die Metropole des politischen Europa. Die alte Hauptstadt des Elsass, geprägt durch die bewegte Geschichte Frankreichs und Deutschlands, war mit ihrer blühenden Kunst- und Wissenschaftsszene seit dem Mittelalter eine der wohlhabendsten Städte Europas. Heute zieht es Besucher auf die Grande Île mit dem Straßburger Münster und den Gassen der Altstadt, die von schmucken Fachwerkhäusern aus dem 16. und 17. Jahrhundert gesäumt sind. Vor allem auf der Place du Marché-aux-Cochons-de-Lait sind die typisch elsässischen Fachwerkbauten in ihrer ganzen Pracht zu bewundern. La Petite France – »Klein-Frankreich« – wird das Gerberviertel genannt, an dessen Rand noch vier Türme der mittelalterlichen Stadtbefestigung und die Ponts couverts, die Holzbrücken über die Flussarme der Ill, übrig geblieben sind.

○ GRANDE ÎLE

Die mittelalterliche Altstadt von Straßburg liegt auf einer Insel des Flusses Ill, der Grande Île. Auf engstem Raum konzentrieren sich hier bedeutende historische Bauwerke und Viertel. Das Wahrzeichen der Stadt ist das Münster, einer der bedeutendsten Sakralbauten des Mittelalters. Der Münsterplatz wird gesäumt von bis zu fünfstöckigen Fachwerkgebäuden wie dem Haus Kammerzell und dem um 1740 im Louis-quinze-Stil errichteten Palais Rohan.

LIEBFRAUENMÜNSTER

Das Liebfrauenmünster in Straßburg wurde im 8. Jahrhundert auf dem Boden eines ehemaligen römischen Kastells gegründet. Die durch Brand zerstörte romanische Kirche wurde im 11. Jahrhundert durch eine mächtige dreischiffige Basilika ersetzt. Ab dem 12. Jahrhundert erfuhr diese Kirche zahlreiche Erweiterungen in mehreren Bauabschnitten. Sie spiegelt in einzigartiger Weise die verschiedenen Stilentwicklungen der Zeit wider von der staufischen Hochromanik bis hin zur französischen Hochgotik. Von hoher Qualität ist die plastische Ausstattung aus dem 13. Jahrhundert. Die aus rotem Sandstein errichtete Kathedrale erlebte große Bewunderung u. a. durch Johann Wolfgang von Goethe, der 1772 über sie in einem Aufsatz »Von deutscher Baukunst« schrieb. Der gotische Turm war mit 142 Metern bis zum späten 19. Jahrhundert der höchste Kirchturm der Welt.

PALAIS ROHAN

Im klassizistischen Stil erbaut, erhebt sich das imposante Palais Rohan aus dem Stadtbild der Elsaßstadt. Es wurde 1732 bis 1742 für die Straßburger Fürstbischöfe errichtet. Nach der Französischen Revolution hielten sich auch Könige wie etwa Ludwig XV. oder Kaiser Napoleon hier auf. Ende des 19. Jahrhunderts diente das Palais als Universität. 1944 wurde der Komplex von amerikanischen und englischen Bomben zerstört, erst in den 1990er-Jahren war der Wiederaufbau komplett abgeschlossen. Heute beherbergt der Prachtbau, der zu den schönsten Stücken der französischen Architektur des 18. Jahrhunderts zählt, drei verschiedene Museen: das Archäologische Museum,

Am Flüsschen Ill und seinen Nebenarmen reihen sich die Fachwerkhäuser von La Petite France. Entlang der Kanäle winden sich enge, romantische Gassen mit typischem Kopfsteinpflaster sowie kleine Plätze zum Verweilen und eine zu jeder Jahreszeit belebte Fußgängerzone. Geschichtlich gesehen, gelang dem Viertel der Spagat zwischen Erneuerungen und historischem Charme.

NACHHALTIG GENIESSEN

PUR etc. // Von Quiche bis Kuchen genießt man im PUR etc. (an fünf Orten in Straßburg zu finden) Köstliches für Zwischendurch, das aus frischen Zutaten der Region hergestellt wird. Jeglicher Abfall, der in Küche und Lokal anfällt, ist recyclebar oder kompostierbar.

// www.pur-etc.fr

Chez nous // Dem Namen wird man hier am Stadtrand mehr als gerecht, nicht nur das Ambiente ist familiär. Man kocht mit so viel Hingabe, als wäre jeder Gast ein ganz besonders wichtiger Freund. Jeden Sonntag Brunch.

// www.cheznousstrasbourg.com

CO_2-FREUNDLICH DURCH DIE STADT

ÖPNV und Fahrrad // Zwischen europäischem Viertel und TGV-Bahnhof verkehrt die bisher einzige Buslinie in Straßburg, die elektrisch angetrieben wird. Den Rest der Stadt kann man mit dem Fahrrad erkunden, nicht zu Unrecht zählt Straßburg zu den fahrradfreundlichsten Städten Europas. Um dabei nicht selbst nach dem Weg suchen zu müssen, empfielt es sich, beispielsweise eine Tour bei Baja Bikes zu buchen. Zusammen mit einem einheimischen Guide radelt man kreuz und quer durch die Stadt und lernt alle wichtigen Sehenswürdigkeiten kennen. Wer nur ein Fahrrad und keine ganze Stadtführung braucht, kann sich an den Stationen von Vélhop für zehn Euro pro Tag einen Drahtesel ausleihen.

dessen Ausstellung über die Zeit von 600 000 v. Chr. bis 800 n. Chr. eine der umfangreichsten ihrer Art in Frankreich ist, das Kunstgewerbemuseum mit den prachtvollen Gemächern der Kardinäle sowie ein Museum für Bildende Kunst mit Werken berühmter Meister wie Botticelli, Rubens und Goya.

○ LA PETITE FRANCE

Was heute so friedlich und postkartenschön anmutet, muss im Mittelalter ein verrufenes Viertel gewesen sein: In den Fachwerkhäusern aus dem 16. und 17. Jahrhundert wohnten einst Handwerker wie Fischer, Müller und Gerber. Letztere spannten die Häute ihrer Tiere über die Straßen zum Trocknen und sorgten damit für einen ganz besonders strengen Geruch. Auch war das Quartier als Armeleuteviertel verschrien. Heute ist der Stadtteil, der auch »La Petite France« genannt wird, also kleines Frankreich, und sich wie eine Insel der Historik zwischen den Kanälen befindet, einer der Lieblingsorte der Touristen.

REGIONAL EINKAUFEN

○ MAISON DES TANNEURS

Das Gerberhaus in La Petite France gehört zu den besterhaltenen Häusern der Stadt. Restaurants, kleine Cafés und kreative Boutiquen haben sich inzwischen in den Fachwerkräumen niedergelassen.

// www.maison-des-tanneurs.com

ÜBERNACHTEN

Le Bouclier d'Or Hôtel & Spa // Nicht nur die Lage im Petit France macht das Hotel ideal für Romantiker, sondern besonders auch die Einrichtung der Zimmer. Ein großes Frühstücksbuffet lässt den Gast perfekt in den Tag starten.

// www.lebouclierdor.com

Les Haras Hôtel // Ehemals war es das königliche Pferdegestüt, heute ist es ein nobles Hotel, dessen Interieur aus viel Holz und Leder an die Vergangenheit erinnert. Zentral im Petit France gelegen.

// www.les-haras-hotel.com

Ciarus // Das Ciarus mit seinen Zimmern für zwei bis sechs Personen ist für alle geeignet: Familien mit Kindern, Singles, die die Stadt unsicher machen wollen, Paare auf Städtetrip, Freundesgruppen, die ihre Freiheit auskosten wollen. Es ist ein flexibles Konzept, das sich irgendwo zwischen den Begriffen »Hostel« und »Hotel« ansiedeln möchte.

// www.ciarus.com

GANZ BEWUSST ERLEBEN

ÜBER DEN WEIHNACHTSMARKT SCHLENDERN

Eigentlich müsste man, wenn man vom Weihnachtsmarkt in Straßburg spricht, präziser von »den Weihnachtsmärkten« sprechen. Überall in der Stadt sind in der Adventszeit Stände aufgebaut, an denen Köstlichkeiten, Dekorationen und Geschenke verkauft werden. Der traditionsreichste und bekannteste ist der Christkindelsmärik auf dem Place Broglie. Aber auch am Münster oder auf der Place d'Austerlitz findet man stimmungsvoll beleuchtete Buden. Einen Abstecher sollte man auf alle Fälle zur Place Kléber machen, dort wird jedes Jahr ein gigantischer Weihnachtsbaum aufgebaut.

NACHBARSCHAFT BEGREIFEN

Im Rahmen der Landesgartenschau 2004 wurde ein grenzüberschreitender Park angelegt, der 15 Hektar auf der deutschen und 25 Hektar auf der französischen Seite des Rheins umfasst. Aber nicht nur grünen Rasen und bunte Blumen kann man im Garten der zwei Ufer (»Jardin des deux Rives«) begutachten. Bereits die direkt in der Mitte errichtete Brücke zeigt die Botschaft: Nicht mehr länger soll der Rhein trennen, sondern verbinden. Außerdem gibt es Skulpturen, Gedenktafeln, einen Planetenweg, das begehbare Kunstwerk »Izanai 2004« und mehr.

FLAMMKUCHEN ESSEN

Für die meisten sind Flammkuchen das Erste, das sie mit dem Elsass assoziieren. Bei einem Besuch in Straßburg ist es daher natürlich unumgänglich, einmal diese Spezialität im Original zu kosten. Traditionell mit Zwiebeln und Speck belegt, findet man an wenigen Orten der Stadt jedoch auch vegetarische Varianten.

STUFEN ZÄHLEN UND AUSSICHT GENIESSEN

Wer sich durch die kulinarische Seite Straßburgs mit Gugelhupf und Flammkuchen geschlemmt hat, sucht vielleicht eine gute Möglichkeit, die Kalorien wieder abzutrainieren, ohne auf Sightseeing verzichten zu müssen. Eine wunderbare Lösung bietet das Liebfrauenmünster. Über eine enge Treppe gelangt man auf die Turmplattform in 66 Meter Höhe – eine spannende Aufgabe für Kinder oder weniger Motivierte ist dabei das Stufenzählen. Die Aussicht über die Stadt ist von hier aus geradezu »formidable«.

POLITIK ERLEBEN

Nicht zu Unrecht wird Straßburg als die Hauptstadt Europas bezeichnet. Hier liegt nicht nur das Europäische Parlament, doch es ist wohl die Hauptattraktion im sogenannten Europaviertel. Wenn hier das Plenar tagt, darf man als Besucher übrigens zuhören und erlebt so die Politik in Aktion.

Durchschnittliche Reisezeit ab Berlin

OSTWÄRTS!

VON BERLIN IN DIE REIZVOLLSTEN STÄDTEZIELE OSTEUROPAS

Nach der Zerstörung im Zweiten Weltkrieg wurde das historische Zentrum wiederaufgebaut. Oben: Blick auf den Schlossplatz in Warschau, mit Schloss (rechts) und Sigismundssäule (links).

Rechts: Pilsen, die Hauptstadt Westböhmens, bietet viel Sehenswertes, darunter die Große Synagoge, die drittgrößte jüdische Gotteshaus der Welt.

Berlin mit seinem reichen kulturellen Erbe sowie die Schlösser- und Parklandschaft von Potsdam bieten sich als Startpunkte für Bahnreisen nach Osteuropa an. Eine schöne Zugstrecke bildet die Fahrt entlang der Elbe nach Dresden. Im Nachbarland Polen sind die beiden Kleinode Toruń und Posen in ein paar Zugstunden zu erreichen. Die gotische Hansestadt Toruń mit prächtiger Altstadt ist Geburtsort von Nikolaus Kopernikus, und Posen war ein uralter Handelsplatz an der Bernsteinstraße. Mit dem Berlin-Warszawa-Express trifft man nach gut fünf Stunden in Warschau ein. Das historische Zentrum bildet den lebhaften Mittelpunkt der Millionenstadt. Die Fahrt durch das südwestliche Schlesien offenbart eine überaus geschichtsträchtige Region: Breslau, die altehrwürdige Stadt an der Oder, wurde vor gut 750 Jahren als deutsche Kaufmannssiedlung gegründet und war seit dem 14. Jahrhundert Hansestadt.

Gen Südosten bieten sich Reisen in die tschechischen Städte Prag und Pilsen an. Das »goldene Prag« erstrahlt wieder in altem Glanz. Und nach Pilsen sollte man nicht nur reisen, um sich im dortigen Bräuhaus, dem Urquell des Pilseners, den berühmten Gerstensaft schmecken zu lassen.

 01

BERLIN

HISTORISCH UND HIP: SPREEATHEN

Die deutsche Hauptstadt war schon immer ein Touristenmagnet und hat sich seit der Wiedervereinigung zu einem absoluten Besucher-Hotspot entwickelt. Die riesigen Kunstsammlungen, die neuen Bauten des Regierungsviertels um den Reichstag oder auf den alten Stadtbrachen wie am Potsdamer Platz locken ebenso wie die historischen Prachtfassaden, die Parks in der Innenstadt und nicht zuletzt die kreative junge Szene in Stadtteilen wie Mitte, Prenzlauer Berg, Friedrichshain und Kreuzberg.

Links: Die Spree durchzieht die Stadt im Nikolaiviertel. An ihrem Ufer steht der Berliner Dom. Mit seinen vier Ecktürmen erinnert der Zentralbau an die Peterskirche in Rom. Gekrönt wird er von einer mosaikgeschmückten Kuppel.

Rechts: Von morgens bis Mitternacht können sich Besucher fast jeden Tag auf dem Dach und in der Kuppel des Reichstagsgebäudes aufhalten. Sir Norman Foster hat mit dieser die alte Reichstagsfassade überwölbenden Krone der Silhouette Berlins einen echten Blickfang beschert. Dabei hatte er sich zunächst vehement gegen die Kuppel gewehrt und stattdessen einen monumentalen Baldachin über Gebäude und Gelände entworfen.

○ BRANDENBURGER TOR

Es ist das Wahrzeichen Berlins, war Symbol der Teilung und ist heute Symbol der Einheit Deutschlands: das 26 Meter hohe und 65,50 Meter breite Brandenburger Tor, das die Prachtstraße Unter den Linden mit fünf Durchlässen nach Westen abschließt. Für die ältere Generation ist es noch immer besonders, das Tor von beiden Seiten betrachten zu können. Das einzige erhaltene Stadttor ist heute Mittelpunkt der Berliner Partymeile.

○ REICHSTAGSGEBÄUDE

Schon im Deutschen Kaiserreich und während der Weimarer Republik war der heutige Regierungssitz Zentrum der Macht. Für eine Führung mit Besuch der gläsernen Kuppel am besten anmelden. Von oben hat man natürlich den besten Blick – und so hat sich die Reichstagskuppel, von Star-Architekt Norman Foster auf das bestehende Gebäude aufgesetzt, zu einer der beliebtesten Touristenattraktionen Berlins entwickelt.

○ MUSEUMSINSEL

Auf einer Landzunge in der Spree befindet sich eine Konzentration hochklassiger Museen: Pergamonmuseum, Altes und Neues Museum, Antikensammlung, Museum für Vor- und Frühgeschichte und weitere Institutionen sind in fünf prächtigen Bauten zu Hause.

○ EAST SIDE GALLERY

Wenige Monate nach dem Fall der Mauer bemalten 118 Künstler aus 21 Ländern einen Abschnitt der Mauer in Berlin-Friedrichshain. So entstand die größte Open-Air-Galerie der Welt.

○ CHECKPOINT CHARLIE

Eine nachgebaute Kontrollbaracke erinnert an den Ort der ehemaligen Grenze zwischen dem amerikanischen und dem sowjetischen Sektor der Stadt in der Friedrichstraße.

○ JÜDISCHES MUSEUM

Allein wegen des Neubaus von Daniel Libeskind ist dieses Museum einen Besuch wert. Die Dauerausstellung beschäftigt sich mit zwei Jahrtausenden deutsch-jüdischer Geschichte.

○ HOLOCAUST-MAHNMAL

Unweit des Brandenburger Tors erinnert ein stets zugängliches Stelenfeld an die ermordeten Juden Europas. Informativ und berührend ist das Zentrum unterhalb der Stelen.

○ POTSDAMER PLATZ

Es ist mehr als ein Platz – es ist ein gigantisches Areal voller Neubauten, voller Glanz und Glas. Architekten wetteiferten hier um die kühnsten Konstruktionen, und so gelangen ihnen zahlreiche sehenswerte aufstrebende, klare Bauten, deren eindrucksvollster vielleicht das Sony Center mit seiner Zeltdachkonstruktion ist.

CO_2-FREUNDLICH DURCH DIE STADT

ÖPNV // Wie in vielen anderen Großstädten Deutschlands liegt der Schlüssel zur Nachhaltigkeit auch in Berlin im öffentlichen Nahverkehr. Das U- und S-Bahnnetz ist gut ausgebaut und viele Busse fahren bereits emissionsfrei.

Mit dem Fahrrad // Auch mit dem Fahrrad lässt sich die Stadt bestens erkunden. Leihfahrräder gibt es nahezu an jeder Straßenecke und dank vielfältigster Themenradwege muss man sich nicht einmal lang Gedanken um die Route machen. An vielen Sehenswürdigkeiten vorbei führt beispielsweise der Mauerradweg. Auch werden zahlreiche Sightseeingtouren auf dem Drahtesel angeboten.

○ KULTURFORUM

Am Potsdamer Platz hat sich eine Ansammlung kultureller Einrichtungen entwickelt, von denen einige in architektonisch interessanten Gebäuden untergebracht sind, etwa die Philharmonie und die Neue Nationalgalerie.

○ SCHLOSS CHARLOTTENBURG

Das größte und schönste Berliner Schloss besitzt eine gelbe Fassade, die rekordverdächtige 505 Meter Breite misst und deren Mittelstück von einem mehrstufigen Turm mit dekorativer Kupferhaube gekrönt ist. Das Schloss ist das Werk mehrerer Architekten und wurde einige Male erweitert, wirkt aber dennoch in seiner Architektur sehr einheitlich. In seinem Inneren sind verschiedene Prunkräume zu besichtigen sowie das Museum für Vor- und Frühgeschichte. Vor dem Schloss thront auf einem Sockel das imposante Reiterstandbild des Großen Kurfürsten, geschaffen von Andreas Schlüter.

○ KURFÜRSTENDAMM

Touristen kennen den Ku'damm als Flaniermeile. Doch die schon 1542 angelegte Straße war einmal der Verbindungsweg der Kurfürsten vom Stadt- ins Jagdschloss.

○ GEDÄCHTNISKIRCHE

Eines der Wahrzeichen Berlins ist die Kaiser-Wilhelm-Gedächtniskirche, die Ende des 19. Jahrhunderts erbaut, 1943 zerbombt und danach nicht wieder aufgebaut, sondern ab dem Jahr 1961 durch einen neuen Altarraum ergänzt wurde. Dieser, mit abertausend kleinen Fenstern verkleidet, erstrahlt im Innern in magisch blauem Licht, ein durchaus entschleunigender Ruhepunkt am ansonsten hektischen Breitscheidplatz.

○ UNTER DEN LINDEN

Der Prachtboulevard führt zu einigen wichtigen Sehenswürdigkeiten. Dazu gehören das Brandenburger Tor, die Staatsoper, die Museumsinsel, der Dom und das Zeughaus.

○ PRENZLAUER BERG

Der Stadtteil im Norden Berlins ist vor allem für seine internationalen Restaurants und Bars bekannt. Auch das kulturelle Leben – von Musik bis Theater – ist von Bedeutung.

Links oben: Das Marie-Elisabeth-Lüders-Haus im Regierungsviertel wurde nach der deutschen Politikerin und Frauenrechtlerin benannt.

Links unten: Mit einem Ausflugsboot kann man Berlin von der Spree aus erkunden.

○ GEDENKSTÄTTE BERLINER MAUER

Mitten durch die Bernauer Straße verlief die Grenze. Die Gedenkstätte der Berliner Mauer erinnert mit Filmen, einer Ausstellung und einem Dokumentationszentrum daran.

○ NIKOLAIVIERTEL

Hübsch und alt präsentiert sich das Nikolaiviertel – es wurde im Jahr 1987 zum 750. Geburtstag der Stadt Berlin weitgehend neu aufgebaut. Alte Häuser von anderen Orten wurden hierhin versetzt, neue, mit Giebeln und Erkern auf alt getrimmt, kamen dazu – eine schöne Illusion von Altstadt und angenehmes Flanierviertel. Mittendrin gibt es aber auch wirklich alte Bauten, dazu Cafés und Restaurants sowie die zweitürmige Nikolaikirche.

○ FERNSEHTURM UND ALEXANDERPLATZ

Der »Alex« liegt mitten in der Hauptstadt. Beliebtes Fotomotiv ist die Weltzeituhr. Das zweite Highlight ist der Fernsehturm, mit 368 Metern Deutschlands höchstes Bauwerk.

○ GENDARMENMARKT

Mit dem Ensemble aus klassizistischen Prachtbauten wie dem Schauspielhaus, Deutschem und Französischem Dom ist der Gendarmenmarkt der wohl schönste Platz Berlins. In seinem Zentrum steht, den Blick auf das Schauspielhaus gerichtet, eine Statue Friedrich Schillers, umgeben von allegorischen Figuren der Lyrik, des Dramas, der Philosophie und der Geschichte.

NACHHALTIG GENIESSEN

kopps // Bio-Zutaten aus der Region, alles frisch zubereitet und komplett ohne tierische Produkte – im kopps in Berlin-Mitte wird das alles kombiniert mit einer Prise Noblesse.

// www.kopps-berlin.de

Facil // Gourmetrestaurant mit Fokus auf Regionalität und Saisonalität, am Potsdamer Platz, untergebracht im 5. Stock des Mandala-Hotels. Der besondere Clou neben der exzellenten französischen Küche: Im Sommer kann das Glasdach des Restaurants einfach beiseitegeschoben werden.

// www.facil.de

GaYaYa // Asiatische Küche trifft auf vegetarisch und vegan: Im GaYaYa in Berlin-Mitte ist das ebenso wenig ein Problem wie Unverträglichkeiten. Ohne Glutamat, Farb- und Zusatzstoffe werden hier köstliche Gerichte nach der traditionellen Methode der Fünf-Elemente-Ernährung kreiert.

// www.gayaya-berlin.de

Rechts oben: Am 9. November 1989 fiel die Mauer, doch das Brandenburger Tor blieb bis zum 22. Dezember geschlossen. Als dann nach 28 Jahren jeder von Ost nach West hindurchgehen konnte, sich zur Silvesterfeier 1989/1990 Tausende zum Feuerwerk versammelten, begann eine neue Zeit. Das Stadttor von 1791 wurde zum Symbol der überwundenen Teilung. Zum Jahreswechsel versammeln sich seitdem Millionen.

Rechts unten: Der Gendarmenmarkt wird von drei imposanten Bauten beherrscht: vom Deutschen Dom, vom ehemaligen Königlichen Schauspielhaus (im Bild), das heute als Konzerthaus genutzt wird, und vom Französischen Dom.

○ **HACKESCHE HÖFE**

Die größte und schönste Hofanlage im Zentrum Berlins: Ein riesiger Gebäudekomplex mit Wohnungen, Ateliers, Boutiquen, Läden, Restaurants, Kinos und Galerien gruppiert sich um insgesamt acht Innenhöfe, die alle Anfang des 20. Jahrhunderts entstanden sind, damals mit wunderschönen Jugendstilelementen ausgeschmückt und mit farbig glasierten Kacheln verkleidet und heute liebevoll und aufwendig restauriert.

○ **BEBELPLATZ**

In der Mitte des architektonisch reizvollen Platzes ist das unterirdische Denkmal zur Bücherverbrennung durch eine Glasplatte zu sehen.

Links: Von außen sieht man nichts, die Stuckfassade wurde bereits 1961 abgeschlagen, aber wer die Hackeschen Höfe betritt, der wird mit Glanz empfangen: golden, blau und grün glasierte Ziegel, nach historischem Vorbild gebrannt, in dynamischen Mustern angeordnet, hohe Fenster, geschwungene Dachlinien ziehen Menschen wie magnetisch in den Hof.

REGIONAL EINKAUFEN

○ **NATURKAUFHAUS**

Kleine Öko-Lädchen findet man überall in Berlin. Wem der Sinn für etwas mehr Größe steht, sollte dem siebenstöckigen Naturkaufhaus einen Besuch abstatten. Von Mode über Heimtextilien und Kosmetik bis zur Kinderausstattung ist hier alles aus Naturmaterialien.

// www.naturkaufhaus-gmbh.de

○ **ORIGINAL UNVERPACKT**

An mittlerweile zwei Standorten in Berlin öffnet Original Unverpackt seine Türen für Zero-Waste-Shopping. Lebensmittel, Kosmetik, Reinigungsmittel und Co. bekommt man hier ganz ohne Einwegverpackung.

// www.original-unverpackt.de

○ **THE GREEN FASHION TOURS**

The Green Fashion Tours bietet eine Stadtführung der besonderen Art, denn es geht von einem nachhaltigen Laden zum nächsten, sodass man die wichtigsten Berliner Spots in Bezug auf Sustainable Fashion und Upcycling entdeckt.

// www.greenfashiontours.com

○ **FLOHMARKT AM TIERGARTEN**

Wiederverwenden statt wegwerfen: Der größte, beliebteste und bestbesuchte Flohmarkt Berlins. Mit angeschlossenem Markt für Kunsthandwerk.

ÜBERNACHTEN

Almodóvar Hotel // Das gesamte Konzept hat die Umwelt im Blick: Baumaterialien aus zertifizierter Bewirtschaftung, Bio-Zutaten beim veganen und vegetarischen Frühstück, Strom aus regenerativen Energiequellen und umweltverträgliche Reinigungsmittel sind nur ein paar Beispiele.

// www.almodovarhotel.de

Linnen Hotel // Gemütlich und individuell eingerichtete Zimmer und Apartments mit Liebe zum Detail und restaurierten Flohmarkt-Möbeln. Weitere Pluspunkte: Holzpellets zum Heizen, erneuerbare Energie als Stromquelle, LED-Beleuchtung und biologisches Reinigungs- und Waschmittel.

// www.linnenberlin.com

Campingplatz Gatow // Wer mit dem Zelt reist, kann selbst bestimmen, wie nachhaltig er lebt. Sehr gute Busanbindung.

// www.dccberlin.de/gatow

GANZ BEWUSST ERLEBEN

SICH IN DAS BERLINER NACHTLEBEN STÜRZEN

Das Berliner Nachtleben ist so vielfältig wie die Stadt selbst. Klassiker sind beispielsweise der Techno-Tempel Watergate am Osthafen oder am Savignyplatz der Jazzkeller Quasimodo. Aber es lohnt sich, auch mal gegen den Strom zu schwimmen und warum sollte nicht auch Feiern nachhaltiger funktionieren? Klare Zeichen für den Umweltschutz setzt die Initiative Clubmob.Berlin und unterstützt Berliner Clubs beim Umsetzen von Green-Clubbing-Ideen – mit dabei sind zum Beispiel SO36, Privatclub und Klunkerkranich.

DEN FERNSEHTURM ERKLIMMEN UND GANZ BERLIN ÜBERBLICKEN

Auf 207 Metern liegt das Restaurant Sphere. Es dreht sich in einer Stunde einmal um die eigene Achse. Gehobene Küche, garniert mit Traumblick und Klavieruntermalung ab 19 Uhr.

EINE BERLINER CURRYWURST ESSEN – ABER NACHHALTIG

In Berlin gewesen zu sein und keine Currywurst gegessen zu haben, gleicht für viele einem Verbrechen. Wer dabei auf die Umwelt achten möchte, bekommt bei Witty's alles in Bio-Qualität, der Traditionsimbiss Konnopke's sowie Bergmann Curry bieten sogar vegane Varianten der Berliner Spezialität an.

MITRADELN BEI DER CRITICAL MASS

Inspiriert von einer Bewegung, die in San Francisco ihren Anfang nahm, schwangen sich bereits im September 1997 einige Berliner auf ihr Rad und kurvten durch die Stadt. Ihre Mission: Aufmerksam machen auf die Rechte und Bedürfnisse von Radfahrern gegenüber dem zunehmenden Autoverkehr in Großstädten. Bis heute ist die Critical Mass auf eine wahre Masse angewachsen – ganz legal und nach den Vorschriften der StVO strampeln Tausende als Pulk durch die Stadt. Rauf auf den Drahtesel heißt es an jedem letzten Freitag im Monat!

EINE BERLINER WEISSE IM BIERGARTEN DES TIERGARTENS TRINKEN

Eigentlich ist Berliner Weiße eine Weißbiersorte, wird aber überwiegend als Mix mit Himbeer- oder Waldmeisterlimo bestellt. In einem Biergarten im Grün des Tiergartens probieren, etwa im Schleusenkrug oder im Café am Neuen See.

02 POTSDAM

KUNST UND PRUNK INMITTEN HERRLICHER NATUR

Die einstige Residenzstadt von Preußen und heutige Hauptstadt von Brandenburg bildet das Zentrum einer einzigartigen Schlösser- und Parklandschaft. »Jott-weh-deh« (janz weit draußen) gründete im 17. Jahrhundert Kurfürst Friedrich Wilhelm von Brandenburg in Potsdam seine Residenz. Ab 1745 ließ sein Urenkel, König Friedrich II., hier auf einem Weinberg Schloss Sanssouci errichten. Klassizistische Bürgerhäuser zieren die Potsdamer Altstadt, die im Westen vom Brandenburger Tor abgeschlossen wird. Der Alte Markt wird vom Kuppelbau der klassizistischen Nikolaikirche dominiert.

○ SCHLOSS SANSSOUCI

»Sanssouci«, ohne Sorge, wollte Friedrich der Große in seiner Sommerresidenz in Potsdam leben und ließ das zierliche Sommerrefugium in den Jahren 1745 bis 1747 nach teils eigenen Entwürfen durch Georg Wenzeslaus von Knobelsdorff auf den Weinbergterrassen bei Potsdam als eingeschossigen Bau anlegen. Mit seinem plastischen Schmuck und der reichen Ausstattung gilt es als ein Hauptwerk des deutschen Rokoko und als touristischer Hauptmagnet Potsdams. Zudem zeugt es von den ausgeprägten musischen Interessen seines Bewohners: Im Musikzimmer pflegte der König Flöte zu spielen. Und in der Prachtbibliothek führte er mit dem großen Aufklärer Voltaire Streitgespräche. Weitere Bauwerke kamen hinzu: die Neuen Kammern, das Neue Palais und unter Friedrichs Nachfolgern schließlich die Orangerie und Schloss Charlottenhof.

○ PARK SANSSOUCI

Trotz der Ausdehnung von fast 300 Hektar lohnt es für Besucher, sich nicht auf Schloss Sanssouci zu beschränken, sondern auch den Rest des Parks zu erwandern und dabei die vielen reizvollen Blickachsen und weiteren Gebäude wie Römische Bäder, Schloss Charlottenhof oder die Alte Mühle zu entdecken. Jedes Jahr im August präsentieren sich Park und Schlösser von Sanssouci von ihrer glamourösesten Seite: Zur Schlössernacht wandelt der Besucher im fantasievoll illuminierten Park und erlebt an allen Ecken Musik-, Tanz- und Theaterdarbietungen, Masken, Gaukler und Puppenspiel. Allerdings gilt es, sich dafür frühzeitig Karten zu sichern.

CHINESISCHES TEEHAUS

Das vielleicht originellste Gebäude im Park ist das kleeblattförmige Chinesische Haus. Die unerhört prunkvolle Mischung von Rokoko-Architektur mit (vermeintlich) chinesischen Stilelementen entsprach ganz dem Geschmack des 18. Jahrhunderts, als »Chinoiserien« an den Fürstenhöfen Europas der letzte Schrei war. Vergoldete Plastiken essender, trinkender und musizierender Chinesen rund um das Haus verleihen dem Ensemble einen heiteren Charakter.

○ BILDERGALERIE

Die 1764 neben dem Schloss Sanssouci errichtete Bildergalerie erregte im 18. Jahrhundert weltweit große Begeisterung. Heute können Besucher dort bekannte Meisterwerke der Hochrenaissance, des Manierismus und des Barock im kostbaren Rahmen der damaligen Zeit erleben.

○ HOLLÄNDISCHES VIERTEL

Besonders schmuck und aufgeräumt präsentiert sich Potsdam im Holländischen Viertel. Die Giebelreihenhäuser aus rotem Ziegelstein wurden 1733 vom »Großen Kurfürsten« angelegt, um Handwerker aus dem

Links: In malerischer Lage direkt an der Havel ließ Kaiser Wilhelm I. mit Schloss Babelsberg eine Sommerresidenz für sich und seine Gemahlin Augusta errichten. Dazu beauftragte er das Architektentrio Karl Friedrich Schinkel, Ludwig Persius und Johann Heinrich Strack.

Rechts: Im Schlosspark von Sanssouci sollen rund 4000 Skulpturen zu bestaunen sein.

CO_2-FREUNDLICH DURCH DIE STADT

Mit dem Fahrrad // lBereits seit einigen Jahren arbeitet die Stadtverwaltung daran, die Mobilität in Potsdam zunehmend auf Nachhaltigkeit auszurichten. Und auch kleine Schritte können dabei zum Erfolg führen. So ist beispielsweise das sogenannte Scherbentelefon ein kluger Service, um Radfahren angenehmer zu machen. Auch kann man sich an zahlreichen Standorten von »Potsdamrad« ein Fahrrad leihen.

ÖPNV und zu Fuß // Dank sternförmigem Straßenbahnnetz und ergänzender Buslinien kann man getrost auf das Auto verzichten. Ein weiterer Pluspunkt Potsdams sind die meist kurzen Distanzen in der Stadt, die man ohne Weiteres auch zu Fuß bewältigen kann.

fortschrittlichen Holland nach Brandenburg zu locken. Heute findet man dort kleine Läden, Galerien, Cafés und Restaurants. Im April findet ein Tulpenfest statt, im September ein Töpfermarkt und im Dezember ein holländischer Weihnachtsmarkt.

○ JAN-BOUMAN-HAUS

Mitten im Holländischen Viertel ist in diesem nach seinem Erbauer benannten Haus die ursprüngliche Einrichtung der Hollandhäuser mit Hofgebäude und Hausgarten zu besichtigen. Außerdem informieren Sonderausstellungen über die Niederländer in Brandenburg.

○ FRANZÖSISCHE KIRCHE

Die Kirche, die Friedrich der Große für die Hugenottengemeinde von Potsdam errichten ließ, präsentiert sich als ungewöhnlicher Rundbau mit Kuppel und antikem Portikus und ist deutlich vom römischen Pantheon inspiriert. Geplant wurde sie von Sanssouci-Architekt Knobelsdorff.

○ MUSEUM FLUXUS +

Potsdams Museum für moderne Kunst mit dem etwas ausgefallenen Namen beherbergt eine Ausstellung zur Fluxus-Bewegung, die in den 1960er-Jahren einen Angriff auf die etablierte Kunst startete. Daneben sind weitere Werke von Avantgardekünstlern wie Wolf Vostell, Niki de Saint Phalle, Christo, Joseph Beuys oder Yoko Ono zu sehen.

Überall in Potsdam sind Plätze unterschiedlichster Art zu finden. Ob im Holländischen Viertel (oben), vor dem Brandenburger Tor Potsdams (links oben) oder am Fuße der Peter-und-Paul-Kirche, wo wöchentlich ein Markt stattfindet (links unten). Eines haben sie aber alle gemeinsam: Überall tummeln sich sowohl Einheimische als auch Toruisten.

Rechts: Nachdem ein Vorgängerbau an der gleichen Stelle abgebrannt war, begann 1830 der Bau der Nikolaikirche nach den Ideen von Kronprinz Friedrich Wilhelm und den Plänen Karl Friedrich Schinkels. Erst sechs Jahre nach der Einweihung und damit nach Schinkels Tod begannen die Arbeiten an den vier Ecktürmen, die wuchtige Kuppel folgte weitere Jahre später.

○ RUSSISCHE KOLONIE ALEXANDROWKA

Zwölf russische Bauernhäuser mit reichen Schnitzereien inmitten von Obstbaumwiesen ließ der preußische König Friedrich Wilhelm III. 1827 für die Mitglieder eines russischen Militärchors errichten. In Haus Nr. 2 sind heute ein Museum und ein Café untergebracht. Mit zum Ensemble gehört die orthodoxe Alexander-Newski-Gedächtniskirche auf dem Kapellenberg.

○ ALTER MARKT

Der Alte Markt zwischen Havel und Nikolaikirche ist das historische Zentrum der Stadt. Derzeit werden große Anstrengungen unternommen, die einstige repräsentative Bebauung zu rekonstruieren. So wurde das alte Stadtschloss von Knobelsdorff – zumindest äußerlich – wiedererrichtet. Heute residiert hier der Brandenburger Landtag.

○ FILMMUSEUM IM MARSTALL AM ALTEN MARKT

Im Gebäude des alten Schlossmarstalles informiert eine Ausstellung über die bewegte Geschichte der Babelsberger Filmstudios, die seit der Zeit der Weimarer Republik ganz eigene cineastische Maßstäbe setzten. Dazu gehören das älteste erhaltene Filmstudio der Welt, Originalkostüme, Kulissenmodelle und vieles mehr.

○ NIKOLAIKIRCHE

Die 1837 von Schinkel errichtete Nikolaikirche hatte das Panthéon in Paris und die St. Paul's Cathedral in London zum Vorbild. Als klassizistischer Kuppelbau stellte sie einen bewussten Gegenentwurf zu den traditionellen katholischen Kirchen dar.

○ NEUER MARKT

Der von repräsentativen Bürgerhäusern umschlossene Neue Markt gilt als einer der am besten erhaltenen Barockplätze in Europa. Den Mittelpunkt bildet die alte Malz- und Kornwaage.

○ HAUS DER BRANDENBURGISCH-PREUSSISCHEN GESCHICHTE

Wie konnte Brandenburg von »des Heiligen Römischen Reiches Streusandbüchse«, so sein etwas despektierlicher Spitzname, zur europäischen Großmacht aufsteigen? Die Ausstellung am Neuen Markt im Haus der Brandenburgisch-Preußischen Geschichte zeigt ein weitgespanntes Panorama, das auch Sozial- und

NACHHALTIG GENIESSEN

Café Rosenberg // Das Rosenberg ist ein noch sehr junges Lifestyle-Café in der nördlichen Innenstadt. 100% veganes Essen und Trinken – aber nicht nur für Veganer empfehlenswert.

// www.rosenberg-potsdam.de

Café KieselStein // Quiches, Kuchen, Suppen und Salate werden im Café KieselStein zu 100% aus Biozutaten und ohne Halbfertigprodukte gekocht und gebacken. Gelegen im Osten des Parks Sanssouci in einem ehemaligen Schwimmbad.

// www.cafe-kieselstein.de

Madia // Hier ist vieles außergewöhnlich: Das Konzept ist beitragsökonomisch – das heißt jeder gibt Zeit und Geld in dem Maße, wie er es für angemessen hält. Feste, bezahlte Stellen gibt es nicht, stattdessen kochen Ehrenamtliche und alle, die gerade Zeit haben. Wechselnde Mittagsgerichte entstehen so aus biologischen und veganen Zutaten, vieles davon unverpackt und regional oder fair gehandelt.

// www.mapove.wordpress.com

Alltagsgeschichte einbezieht und über das Ende Preußens bis in das Brandenburg der Gegenwart reicht.

○ WEBERVIERTEL

Das Viertel in Babelsberg wird von den kleinen Weberhäusern geprägt, die Friedrich II. 1750 anlegen ließ, um hier böhmische Protestanten anzusiedeln. Im Haus Karl-Liebknecht-Straße 23 ist ein kleines Museum untergebracht, das dienstags und donnerstags besichtigt werden kann.

REGIONAL EINKAUFEN

○ VON KITTEL

Regionalität kann nicht nur Gemüse auszeichnen. Die Modekollektionen sind selbst entworfen und in Potsdam geschneidert. Beim Material wird auf Qualiät und Nachhaltigkeit geachtet. So entstehen stilvolle Mode sowie Accessoires, Schmuck und Kuscheltiere.
// www.vonkittel.de

○ HOLLÄNDISCHES VIERTEL

Alle, die gern einen gemütlichen Tag mit Stöbern verbringen, sollten das Holländische Viertel besuchen. In kleinen, individuellen Läden erhält man hier insbesondere Antiquitäten.

AUSFLÜGE

○ WERDER

Vor den Toren Potsdams liegt in der Havel die Inselstadt Werder. Vier Seen befinden sich in direkter Umgebung. Neben dem Reichtum an Gewässern, die zum Baden und Wassersport einladen, ist Werder für zwei Dinge berühmt, die untrennbar zusammengehören: Obst und Blüten. Zisterzienser haben mit dem Anbau von Früchten und Gemüse begonnen. Heute gedeihen auf der Insel Sanddorn, Erd-, Johannis- und Himbeeren, Äpfel und Birnen, Sauerkirschen und Süßkirschen in einer der größten Anlagen Deutschlands, darunter auch historische Sorten. Entdecken kann man das Ganze auf einem eigens angelegten Panoramaweg, Ende April wird Baumblütenfest gefeiert. Eine Besonderheit ist der Weinanbau, den es schon seit dem 17. Jahrhundert gibt. Hier findet sich die nördlichste weingesetzlich dokumentierte Reblage der Welt.

○ SPREEWALD

Das beliebteste Ausflugsziel ist nicht nur für seine sauren Gurken bekannt: Der Spreewald wird von einem 1000 Kilometer langen Netz aus rund 300 Wasserläufen, sogenannten Fließen, durchzogen. 1991 wurde das Gebiet von der UNESCO zum Biosphärenreservat erklärt, um den Lebensraum für rund 18000 Pflanzen- und Tierarten zu schützen.

ÜBERNACHTEN

Landhotel Potsdam // Wildkräuter und Slow Food geben den Takt im hoteleigenen Restaurant an, die Zimmer wurden kürzlich modernisiert und nicht nur durch die Lage wird die Verbindung zur Natur deutlich spürbar. Mit dem Zug erreicht man das Hotel unweit der Haltestelle Golm in rund 15 Minuten vom Hauptbahnhof aus.
// www.landhotel-potsdam.de

Schiffpension Louise // Einmal Kapitän sein, ohne einen Bootsführerschein machen zu müssen, kann man in der Schiffspension Louise – wenn auch nur mal für eine Nacht. Fest vertäut liegt das Schiff im Tiefensee und freut sich über diese besondere Art der »Wiederverwendung«, nachdem es seit 1907 viele Jahre als Lastkahn dienen durfte. Untergebracht sind die Gäste in fünf Doppelbett-Kajüten. Umweltgerecht wurden Isolation, Heizung und Sanitäranlagen auf den neuesten Stand gebracht.
// www.schiffspension.de

GANZ BEWUSST ERLEBEN

DIE SCHLÖSSER UND GÄRTEN VON POTSDAM BESTAUNEN

Zwischen 1730 und 1916 legten die preußischen Könige entlang der Havel eine Parklandschaft mit rund 150 Schlössern an. Dazu gehören neben dem Park Sanssouci der Neue Garten, der Park Babelsberg, der Park Lindstedt, die Dorflage Bornstedt, die Kolonie Alexandrowka, der Pfingstberg, die Schloss- und Gartenanlagen in Glienicke, die Pfaueninsel und der Park Sacrow mit seiner Heilandskirche sowie einige kleinere Anlagen. Insgesamt umfasst das Welterbegelände über 2000 Hektar. Trotz dieser Ausdehnung und der langen Entstehungszeit bilden all diese Parks und Gebäude eine Einheit und schaffen so eine Welt für sich, ein luxuriöses, heiteres Gartenidyll.

DURCH DIE SCHIFFBAUERGASSE SPAZIEREN

Auf dem alten Industriegelände am Tiefen See ist heute die Kunst- und Kulturszene zu finden. Unter anderem ist hier das Hans-Otto-Theater mit seinen beiden Spielstätten ansässig, des Weiteren ein Theaterschiff, der genreübergreifende Veranstaltungsort Waschhaus, das freie Theater T-Werk sowie das Kunstmuseum FLUXUS+.

POTSDAMS WEIHNACHTSMÄRKTE BESUCHEN

Nähert sich das Weihnachtsfest, erstrahlt der Luisenplatz im blauen Licht, selbst der Christbaum wird blau erleuchtet. Doch Potsdam prunkt nicht nur mit dem größten Weihnachtsmarkt Brandenburgs, im Krongut Bornstedt stehen die Holzhütten des Romantischen Weihnachtsmarkts, in Babelsberg wird böhmische Weihnacht gefeiert und auf dem Kutschstallhof wartet ein polnischer Sternenmarkt auf Besucher.

LERNEN UND AUSPROBIEREN AUF DEM UMWELTFEST

Seit mehreren Jahren organisiert die Stadt bereits dieses besondere Event, das den Volkspark in eine Ökomeile verwandelt, auf der man sich allerhand Inspiration holen kann, wie nachhaltiges Leben im Alltag funktionieren kann. In Vorträgen und Workshops geben Experten Wissen weiter und animieren zum Ausprobieren und Mitmachen. Über das Gelände tuckert außerdem die Solarbahn und auch für die kleinsten Besucher wird einiges geboten, altersgerecht werden sie an die Themen Umwelt- und Klimaschutz herangeführt.

TROPEN ERLEBEN IN DER BIOSPHÄRE

Mitten in den tropischen Regenwald kann man sich im Norden von Potsdam begeben. In der Biosphäre, einem großen Erlebnis-Tropenhaus, lässt sich eine künstlich gestaltete Landschaft mit 20 000 Pflanzen und ca. 350 Tierarten erleben – samt Wasserfall und künstlicher Gewitter. Für alle, die nicht nur schauen wollen, gibt es auch die verschiedensten Themen-Führungen.

NOVA

03 DRESDEN

KULTURMETROPOLE UND GARTENSTADT

Über das »Florenz an der Elbe« muss man eigentlich keine Worte verlieren. Die sächsische Landeshauptstadt gilt zu Recht als eine der schönsten Städte Europas. Dabei gibt es noch viel mehr zu entdecken als Frauenkirche, Zwinger und Semperoper. Dresdens Stern ging im Jahr 1485 auf. Die Brüder Ernst und Albrecht III. von Sachsen beschlossen, das Herzogtum zu teilen, und Albrecht, der den Südosten erhielt, brauchte nun eine neue Residenzstadt. Die Wahl fiel auf das unbedeutende Dresden. Seinen wahren Glanz und viel seiner heutigen Gestalt erhielt es unter Kurfürst August dem Starken. Der scheute keine Kosten und Mühen, Dresden zu einer der schönsten Städte Europas auszubauen. Im Gegensatz zu dem französischen Sonnenkönig Ludwig XIV. aber, der das gigantische Schloss Versailles zum absoluten Mittelpunkt seines Reiches machte, ließ August eine Vielzahl kleinerer Gebäude schaffen, darunter auch die ersten öffentlichen Museen. Die Bomben des Zweiten Weltkriegs richteten dann im Zentrum großen Schaden an, inzwischen aber erstrahlen die meisten wichtigen Gebäude in altem Glanz.

○ FRAUENKIRCHE

George Bährs barockes Meisterwerk wurde 1726 bis 1743 errichtet. Zwei Jahrhunderte prägte die Kuppel der Frauenkirche die Stadtsilhouette, bevor sie zwei Tage nach den Luftangriffen vom 13. Februar 1945 schwer getroffen zusammenbrach. Nach beinahe 50 Jahren als Ruine und nach einem Aufbauwerk, an dem sich Menschen aus aller Welt beteiligten, konnte das protestantische Gotteshaus im Oktober 2005 wieder geweiht werden. Von der Aussichtsplattform über der Kuppel hat man einen phänomenalen Rundumblick.

○ NEUMARKT

Im Streit um den Wiederaufbau des Neumarkts obsiegten die Traditionalisten. Bei den bereits fertiggestellten Gebäuden sind nun »barocke« Fassaden mit modernem Innenleben die Regel. Die historischen Straßenfluchten berücksichtigend, werden in den kommenden Jahren weitere Quartiere folgen.

○ JOHANNEUM

Nach mehreren Umbauten und der Nutzung als Remise, Rüstkammer, Porzellansammlung und Gemäldegalerie ist das Johanneum seit 1956 das Domizil des Dresdner Verkehrsmuseums. Vor seiner Schaufassade mit der doppelläufigen Treppe steht der Türkenbrunnen.

○ FÜRSTENZUG

Eine außergewöhnliche Ahnengalerie ziert die Außenseite des Langen Gangs in der Augustusstraße. Sie zeigt die Wettiner Herrscher von Konrad dem Großen (1127–1156) bis zu König Georg (1902–1904). Das zunächst in der Sgraffito-Technik ausgeführte, 102 Meter lange Werk wurde im Jahr 1907 auf 25 000 Meißner Kacheln übertragen und gilt seither als das größte Porzellanbild der Welt.

○ BRÜHLSCHE TERRASSE

Einen Teil der einstigen Stadtbefestigung schenkte Kurfürst Friedrich August II. seinem Premierminister Graf Heinrich von Brühl, der das Areal zu einem Lustgarten umgestalten ließ. Heute gilt die etwa 500 Meter lange und rund zehn Meter über der Elbe gelegene Terrasse mit Sekundogenitur, Albertinum und Kunstakademie (Hochschule für Bildende Künste) samt Ausstellungshalle als »Balkon Europas«.

Links: Im Jahr 2005 wurde die neue Frauenkirche geweiht. Menschen aus aller Welt hatten sich mit Spenden am Wiederaufbau beteiligt und die Kirche zu einem Sinnbild der Versöhnung werden lassen.

Rechts: Dresden zeigt sich von seiner besten Seite: Die Brühlsche Terrasse und die Türme der historischen Altstadt sind das Aushängeschild der Stadt.

CO_2-FREUNDLICH DURCH DIE STADT

Zukunftsweisend // Ambitionierte Ziele in Bezug auf Nachhaltigkeit hat auch Dresden – darunter auch, die Stadt verbrennungsmotorfrei werden zu lassen. Bis dahin ist es zwar noch ein weiter Weg, doch verschiedenste Projekte, die in diesem Zusammenhang ins Leben gerufen werden, tragen bereits heute Früchte und so kann man die Elbstadt hervorragend mit öffentlichen Verkehrsmitteln erkunden oder auch mit dem Fahrrad.

Zu Fuß // Wer zu Fuß unterwegs ist, hat dank Informationsstelen in der Altstadt immer den Überblick, wo er sich befindet und wie man am besten zur nächsten Sehenswürdigkeit gelangt.

○ RESIDENZSCHLOSS

Im Laufe seiner über 700-jährigen Geschichte wurde das Dresdner Schloss mehrfach umgebaut und den jeweiligen Bedürfnissen wie auch dem Zeitgeschmack angepasst. Nach der Zerstörung am 13. Februar 1945 begann man noch zu DDR-Zeiten mit der Rekonstruktion. Der überwiegende Teil der Wiederaufbauarbeiten wurde jedoch ab 1991 geleistet, und die endgültige Fertigstellung ist für das kommende Jahrzehnt avisiert. In den Jahren 2004 bis 2006 bezogen das Neue und das Historische Grüne Gewölbe, die Kunstbibliothek sowie das Kupferstichkabinett im Residenzschloss ihr neues Domizil. 2009 wurde das zentrale Foyer im transparent überdachten Kleinen Schlosshof eingeweiht.

○ HOFKIRCHE

Friedrich August II., der wie sein Vater August der Starke zum katholischen Glauben übergetreten war, ließ ab 1738 die katholische Hofkirche errichten. Die Entwürfe im Stil des römischen Spätbarock lieferte der Baumeister Gaetano Chiaveri, den Figurenschmuck steuerte Lorenzo Mattielli bei. Im Inneren des, abgesehen von Balthasar Permosers Kanzel, eher schlicht gehaltenen Gotteshauses befindet sich ein Umgang für die Prozessionen, welche auf den Straßen des protestantischen Dresden verboten waren. In der Gruft der Kirche birgt eine Urne das Herz Augusts des Starken.

Oben: Von den Lang- und Bogengalerien blickt man über das barocke Gesamtkunstwerk des Zwingers mit dem Wallpavillon auf der Westseite der Anlage.

Links oben: Von der beinahe vollständigen Zerstörung Dresdens ist heute kaum noch etwas zu spüren. Nicht nur die Frauenkirche fand zu alter Pracht zurück. Auch weitere Gotteshäuser und Gebäude in der Altstadt wurden – und werden teils noch immer – nach historischem Vorbild wiederaufgebaut.

Links unten: Der Elberadweg führt auf dem Königsufer direkt vor der eindrucksvollen Kulisse der Barockstadt Dresden vorbei.

○ THEATERPLATZ

Baudenkmäler von Weltrang bilden den Rahmen für diesen Platz. An die barocke Hofkirche schließt das Ende des 19. Jahrhunderts im Stil der Neorenaissance umgebaute Residenzschloss an. Die elbseitige Begrenzung des Platzes bildet das Italienische Dörfchen, ein Restaurant, das nach der einstigen Wohnstätte der aus Italien stammenden Erbauer der Hofkirche an gleicher Stelle benannt wurde. Die klassizistische Altstädter Wache beherbergt heute eine Touristeninformation und den Besucherservice der Semperoper.

○ SEMPEROPER

Das im Zweiten Weltkrieg zerstörte Haus wurde 40 Jahre später, am 13. Februar 1985, mit Carl Maria von Webers »Der Freischütz« wiedereröffnet. Heute zählt es zu den bekanntesten Opernspielstätten der Welt. Besucher kommen nicht nur wegen des Ensembles und der hier beheimateten Staatskapelle, sondern auch wegen des prächtigen Zuschauerraums und der originalgetreu rekonstruierten Vestibüle und Foyers.

NACHHALTIG GENIESSEN

Fiete Behnersens v-cake // Kleine und große Naschkatzen sollten Fiete Behnersens Café unbedingt einen Besuch abstatten und sich durch die veganen Kuchen und Torten schlemmen, dazu eine Tasse guten Kaffee genießen.
// Rothenburger Straße 14

Alte Meister // Am Tage dient das Lokal als Museumscafé der Gemäldegalerie, am Abend wird es zum Restaurant mit frischer und ideenreicher internationaler Küche.
// altemeister.net

Wulbert's Café und Bar // In entspannter Atmosphäre kann man im Wulbert's den ganzen Tag über köstlich schlemmen. Frühstück gibt es für Langschläfer bis 14 Uhr, abends serviert es Burger und mehr, die Teekarte ist ebenso lang wie die Bierkarte, für die Allerkleinsten gibt es sogar selbst gemachten Brei. Die Zutaten sind biologisch, regional und fairtrade. Veganer kommen ebenso auf ihre Kosten wie Fleischliebhaber.
// www.wulberts.de

○ ZWINGER

Er ist das Aushängeschild des sächsischen Barock und ein Höhepunkt höfischer Festarchitektur. Im Auftrag Augusts des Starken wurde der Zwinger ab 1709 an der Stadtbefestigung – daher der Name – errichtet. Das einzigartige Ensemble besteht aus Pavillons sowie Lang- und Bogengalerien, die von dem Baumeister Matthäus Daniel Pöppelmann spiegelbildlich um einen Hof gruppiert wurden. Wahrzeichen des Zwingers wie der Stadt Dresden ist das Kronentor mit seiner von Adlern getragenen Königskrone auf der markanten Zwiebelkuppel. Der Zwinger beherbergt die Porzellansammlung und den Mathematisch-Physikalischen Salon sowie – in dem bis 1855 von Gottfried Semper geschaffenen Galeriebau – die berühmte »Gemäldegalerie Alte Meister«.

○ RATHAUS

Das 1910 eingeweihte Neue Rathaus wurde nach schweren Kriegsschäden in reduzierter architektonischer Formensprache wiedererrichtet. Sehenswert sind das Jugendstilfoyer, die »Goldene Pforte« und, davorstehend, das Trümmerfrauen-Denkmal. Auf dem etwa 100 Meter hohen Turm schüttet der noch nicht

Rechts: Die Semperoper mit ihren der Hochrenaissance entlehnten Arkaden und Balustraden sowie dem gewaltigen Portal samt Pantherquadriga ist die Primadonna des Theaterplatzes.

lange restaurierte »Goldene Rathausmann« sein Füllhorn über der Stadt aus.

○ KREUZKIRCHE

Auch das größte Gotteshaus der Stadt wurde beim Angriff 1945 schwer in Mitleidenschaft gezogen. Die provisorische Nachkriegsgestaltung des Innenraums wird mittlerweile als würdige Dauerlösung anerkannt. In der Kreuzkirche ist der mehr als 700 Jahre alte Dresdner Kreuzchor zu Hause.

○ ALTMARKT

Der 1370 erstmals erwähnte Altmarkt ist der älteste Platz der Stadt. Seit 1434 wird hier der Striezelmarkt abgehalten. Sein heutiges Aussehen erhielt das Areal nach der Räumung der Kriegstrümmer in den 1950er-/60er-Jahren.

REGIONAL EINKAUFEN

○ BINNES UNVERPACKT

Von Müsli und Öl über Seife und Tee bis Fruchtgummis und Waschmittel – im zweiten Dresdner Unverpackt-Laden kann man sich mit allem Nötigen eindecken, ohne die Umwelt durch Müll zu belasten.

// www.binnes-unverpackt.de

○ UNIPOLAR

Der Conceptstore bietet Mode, Accessoires und Geschirr in bester Qualität, biologisch und fair gehandelt, an. Kombiniert werden die Basics mit pfiffigen Wissenschaftsmotiven. Sowohl in der Neustadt als auch in Dresden-Mitte hat Unipolar einen Laden.

// www.uni-polar.de

○ WEIHNACHTSLAND IM ZWINGER

In der Filiale werden Erzeugnisse der wichtigsten Produzenten erzgebirgischer Volkskunst präsentiert.

// www.weihnachtsland-dresden.com

○ EMIL REIMANN BÄCKEREI, KONDITOREI

Das 100 Jahre alte Traditionshaus betreibt Filialen in Sachsen, Sachsen-Anhalt und Baden-Württemberg. Hier an der Frauenkirche kann man den original Dresdner »Reimann-Stollen« (mit »Stollensiegel«) kaufen und im Café gleich probieren. Neben dem Weihnachtsgebäck sollte man sich andere süße Leckerbissen nicht entgehen lassen! Mehrere Filialen sind in der Stadt verteilt.

// www.emil-reimann.de

○ KUNSTHANDWERKERPASSAGEN

In den Passagen der Bürgerhäuser in der Hauptstraße bieten Werkstätten sächsische Handwerkskunst: von der Lederwerkstatt bis zur Goldschmiede, von der Designmanufaktur bis zum »Einseifer«.

// www.kunsthandwerkerpassagen.de

ÜBERNACHTEN

einfach schön // Der Name ist Programm und besonderes Augenmerk wird auf Nachhaltigkeit gelegt: Bereits der Bau erfolgte mit Naturmaterialien, die Zimmer sind elektrosmogreduziert und die Zutaten der Küche stammen aus der Region. Mit dem Zug etwa eine halbe Stunde vom Hauptbahnhof entfernt.

// www.einfachschoen-dresden.de

Schlosshotel Dresden-Pillnitz // Romantik trifft auf Savoir-vivre, dabei wird jedoch keineswegs die Umwelt vergessen. Ausgestattet mit einem eigenen Blockheizkraftwerk, erzeugt das Hotel selbst Wärme und Strom; LED- und Energiesparlampen sowie ein bewusstes Müllmanagement tragen ebenfalls zum Ressourcenschonen bei.

// www.schlosshotel-pillnitz.de

GreenLine Landhotel Dresden // Klimaneutral übernachten kann man vor den Toren der Stadt im Landhotel. Besonders auch für Familien geeignet.

// www.greenline-hotels.de/hotels/landhotel-dresden

GANZ BEWUSST ERLEBEN

AN EINER ERLEBNISFÜHRUNG TEILNEHMEN

Dresden von seiner kulinarischen Seite erleben? Oder von seiner humorvollen? Eine Brauereiführung oder eine durch die Oper? Oder mit dem Nachtwächter? Oder dem »Grafen Brühl«? Vielleicht per Rad? Oder in der Kutsche? Die Tourismuszentrale »Dresden Information« bietet ein sehr breites Spektrum an Erlebnistouren an – besonders geeignet auch für wiederkehrende Gäste, die ihr Herz an »Elbflorenz« verloren haben.

DRESDEN VOM WASSER AUS SEHEN

Nicht nur an Bord der ältesten und größten Raddampferflotte der Welt lässt sich Dresdens Silhouette von der Elbe aus erleben. Wer es lieber etwas umweltfreundlicher mag, kann selbst die Paddel in die Hand nehmen. Mehrere Verleihstationen stellen dafür Kanus bereit. Während man so an der Altstadt gemächlich vorbeizieht oder den Ausflug bis in die Sächsische Schweiz verlängert, schont man nicht nur das Klima, sondern hat auch direkt für die eigene Gesundheit etwas Gutes getan.

AUSFLUG NACH RADEBEUL

Dresdens westliche Nachbarstadt ist vor allem für das Karl-May-Museum und die Karl-May-Festspiele am Wochenende nach Himmelfahrt bekannt. Daneben kann die Wein-, Villen- und Gartenstadt aber mit gleich acht hübschen historischen Ortskernen, etwa Altkötzschenbroda direkt an der Elbe, und schönen alten Weinbergvillen aufwarten.

ÜBER DIE LADENGESTALTUNG IN PFUNDS MOLKEREI STAUNEN

1880 gründeten die Brüder Pfund die Dresdner Molkerei »Gebrüder Pfund«. In ihrem ersten Laden verkauften sie Milch frisch von der Kuh: Die Kunden konnten durch ein Fenster im Verkaufsraum zusehen, wie die Tiere nebenan gemolken wurden. Mit den Jahren entstand aus dem Familienunternehmen ein Milchimperium. Als Aushängeschild der Molkerei diente der 1892 eröffnete Milchladen mit Trinkhalle in der Bautzner Straße. Wände, Decken, Verkaufstresen und der Kühlschrank wurden mit exquisiten Fliesen verkleidet. Die Ladeneinrichtung überstand Wirtschaftskrisen, Kriege und die DDR-Zeit, und nach der Restaurierung in den 1990er-Jahren schaffte es der »schönste Milchladen der Welt« ins Guinnessbuch der Rekorde.

YOGA IM PARK MACHEN

Seit über zehn Jahren verwandelt sich der Park am Elbufer um den Japanischen Palais in ein mehrwöchiges Festival mit Kunst, Kultur, Genuss und Bildung. Der Eintritt ist kostenlos, und ein besonderes Event sind die freien Yogastunden, die während des Palaissommers täglich stattfinden. Jung und Alt trifft sich dann, um gemeinsam und doch jeder für sich das innere Gleichgewicht (wieder) zu finden.

1891

04 TORUŃ

LEBKUCHEN, KOPERNIKUS UND MITTELALTERROMANTIK

Die Stadt an der Weichsel verdankt ihre Gründung dem Deutschen Orden, der hier im 13. Jahrhundert eine gewaltige Burganlage errichtete. Gegen Ende dieses Jahrhunderts trat Toruń (Thorn) der Hanse bei. Die Ritter des Deutschen Ordens errichteten hier einst eine Burg, unterhalb der sich bald eine Stadt entwickelte, die im 14. Jahrhundert zu einem blühenden Handelsplatz wurde und für den Verkehr mit den Niederlanden eine eigene Handelsflotte unterhielt. 1411 und 1466 wurden hier zwischen dem Deutschen Orden und Polen der Erste und Zweite Thorner Frieden geschlossen. Um 1454 brannten Thorner Bürger die Ordensburg nieder (von der heute nur noch Reste erhalten sind), und die Stadt wurde ein selbstständiger Stadtstaat unter der Oberhoheit des polnischen Königs. Im Lauf der Zeit veränderte sich kontinuierlich das Gesicht der Stadt. Zeugen dieses Wandels sind gotische Patrizierhäuser, barocke und klassizistische Bürgerhäuser sowie repräsentative Paläste aus dem 19. Jahrhundert - allesamt UNESCO-Welterbestätten.

Gemächlich fließt der längste Fluss Polens, die Weichsel, an der Altstadt von Thorn vorbei, die seit 1997 zum UNESCO-Welterbe gehört. Bedeutende Baudenkmäler sind der Dom St. Johannes (oben) oder der Artushof mit seinem gemusterten Ziegeldach (links).

○ ALTES RATHAUS

Mit dem Bau des Alten Rathauses wurde 1259 begonnen, seitdem wurden in mehreren Epochen Aus- und Umarbeitungen vorgenommen – so war es einst gotisch, dann manieristisch. Markant ist bis heute der rund 40 Meter hohe Turm, in seiner Bauweise Uhrtürmen in Flandern nachempfunden. Von oben bietet sich ein herrlicher Rundblick auf die umgebende Altstadt. Im Inneren des Backsteingebäudes findet man seit Mitte des 19. Jahrhunderts ein Museum.

○ GEBURTSHAUS VON NIKOLAUS KOPERNIKUS

Über die Stadt- und Landesgrenzen hinaus ist Toruń vor allem für zwei Dinge berühmt: die Pfefferkuchen und Nikolaus Kopernikus. Letzterem ist in der Stadt eine Straße gewidmet, in der Ulica Kopernika kann man bis heute das Geburtshaus des berühmten Wis-

NACHHALTIG GENIESSEN

Karrotka // Veganer und Vegetarier kommen hier voll auf ihre Kosten. Die Küche ist international inspiriert, das Lokal gemütlich klein.
// ul. Lazienna 9

Krowarzywa // Hauptzutat: Natur. Im Krowarzywa ist alles auf pflanzlicher Basis zubereitet, im Zentrum der veganen Küche stehen Wraps, Burger, Bowls und Smoothies.
// www.krowarzywa.pl

CO_2-FREUNDLICH DURCH DIE STADT

Zu Fuß // Die Wege in Toruń sind kurz – warum nicht also einmal komplett auf Auto, Bus und Bahn verzichten und die Stadt zu Fuß erkunden? Insbesondere die historischen Sehenswürdigkeiten kann man bequem zu einem Rundgang verbinden.

ÖPNV // Wer etwas weiter aus der Stadt heraus möchte zu Attraktionen in der Region, sollte die Busverbindungen nutzen, denn das Zugnetz ist weniger gut ausgebaut.

senschaftlers besichtigen – oder besser gesagt die zwei Gebäude (Hausnummern 15 und 17), die in der engen Auswahl stehen, als Geburtshaus zu gelten. Eines der prächtigen Patrizierhäusern aus dem 14. oder 15. Jahrhundert beherbergt ein Museum, das sich dem Leben des Astronoms widmet.

○ DOMKIRCHE ST. JOHANNES

Über das Geburtshaus Kopernikus' besteht bis heute Uneinigkeit, doch wo er getauft wurde, ist unbestritten: in der Domkirche St. Johannes. Das markante Gotteshaus aus Backstein beeindruckt auch durch die wertvollen Malereien im Inneren.

○ MARIENKIRCHE

Zum UNESCO-Welterbe zählt auch die Marienkirche, einst Teil des Thorner Franziskanerklosters. Ihr heutiges Aussehen als dreischiffige Hallenkirche verdankt sie jedoch im Wesentlichen einem Neubau aus dem 14. Jahrhundert.

○ RUINE DER DEUTSCHORDENSBURG

Auf den Überresten einer früheren Befestigungsanlage errichtete man im 13. Jahrhundert eine Burg des Deutschordens in einer damals ungewöhnlichen Hufeisenform. Rund zwei Jahrhunderte später, im Jahr 1454, fiel die Burg wie viele ihrer Art den Aufständen der Polen gegen den Deutschorden zum Opfer, sie wurde in großen Teilen zerstört. Doch die Ruine ist bis heute erhalten und dient einigen Konzerten, Festivals und Ähnlichem als pittoreske Kulisse. Besonders gut erhalten geblieben sind der Dansker und die anschließende Brücke.

Der Marktplatz in der Altstadt ist umgeben von geschichtsträchtigen Gebäuden.

ÜBERNACHTEN

Sowa Apartamenty // Direkt im Zentrum gelegen, macht es ein Aufenthalt im gepflegten Sowa Apartamenty einfach, auf Auto und Bus zu verzichten, denn alle Sehenswürdigkeiten sind in Laufweite. Die Historizität des Gebäudes – hier war einst die erste Apotheke Polens zu Hause – klar vor Augen, wurde es in den letzten Jahren restauriert und verbindet so nun Alt und Neu auf gelungene Art miteinander. Ein Teil der Zimmer ist mit einer Küchenzeile ausgestattet, sodass die Gäste sich auch selbst versorgen können.
// www.sowa-apartamenty.pl

Green Hostel // Ein gutes Preis-Leistungs-Verhältnis bietet das Green Hostel direkt am Rande der Altstadt von Toruń. Modern eingerichtet, freundliche Athmosphäre und inklusive Frühstück, damit man für den Sightseeingtrip genügend Energie am Morgen tanken kann. Wer möchte, kann eine Gemeinschaftsküche nutzen.
// www.greenhostel.eu

GANZ BEWUSST ERLEBEN

THORNER PFEFFERKUCHEN KOSTEN

Fast ebenso bekannt wie Nikolaus Kopernikus ist die Stadt für die Toruńskie Pierniki, die Thorner Lebkuchen oder auch Honigkuchen genannt. Die Herstellung der Köstlichkeit ist schriftlich erstmals 1380 belegt, doch man geht davon aus, dass die Tradition zu diesem Zeitpunkt bereits mehrere Hundert Jahre alt war. Am Gedenktag der heiligen Katharina von Alexandria, dem 25.11., begann man alljährlich mit dem Backen – glücklicherweise nimmt man es heute mit dieser Regel nicht so genau, sodass man auch das ganze Jahr über die Spazialität kosten kann. Selbst zum Lebkuchenbäcker werden kann man im Lebkuchenmuseum.

DOMTURM BESTEIGEN UND GLÜCK HABEN

Zahlreiche Stufen führen im Turm der Domkirche St. Johannes nach oben. Von dort kann man den Blick weit über die Stadt schweifen lassen. Doch nicht nur aufgrund der Aussicht lohnt sich der Anstieg. Denn der Weg führt vorbei an der über 7000 Kilogramm schweren Glocke »Tuba Dei«. Zu hören bekommt man sie nur noch an einer Handvoll Tagen im Jahr, denn die Vibration der tiefen Töne stellen eine Gefahr für die Turmkonstruktion dar. Doch – so erzählt man sich zumindest – das Berühren des Schlegels soll Glück bringen.

AB INS GRÜNE

Wenn die Toruńer frei haben, zieht es sie oft ins Grüne hinaus – und dabei sollte man sich anschließen! Den Wald von Barkbarka erreicht man zum Beispiel ganz bequem über einen Fahrradweg von der Stadt aus. Hier kann man im Hochseilgarten klettern, spazieren gehen oder einfach die Sonne genießen.

PRACHT UNTER DEM STERN BESTAUNEN

Wenn man den Blick nicht gerade stur auf den Boden heftet, kann man das Haus »Unter dem Stern« eigentlich nicht verfehlen, denn der namensgebende Stern prangt groß und golden über dem Giebel des Patrizierhauses. Von vielen wird es als das schönste Bürgerhaus der Stadt bezeichnet, überreich ist die Fassade mit den typischen Stuckaturen des Barock verziert. Im Inneren findet sich die Fernöstliche Sammlung des Regionalmuseums Toruń.

EIN TEIL DER LEGENDEN WERDEN

Das Museum »Dom Legend« ist nicht wie jedes andere: Nicht nur, weil es sich den Legenden der Stadt widmet und somit den (un)heimlichen Helden und kuriosen Erscheinungen, sondern auch durch die Interaktivität. Die Guides erzählen authentisch allerhand Geschichten, die Besucher werden selbst zu den Figuren. Ein Erlebnis für Groß und Klein gleichermaßen!

05 POSEN

WANDELBARE STADT DER KÖNIGE

Die Stadt der Könige und Kaiser ist eine der ältesten und größten Städte Polens, doch so wirklich viel Beachtung erhält sie außerhalb der Landesgrenzen nicht. Dabei hat Posen (polnisch Poznań) einiges zu bieten. Beispielsweise eine Reihe historischer Gebäude aus den unterschiedlichsten Zeitaltern – vom Dom aus dem 10. Jahrhundert über das in der Zeit der preußischen Herrschaft errichtete Residenzschloss bis hin zu den modernen Bauten der Nachkriegszeit. Dank Oper, Theater und zahlreicher Museen ist Posen auch für Kulturliebhaber interessant. Doch selbst wenn die Zeit der preußischen Besatzung bereits lange beendet ist, kann man bis heute deutsche Einflüsse in der Stadt an der Warthe finden, beispielsweise in einzelnen Wörtern, die aus dem Deutschen übernommen, ihren Weg in die Posener Mundart gefunden haben.

○ ALTER MARKT

Wie es sich für eine so historische Stadt gehört, hat auch Posen den traditionellen Mittelpunkt auf einem Alten Markt, dem Stare Rynek. Ihn umgeben zahlreiche schmucke Häuser, am auffälligsten unter ihnen ist zweifelsohne das Rathaus. Seine heutige Gestalt im Stil der Renaissance erhielt es durch den Wiederaufbau nach einem Brand im Jahr 1536. In direkter Nachbarschaft schließt sich ein wahrer Farbreigen an das Rathaus an: Schmal und kunterbunt reihen sich die Kramerhäuser aneinander, unter ihren Arkaden bieten heute wie früher regionale Händler und Kunsthandwerker ihre Waren feil. Von dunkleren Ereignissen hingegen zeugt der steinerne Pranger. Auch er steht auf dem Alten Markt.

○ DOMINSEL

Viele Ereignisse der frühen polnischen Geschichte sind fest mit den Gebäuden auf der sogenannten Dominsel verbunden. Von den Flüssen Warta und Cybina umflossen, kann man hier einige bedeutende Bauwerke besichtigen. Im 10. Jahrhundert wurde mit dem Bau des Posener Doms im Stil der Gotik begonnen, doch seitdem wurde er immer wieder umgebaut. So prunkte er zeitweise auch als barockes Werk, bevor er nach der starken Zerstörung im Zweiten Weltkrieg zu ursprünglichem Glanz wiederaufgebaut wurde. Neben dem Dom sind außerdem die Kirche der heiligen Jungfrau Maria und der Erzbischofspalast sehenswert.

Rund um den Alten Markt Posens – den drittgrößten Marktplatz Polens – gesellen sich Gebäude unterschiedlichster Baustile. Einen besonderen Blickfang stellen die farbenfrohen Krämerhäuser mit ihren charakteristischen Laubengängen dar. Im Mittelalter noch hölzerne Buden, wurden sie im 16. Jahrhundert durch schmale Steinhäuser ersetzt.

○ NATIONALMUSEUM

1904 wurde der Prunkbau mit dem grünen Dach nach Entwürfen Karl Hinckeldeyns errichtet, im Inneren

NACHHALTIG GENIESSEN

Bezzbozny // 100% vegan und 100% glutenfrei sind die Speisen im Bezzbozny. Internationales steht dabei ebenso auf der Karte wie typisch polnische Pierogi. Besonders beliebt ist auch das hausgemachte Sauerteigbrot.
// Ko cielna 13

EkoKram // Im EkoKram kann man tagsüber gut neue Energie tanken mit vegetarischen Suppen, Kuchen, Sandwiches und Co. Auch vegane und glutenfreie Köstlichkeiten werden geboten. Nachhaltigkeit mit nach Hause nehmen kann man auch – das EkoKram verkauft Naturkosmetik sowie vegane Ersatzprodukte zu Käse, Wurst und Ähnlichem.
// Mylna 23/11

Pod Niebieniem // Teil der Philosophie im Pod Niebieniem (zu Deutsch: »unter dem Himmel«) ist, dass nur Eis und Wodka im Gefrierschrank Platz findet. Alle anderen Zutaten für die modern interpretierte Landesküche sind absolut frisch und saisonal bedingt.
// www.pod-niebieniem.pl

CO_2-FREUNDLICH DURCH DIE STADT

Mit dem Fahrrad // Posen wird oft als eine der grünsten Städte Polens bezeichnet – so sorgen zahlreiche große Grünflächen für gute Luft in der Stadt. Auf dem Drahtesel durch Posen zu kurven, ist außerdem eines der besten Mittel zum Erkunden der Sehenswürdigkeiten.

ÖPNV // Alternativ kann man auch auf Bus und Straßenbahn umsteigen. In Anbetracht der vielen Staus in der Stadt ist es jedoch nicht immer ratsam, den Bus zu nehmen – sowohl aus Gründen der Zeitersparnis als auch aus ökologischer Sicht.

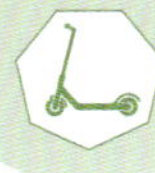

sind Meisterwerke der polnischen Kunst ebenso zu bestaunen wie Werke der Antike und vor allem westeuropäische Kunst des Mittelalters.

○ PFARRKIRCHE

Man muss nicht lange überlegen, aus welcher Epoche die Pfarrkirche – auch als »Fara« bezeichnet – stammt, bereits der erste Blick auf das rosafarbene Portal von Pompeo Ferrari sowie im Inneren dann die ausufernden Verzierungen an Säulen, Decke, Wänden und so weiter deuten sogleich auf den Barock hin. Mit dem Bau wurde im Jahr 1651 begonnen, ihren letzten entscheidenden Schliff erhielt sie dann rund 100 Jahre später.

○ ADALBERTKIRCHE

Einen unerwarteten Anblick bietet die Adalbertkirche (im Polnischen heißt der Heilige »Wojciech«) im Norden der Innenstadt. Denn der hölzerne Glockenturm überragt nicht das Dach wie bei anderen Kirchen üblich, sondern steht isoliert und deutlich kleiner neben dem Kirchenschiff. Betritt man das Innere der Kirche, fallen sogleich die farbenfrohen Ausgestaltungen im Jugendstil des 20. Jahrhunderts ins Auge – ein interessanter Kontrast zum gotischen Baustil.

○ OKRĄGLAK

Wem nach einer Tour durch das historische Posen der Sinn nach modernen Formen und Materialien steht, sollte sich in den Westen der Innenstadt begeben. Hier steht Okrąglak, zu Deutsch »Rundbau«. Der Name verrät bereits das auffällige zylinderförmige Aussehen. Es gilt als eindrückliches Beispiel sozialistischer Architektur und beherbergte in seiner Anfangszeit ein riesiges Luxus-Einkaufszentrum, bevor es heute schließlich als Bürogebäude genutzt wird.

ÜBERNACHTEN

Ilonn Hotel // Das Hotel liegt außerhalb der Innenstadt und bietet, ohne Abstriche beim Komfort zu machen, eine an Nachhaltigkeit orientierte Unterkunft. Auch Vegetarier müssen sich hier keine Gedanken machen, denn ein Großteil des Frühstückbuffets kommt ohne Fleisch aus.

// www.ilonnhotel.pl

City Soleil Boutique Hotel // Das nach modernen Standards eingerichtete Hotel unterscheidet sich vor allem durch die individuelle und detailreiche Ausstattung der einzelnen Zimmer von anderen Hotels. So findet man an der Wand des Zimmers »Amsterdam« ein Fahrrad, in »Dakar« dominieren warme Farbtöne und in »Sevilla« grüßt ein Stierkopf über dem Bett. Bei der Wahl von Zutaten für Frühstück und Dinner wird auf Saisonalität geachtet. Außerdem kann man sich kostenlos Fahrräder ausleihen, um damit die Stadt umweltfreundlich zu erkunden.

// www.citysoleil.pl

GANZ BEWUSST ERLEBEN

AUF DEN SPUREN DER ENIGMA-KNACKER WANDELN

Auf den ersten Blick wird man das Alter des Kaiserschlosses im Westen der Innenstadt wohl viel höher schätzen, tatsächlich stammt es aber erst aus dem beginnenden 20. Jahrhundert. Doch dank der Neoromantik erinnert es an die mittelalterlichen Festungen Deutschlands und Italiens. Man sollte jedoch nicht nur für das Bauwerk selbst Augen haben, denn direkt vor dem Giganten erinnert ein Monument an die drei Männer, denen es während des Zweiten Weltkriegs als Erste gelang, den Code der bekannten deutschen Chiffriermaschine »Enigma« zu brechen. In dieser Zeit nutzte nämlich die Posener Universität einen Teil des Schlosses für sich. Ein kleines Museum versetzt die Besucher in die Zeit der »Enigma-Knacker«.

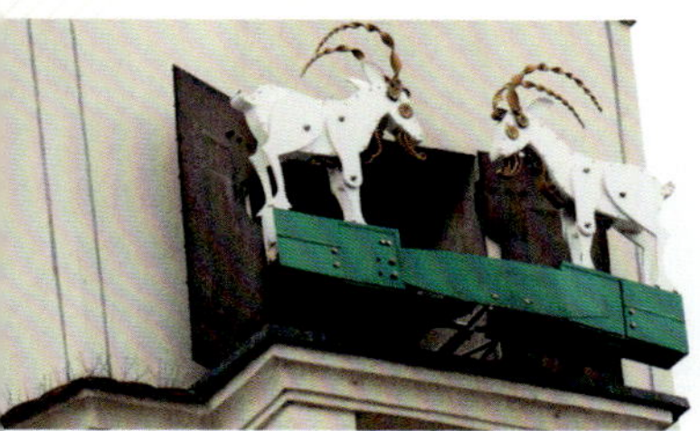

DEN ZIEGENBÖCKCHEN ZUSEHEN

Zur feierlichen Einweihung der Rathaus-Turmuhr sollte ein Festmahl bereitet werden, doch dem Küchenjungen brannte die Rehkeule an – kurzerhand stahl er zwei junge Ziegenböcke, um das Essen noch retten zu können. Doch die Tierchen entwischten und flohen auf den Turm hinauf, zur Freude der Festgäste, die sogleich ein »Denkmal« an das Ereignis forderten. So erzählt die Legende zumindest den Ursprung für die zwei Ziegenböcke aus Holz oberhalb der Uhr. Täglich um 12 Uhr erscheinen sie und stoßen zwölfmal ihre goldenen Hörner zusammen.

MARTINSHÖRNCHEN KOSTEN

Fast jede Stadt hat ihre eigenen Spezialitäten, für die sie berühmt ist. Im Fall Posens sind es die Martinshörnchen: Plunderteig, der mit Weißmohn gefüllt wird und mit Zuckerguss bestrichen ist. Besonders am Martinstag (11.November) laufen die Öfen in Posen heiß, um der Tradition gemäß die süßen Stücke zu backen und gemeinsam zu vernaschen.

GEDENKEN AN DIE OPFER VOM JUNI 1956

Als im Juni 1956 ein Arbeiteraufstand von Polizei und Militär gewaltsam niedergeschlagen wurde, ließen 57 Menschen ihr Leben, rund 600 weitere wurden verletzt. Der Anlass für die Streiks und Proteste waren Misswirtschaft und eine mangelhafte Versorgungslage sowie die schlechte Produktionsorganisation insbesondere in der Stahlfabrik. Noch unter kommunistischer Regierung wurde 1981 ein Denkmal für die Opfer errichtet. Gestaltet wurde es von Adam Graczyk und Włodzimierz Wojciechowski in der Form zweier schreitender Kreuze.

DEN TÖNEN EINER MEISTERORGEL LAUSCHEN

Als der beste europäische Orgelbaumeister seines Jahrhunderts wird Friedrich Ladegast aus Weißenfels oft bezeichnet. Ein prächtiges Exemplar aus seinen Händen befindet sich in der Pfarrkirche Posens. Wenn sich die Möglichkeit bietet, sollte man hier unbedingt einem der oft kostenlosen Orgelkonzerte lauschen.

metal

06 WARSCHAU

WIEDERAUFGEBAUTES KLEINOD WIRD ZUM TRENDZIEL

Die Hauptstadt Polens wurde im Zweiten Weltkrieg weitgehend zerstört. In den Jahren 1949 bis 1963 und auch danach erfolgte ein planmäßiger, originalgetreuer Wiederaufbau des historischen Zentrums, an dem das ganze Land Anteil hatte. Im Jahr 1945 waren bis zum Tag der Befreiung mehr als drei Viertel der Gebäude der polnischen Hauptstadt von den Nazis dem Erdboden gleichgemacht worden. Mit enormem Aufwand begann das polnische Volk mit dem Wiederaufbau und nahm die Restaurierung der zahllosen historischen Bauwerke aus der Zeit von der Gotik bis zum Klassizismus in den historischen Vierteln Altstadt (Stare Miasto) und Neustadt (Nowe Miasto) in Angriff. Das Zentrum der Altstadt bildet nun der weitläufige Marktplatz, der wieder eine geschlossene Bebauung aufweist. Die Fassaden wurden mit aufwendigen Dekorationen im Stil der Renaissance und des Barock versehen.

Mitten auf dem Rynek Starego Miasta (oben) – dem Marktplatz der Warschauer Altstadt – steht die Statue einer Seejungfer (links). Sie ist die Symbolgestalt von Warschau und auch im Stadtwappen wiederzufinden. Die ursprüngliche Statue wurde aus einer Zinklegierung gegossen; die Kopie, die sich heute auf dem Platz befindet, besteht aus Bronze, um sie vor der Witterung zu schützen.

○ MARKTPLATZ

Der Hauptplatz der Altstadt wurde in seiner fast rechteckigen Form im 13. Jahrhundert angelegt. Seit Anfang des 15. Jahrhunderts stand in der Platzmitte das alte Rathaus, das 1817 abgerissen wurde; an dessen Stelle wacht heute die Flussjungfrau Syrenka. Während des Zweiten Weltkriegs wurden viele der umliegenden Gebäude zerstört, wenig später aber schon wiederaufgebaut. Heute bietet der Platz ein wunderbares Ensemble historischer Bauwerke mit herrlich verzierten Barock- und Renaissancefassaden und zahlreichen Geschäften, Straßencafés und Restaurants. Auch zwei Brunnen aus dem 18. Jahrhundert schmücken den Platz. Zu den vielen beachtenswerten Gebäuden zählen das Warschauer Stadtmuseum und die bis 1626 im Stil des polnischen Manierismus errichtete Jesuitenkirche. Die vier Seiten des Platzes haben jeweils den Namen eines früheren Bewohners.

○ SCHLOSSPLATZ

Der schwedischstämmige König Sigismund III. Wasa hatte als Ausländer einen schweren Stand in Polen. Er wurde weder akzeptiert noch in seiner Kunstliebe verstanden. Doch war er es, der Warschau im Jahr 1596 zur Hauptstadt ausgerufen hatte. Vorausgegangen war ein Brand des Wawels, der ehemaligen königlichen Residenz in Krakau. Sigismunds Sohn Władysław IV. Wasa, ebenfalls schwedischer Abstammung, wollte an die Meriten seines Vaters erinnern und ließ im Jahr 1644 eine barocke Siegessäule errichten. Entstanden ist das älteste Denkmal des Landes. Mit seinen 20 Metern Höhe überragt es auch das danebenliegende Königsschloss. Es stammt aus dem ausgehenden 16. Jahrhundert und dominiert mit seiner lachsfarbenen Fassade den Platz. Siegessäule und Schloss wurden im Zweiten Weltkrieg zerstört und später wiederaufgebaut.

CO_2-FREUNDLICH DURCH DIE STADT

Zu Fuß // Der beste Tipp ist zweifelsohne, die eigenen zwei Füße zu nutzen. Denn so bewegt man sich nicht nur am umweltfreundlichsten durch die Stadt, sondern mit Sicherheit auch am entspanntesten.

ÖPNV // Alternativ ist auch die Metro eine Überlegung wert, mit nur zwei Linien ist das Netz vergleichsweise übersichtlich.

Warschau hat viele schöne Ecken zu bieten: Einen Rundgang sollte man am bezaubernden Schlossplatz starten (ganz oben), um sich dann weiter zum Marktplatz vorzuarbeiten (links oben). Auch die Alte Stadtmauer (oben) und der Lazienki-Park (links unten) sind sehenswert. Vom Wasser aus erhält man eine spektakuläre Sicht auf das Panorama der Stadt (oben Mitte).

○ KÖNIGSSCHLOSS

Das Königsschloss (Zamek Królewski) liegt im südlichen Teil der Altstadt und entstand in seiner heutigen Gestalt ab dem späten 16. Jahrhundert. Bauherr war Sigismund III., der den Königssitz 1596 von Krakau nach Warschau verlegt hatte und sich in der neuen Hauptstadt einen angemessenen Palast errichten ließ. Die Nachfolger Sigismunds bauten die Residenz mehrfach um, am einschneidendsten der letzte König Polens, Stanislaus II. August. Bis zu dessen Abdankung 1795 war das Schloss die Residenz der polnischen Monarchen, heute ist es ein Museum. Der prunkvolle Ballsaal oder der mit viel Gold geschmückte Thronsaal und viele weitere Kostbarkeiten vermitteln einen lehrreichen und anschaulichen Einblick in das Leben der polnischen Monarchen des 18. Jahrhunderts.

NACHHALTIG GENIESSEN

Tel Aviv Urban Food // Im Tel Aviv macht es überhaupt nichts aus, dass auf einiges – auf tierische Produkte immer, auf Zucker und auf Gluten meistens – verzichtet wird, denn die von der israelischen Küche inspirierten Gerichte schmecken hervorragend.

// www.telaviv.pl

Vege Miasto // Im Vege Miasto kann man sich durch die polnische Landesküche schlemmen und das komplett vegan.

// www.vegemiasto.pl

Organic Corner // In dem Food Store und Bistro kann man nicht nur biologische Lebensmittel und Naturprodukte kaufen, sondern auch leckere Suppen, Sandwiches, Salate und mehr bekommen.

// Karola Chodkiewicza 8

○ NEUSTADT

An das Altstadtviertel der reichen Kaufleute schließt sich das ehemalige Handwerkerquartier an: Obwohl es Neustadt heißt, kann Nowe Miasto doch auf eine mehr als 600-jährige Geschichte zurückblicken. Die Ulica Freta durchzieht als Hauptstraße den Stadtteil vom Barbakan aus. Von hier kommt man schnell zu den wichtigsten Sehenswürdigkeiten in dem Gebiet, wie etwa dem Marktplatz oder dem Fontänenpark, der besonders abends mit seinen illuminierten Wasserspielen bezaubert. Auch viele Kirchen sind hier sehenswert, vor allem die Marienkirche aus dem beginnenden 15. Jahrhundert, aber auch die barocke Kirche des Heiligen Geistes oder St. Kasimir. Unter den Profanbauten lohnt sich der Raczynski-Palast mit seinem prachtvollen Ballsaal. Heute ist in dem Gebäude ein Archiv untergebracht. Der Neustädter Marktplatz wird von der Kirche der Sakramentsschwestern aus dem 17. Jahrhundert beherrscht.

○ BARBAKAN

Rote Ziegel leuchten in der Sonne – das Verteidigungswerk mit seinen Zinnen, Türmchen und Toren präsentiert sich so prächtig, als sei es gerade erst erbaut worden. Seine Geschichte reicht bis in das Jahr 1548 zurück. Der Wall mit der burgähnlichen Bewehrung wurde damals vom venezianischen Architekten Giovanni Battista errichtet. Dabei hat der Grundriss des Gebäudes die Form eines Hufeisens; sie garantierte einen guten Überblick und wenig tote Winkel. Das mit starken Ziegeln und wenigen Fenstern errichtete Gebäude diente als Festung und sollte die Stadt nach Nor-

Rechts: Das prächtige Königsschloss wurde im Zweiten Weltkrieg bis auf die Grundmauern zerstört. Dank US-amerikanischer Spenden erstrahlt das Schloss heute nach dem Wiederaufbau von 1971 bis 1988 wieder in seinem vollen Glanz.

den hin schützen. Ein Verteidigungseinsatz ist nur aus dem Zweiten Nordischen Krieg im Jahr 1656 dokumentiert, als die Polen gegen die Schweden kämpften. Später, im 18. Jahrhundert, wurde die Anlage unbrauchbar, weil die Ziegelsteine abgetragen und zu Wohnhäusern verbaut wurden. Gänzlich zerstört haben den Barbakan dann Geschosse aus dem Zweiten Weltkrieg. Nach dem Krieg entschied man sich, das Gebäude wieder originalgetreu aufzubauen und karrte dazu die passenden Steine von alten Wohnhäusern in Nysa und Wrocław heran. Heute ragen die vier halbrunden Türme wie schon im 16. Jahrhundert über dem Stadtgraben auf.

In der Ulica Brzozowa – der Birkenstraße – lassen sich viele repräsentative Bürgerhäuser finden.

REGIONAL EINKAUFEN

○ BAZAR MIEJSKI

Hier bekommt man sehr gut erhaltene Secondhandkleidung von namhaften Marken. Auch Accessoires, Taschen und Schuhe werden angeboten.

// www.bazarmiejski.com

○ ANANAS

Wer in Warschau shoppen möchte, ohne ein schlechtes Gewissen wegen der Umwelt zu haben, sollte beim Ananas vorbeischauen. Alle angebotenen Produkte, von Jacke über Gürtel bis Handtasche, sind vegan und umweltfreundlich.

// www.ananaswarsaw.pl

○ BIOBAZAR

Obst, Gemüse, Aufstriche, Wein und vieles mehr bekommt man aus komplett biologischem Anbau auf diesem Markt auf einem ehemaligen Fabrikgelände. Regionalität und Frische stehen an erster Stelle.

// www.biobazar.org.pl/warszawa

○ GIEŁDA STAROCI NA KOLE

Auf dem Flohmarkt kann man ausgiebig nach neuen Lieblingsstücken und netten Mitbringseln stöbern, vor allem Porzellan bekommt man hier zu günstigen Preisen, aber auch Bücher und Nostalgisches.

// Ciołka 35

ÜBERNACHTEN

Sixty Six Hotel // Das Boutiquehotel bietet neben anspruchsvoll eingerichteten Zimmern ein durchdachtes umweltfreundliches Konzept. So werden Wasser und Energie reduziert, Papier und Plastik vermieden, jeglicher Müll wird getrennt, und die zur Verfügung gestellte Kosmetik wurde ebenso wie die Reinigungsmittel biologisch abbaubar und biologisch hergestellt.

// www.hotelsixtysix.com

Radisson Blu Sobieski Hotel // Mit dem Green Key für seine Nachhaltigkeit ausgezeichnet, ist das Hotel eine gute Adresse in Bezug auf das Preis-Leistungs-Verhältnis. Auch die zentrale Lage ist ein Pluspunkt.

// www.radissonhotels.com/de-de/hotels/radisson-blu-warsaw-sobieski

---

Autor Rooms // Das Bed&Breakfast überzeugt mit einem modernen Design und der Lage inmitten der Stadt. Die Atmosphäre ist freundlich und das Frühstück bietet den besten Start in den Tag – auch vegan.

// www.autorrooms.pl

GANZ BEWUSST ERLEBEN

CHOPIN NACHSPÜREN UND DABEI DIE GOLDENE ENTE ENTDECKEN

Als einer der berühmtesten Söhne der Stadt ging Frédéric (polnisch: Fryderyk) Chopin in die Musikgeschichte ein. Seinem Leben und Schaffen widmet sich ein besonders modern und interaktiv gestaltetes Museum, stilvoll untergebracht im historischen Ostrogski-Palast. Hier sind Briefe, Noten und Erinnerungsstücke ausgestellt, Instrumente erzählen vom Talent des Komponisten, es gibt vieles zu sehen und natürlich auch zu hören. Eine kleine Kuriosität direkt vor dem Museum ist außerdem die Skulptur einer »Goldenen Ente«. Sie spielt als verzauberte Prinzessin eine wichtige Rolle in einer der vielen Warschauer Legenden.

TESTEN, WIE GRÜN WARSCHAU IST

Ein Viertel der Stadt ist grün – so sagen es die Zahlen. Stimmt das? Herausfinden ist die Devise! Angeblich kann man sogar von einer Grünfläche in die nächste spazieren, quer durch die Stadt, ohne jemals wirklich das Grün zu verlassen. Fakt ist, dass Warschau einige sehenswerte Parks und Gärten besitzt, die einen Besuch lohnen, beispielsweise der Łazienki-Park. Natur in Warschau ist aber nicht immer nur grün, denn man darf nicht die Weichsel vergessen, die noch ganz ursprünglich die Stadt durchfließt und für Naherholung sorgt.

MEERJUNGFRAUEN ZÄHLEN

Wenn man eine Stadt mit dem Fabelwesen verbindet, so ist es vermutlich Kopenhagen. Doch wer einmal aufmerksam durch die Innenstadt Warschaus läuft, wird feststellen, dass auch die polnische Hauptstadt in enger Beziehung zu Meerjungfrauen lebt. Zahllose Gebäude werden von ihnen geziert, etwa auf Wappen und Reliefs und in allen möglichen Darstellungen.

WARSCHAU ERPADDELN

Warum nicht eine Stadt auf dem Wasserweg in Augenschein nehmen? Mit dem Kajak kann man gemütlich auf der Weichsel paddelnd die Stadt aus einer neuen Perspektive entdecken und gleichzeitig Spaß am Sport und – wenn man im Idealfall nicht allein unterwegs ist – eine schöne gemeinsame Zeit haben. Kajaktouren werden in Warschau von unterschiedlichen Organisationen angeboten.

DER SÜSSEN VERFÜHRUNG VERFALLEN

1851 begann für Karol Ernest Wedel eine Erfolgsgeschichte, als er seine eigene Konditorei eröffnete. Unter der Leitung seines Sohnes wurde sie zur beliebtesten Schokoladenfabrik des Landes. Wenn man sich dem Gelände nähert, riecht man bereits die süße Leckereien. In Cafés und Läden rundherum darf – und sollte – man sie kosten, in Pralinen, Torten und Co.

Umami

07 BRESLAU

AUF DEN SPUREN DER ZWERGE IN DER »PERLE AN DER ODER«

Die altehrwürdige, an der Oder gelegene Hauptstadt Niederschlesiens wurde vor gut 750 Jahren im Schatten einer viel älteren Burg der Piasten als deutsche Kaufmannssiedlung gegründet und war seit dem 14. Jahrhundert Hansestadt. Im Jahr 1945 wurden rund zwei Drittel der Bausubstanz zerbombt und die deutschen Bewohner vertrieben. Nach und nach hat man das Zerstörte wieder aufgebaut. Im Zentrum der Aufmerksamkeit stehen wie einst auch der Hauptplatz mit dem als »Perle der schlesischen Gotik« bezeichneten Rathaus sowie der Salzmarkt mit der Alten Börse.

○ HISTORISCHER STADTKERN

Um 1500 erhielt das Rathaus mit zahlreichen Umbauten sein heutiges Aussehen, der ursprüngliche Baubeginn liegt bereits im 13. Jahrhundert. Die schwerwiegenden Zerstörungen des Zweiten Weltkriegs – die rund 90 Prozent des Stadtkerns dem Erdboden gleich machten – konnte das Rathaus weitestgehend unbeschadet überstehen. Und so ist es bis heute das »originale« Herz Breslaus – und ein eindrückliches Beispiel für den Baustil der Gotik. Doch auch andere Epochen hinterließen ihre Spuren: So ist die Turmspitze der Renaissance zuzuordnen, ab etwa 1860 bekam es mit Erweiterungsbauten im Inneren zudem neugotische Elemente. Vor dem Rathaus stehend, ziehen das Hauptportal und die astronomische Uhr aus dem Jahr 1518 gleichermaßen die Blicke auf sich. Im Inneren des Rathauses kann man sich die Ausstellungen von Stadtmuseum und Museum Rynek Stary ansehen. Wer nicht nur Augen für das Rathaus hat, bekommt rund um den 213 mal 178 Meter großen Platz Rynek (»der Ring«) noch viele weitere pittoreske Bauwerke zu sehen. Jugendstil, Barock und Renaissance leben hier nebeneinander, als würden sie nicht durch Jahrhunderte voneinander getrennt. Im Gegensatz zum Rathaus sind die farbenfrohen Häuser jedoch überwiegend Rekonstruktionen, nachdem ihre ursprüngliche Bausubstanz im Krieg zerstört wurde.

Der mittelalterliche Marktplatz von Breslau – auch der »Große Ring« genannt – gehört mit seinen farbenfrohen Patrizierhäusern zu den schönsten Marktplätzen Europas. Der moderne Wasserbrunnen Zdrój aus Glas in der Mitte des Platzes stellt einen Orientierungspunkt für Touristen dar.

○ STADTSCHLOSS MIT HISTORISCHEM MUSEUM

Wenige Meter vom zentralen Platz Rynek entfernt thront das aufwendig renovierte Stadtschloss (auch Königsschloss genannt), in dessen Innerem neben Breslauer Kunstwerken auch die 1000 Jahre alte Geschichte der Stadt im Historischen Museum begreiflich wird – und zwar lückenlos, das heißt, dass auch »schwierige« Zeiten wie die Herrschaft der Preußen in diesem Teil des Landes erzählt werden. Das ist bis heute nicht selbstverständlich in Schlesien. Auch das Gebäude an sich und der barocke Garten zeugen von den prachtvollen Zeiten der alten Herrscher.

NACHHALTIG GENIESSEN

Ahimsa // Das orientalische Restaurant Ahimsa ist nicht nur für ein gutes veganes Dinner geeignet, sondern lädt auch dazu ein, einfach dazubleiben und den Abend mit Livemusik und einem erfrischenden Bier in bester Gesellschaft zu verbringen.

// www.ahimsa.com.pl

Vega // Der Name lässt es bereits vermuten: Im Vega dreht sich alles um vegane Leckereien. Zentral gelegen, hat es zwei Stockwerke, die jeweils eine eigene Karte haben: Oben gibt es internationale Gerichte, im Erdgeschoss wird die polnische Küche vegan interpretiert.

// Ul. Sukiennice 1/2

Kurna Chata // Das Kurna Chata ist tief verwurzelt in der polnischen Esskultur, ohne dabei altbacken oder verstaubt zu wirken. In gemütlicher Atmosphäre werden typische Pierogi, Zurek und Co. serviert.

// www.kurnachata.pl

CO_2-FREUNDLICH DURCH DIE STADT

ÖPNV // Ein gut ausgebautes Netz von S-Bahnen, Straßenbahnen und Bussen ermöglicht es, sich innerhalb Breslaus ganz ohne Auto zu bewegen. Stadtbesichtigungen mit Guide in Elektro-Kleinbussen bietet »See Wroclaw« an.

Mit dem Fahrrad // Noch besser ist natürlich, wenn man sich auf zwei Räder schwingt und die Stadt mit dem Fahrrad erkundet. Möglichkeiten zum Ausleihen gibt es dafür in der Stadt zahlreiche, u. a. bietet Nextbike rund 80 Leihstandorte. Die steigende Zahl an Fahrradfahrern hat die Stadt zum Handeln bewegt, sodass sich die Radler heute über einige Erleichterungen im Verkehr freuen dürfen: Unterführungen unter Brücken und Kreuzungen, separate Radwege und Schleusen sind einige Beispiele dafür.

Die Nadel im Heuhaufen zu finden, wird mit der knapp 100 Meter hohen Iglica kein Problem sein. Im Hintergrund ist die Jahrhunderthalle zu sehen, die nach den Entwürfen des Architekten Max Berg aus Stahlbeton gebaut wurde.

○ JAHRHUNDERTHALLE

Errichtet wurde die Jahrhunderthalle zur Erinnerung an die Völkerschlacht bei Leipzig 1813. Diese entscheidende Schlacht gegen Napoleon hatte zum fluchtartigen Rückzug der französischen Truppen geführt. Mit ihrer sachlichen Konstruktion markiert sie den Abschied vom Formenreichtum des Historismus. Ganz im Sinne ihres Architekten Max Berg (1870 bis 1947) wirkt die Versammlungs- und Ausstellungshalle kühl und nüchtern. Vier Eingänge führen in den zentralen Raum mit der 42 Meter hohen Kuppel. Anfangs verspotteten Kritiker die Halle als »Pappschachtel«, während Befürworter sie mit dem Pantheon oder der Hagia Sophia verglichen. Neben ihrer politisch-symbolischen Bedeutung hatte sie einen sozialen Zweck: einer breiten Bevölkerungsschicht den Zugang zu sportlichen, kulturellen und gesellschaftlichen Ereignissen zu ermöglichen. Umgeben ist das Prachtwerk vom 100 Hektar großen Park Szczytnicki.

ÜBERNACHTEN

Akira Bed&Breakfast // In wenigen Minuten erreicht man zu Fuß das Stadtzentrum – ideal also für kürzere Aufenthalte oder bei autofreien Trips. Die Zimmer des Bed & Breakfast sind modern und zweckmäßig eingerichtet, morgens kann man sich mit dem großen Buffet für den Tag rüsten.
// www.hotelakira.pl

Grampa's Hostel // Vor allem Backpacker werden das saubere Hostel zu schätzen wissen. Durch die Familienführung unterscheidet es sich von anderen Hostels, ansonsten bietet es von abschließbaren Schränken bis zum inkludierten Frühstück alles, was man in einem Hostel erwartet.
// www.grampahostel.pl

Hotel Europeum // Ein zentrumsnahes Hotel, direkt vor der Tür befindet sich zudem eine Straßenbahnhaltestelle. Das hoteleigene Restaurant legt bei der Wahl der Zutaten großen Wert auf Regionalität.
// www.europeum.pl

GANZ BEWUSST ERLEBEN

DIE KLEINSTEN WAHRZEICHEN DER STADT SUCHEN

Wenn man in Breslau unerwartet auf den ersten aus Bronze gegossenen Zwerg trifft, mag man ihn vielleicht für eine witzige Kuriosität halten. Doch einmal auf diese Kunstwerke aufmerksam geworden, wird man plötzlich überall die rund 30 Zentimeter »hohen« Wesen entdecken. Ihren Ursprung haben die Figuren in den 1980er-Jahren, als die Oppositionsbewegung Protestaktionen gegen die sozialistische Führung unter anderem in Zwergenkostümen durchführte und die erste Zwergenstatue errichtete. In den letzten 20 Jahren vermehrten sich die Zwerge vor allem durch Studentenaktionen und wurden zum kleinsten Wahrzeichen Breslaus. Also unbedingt auf Spurensuche nach den rund 240 individuellen Zwergen machen!

DAS GANZE JAHR ÜBER FEIERN

Trotz all der Historizität und den geschichtsträchtigen Bauwerken herrscht in Breslau eine junge Mentalität, nicht zuletzt durch die Universität. Und so ist es kaum verwunderlich, dass beinahe das gesamte Jahr über unterschiedlichste Festivals organisiert werden: Im Februar das Festival für zeitgenössische Musik, im Mai das Jazz-Festival, im Juli das Internationale Filmfestival Nowe Horyzonty, im September das Internationale Orgelmusikfestival sowie das Internationale Zwergenfestival, im November das Hip-Hop-Festival und das Industrial Festival und viele mehr.

TIEF DURCHATMEN

Breslau liegt zwar nicht am Meer, aber dank der Salzgrotte Solana kann man zumindestens den Effekt nachempfinden. 45 Minuten lang kann man das an Mineralien reiche Mikroklima auf sich wirken lassen. Der Besuch ist nicht nur für das körperliche Wohlbefinden gewinnbringend, auch die Seele kann hier einmal zur Ruhe kommen.

GEMEINSAM MORGENSPORT MACHEN

Das gesamte Jahr über versammeln sich zahlreiche Menschen jeden Samstag um 9 Uhr morgens zum sogenannten Parkrun. Jeder bestimmt sein Tempo selbst, die Strecke ist mit fünf Kilometern vorgegeben. Warum nicht einfach mitlaufen? An der Oderbrücke Jaz Opatowicki geht es los, die Teilnahme ist kostenlos, man muss sich nur einmalig registrieren, dann wird auch die Zeit gemessen.

POLENS VENEDIG VON OBEN SEHEN

Es gibt viele Orte, die mit dem Venedig-Vergleich beschrieben werden – dass es auf Breslau ganz ohne Klischees ebenso zutrifft, bemerkt man am besten aus der Vogelperspektive. Vom höchsten Turm des Landes (Skytower) beispielsweise oder dem Kirchturm der Elisabethkirche kann man die zahllosen Wasserläufe mit den Augen verfolgen und Brücken zählen.

08 PRAG

ZU BESUCH IN DER GOLDENEN STADT AN DER MOLDAU

Hier möchte sie lieber malen können als schreiben, meinte einst die Romantikerin Caroline de la Motte Fouqué: »Es gibt einen Punkt auf dieser Höhe, von wo der Blick, wie berauscht, in die Fülle des allergrößten Reichtums versinkt. Unmittelbar unter dem Abhange die Moldau, darüber weg das königliche Prag!« Unbeschreiblich, »vielleicht unvergleichlich« sei diese Stadt, fügte sie noch hinzu, und genau das ist es wohl auch, was Besucher zu allen Zeiten faszinierte: dass das »Goldene Prag« mit seinem als UNESCO-Welterbe geschützten historischen Zentrum sich im Lauf seiner Geschichte immer wieder gewandelt hat und doch stets gleich geblieben ist - unvergleichlich. Und wenn nun, über zwei Jahrzehnte nach der »samtenen Revolution«, weiterhin alles im Umbruch ist, so gilt hier doch noch immer das Wort der Dichter: »Ganz Praha ist ein Goldnetz von Gedichten« (Detlev von Liliencron).

○ PRAGER BURG

Nicht nur optisch dominiert die auf dem »Hradschin« genannten Prager Hügel gelegene Burg seit über 1000 Jahren die Stadt – bis heute befindet sich hier das politische Zentrum des Landes. Vom frühen 12. Jahrhundert bis in die zweite Hälfte des 16. Jahrhunderts diente der dreigeschossige alte Königspalast den Herrschern als Residenz. Das Prunkstück ist der 1493–1503 errichtete Vladislav-Saal. Aufgrund seiner enormen Ausmaße – 62 Meter Länge, 16 Meter Breite, 13 Meter Höhe – konnten darin nicht nur Märkte abgehalten, sondern sogar Reiterspiele veranstaltet werden.

KLOSTER ST. GEORG

Dass die zweitürmige St.-Georgs-Basilika an der Nordseite des Georgsplatzes der älteste erhaltene Kirchenbau auf dem Areal der Prager Burg ist, würde man angesichts ihrer um das Jahr 1670 vorgeblendeten Barockfassade zunächst nicht vermuten. Schreitet man aber durch das Portal, öffnet sich ein dreischiffiger Bau, dessen romanisches Gepräge bei Renovierungen weitgehend wiederhergestellt wurde. Gestiftet wurde die Kirche um das Jahr 920 von Fürst Vratislav I.

GOLDENES GÄSSCHEN

Der Sage nach haben hier Alchimisten versucht, Gold herzustellen. In Wahrheit war es nur eine Armensiedlung mit winzigen Häusern – in einem hat Franz Kafka gewohnt –, in denen heute Souvenirläden sind.

VEITSDOM

Der Veitsdom steht für die ruhmreiche Geschichte des Königreichs Böhmen und ist die Krönungskirche von 30 Herrschern. Wo er heute aufragt, hatte im Jahr 925 Herzog Wenzel zu Ehren des frühchristlichen Märtyrers Vitus (Veit) eine Rundkapelle errichten lassen. Der später ebenfalls heiliggesprochene Wenzel stieg zum Schutzpatron Böhmens auf; sein Grab in der von ihm gestifteten Kapelle wurde zur Pilgerstätte. Im Jahr 1344 legte man den Grundstein für die gotische Kathedrale, deren Bau erst nach vielen Unterbrechungen im Jahr 1929 vollendet werden konnte. Das Gebäude beeindruckt durch seine reiche künstlerische Ausgestaltung sowie durch seine gewaltigen Dimensionen: Mit einer Außenlänge von 124 Metern ist dies die größte Kirche in Prag.

KLOSTER STRAHOV

Das Prämonstratenser-Kloster ist in Betrieb. Zu besichtigen sind die atemberaubende Bibliothek, eine Gemäldegalerie und die Wunderkammer mit vielen archäologischen Fundstücken.

Links: Seit Jahrhunderten schon ist die »Goldene Stadt« ein bedeutendes, durch ein einzigartig schönes städtebauliches Ensemble gekennzeichnetes geistig-kulturelles Zentrum.

Rechts: Die St.-Georgs-Basilika stammt aus der Zeit um 915. Nach mehreren Bränden entstand der heute sichtbare Teil jedoch im 12. Jahrhundert.

CO_2-FREUNDLICH DURCH DIE STADT

ÖPNV und zu Fuß // Zwar fahren sie noch nicht auf allen Linien, doch bereits seit 2015 wurden im ÖPNV Elektrobusse eingeführt. Auf das Auto kann man in Prag verzichten, erstens aufgrund der teils schlechten Straßen und zweitens ist die komplette Altstadt eine einzige Fußgängerzone.

○ KLEINSEITE

Die Prager Kleinseite (Malá Strana) ist der Stadtteil unterhalb der Burg und des Burgbergs Hradschin. Ein Spaziergang durch das Viertel mit seinen zahllosen prachtvollen Palästen wirkt wie eine Reise in eine andere Zeit. Zentrum der Kleinseite ist der von bedeutenden Bauwerken gesäumte Kleinseitner Ring.

ST.-NIKOLAUS-KIRCHE

Die Monumentalität von St. Nikolaus, der größten Barockkirche Prags, erklärt sich auch daraus, dass das im 17. und 18. Jahrhundert errichtete Gotteshaus zur Zeit der Gegenreformation und Rekatholisierung der böhmischen Länder entstand: Macht und Pracht der Architektur sollten auch den Triumph der orthodoxen katholischen Lehre über die abweichlerischen Doktrinen der Protestanten symbolisieren.

○ KARLSBRÜCKE

An dieser Stelle führte ursprünglich die erste Steinbrücke Prags, die im 12. Jahrhundert erbaute Judithbrücke, über die Moldau. Nachdem diese 1342 bei einem Hochwasser eingebrochen war, wurde ein Ersatz nötig, denn eine feste Verbindung über den Fluss war für die Stadt lebenswichtig. Der Bau der neuen Brücke begann jedoch erst 1357 mit der Grundsteinlegung durch Kaiser Karl IV. und wurde nach etwa 50 Jahren abgeschlossen. Über sie führte der Krönungsweg der böhmischen Könige.

○ ALTSTÄDTER RING

Der – nach einer um das Jahr 1900 erfolgten Erweiterung zur Moldau hin – heute rund 9000 Quadratmeter große Altstädter Ring entstand bereits im 11./12. Jahrhundert als zentraler Marktplatz der Kaufleute. Aber auch Pranger und Blutgericht befanden sich hier, und im Lauf der Geschichte wurde der Platz viele Male zum Schauplatz entscheidender, oftmals blutiger Ereignisse.

ALTSTÄDTER RATHAUS UND UHR

Das gotische Rathaus kann besichtigt werden. Der »Star« ist die astronomische Uhr aus dem 15. Jahrhundert. Zu jeder vollen Stunde zeigen sich Figuren der zwölf Apostel zu Glockenklang.

TEYNKIRCHE

Nach dem Veitsdom ist die Teynkirche der bedeutendste Sakralbau Prags. Obwohl die dreischiffige

Links: Überall warten in der Innenstadt Prag Fahrradrikschas auf Kundschaft. Wer selbst in die Pedale treten möchte, findet zahlreiche Leihfahrräder.

Rechts: Nachdem im 13. Jahrhundert König Ottokar II. deutsche Siedler als neue Bewohner der Kleinseite anwarb und dem Gebiet das Stadtrecht verlieh, war der heutige Prager Stadtteil lange Zeit praktisch eigenständig. Viele der Paläste, die man hier bestaunen kann, entstanden während dieser Zeit und erhielten erst später ihre Barock- und Renaissancefassaden. Zutritt zur Kleinseite erhält man über die berühmte Karlsbrücke.

NACHHALTIG GENIESSEN

Forky's // Die Basis aller Zutaten ist zu 100% pflanzlich – dem Geschmack tut dies im Forky's keinen Abbruch. Man bekommt vor allem Bowls, Burger und Tortilla Wraps. Auch Speisen zum Mitnehmen bietet das Forky's, verpackt in biologisch abbaubarem Material.

// www.forkys.eu

Café & Bistro Moment // Den ganzen Tag über kann man sich im »Moment« vegan verwöhnen lassen: Mit Suppen, Tofugerichten, Kuchen, Brunch, und vielem mehr. Die Zutaten kommen vorwiegend aus der Region.

// Slezská 62

U Maleho Glena Bar & Jazz Club // Nicht weit von der Karlsbrücke treffen sich Nachtschwärmer in diesem populären Jazz- und Rockclub. Montags steht immer Blues auf dem Programm, jeden Abend spielt eine andere Liveband. Beliebt ist auch die Bar.

// malyglen.cz

Basilika nicht direkt an der Ostseite des Altstädter Rings liegt, sondern durch die vorgelagerte Teyn-Pfarrschule etwas nach hinten versetzt, beherrscht sie das Erscheinungsbild des Platzes wie sonst nur noch das Rathaus.

○ JÜDISCHES VIERTEL

Nicht weit vom Zentrum befindet sich die Josefov. Leider ist nicht mehr viel davon übrig, nur noch einige Synagogen und der Alte Friedhof mit dicht gedrängten Grabmalen. Eine Führung durch das Viertel ist empfehlenswert.

○ CLEMENTINUM

Die Jesuiten errichteten 1556 in einem leer stehenden Kloster eine katholische Hochschule. Mit Unterstützung weiterer prokatholischer Gönner baute man das Clementinum bis 1726 zum (nach der Burg) zweitgrößten Bau Prags aus – ein ganzes Stadtviertel musste dafür weichen. Neben Wohntrakten für die Lernenden und Lehrenden, Seminar- und Hörsälen barg das nahe am Moldauufer gelegene Clementinum auch ein Theater und eine Druckerei, eine Sternwarte und nicht zuletzt mehrere Sakralbauten wie die Spiegelkapelle. Heute ist hier der Sitz der Tschechischen Nationalbibliothek.

○ WENZELSPLATZ

Er ist einer der größten Plätze Europas und Schauplatz politischer Demonstrationen. Aber auch architektonisch interessant, etwa durch die Fassade des Grand Hotel Europa.

○ **JOHN-LENNON-MAUER**

Es begann mit einem Porträt von John Lennon, dessen Musik in der Tschechoslowakei verboten war. Es folgten Bilder und Zitate zur Freiheit, die heute die bunte Wand schmücken.

○ **TANZENDES HAUS**

Das Bürogebäude mit Galerie und Restaurant besteht aus einem Glas- und einem Betonteil, die sich aneinanderschmiegen. Deutlich wird die Handschrift des Architekten Frank O. Gehry.

REGIONAL EINKAUFEN

○ **POHODLÍ**

Ein kleiner Laden, vollgestopft mit Musik aus aller Welt. Ein Blick hinein ist Pflicht.

// www.pohodli.com

○ **KOTVA**

Besonderheit des fünfstöckigen Kaufhauses: das Ambiente aus kommunistisch geprägter Zeit.

// www.od-kotva.cz/en

○ **MANUFAKTURA**

In den Filialen wird böhmisches Kunsthandwerk angeboten, ebenso Produkte mit lokalen Zutaten.

// www.manufaktura.cz/en/

AUSFLÜGE

○ **TROPFSTEINHÖHLEN VON KON PRUSY**

Erst vor gut 60 Jahren wurden die Karsthöhlen entdeckt: Millionen Jahre altes Gestein, Fledermäuse und eine freigelegte Münzfälscherwerkstatt aus dem Mittelalter.

Unter Schichten Farbe nur noch vage auszumachen: John Lennons Porträt an der nach ihm benannten Mauer.

ÜBERNACHTEN

Adalbert Hotel // Als Ökohotel und zudem inmitten einer barocken Klosteranlage gelegen, verspricht das Adalbert einen erholsamen Aufenthalt, bei dem man keinen großen ökologischen Fußabdruck hinterlässt. Die Zimmer sind zweckmäßig und teils sehr gut für Familien geeignet.

// www.hoteladalbert.cz

Mosaic House // Mit biologischer Kosmetik und Reinigungsmitteln, komplett erneuerbaren Energiequellen, wassersparenden Maßnahmen und vielem mehr sorgt das modern eingerichtete Mosaic House für einen umweltschützenden Hotelbetrieb.

// www.mosaichouse.com

Hotel Ametyst // Das beliebte Vier-Sterne-Boutiquehotel funkelt tatsächlich wie ein Edelstein: preisgekrönte Küche, Kunstgalerie, üppiges Frühstücksbuffet, freundlicher Service, lässiges Ambiente.

// www.hotelametyst.de

GANZ BEWUSST ERLEBEN

NACH JUGENDSTIL AUSSCHAU HALTEN

Was in Berlin Jugendstil hieß, wurde in Prag, angelehnt an die Wiener Variante, Sezession genannt. Bekanntester tschechischer Vertreter dieser neuen Kunstform ist der Maler und Grafiker Alfons Mucha. Seine Handschrift ist auch deutlich am Repräsentationshaus abzulesen, einem der Musterbeispiele des Jugendstils in Prag. Viele Gebäude Prags tragen bis heute die Prägung des Jugendstils. Von der Frühphase sind das Peterka-Haus und das Hotel Central beeinflusst. Auch der Hauptbahnhof, das Grand Hotel Europa sowie der Topic-Verlag sind deutlich dem Jugendstil zuzuordnen.

EINE NÄCHTLICHE BOOTSFAHRT UNTERNEHMEN

Viele der Sehenswürdigkeiten liegen am Ufer der Moldau, sodass man per Boot eine Stadtrundfahrt genießen kann, um sie zu betrachten. Vor allem schön, wenn die Silhouette beleuchtet ist. Es gibt regelmäßige Fahrten mit Abendessen an Bord.

EIN MARIONETTENTHEATER BESUCHEN

Das Puppenspiel auf großer Bühne hat in Prag Tradition. Gegeben werden klassische Opern. Ausstattung und Kostüme können mit einem Staatstheater mithalten. Eine Marionettentheater-Aufführung sollte jeder Pragbesucher erlebt haben.

ZUR VOLLEN STUNDE AN DER ASTRONOMISCHEN UHR SEIN

Das obere Ziffernblatt der Astronomischen Uhr zeigt den Umlauf der Sonne, des Mondes und die Zeit; der untere Kreis dient als Kalendarium. Zu jeder vollen Stunde kommt es zum Apostelumzug: »Der Tod läutet, wenn er die Kordel zieht, durch Kopfschütteln. Andere Figuren bewegen sich, während der Hahn flattert und die zwölf Apostel vor dem offenen Fenster vorbeigleiten …« – so beschrieb Guillaume Apollinaire das Schauspiel.

EIN PRAGER KAFFEEHAUS BESUCHEN

Einige von ihnen sind nicht minder prächtig und elegant als die Kaffeehäuser in Wien. Zu den Besuchern gehören auch immer wieder Literaten, die hier zum Teil ihre Romane verfassen. Im Café Imperial schmücken Jugendstilkacheln die Wand, Mosaiken die Decke. Früher durfte man gegen ein kleines Geld andere Gäste mit alten Donuts bewerfen. Heute aber bitte nicht mehr!

09 PILSEN

FARBENFROH UND SELBSTBEWUSST

Die tschechische »Bierstadt Pilsen« wurde um 1295 als königliche Stadt gegründet und war in den Jahren 1633/34 das Hauptquartier Wallensteins. Heute sorgt die Universität für ein modernes Flair der 170 000-Einwohner-Stadt Plzeň. Besonders sehenswert sind die gotische Bartholomäuskirche - mit 102,30 Meter Höhe der höchste Kirchturm Tschechiens -, die Pestsäule und das Kaiserhaus, einst Sitz von Rudolf II. sowie heute als Teil des Rathauses auch das Informationszentrum der Stadt.

Oben: Das Stadtzentrum Pilsens beglückt Besucher und Einheimische mit seinen bunten Häuserfassaden.

Links: Der Turm der hochgotischen dreischiffigen St.-Bartholomäus-Kathedrale ist mit 103 Metern der höchste Kirchturm Tschechiens.

NACHHALTIG GENIESSEN

Angusfarm // Steakliebhaber, denen Nachhaltigkeit wichtig ist, sollten das Restaurant besuchen, hier kommt das Fleisch von der eigenen Bio-Farm und die Zutaten aus der Region.
// www.angusfarm.cz/restaurace

Slunečnice // Zum breiten Angebot des schlichten Restaurants gehören einige vegetarische und vegane Mahlzeiten. Auch Smoothies und Kuchen bekommt man in der »Sonnenblume«, wie der Name übersetzt heißt.
// www.slunecniceplzen.cz

Biologico // An den Bioladen angeschlossen ist auch ein Bistro, in dem man besonders für den Hunger zwischendurch vegetarische oder vegane Gerichte bekommt.
// Náměstí Generála Píky 4

○ PLATZ DER REPUBLIK

Mitten im historischen Zentrum Pilsens liegt der Platz der Republik, um den sich zahlreiche restaurierte Häuser vergangener Epochen versammeln. Einst zählte er zu den größten Marktplätzen des Landes. Kulturelle Veranstaltungen und Feste finden das ganze Jahr über hier statt. Neben der Pestsäule aus dem 17. Jahrhundert ziehen vor allem drei goldene Brunnen die Blicke auf sich. In für die Moderne typischen abstrakten Formen sollen sie drei Elemente aus dem Stadtwappen symbolisieren: Engel, Windhündin und Kamel. Das Wasser fließt in schwarze Granitbecken, die einen sehenswerten Kontrast zum Gold bilden.

○ ST. BARTHOLOMÄUS-KATHEDRALE

Die Geburtsstunde der Kathedrale St. Bartholomäus fällt zusammen mit der Stadtgründung Pilsens Ende des 13. Jahrhunderts. Rund drei Jahrhunderte später war der Prachtbau schließlich fertiggestellt und bis heute rühmt er sich, den höchsten Turm der Tschechischen Republik zu besitzen. Im Inneren ist besonders die Pilsener Madonna von Bedeutung. Um ihre Entstehung ranken sich mehrere Legenden und angeblich soll sie Kranke heilen sowie Sünder bestrafen.

CO_2-FREUNDLICH DURCH DIE STADT

ÖPNV // Das Land verschließt keineswegs seine Augen vor den Veränderungen der Welt und so wird der Busverkehr in Pilsen wie in anderen tschechischen Städten nach und nach auf Elektrobusse umgestellt. Auch Straßenbahnen bringen von A nach B.

Zu Fuß und mit dem Fahrrad // Da die Stadt überschaubar ist und sich viele Sehenswürdigkeiten in Laufdistanz zur historischen Altstadt befinden, ist man nicht einmal auf (öffentliche) Verkehrsmittel angewiesen. Wer nicht alles laufen möchte, kann sich aufs Fahrrad schwingen – die Stadt ist größtenteils eben.

○ GROSSE SYNAGOGE

In Pilsen steht seit 1893 die drittgrößte Synagoge Europas. Durch die auffällige Farbe von Portal und den beiden Türmen ist sie schon von Weitem unverkennbar. Als sie im maurisch-romanischen Stil erbaut wurde, hatte Pilsen noch eine große jüdische Gemeinde, doch durch die Gräuel des Zweiten Weltkriegs leben heute nur noch wenige Juden in Pilsen. In den 1990er-Jahren wurde die Synagoge aufwendig renoviert und dient heute vor allem Konzerten und anderen Veranstaltungen als einzigartiger Schauplatz.

○ RATHAUS

Neben der St.-Bartholomäus-Kathedrale genießt auf dem Platz der Republik besonders das Rathaus große Aufmerksamkeit. In den Jahren 1554–1559 wurde es nach Plänen des italienischen Meisters Giovanni de Statia errichtet und zählt zu den eindrücklichsten Beispielen der Renaissance-Architektur in der Stadt.

REGIONAL EINKAUFEN

○ BAUERNMARKT

An jedem zweiten Samstag findet im Zentrum Pilsens ein Bauernmarkt statt, auf dem man sich mit Obst, Gemüse, Milchprodukten und Brot aus der Region eindecken oder auch tschechische Spezialitäten wie Buchteln direkt vor Ort vernaschen kann. Auch lokales Bier und Wein bekommt man dort.

ÜBERNACHTEN

Hotel Green Gondola // Vor allem die zentrale und doch durch einen umgebenden Park ruhige Lage ist ein Pluspunkt des Hotels. Einige Zutaten des Frühstücks kommen aus biologischem Anbau, auch der Kaffee. Im hoteleigenen Restaurant kann man sich unter anderem Mahlzeiten schmecken lassen, die nach der Raw-Food-Methode zubereitet wurden.

// www.greengondola.cz

Rango Hotel // Das Hotel liegt äußerst zentral, für Kurzbesuche ist es deshalb bestens geeignet. Morgens holt man sich am Frühstücksbuffet Energie für den Tag, den Abend kann man im mediterranen Restaurant oder in der Weinbar ausklingen lassen.

// www.rango.cz/hotel

Minute Campsite // Wenngleich Campen nicht jedermanns Sache ist, finden Zeltfreunde dafür eine schöne Adresse in Pilsen, zu Fuß rund 20 Minuten von der Altstadt entfernt.

// Slovanská 4

GANZ BEWUSST ERLEBEN

AUSFLUG NACH KARLSBAD

Vom Zentrum Westböhmens, der Stadt Pilsen, führt ein Abstecher nordwärts auf der N20 über Unešov nach Karlovy Vary, das frühere Karlsbad. Es war der Legende nach Kaiser Karl IV., der hier im 14. Jh. bei der Hirschjagd die heißen Salzquellen entdeckte. 500 Jahre später war rund um die Quellen Böhmens berühmtester und mondänster Kurort gewachsen, in dem sich Europas Elite aus Politik, Kunst und Gesellschaft ein Stelldichein gab. Auf 50 Jahre Tristesse folgte nach 1989 eine glanzvolle Wiedergeburt, sodass die meisten der pompösen Gründerzeitbauten, von der Mühlbrunn-Kolonnade über das Stadttheater bis zum Grandhotel Pupp, wieder in altem Glanz erstrahlen.

DIE MODERNE INNENARCHITEKTUR VON ADOLF LOOS BEWUNDERN

Als Wegbereiter der modernen Architektur ging Adolf Loos in die Geschichte ein. Und auch in Pilsen hinterließ er sein Werk, wenngleich er hier keine ganzen Häuser konstruierte. Stattdessen ließen 13 jüdische Unternehmerfamilien in der heutigen Klatovská-Třída-Straße ihre Wohnungen von ihm einrichten. Einige dieser Interieurs sind heute für Besucher geöffnet, die sich ein eindrucksvolles Bild des Meisterarchitekten machen können.

BIER!

Man kann wohl kaum in Pilsen gewesen sein, ohne ein einziges Mal mit dem Getränk in Berührung zu kommen, das den Namen der Stadt international bekannt gemacht hat. Aber nicht nur sollte man ein originales Pils in Pilsen kosten, auch die Brauerei lohnt einen Besuch. Dort lernt man einiges über das historische und das heutige Brauwesen.

DIE STADT IM GRÜNEN UMRUNDEN

Eine Stadtmauer sucht man in Pilsen vergeblich. Dafür legt sich ein grüner Gürtel um die Innenstadt. Durch diese Anlage aus Stadtparks lässt es sich herrlich spazieren. Aber nicht nur die Natur kann man dabei genießen, sondern am Rande auch einige bedeutende Bauwerke wie das Große Theater oder die Studien- und Wissenschaftsbibliothek betrachten.

»SEIDENE« FÄDEN BESTAUNEN

Hinter der Fassade eines pittoresken Renaissance-Hauses am Platz der Republik verbirgt sich ein ganz besonderes Museum. Es widmet sich ganz dem Puppentheater. Pilsen ist für seine Marionetten schließlich fast so bekannt wie für sein Bier. Leidenschaftlich erzählt es von der Geschichte der Puppen und zeigt Exemplare, die nicht nur bei Kindern Gefallen finden.

Durchschnittliche Reisezeit ab München

AB IN DEN SÜDEN!

IN NUR WENIGEN STUNDEN IN DIE SONNIGEN ZIELE IM SÜDEN EUROPAS

Wer nicht der Geschäfte wegen nach Zürich kommt, kann sich ganz den Attraktionen der Stadt am Zürichsee widmen: dem Fraumünster mit Fenstern von Marc Chagall, den Gassen und Plätzen in der Altstadt, dem renommierten Kunsthaus Zürich und nicht zuletzt dem erstklassigen gastronomischen Angebot. Oder einfach die Seele baumeln lassen an lauen Abendstunden an der Seepromenade.

Da sich München gern als »nördlichste Stadt Italiens« sieht, ist es kein Wunder, wenn es als idealer Ausgangspunkt für Reisen in die südlichen Regionen Europas gelten kann. Bayern und Baden-Württemberg locken aber auch mit Zielen wie dem barocken Würzburg und dem mittelalterlichen Regensburg sowie den Universitätsstädten Heidelberg und Freiburg.

Der Blick in den Atlas macht es deutlich: Die Alpen bilden das Rückgrat Europas. Und sie bildeten einst nur schwer überwindbare Hindernisse für Reisende auf dem Weg nach Süden. Für die technischen Pionierleistungen bei der Erschließung der Alpen stehen etwa Semmering-Eisenbahn und Rhätische Bahn. Heute sind alle größeren Alpenstädte innerhalb weniger Stunden mit dem Zug erreichbar: In der Schweiz lohnen das mondäne Zürich und das junge Basel ebenso einen Besuch wie das beschauliche Chur inmitten einer herrlichen Natur. In Österreich locken die Festspielstadt Salzburg und die Sportstadt Innsbruck sowie Graz mit seiner zeitgenössischen Kunstszene, das barocke Linz und natürlich Wien: Die einstige Residenz der kaiserlich-königlichen Habsburger-Monarchie zieht mit ihrem historischen Zentrum und dem Schloss Schönbrunn Besucher aus aller Welt an. Ein Stück weiter die Donau entlang – und per Nachtzug – liegen die Königsstädte Bratislava und Budapest. Gotik und Barock prägen das alte Pressburg, Prachtboulevards und das Burgviertel Buda die ungarische Hauptstadt.

Weiter gen Süden fahren die Züge in fünf bis sieben Stunden nach Italien: durch Südtirol mit dem entspannten Meran, in die mondäne Metropole Mailand und nach Venedig, zur Königin der Adria. Antike und Mittelalter hinterließen auch grandiose Bauwerke in den Altstädten von Verona und Bologna, dennoch haben beide Städte nichts Museales, sondern sind quicklebendig. Schicke Geschäfte laden zum Schaufensterbummel ein, und was Restaurants betrifft, hat man die Qual der Wahl. Mit dem Nachtzug sind dann auch Florenz und Rom erreichbar, deren immense Kulturschätze kaum aufzulisten sind.

Kroatien als Trendreiseziel der letzten Jahre ist ebenfalls mit dem (Nacht-)Zug bequem erreichbar, für Städtetrips bieten sich hier das bezaubernde Rijeka an der Kvarner Bucht an und die Hauptstadt Zagreb, die ihre Besucher mit großer Gastfreundschaft zu empfangen weiß.

MÜNCHEN

DIE »WELTSTADT MIT HERZ« ZEIGT SICH GRÜN UND FACETTENREICH

Die schönste Stadt der Welt? Die Münchner haben nie behauptet, dass dieser Superlativ ihrer Heimat zustünde, auch wenn sie auf ihre Stadt stolz sind; und sowieso wird sich jeder Besucher sein eigenes Urteil bilden. München ist eine Stadt, die alle Sinne anspricht: Das Leben genießt man in den Straßencafés, in den idyllischen Biergärten oder direkt an der Isar und im Englischen Garten. In das kulturelle München taucht man beim Opern- oder Theaterbesuch ein oder bei der Besichtigung der weit bekannten Museen wie die drei Pinakotheken oder das Deutsche Museum. Auch die modernen architektonischen Höhepunkte sind längst zu Wahrzeichen der Stadt geworden, etwa die BMW Welt, die Allianz Arena oder das Olympiastadion mit seiner weltbekannten Zeltdachkonstruktion. In der Zeit während des Oktoberfests zeigt sich die Stadt fröhlich und lebenslustig, und der Slogan, der die Olympiastadt von 1972 international bekannt gemacht hat, fasst es zusammen: Weltstadt mit Herz.

○ MARIENPLATZ

Münchens zentraler Platz wird gesäumt von bürgerlichen Häuserzeilen sowie vom Neuen Rathaus und dem Alten Rathaus. Den Mittelpunkt bildet die vergoldete Mariensäule mit ihrem von Putten umkränzten Sockel. Der Marienplatz war Ausgangspunkt der bayerischen Landesvermessung.

○ NEUES RATHAUS

In Formen der flämischen Gotik wurde im 19. Jahrhundert ein repräsentatives Bauwerk geschaffen. Berühmt ist das Glockenspiel, unter dem sich tagtäglich Touristen kurz vor 12 Uhr versammeln, um den Klängen des Schäfflertanzes zu lauschen; abends um 21 Uhr zeigt sich dann das Münchner Kindl.

○ FRAUENKIRCHE

Der Liebfrauendom trägt die imposantesten Doppelzwiebeltürme im Land. Die Kuppeln sind das Wahrzeichen Münchens und weithin zu sehen. Im Inneren gibt es Ausstattungsstücke aus der Zeit der Gotik, etwa einen riesigen Bronzesarkophag Ludwigs des Bayern oder den sagenumwobenen Fußabdruck des Teufels vor dem Zutritt zum Kirchenschiff.

○ ALTER PETER

Der von den Einheimischen Alter Peter genannte Turm der Pfarrkirche St. Peter kann über 306 Treppenstufen bis zu einer Aussichtsplattform bestiegen werden. Das Äußere der auf einer Anhöhe, dem Petersbergl, über dem Viktualienmarkt gelegenen Kirche wirkt gotisch, im Inneren steht ein gewaltiger Barockaltar.

○ VIKTUALIENMARKT

Durch das Gassengewirr der zum größten Teil festen Verkaufsstände und den Maibaum in der Mitte wirkt der Freiluft-Einkaufsplatz für Lebensmittel ländlicher als so mancher Dorfmarkt. Hier gibt es immer was zu entdecken, von der Rossdicken, einer Pferdewurst, bis zum Saft aus gepresstem Dinkel.

○ RESIDENZ

Gewaltiger Renaissancebau mit einer kolossalen Ansammlung von Schätzen der Wittelsbacher, unter anderem der bayerischen Königskrone. Der Gebäudekomplex besteht aus mehreren Höfen, u. a. mit dem im Stil des Rokoko erbauten Cuvillés-Theater und der Allerheiligen-Hofkirche. Im Inneren der Residenz ist das Antiquarium, ein riesiges, freskengeschmücktes Renaissancegewölbe, das architektonische Glanzstück.

○ FELDHERRNHALLE

Die der Florentiner Loggia dei Lanzi nachgebildete offene Halle wurde Mitte des 19. Jahrhunderts durch Friedrich von Gärtner als Auftakt der prachtvollen Ludwigstraße erbaut.

○ THEATINERKIRCHE

Die Barockkirche mit ihren markanten Türmen steht am Ende der eigentlichen Altstadt. Außen kaisergelb, ist das Innere in zurückhaltender Farbigkeit gehalten. Unterhalb der beiden Turmhelme schmücken Schneckenverzierungen die Fassade, wodurch St. Kajetan, so der offizielle Name, charakteristisch für das Stadtbild wird.

Die grüne Isar ist Münchens schönste natürliche Lebensader. Der Fluss ist ein Stück Natur mitten in der Stadt. Seine Kiesstrände werden von den Münchnern bei Sonnenschein gern besucht, hier gegenüber vom Müller'schen Volksbad. Das Jugendstilhallenbad mit Wasserspeiern und barockisierendem Dekor zählt wohl zu den schönsten Bädern in Europa.

CO_2-FREUNDLICH DURCH DIE STADT

ÖPNV // München bietet ein umfangreiches Netz an öffentlichen Verkehrsmitteln. Zahlreiche S-Bahn-, U-Bahn-, Tram- und Buslinien verkehren in der ganzen Stadt und bis weit ins Umland. Je nach Bedarf können Tagestickets oder Kombitickets für mehrere Tage oder auch für eine ganze Woche erworben werden.

Mit Fahrrad und E-Scooter // In der Stadt stehen E-Roller, E-Tretroller und Fahrräder zum Verleih zur Verfügung. Die Räder der Münchner Verkehrsgesellschaft mietet man über die App »MVG More«; außerdem gibt es mehrere Bike-Sharing-Angebote. Auch E-Roller können über diverse Anbieter ausgeliehen werden.

○ HOFGARTEN

Ein Garten zum Promenieren zwischen höfischer Architektur. Die Anlage ist auf den Diana-Tempel zentriert. Er wird von einer weiblichen Figur bekrönt, die eine Allegorie auf das Land Bayern darstellt (Tellus Bavarica, »bayerische Erde«).

○ HAUS DER KUNST

Am Beginn der Prinzregentenstraße direkt am Englischen Garten steht der repräsentative Kunsttempel, der 1937 fertiggestellt wurde. Er hat mit der Ausstellung »Entartete Kunst« eine dunkle Vergangenheit.

○ NATIONALTHEATER

Am Max-Joseph-Platz erhebt sich das Nationaltheater mit imposantem Säulenportikus und doppeltem Giebel.

○ VALENTIN-MUSÄUM

Das im Isartor untergebrachte Museum erinnert an den Meister des skurrilen Humors und Sohn der Stadt München: Karl Valentin.

○ ASAMKIRCHE

Dieses Gotteshaus, dessen offizieller Name St. Johann Nepomuk lautet, gleicht einer Schmuckschatulle in einer Grotte. Die Brüder Cosmas Damian und Egid Quirin Asam schufen dieses rauschhaft überladene Vermächtnis ihrer Kunst zwischen 1733 und 1746.

○ JÜDISCHES KULTURZENTRUM, STADTMUSEUM

Ein Kubus mit vorgeschalteter Granitwand dient der Darstellung jüdischer Identität in München. Das offene Ensemble mit der 2006 eröffneten Hauptsynagoge, dem Jüdischen Museum und dem jüdischen Gemeindehaus schafft eine neue Flaniermeile vom Viktualienmarkt zum Oberanger. Ebenfalls am Jakobsplatz liegt das Stadtmuseum, das Exponate aus Münchens Kulturgeschichte zeigt.

○ ST. MICHAEL

Die größte Renaissancekirche Deutschlands mit mächtigem Tonnengewölbe war ein Solidaritätszeichen Herzog Wilhelms V. zur Gegenreformation. Die Giebelfassade zeigt seine Ahnenfiguren.

○ KARLSPLATZ/STACHUS

Im Sommer lockt ein offener Brunnen Einheimische und Touristen zu Tausenden an. Der Karlsplatz, den

Links oben: An den geschichtsträchtigen Odeonsplatz reihen sich eine handvoll bedeutender Baudenkmäler wie die Residenz, die Feldherrnhalle und die Theatinerkirche (von links).

Links unten: Das Münchner Oktoberfest – ein Gruppenrausch für Millionen – ist die größte Party der Welt. Täglich kommen durchschnittlich etwa 500 000 Gäste auf die »Wiesn«.

wenige Münchner so nennen, ist das Eingangstor zur Neuhauser Straße.

○ DEUTSCHES MUSEUM
Auf einer Isarinsel zwischen Ludwigs- und Corneliusbrücke erhebt sich eines der größten naturwissenschaftlichen und technischen Museen der Welt. Im Innenhof steht ein Flugsimulator. Eine astronomische Uhr zeigt die Sternbilder des jeweiligen Monats an.

○ KÖNIGSPLATZ
Den königlichen Platz ließ König Ludwig I. von seinem Baumeister Leo von Klenze entwerfen. Der mächtige Torbau der Propyläen schließt die klassizistische Platzanlage zur Brienner Straße ab.

NACHHALTIG GENIESSEN

Katzentempel // In entspannter Atmosphäre und in Gegenwart der reizenden Tempelkatzen darf man hier vegetarische und vegane Speisen aus regionalen, biologischen und nachhaltigen Zutaten genießen.
// katzentempel.de

Klinglwirt // Das urige Lokal im Stadtteil Haidhausen ist Münchens erstes Bio-Wirtshaus. Die Zutaten sind regional und saisonal, das Fleisch stammt von den Herrmannsdorfer Landwerkstätten. Hier kann man Fleischerzeugnisse guten Gewissens genießen. Und für ein bayerisches Wirtshaus ist der Anteil der vegetarischen Speisen auf der Karte enorm hoch!
// www.klinglwirt.de

Café Ignaz // In dem familiengeführten Café werden täglich vegane und vegetarische Speisen und Kuchenspezialitäten aus der eigenen Backstube angeboten. Zum Frühstück darf man sich am reichhaltigen Buffet bedienen.
// de-de.facebook.com/ cafeignazundtochter

○ GLYPTOTHEK
Das Bauwerk mit seiner ionischen Säulenvorhalle beherbergt eine öffentliche Sammlung oft originaler antiker Statuen und Büsten. Glanzstück ist der »Barberinische Faun«, eine römische Skulptur, die einen schlafenden Satyr darstellt.

○ LENBACHHAUS
Die ehemalige Residenz des Malerfürsten Franz von Lenbach dient als Ausstellungsrahmen für die Bilder der Künstlergruppe »Der Blaue Reiter«.

○ PINAKOTHEK DER MODERNE
Die neueste der Münchner Pinakotheken beherbergt in dem 2002 eröffneten Bau u. a. Werke der klassischen Moderne, der Gegenwartskunst seit den 1950er-Jahren, Installationen und die Sammlung Neue Medien und Fotografie.

○ ALTE PINAKOTHEK
Das frei stehende Gebäude beherbergt eine Galerie von Weltruf. Alte Meister von Holbein bis Rubens sind hier versammelt. Berühmte Werke sind: Dürers Porträt des Oswolt Krel, Murillos »Trauben- und Melonenesser«, Rembrandts »Heilige Familie« oder das Bildnis Kaiser Karls V. von Tizian.

○ NEUE PINAKOTHEK
Von den französischen Impressionisten bis zu den deutschen Expressionisten, von den Nazarenern bis

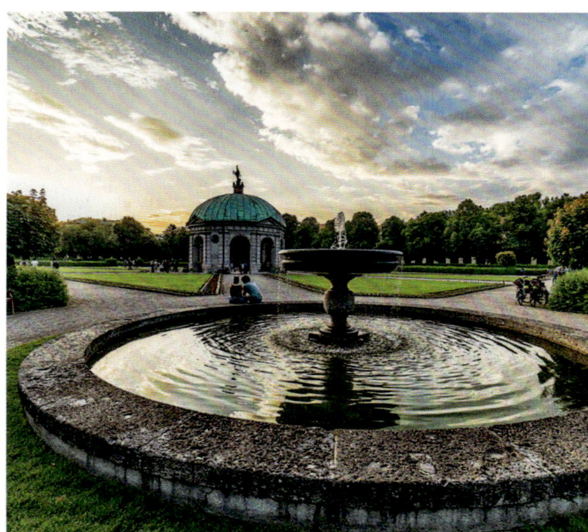

Rechts: Der Hofgarten mit Diana-Tempel ist ein weiterer Glanzpunkt inmitten der Altstadt.

Böcklin, Liebermann und Cézanne bietet das Museum Kunst- und Architekturgenuss. Ein weltberühmtes Gemälde der Sammlung sind die »Sonnenblumen« von van Gogh.

○ ENGLISCHER GARTEN

Mit seinen weiten Grünflächen, Hainen, Bächen und Seen ist der Landschaftsgarten ein Paradestück unter den Parks. Einzelne Gebäude wie der Monopteros oder der Chinesische Turm sind weithin bekannt.

○ SCHLOSS NYMPHENBURG

Kurfürst Ferdinand Maria schenkte seiner Gemahlin Henriette den Auftakt zu einer strahlenden Barockschöpfung, die der Thronfolger Max Emanuel erst richtig ins Leben rief. Im Inneren zeigt die Anlage ausladendes Rokoko.

Links: Schloss Nymphenburg ist der Höhepunkt im Münchner Nordwesten. Besonders beeindruckend ist, dass dieses herrliche Barockensemble in einer Großstadt steht und der Horizont von keinerlei Hochhauskonturen verstellt wird – heute ein seltenes Bild im deutschen Städtebau.

REGIONAL EINKAUFEN

○ VIKTUALIENMARKT

Mit »Viktualien« waren dereinst Lebensmittel für den täglichen Bedarf gemeint, aber es werden inzwischen auch allerhand Luxusgüter und Delikatessen aus dem Schlaraffenland verkauft. Bei einer außergewöhnlichen Führung über den Markt gibt es so viel Wurst und Käse, Süßes und Deftiges, dass man am Ende satt und zufrieden ist. Ganz nebenbei erfährt man Interessantes über Geschichte, Bräuche und unbekannte Ecken.

○ HEIMLICH LAUT

Nachhaltige Mode, also ökologisch-fair produzierte Ware, trifft in diesem Conceptstore auf Schallplatten. Und das Beste: Einmal pro Monat gibt DJ Vinyl eine Kostprobe aus dem Musiksortiment des Ladens.

// heimlich-laut.jimdo.com

○ KRÄUTERGARTEN

Das Fachgeschäft für Kräuter, Tees, Gewürze, Naturheilmittel, ätherische Öle und vieles mehr befindet sich im Herzen von München.

// kraeutergarten-muenchen.de

ÜBERNACHTEN

Hotel Dolomit // Das Hotel bietet einfache Zimmer und erhielt für seine nachhaltige Unternehmungsführung das goldene Umweltsiegel.

// hotel-dolomit.de

DERAG Livinghotel am Viktualienmarkt // Das vierte Haus der DERAG Livinghotels in München zeichnet sich durch sein nachhaltiges Energiekonzept aus. Das zentral gelegene Hotel wurde 2011 mit dem Green-Building-Zertifikat ausgezeichnet.

// www.living-hotels.com/hotel-das-viktualienmarkt-muenchen

Alter Wirt // Das Drei-Sterne-Superior-Hotel in dem seit über 100 Jahren familiengeführten Gashof ist »ökologisch und nach baubiologischen Gesichtspunkten gestaltet«.

// www.alterwirt.de

GANZ BEWUSST ERLEBEN

TOLLWOOD- UND/ODER STREETLIFE-FESTIVAL BESUCHEN

Wie kann man den urbanen Raum schöner und grüner gestalten? Mit diesen Fragen befasst sich im Frühjahr das Streetlife-Festival, ein riesiges Spektakel für Groß und Klein entlang der Leopoldstraße. Umweltfragen stellt auch das Tollwood-Festival zur Diskussion, das zweimal jährlich, im Winter und im Sommer, stattfindet. Außerdem gibt es Kunsthandwerk, bio-zertifizierte Speisen und Waren aus aller Welt – alles fair gehandelt – zum Stöbern, Probieren und Kaufen.

AUF DEM MÜNCHEN TRAIL DAS ECHTE MÜNCHEN ERKUNDEN

Er ist der erste nachhaltige Langstrecken-Citytrail: Auf zehn verschiedenen Etappen mit jeweils zwischen neun und 14 Kilometer Länge kann man Münchens vielfältige Stadtviertel und vor allem die grünsten Ecken der Stadt entdecken. Basierend auf unterschiedlichen Themenbereichen lernt man verschiedenste, auch etwas abgelegenere Ecken kennen und hat die Möglichkeit, richtig in das Leben der Stadt und seiner Bewohner einzutauchen. Verschiedene Stationen laden zur Besichtigung, Einkehr oder zum Verweilen ein. Ziel der Routen ist es, die Stadt abseits der Touristenströme und auf einem klimafreundlichen und innovativen Weg zu erkunden.

EISBACHSURFERN IM ENGLISCHEN GARTEN ZUSEHEN

Die Eisbachwelle ist Mittelpunkt der Surferszene weit weg vom Meer. Am besten kann man den waghalsigen Wellenreitern von der Brücke am Haus der Kunst aus zuschauen.

EINEN MÜNCHNER BIERGARTEN BESUCHEN

Zur kühlen Maß gibt es Wurstsalat oder Fleischpflanzerl, alles eher rustikal. Selbstbedienung ist üblich, es wird sich geduzt. Beliebte Biergärten sind der rund um den Chinesischen Turm oder der in der Augustiner-Brauerei. Jeder Stadtteil verfügt über mehrere Biergärten. Manche befinden sich versteckt in Hinterhöfen, andere grenzen an Parks und Gärten an. Gemütlich sind sie alle!

FLOSSFAHRT AUF DER ISAR

Ein großer Spaß für Jung und Alt sind Fahrten auf den Flößen auf der Isar, die in Wolfratshausen starten und bis nach München-Thalkirchen führen. Während der Fahrt auf dem wilden Bergfluss werden Brotzeit und Getränke serviert. Das Ganze wird von bayrischer Musik begleitet, die von einer eigens für die Fahrt organisierten Band gespielt wird.

02 REGENSBURG

DIE HISTORISCHE DONAUMETROPOLE SETZT AUF JUGEND UND NACHHALTIGKEIT

Wie München wird Regensburg manchmal als »nördlichste Stadt Italiens« bezeichnet. Wegen der vielen alten Geschlechtertürme, die man sonst auf dieser Seite der Alpen so nicht findet, aber auch wegen des entspannten Flairs auf den schönen alten Plätzen. Vermutlich ist es nur der schlechten wirtschaftlichen Situation der Nachkriegsjahre zu verdanken, dass die vielen alten Gebäude aus dem Mittelalter und der frühen Neuzeit, als Regensburg eine der reichsten und bedeutendsten Städte Deutschlands war, keinen Modernisierungen zum Opfer fielen. Heute ist die Stadt an der Donau längst wieder zu einer prosperierenden Metropole geworden, kann mit über 1500 denkmalgeschützten Gebäuden, darunter einer Anzahl großartiger Kirchen-, Stifts- und Klosterbauten, einzigartige Zeugnisse einer glanzvollen Vergangenheit vorweisen.

Seit 2006 unterliegt die Altstadt als Weltkulturerbe dem Schutz der UNESCO. Berühmt sind auch die Brücken wie etwa die Steinerne Brücke aus dem 12. Jahrhundert (links und oben).

Rechts: Der Regensburger Dom zählt zu den bedeutendsten gotischen Gotteshäusern Deutschlands.

○ STEINERNE BRÜCKE

Die schöne alte Brücke mit ihren 14 steinernen Bögen wurde schon im Jahr 1146 errichtet, um einem französischen Kreuzfahrerheer den Übergang über die Donau zu erleichtern. Sie gilt als Meisterwerk mittelalterlicher Baukunst und wurde zum Vorbild für zahlreiche andere Steinbrücken in Europa, etwa der Karlsbrücke in Prag.

○ DOM ST. PETER

Der Sakralbau mit seinen himmelstrebenden Türmen ist das Wahrzeichen der Vier-Flüsse-Stadt. Hier feiert die Gotik einen ihrer Höhepunkte auf süddeutschem Boden. Der Dom besticht mit seinem großen Bestand originaler mittelalterlicher Farbfenster. Eng mit dem Gotteshaus verbunden ist der Chor der Regensburger Domspatzen, die mit ihrer Sangeskunst den gotischen Raum förmlich zum Klingen bringen. Mit seinem Bau wurde Ende des 13. Jahrhundert begonnen, es folgten über 600 Jahre hinweg Um-, An- und Rückbauten.

○ ALTE KAPELLE

Die Kirche des Stiftes zu Unserer Lieben Frau präsentiert sich von außen als schlichter, aus dem 11. Jahrhundert stammender Bau. Im Inneren erwartet den Besucher rauschender, in Weiß und Gold gehaltener Rokoko, der u. a. von Meistern der berühmten Wesso-

CO_2-FREUNDLICH DURCH DIE STADT

Zu Fuß // Vom zentral gelegenen Bahnhof ist die Innenstadt in wenigen Minuten zu Fuss erreicht. Sie ist verkehrsberuhigt, überschaubar und die wichtigsten Sehenswürdigkeiten, einschließlich des Doms, befinden sich mitten darin. Am besten ist es, einfach gemütlich durch die kleinen Gassen oder an der Donau entlangzuschlendern und die Stadt zu genießen.

ÖPNV und mit dem Fahrrad // Wer nicht mehr laufen will, kann auch den Bus nehmen oder schwingt sich auf eines der Fahrräder, die im Zuge des Bike-Sharing in der ganzen Stadt verteilt zur Verfügung stehen.

brunner Schule geschaffen wurde. Aus religiöser Sicht der wichtigste Ausstattungsgegenstand ist aber ein altes Gnadenbild der heiligen Maria mit Kind.

○ ALTES RATHAUS

Der bedeutendste Teil des Regensburger Rathauses ist der leuchtend gelbe Anbau aus dem 14. Jahrhundert. Ursprünglich war er ein Tanzsaal, aber von 1663 bis 1806 tagte hier der »Immerwährende Reichstag«. Heute ist dort das Reichstagsmuseum eingerichtet und die originalen Räumlichkeiten, aber auch ein Folterkeller können im Rahmen von Führungen besichtigt werden.

○ PORTA PRAETORIA

Erst im 19. Jahrhundert entdeckte man, dass 300 Jahre zuvor beim Bau des Bischofhofes Reste eines römischen Torwerkes integriert worden waren. Es handelt sich um das Haupttor des einstigen Lagers Castra Regina, das die Keimzelle der Stadt bildete. Heute sind die Reste freigelegt und heben sich als Naturstein von den weiß gekalkten Mauern der Residenz ab. Zusammen mit der Porta Nigra in Trier ist dies die einzige erhaltene römische Toranlage nördlich der Alpen.

○ ALLERHEILIGENKAPELLE

Die romanische Kapelle findet sich im Kreuzgang des Regensburger Domes. Sie wurde von Bischof Hartwig II. als Begräbniskapelle angelegt und ist einer der

Oben: Das historische Wohnviertel liegt idyllisch an der Donau.

Links: Zweimal im Jahr, im Mai und im September, wird in Regensburg eine Dult – ein Volksfest – abgehalten.

wenigen Kirchenräume aus dem 12. Jahrhundert, der nie verändert wurde. Der Raum war einst vollends mit einer Darstellung des Jüngsten Gerichtes bedeckt. Davon ist auch noch heute relativ viel erkennbar.

○ KLOSTER ST. EMMERAM UND SCHLOSS THURN UND TAXIS

Das ehemalige Benediktinerkloster wurde 739 über dem Grab des Missionsbischofs Emmeram gegründet. Es war im Mittelalter unter anderem für seine kostbaren Buchmalereien berühmt, wurde aber 1803 aufgelöst. Die Klosterräume wurden von der Familie Thurn und Taxis zum Schloss umgebaut und können im Rahmen von Führungen besichtigt werden. Außerdem befinden sich dort ein Marstallmuseum mit historischen Kutschen und eine Schatzkammer. Die von den Brüdern Asam im rauschenden Barock ausgestattete Klosterkirche ist als Pfarrkirche öffentlich zugänglich.

NACHHALTIG GENIESSEN

Dahoam bei Kerstin & Mama // Hier geht es um Gemütlichkeit und Wohlfühlen – ein kleines Zuhause in der Fremde. Bis 14 Uhr kann man sich durch das breite Frühstücksangebot schlemmen, ideal also auch für Langschläfer.
// www.dahoam-regensburg.de

Taracafé // Vegan, organic, fair – so lautet das Motto des kleinen Cafés mit angrenzendem Yogastudio. Nicht nur Yoga-Begeisterte dürfen sich hier Gerichte mit regionalen, saisonalen und vor allem biozertifizierten Zutaten schmecken lassen.
// www.taracafe-regensburg.de

Anna liebt Brot und Kaffee // Die Spezialitäten im gemütlichen Café Anna sind – wie der Name schon sagt – der ausgezeichnete Kaffee und das noch von Hand und aus reinem Sauerteig gebackene Biobrot.
// www.anna-cafe.de

○ DOCUMENT NIEDERMÜNSTER

In den Kellerräumen der romanischen Stiftskirche Niedermünster befinden sich archäologische Relikte des alten Römerlagers Castra Regina, der Pfalz der Bayern-Herzöge aus dem 8. Jahrhundert und des Stifts aus dem 9. Jahrhundert sowie Herzogs- und Heiligengräber. Diese Ausgrabungen können im Rahmen von Führungen besichtigt werden. Das Besondere sind fotorealistische 3-D-Animationen, die die verschiedenen früheren Zustände wieder zum Leben erwecken.

○ HISTORISCHES MUSEUM

Das Museum zur Geschichte der Stadt und der Region ist im ehemaligen Minoritenkloster St. Salvator untergebracht, dessen schöne alte Räume einen Besuch lohnen. Zu den Highlights gehören Modelle der Stadt, Gemälde von Leo von Klenze und eine reiche Sammlung spätmittelalterlicher bzw. frühneuzeitlicher Kunst, etwa von Albrecht Altdorfer und anderen berühmten Vertretern der sogenannten Donauschule.

○ VOLKSSTERNWARTE

Die älteste Volkssternwarte Bayerns am Ägidienplatz geht auf ein Observatorium des Klosters St. Emmeram aus dem Jahr 1774 zurück. Sie wird von der Volkshochschule Regensburg betrieben und ist jeden Freitagabend ab 20 Uhr im Winter bzw. ab 21 Uhr im Sommer geöffnet. Die kostenlosen Führungen begin-

Rechts: In der Hofbibliothek im Schloss St. Emmeram werden u. a. Bände zur Postgeschichte aufbewahrt.

nen mit einer Einführung in die Himmelskunde, an die sich – sofern es die Wetterverhältnisse erlauben – Beobachtungen durch das Fernrohr anschließen.

○ BESUCHERZENTRUM IM SALZSTADEL
Im malerischen alten Salzstadel an der Steinernen Brücke befindet sich heute ein Museum, das die Geschichte Regensburgs anhand von Spielstationen und Medieninstallationen erfahrbar macht. Eines der Highlights ist ein interaktives Stadtmodell, das die Veränderungen im Laufe der Jahrhunderte aufzeigt. Die ständige Präsentation wird immer wieder auch mit Sonderausstellungen ergänzt. Der Eintritt ist frei.

REGIONAL EINKAUFEN

○ HUTKÖNIG MANUFAKTUR
Seit 1875 werden in der Manufaktur am Dom Hüte aus Naturhaar gefertigt, für Damen und Herren und für alle Anlässe.

// www.hutkoenig.de

○ REGENSBURGER WUNDERTÜTE
Kunsthandwerk, Keramik und allerlei Geschenkideen lassen sich in diesem Kultladen im Herzen der Altstadt entdecken.

// www.regensburger-wundertuete.de

AUSFLÜGE

○ BURGLENGENFELD
Weithin sichtbar ist der Bergfried der Burgruine hoch über Burglengenfeld nördlich von Regensburg. Die Stadt ist der Geburtsort des Barockbaumeisters Johann Michael Fischer (1692–1766), der im süddeutschen Raum insgesamt 32 Kirchen- und 23 Klosterbauten errichtete. Die Altstadt von Burglengenfeld ist von mittelalterlich anmutenden Gässchen und Profanbauten aus dem Hochmittelalter im Stil der Renaissance geprägt und als gesamtes Ensemble denkmalgeschützt. Sehenswert ist das Rathaus aus dem 15. Jahrhundert mit seiner tiefroten Fassade.

○ VELBURG
Im 13. Jahrhundert von Bayernherzog Ludwig dem Strengen in planmäßiger Anlage gegründet, zeigt sich Velburg im Kern als geschlossenes historisches Stadtensemble. Giebelständige Ackerbürgerhäuser rahmen den Marktplatz, beim neugotischen Rathaus finden sich repräsentative Bauten des 16./17. Jahrhunderts. Die Friedhofskirche St. Anna beeindruckt mit ihren bedeutenden spätgotischen Flügelaltären.

ÜBERNACHTEN

Aufhauser Hof // Der historische Hof stammt aus dem Jahr 1784 und ist mit Liebe zum Detail eingerichtet. Die zwei Ferienwohnungen (47 und 54 Quadratmeter) mitten in der Altstadt sind nur 200 Meter vom Dom entfernt.

// www.ferien-in-regensburg-altstadt.com

Green Spirit Hotel // Das Hotel ist der Hipster unter den Regensburger Unterkünften: ökologisch, stylisch, ambitioniert. Überall trifft man auf die harmonische Kombination aus ultramodern und authentischem Vintage Style. Am Nordufer der Donau gelegen, die Innenstadt ist in fußläufiger Reichweite.

// www.greenspirithotel.de

Goldener Kranich // Mitten in der Altstadt gelegen, ist diese Ferienwohnung in einem historischen Gebäude ideal für zwei Personen. Für das Frühstück stehen Bio-Müsli und Biomilch bereit. Selbst bei den Laken wird auf Öko-Zertifizierung Wert gelegt.

// www.goldenerkranich.de

GANZ BEWUSST ERLEBEN

DONAU UND ALTMÜHL MIT DEM SCHIFF ENTDECKEN

Die Täler von Altmühl und Donau bergen eine wundervolle Landschaft, die sich vom Wasser aus von ihrer schönsten Seite zeigt. Mehrere Boote verkehren täglich zwischen den Tälern auf unterschiedlichen Routen, auf denen Höhepunkte wie der Donaudurchbruch oder Kloster Weltenburg liegen.

KAFFEE AUF DEM HAIDPLATZ TRINKEN

Die Altstadt mit ihren 1400 denkmalgeschützten Häusern ist nicht nur ein einmaliges architektonisches Ensemble, dessen Geschlossenheit allen Besuchern die Sprache verschlägt, sondern auch ein lebendiger Stadtkern. Jeder zehnte Regensburger wohnt hier, darunter viele Studenten. Dutzende von Cafés sorgen dafür, dass man niemals den Eindruck hat, in einem nur für Besucher mühsam in Schuss gehaltenen Museum gelandet zu sein – und der schönste Platz, einen Kaffee zu genießen, ist auf dem Haidplatz.

STADTRUNDGANG IN MUNDART MITMACHEN

Das authentische Regensburg lässt sich am besten bei Stadtführungen erleben, die von waschechten Regensburgern in Mundart gehalten werden. Im Mittelpunkt stehen dabei neben »Geschichte und Geschichten« Brauchtum und alte Traditionen. Die Führungen können von Gruppen in der Touristeninformation gebucht werden.

WALDERLEBNISZENTRUM REGENSBURG

Wer genug Stadtluft geschnuppert hat, der kann bei Sinzing-Riegling ein wenig Waldluft atmen. Einzelpersonen und Gruppen können Führungen durch den Wald buchen. Waldbaden, Waldmeditation und Yoga gehören ebenfalls zum bunten Programm. Zweimal jährlich findet außerdem ein großes Waldfest statt.

IN DER WURSTKUCHL SPEISEN

Das Gasthaus »Wurstkuchl« an der Steinernen Brücke (Thundorferstraße 3) ist eines der ältesten weltweit. Es diente wohl schon vor über 500 Jahren der Verpflegung der Bauarbeiter beim Bau der Steinernen Brücke bzw. war anfangs eine Art »Baubüro« und wurde erst nach der Fertigstellung der Brücke in eine Garküche umgewandelt. Heute gibt es dort Bratwürste, aber auch andere bayerische Spezialitäten. Würste, Sauerkraut und Senf werden von der Betreiberfamilie selbst hergestellt. Die weiteren Produkte und Zutaten stammen aus der Region.

03 WÜRZBURG

ARCHITEKTURSCHÖNHEITEN UND JUNGES PUBLIKUM AM MAIN

Eingebettet in eine liebliche Hügellandschaft und steile Weinberge, an denen beste Reben heranwachsen, ist die alte fränkische Bischofsstadt am Main noch heute ein Zeugnis dafür, mit welcher Pracht die geistlichen Würdenträger von einst residierten. Allerorten begegnet man den Heiligen Kilian, Kolonat und Totnan, drei iro-schottischen Mönchen, die im 7. Jahrhundert angeblich bei dem Versuch, die Franken zu bekehren, ermordet wurden. Einige Jahrzehnte später weihte dann der heilige Bonifatius 742 den ersten Würzburger Bischof. Wie mächtig seine Nachfolger wurden, zeigen die beiden größten Gebäude der Stadt, die imposante Burg auf dem Marienberg hoch über der Stadt und das prachtvolle Barockschloss im Zentrum. Beide dienten als Bischofsresidenz. Daneben bestimmen Dutzende von Kirchtürmen und die alte Mainbrücke mit ihren mächtigen Heiligenfiguren das Stadtbild. Doch Würzburg hat auch eine lange Tradition als Universitätsstadt, und ein Studentenanteil von mehr als 20 Prozent der Einwohner sorgt dafür, dass die Frankenmetropole nicht in sakraler Ehrwürdigkeit erstarrt.

○ RESIDENZ

Das von Balthasar Neumann im 18. Jahrhundert erbaute Schloss ist vor allem für sein Treppenhaus berühmt. Das Deckengewölbe gilt als technische Meisterleistung und ist mit dem größten Fresko der Welt geschmückt. Auf 670 Quadratmetern malte Giovanni Battista Tiepolo, wie die vier damals bekannten Kontinente den Würzburger Bischof verherrlichen. Dabei ist der Übergang von Malerei zu Stuck so raffiniert, dass oft nicht zu erkennen ist, was plastisch ist oder nur so scheint. Weitere Highlights sind der bombastische Kaisersaal, der elegante Weiße Saal, der anmutige Gartensaal, das kostbare Spiegelkabinett, das als vollkommenstes Raumkunstwerk des Rokoko gerühmt wird, sowie die Hofkirche mit ihrem schier überwältigenden Barockschmuck.

○ DOM ST. KILIAN

Der im 11. Jahrhundert erbaute Dom ist die viertgrößte romanische Kirche Deutschlands. Als Innenraumschmuck dient vor allem eine große Sammlung von Grabplatten, darunter die berühmte, lebensgroße Darstellung des Bischofs Rudolf von Scherenberg durch Tilman Riemenschneider.

○ MARIENKAPELLE

Die gotische Bürgerkirche am Unteren Markt ist zwar kirchenrechtlich eine Kapelle, aber trotzdem von imposanter Größe. Am Marktportal sind Kopien der berühmten Riemenschneider-Figuren von Adam und Eva zu sehen. Die Originale befinden sich im Mainfränkischen Museum.

○ NEUMÜNSTER

Das Neumünster wurde über dem Grab der Märtyrer Kilian, Kolonat und Totnan errichtet. Um 1700 bekam es eine neue Fassade im Stil des bewegten italienischen Barock und wurde auch im Inneren barockisiert, hier allerdings in zurückhaltendem, elegantem Weiß. Unter anderem waren die Wessobrunner Brüder Johann Baptist und Dominicus Zimmermann an der Ausgestaltung beteiligt. Sehenswert ist auch das Lusamgärtlein im ehemaligen Kreuzgang der Kirche mit dem Grabmal von Walther von der Vogelweide.

○ FALKENHAUS

Weiße Stuckgirlanden im Zuckerbäckerstil garnieren die hellgelbe Fassade des Falkenhauses am Marktplatz. Heute sind in dem schönen Rokokogebäude die Touristeninformation und die Stadtbücherei untergebracht. In der Vergangenheit war das Haus ein

Die Universitätsstadt am Main in schönster Lage am Fuße der Festung Marienberg und der städtischen Weinlagen hat trotz der fast völligen Zerstörung im Zweiten Weltkrieg heute wieder eine liebenswerte Altstadt (links: Festung Marienberg und die Alte Mainbrücke; rechts: Blick vom Hofgarten auf die Residenz).

CO_2-FREUNDLICH DURCH DIE STADT

ÖPNV // Würzburgs Innenstadt ist überschaubar, die wichtigsten Sehenswürdigkeiten liegen relativ nah beieinander, die Altstadt kann man gut zu Fuß erkunden. Möchte man die öffentlichen Verkehrsmittel der WVV (Würzburger Versorgungs- und Verkehrs-GmbH) nutzen, so empfiehlt sich das Tagesticket, mit dem man beliebig viele Fahrten mit Bus oder Tram zurücklegen kann. Einen Bonus gibt es am Wochenende, denn dann gilt das Tagesticket für Samstag zusätzlich auch noch für den Sonntag.

3-Tages-Ticket // Für diejenigen, die drei Tage in Würzburg verbringen, ist die 3-Tages-Karte die beste Lösung. Und dabei kann man sogar sparen, denn man zahlt lediglich den Preis von zwei Tagestickets.

Mit dem Fahrrad // In der Stadt gibt es einige Stellen, an denen man sich Fahrräder ausleihen kann, u.a. bei Nextbike oder bei Ludwig Körner.
// www.nextbike.de/de/wuerzburg, www.ludwigkoerner.de

nobles Gasthaus, in dem sich lange Zeit der einzige Konzert- und Tanzsaal der Stadt befand.

○ SCHLOSS UND FESTUNG MARIENBERG

Die imposante Festung oberhalb der Stadt geht auf eine keltische Fliehburg zurück. Im 8. Jahrhundert wurde eine erste Marienkirche errichtet, um 1200 die Grundlagen der heutigen Burg, die im 16. Jahrhundert zum Renaissanceschloss umgebaut und in der Folgezeit zur barocken Festungsanlage umgestaltet wurde. Bis zum Umzug in die neue Residenz war sie Wohn- und Regierungssitz der Würzburger Fürstbischöfe. Heute sind dort das Mainfränkische Museum und das Fürstenbaumuseum zur Stadtgeschichte untergebracht.

MAINFRÄNKISCHES MUSEUM

Das Museum auf der Festung Marienberg widmet sich in 45 Räumen der Geschichte des mainfränkischen Raumes. Es gilt auch als bedeutendes Kunstmuseum. Das liegt vor allem an der mit rund 80 Objekten weltweit größten Sammlung von Werken Tilman Riemenschneiders, der wegen der Lebendigkeit seiner Figuren als herausragender Holzschnitzer und Bildhauer der Spätgotik angesehen wird.

Oben: Architektonisch bildet der Sakralbau des »Käppeles« ein filigranes Gegenstück zum wuchtigen Bau der Festung Marienberg.

Links: Im 14. Jahrhundert gründeten reiche Würzburger Bürger ein Spital zur Pflege armer und kranker Menschen und statteten es mit Weinbergen aus, um den Betrieb zu finanzieren. Gleiches tat im 16. Jahrhundert Fürstbischof Julius Echter. Heute gehören Bürger- und Juliusspital zu den renommiertesten und größten Weingütern Frankens.

○ KÄPPELE AUF DEM NIKOLAUSBERG

Als Käppele wird in Würzburg die Wallfahrtskirche Mariä Heimsuchung inmitten der Weinberge auf dem Nikolausberg bezeichnet, zu dem ein von Kreuzwegstationen gesäumter Treppenaufgang hinaufführt. Die Wallfahrtskirche selbst ist das letzte Bauwerk von Balthasar Neumann und wurde nach seinem Tod im überschwänglichen Rokokostil ausgestattet.

○ ALTE MAINBRÜCKE

Die Alte Mainbrücke mit der Festung im Hintergrund ist das Wahrzeichen Würzburgs. Die Steinbogenbrücke selbst wurde bereits im 15. Jahrhundert errichtet. 1725 gab Bischof Christoph Franz von Hutten den Auftrag, sechs jeweils 4,50 Meter hohe Heiligenfiguren auf der Südseite der Brücke aufzustellen: Kilian, Kolonat und Totnan, die heilige Maria in ihrer Gestalt als Patrona Franconiae und die heiliggesprochenen Bischöfe Burkhard und Bruno. Sein Nachfolger fügte sechs weitere Figuren hinzu.

NACHHALTIG GENIESSEN

Sir Quickly // Ein Schnellimbiss mit qualitativ hochwertigem Slow Food – das Konzept fand schnell Anklang. Das Lokal mit Stehtischen bietet täglich zwei vegetarische Gerichte an, die immer frisch und ohne Geschmacksverstärker zubereitet werden.

// www.sir-quickly.info

Vrohstoff // Salate, Sandwiches, Suppen und Kuchen – alles vegan und glutenfrei. Sogar Burger, Lasagne oder Gulasch werden hier neu erfunden. Wer an Allergien oder Lebensmittelunverträglichkeiten leidet, muss sich keine Gedanken machen. Man wird genau über Zutaten und Inhaltsstoffe der Speisen informiert. Auch Detox-Säfte stehen auf der Speisekarte.

// vrohstoff.de

Beef 800° // Fleisch geht auch nachhaltig: Das Fleisch der Steaks und Burger kommt von geprüften Metzgereien aus der Region sowie aus Argentinien, den USA und Irland. Die Buns für die Burger werden täglich frisch von einem regionalen Bäckermeister gebacken.

// www.beef800.de

○ ALTER KRANEN

Der Hafenkran aus dem Jahr 1773 diente dem Entladen der Schiffe auf dem Main. Er wurde durch zwei große Laufräder bewegt, die jeweils von sechs Männern angetrieben wurden. Das malerische Industriedenkmal wurde von Anfang an unter ästhetischen Gesichtspunkten geplant. Baumeister war Balthasar Neumanns Sohn Franz Ignaz. Heute ist der Platz um den Alten Kranen eine beliebte Ausgehadresse mit Biergarten und mehreren Restaurants.

○ MUSEUM IM KULTURSPEICHER

In dem einstigen Getreidespeicher am Alten Hafen wurden die Städtische Galerie und die Sammlung Peter C. Ruppert zusammengeführt. Während Erstere vor allem einen regionalen Bezug hat, handelt es sich bei der Letzteren um eine herausragende Kollektion Konkreter Kunst, die sich vor allem im Arrangement geometrischer Formen äußert. Außerdem gibt es Sonderausstellungen zur Klassischen Moderne.

○ JULIUSSPITAL

Hinter der langen Fassade an der Juliuspromenade befindet sich ein Krankenhaus, das Julius Echter von Mespelbrunn 1576 errichten ließ. Der Bischof sorgte mit der Schenkung von Äckern, Wäldern und dem

Rechts: Hübsch zeichnen sich die Türme der Stadtsilhouette im Gegenlicht ab. Der Dom St. Kilian, Neumünster und Marienkapelle bestimmen das Stadtbild von Würzburg.

Weingut Juliusspital, heute dem zweitgrößten in Deutschland, für die Finanzierung. Heute noch befinden sich die »Weinstuben Juliusspital« im und die dazugehörenden Kellereien unter dem Gebäude. Auch wird das Gelände, das im Laufe der Zeit immer weiter ausgebaut wurde, immer noch als Krankenhaus und Seniorenheim genutzt. Die repräsentativen Teile jedoch wie der Fürstenbau, die Rokokoapotheke und der Innenhof mit seinem Vierströmebrunnen können an den Wochenenden im Rahmen von Führungen besichtigt werden.

○ RÖNTGEN-GEDÄCHTNISSTÄTTE

Im ehemaligen physikalischen Institut der Universität Würzburg, wo Wilhelm Conrad Röntgen am 8. November 1895 die nach ihm benannten revolutionären Strahlen entdeckte, ist heute eine Gedenkstätte eingerichtet. Dort wird Röntgens damalige Versuchsapparatur gezeigt, aber auch ein Einblick in die experimentelle Physik des 19. Jahrhunderts gegeben. Führungen durch die Ausstellung sind nach Voranmeldung möglich.

ÜBERNACHTEN

Hotel Rebstock // Das nahe der Weinberge und der Innenstadt gelegene Haus wurde 1408 erstmals erwähnt und ist somit eine der ältesten Herbergen Deutschlands. Das denkmalgeschützte Gemäuer hat 70 Zimmer und besticht durch den freundlichen, nahezu familiären Service und durch das mehrfach ausgezeichnete Gourmetrestaurant.

// www.rebstock.com

Weingut am Stein // Inmitten der berühmten Weinbaulage »Würzburger Stein« liegt dieses ebenso anmutige wie schlichte Gruppen-Gästehaus aus modern verbautem Muschelkalk. Der etwa 120 Quadratmeter große Wohnkubus verfügt über drei Zimmer, einen offenen Wohn-Koch-Essbereich und ein Badezimmer und ist in seiner Anmutung ebenso traditionell wie innovativ.

// weingut-am-stein.de

REGIONAL EINKAUFEN

○ STAATLICHER HOFKELLER

Eines der bekanntesten Weingüter Frankens und im Besitz des Freistaates Bayern. Der Hofkeller ist zudem das drittgrößte und älteste Weingut in Deutschland und unterhält Rebflächen in ganz Franken mit unterschiedlichen Rebsorten. Die Weine werden in den Kellerräumen der Residenz gekeltert und in der Vinothek im Rosenbachpalais direkt an private Kunden verkauft. Auch die Gewölbe sind – wie die restliche Residenz – Welterbe der UNESCO.

// www.hofkeller.de

○ WELTLADEN WÜRZBURG

Hier gibt es regionale Lebensmittel wie Kaffee, Essig, Öl, Schokolade und Gebäck. Auch einige Kleidungsstücke und Accessoires tragen ein Bio-Zertifikat. Auch Kunsthandwerk, Schmuck und Haushaltswaren, Musikinstrumente und Kosmetika sind im Sortiment zu finden.

// www.weltladen-wuerzburg.de

○ MÄRKTE

In der Stadt finden regelmäßig Wochen- und Bauernmärkte statt, auf denen man frisches Obst und Gemüse aus der Region sowie allerlei Spezialitäten kaufen kann. Jeden ersten Samstag im Monat ist auf dem Bürgerbräu-Gelände von 8–12.30 Uhr Bauernmarkt. Dienstag bis Samstag kann man auf dem Grünen Markt nach Herzenslust einkaufen und an der Waldorfschule wird Freitagvormittag (an Schultagen) ein Bauernmarkt abgehalten.

GANZ BEWUSST ERLEBEN

THEATERFÜHRUNG UND POETISCHER SPAZIERGANG

Wer einmal hinter die Kulissen eines Theaters schauen will, kann dies in Würzburg mit der Opernsouffleuse Cornelia Boese tun. Sie ist auch im Mainfränkischen Museum mit Führungen aktiv. Außerdem können bei ihr Stadtspaziergänge auf den Spuren heimischer Künstler gebucht werden.

WALDERLEBNISZENTRUM GRAMSCHATZER WALD

Für einen Ausflug ins Umland lohnt sich ein Spaziergang durch den Gramschatzer Wald nördlich von Würzburg. Der ein Kilometer lange Walderlebnispfad bietet diverse Aktions- und Spielmöglichkeiten für Kinder. Das Besondere: Der »Sinneswandeln«-Pfad ist mit einem Boden ausgestattet, der sogar für Rollstuhl- und Rollatorfahrer geeignet ist. Außerdem warten ein Klettergarten und ein Biergarten darauf, entdeckt zu werden.

DURCH DEN BOTANISCHEN GARTEN SCHLENDERN

Von März bis Oktober können Besucher in die pflanzliche Vielfalt dieses zur Universität Würzburg gehörenden Gartenparadieses eintauchen. Etwa 9000 verschiedene Pflanzenarten gedeihen hier. Es werden regelmäßig Führungen und Ausstellungen abgehalten, die den Interessierten die faszinierende Welt der Botanik näherbringen.

WEINSTUBEN ERKUNDEN UND FRANKENWEIN PROBIEREN

In den Kellergewölben der Staatlichen Hofkellerei unter der Residenz lagern unschätzbare Werte an kostbaren Weinen. Neben dem Bürgerspital zum Heiligen Geist, das bereits im 14. Jahrhundert gegründet wurde, zählt das 1576 von Fürstbischof Julius Echter gegründete Juliusspital heute zu den ersten Adressen für die Liebhaber des Frankenweins. Die Juliusspital-Weinstuben in der Juliuspromenade verlocken mit einmalig stimmungsvoller Atmosphäre. Kredenzt werden hier erlesene Weine aus den eigenen Weinbergen der Region.

AN EINER NACHTWÄCHTER-FÜHRUNG TEILNEHMEN

Mit Hellebarde, Dreispitz und Laterne ausgestattet führt der Nachtwächter humorvoll in der Dämmerung durch die Altstadt Würzburgs. Erzählt werden dabei historische Anekdoten ebenso wie unheimliche Geschichten.

04 HEIDELBERG

VERSCHLUNGENE WEGE UND STUDENTENCHIC

Wo der Neckar den Odenwald verlässt und in die Rheinebene eintritt, liegt sehr reizvoll Heidelberg, einst stolze Residenz der Pfälzer Kurfürsten und die älteste Universitätsstadt Deutschlands (seit 1396). Im Pfälzer Erbfolgekrieg um das Erbe der berühmten Liselotte von der Pfalz wurde die Stadt Ende des 17. Jahrhunderts von den Franzosen fast völlig zerstört. Zu den wenigen Bauten aus älterer Zeit gehört das »Haus zum Ritter« (1592). Die wechselhafte Geschichte Heidelbergs zeigt mit exquisiten Sammlungen das Kurpfälzische Museum. Im Wesentlichen eine Schöpfung des 18./19. Jahrhunderts ist das weltbekannte romantische Stadtbild Alt-Heidelbergs – besonders schön vom Philosophenweg am Sonnenhang des Heiligenbergs aus zu sehen. Dominiert wird die Stadtidylle vom hoch gelegenen Schloss. Einige Teile der Anlage sind wiederhergestellt, etwa der grandiose Ottheinrichbau (1556–1566) im Renaissancestil sowie der herrliche Hortus Palatinus, ein in Terrassen angelegter Renaissancegarten.

Oben und links: Von Dichtern viel besungenes Sinnbild deutscher Romantik ist das herrliche Panorama von Heidelberg mit der Schlossruine hoch über dem Neckartal.

Rechts: Abends herrscht buntes Leben in den Altstadtgassen mit ihren vielen Restaurants.

○ HEIDELBERGER SCHLOSS

Es ist das Wahrzeichen Heidelbergs und wohl eine der berühmtesten Ruinen in der ganzen Welt. Stolz

erhebt sie sich am Nordhang des Königsstuhls und ist mit ihrem roten Neckartaler Sandstein ein wahrhaft prächtiger Anblick. Im 13. Jahrhundert wurde das Schloss als Residenz der Pfalzgrafen und späteren Kurfürsten errichtet. Aus der mittelalterlichen Burg entstand ein stattliches Schloss. Doch der Dreißigjährige Krieg und die Pfälzischen Erbfolgekriege hinterließen Spuren an dem prunkvollen Gebäude. Nachdem die Kurfürsten im 18. Jahrhundert ihre Residenz nach Mannheim verlegten, verfiel das Schloss. Nach zwei Blitzeinschlägen 1764 blieben nur noch die Ruinen. Nur der Friedrichsbau wurde wiederaufgebaut.

○ DEUTSCHES APOTHEKEN-MUSEUM

Das Deutsche Apotheken-Museum Heidelberg ist in einem der schönsten Gebäude der Stadt untergebracht. Nachdem das alte Museumsgebäude im Zwei-

CO_2-FREUNDLICH DURCH DIE STADT

ÖPNV // Wer im Besitz der »HeidelbergCard« ist, fährt gratis mit den öffentlichen Verkehrsmitteln. Die Fahrt hinauf zum Heidelberger Schloss ist ebenfalls inbegriffen. Ansonsten lässt sich Heidelbergs Altstadt wunderbar zu Fuß erkunden. Auch ein Ausflug in das schöne Umland ist problemlos möglich, denn Heidelberg ist gut an das Rhein-Neckar-Netz angebunden.

Mit dem Fahrrad // Die Stadt und ihre Umgebung sind sehr fahrradfreundlich. Der Neckartalradweg führt hier entlang. Bei Bedarf können einige Etappen auch mit der Bahn zurückgelegt werden. Fahrräder kann man sich ausleihen beim Fahrradvermietsystem VRNnextbike; E-Bikes gibt es u. a. bei Rückenwind.

// www.vrnnextbike.de/de/heidelberg, www.rueckenwind-hd.org

Mit dem E-Scooter // Auch in Heidelberg kann man sich neuerdings per Smartphone einen E-Tretroller ausleihen. Etwa 100 Roller stehen den Nutzern zur Verfügung.

»Die Stadt in ihrer Lage und mit ihrer ganzen Umgebung hat, man darf sagen, etwas Ideales.« Kein Geringerer als der weit gereiste Goethe fand diese lobenden Worte für Heidelberg. Egal, ob beim Blick über den Neckar (ganz oben), vom Marktplatz (oben) oder vom Schloss (links) aus: Heidelberg zeigt sich immer von seiner besten und schönsten Seite.

Rechts: Im Altarraum der Jesuitenkirche wird das Pfingstwunder dargestellt. Die Kirche ist im Stil des Barock gehalten.

ten Weltkrieg fast völlig zerstört wurde, suchte man nach neuen Räumlichkeiten und fand sie im Heidelberger Schloss. Neben einer nachgestellten Alchemistenküche bietet das Museum äußerst interessante Einblicke in die Geschichte der Pharmazie. Die Sammlungen umfassen die Zeit von der Antike bis zum 21. Jahrhundert.

○ ALTSTADT

Die historische Altstadt liegt am südlichen Ufer des Neckar. Gegründet wurde sie im 13. Jahrhundert und gegen Ende des 14. Jahrhunderts erweitert. Den Krieg überstand die Bausubstanz weitgehend unbeschadet. Einzig die Alte Brücke wurde gesprengt und später wiederaufgebaut. In den 1970er-Jahren begann die umfangreiche Sanierung der Altstadt. In dem Zuge wurden historische Gebäude abgerissen, andere restauriert. Die Hauptstraße ist heute mit 1,6 Kilometern eine der längsten Fußgängerzonen Europas.

○ HEILIGGEISTKIRCHE

Als Gründungsjahr der Heiliggeistkirche gilt 1398. Anfang des 13. Jahrhunderts befand sich an ihrer Stelle eine kleine Basilika. Vermutlich fiel sie im 14. Jahrhundert einem Brand zum Opfer. Statt ihrer wurde am selben Platz eine frühgotische Kirche errichtet, in der 1386 die Eröffnungsmesse zur Gründung der Universität Heidelberg stattfand.

○ HOTEL ZUM RITTER ST. GEORG

Das Haus zum Ritter ist das älteste noch erhaltene Gebäude der Stadt. 1592 wurde es von Tuchhändlern erbaut und diente später als Gasthaus. Heute beherbergt es ein Hotel. Der unter Denkmalschutz stehende Renaissancebau steht direkt gegenüber der Heiliggeistkirche, mitten in der Altstadt. Bei seinem Aufenthalt in Heidelberg 1838 besuchte auch der französische Schriftsteller Victor Hugo das Haus, das allen Feuersbrünsten der Vergangenheit trotzte und bis heute in seiner Pracht erhalten geblieben ist.

○ REICHSPRÄSIDENT-FRIEDRICH-EBERT-GEDENKSTÄTTE

Diese Gedenkstätte erinnert an den ersten Reichspräsidenten der Weimarer Republik. Die »Stiftung Reichspräsident-Friedrich-Ebert-Gedenkstätte« wurde im Jahr 1986 durch ein Bundesgesetz eingerichtet. Aufgabe der Stiftung ist es, Eberts Andenken zu wahren und sein Wirken zu würdigen. In dem denkmalge-

NACHHALTIG GENIESSEN

red die grüne Küche // Von den einzelnen Speisen bis zu den Getränken ist hier alles bio. Gäste können aus einer wöchentlich wechselnden Karte sowie vom Buffet mit täglich frischen Zutaten wählen.

// www.red-diegruenekueche.com

Alge Bistro // Rein pflanzliche Speisen warten im Alge Bistro darauf, probiert zu werden. Alle Gerichte sind glutenfrei und ohne Zucker, Soja und andere künstliche Zusatzstoffe. Obst und Gemüse der Saison stammen zum größten Teil von einem Landhof aus der Region.

// alge.de/heidelberg

Bio Eismanufaktur Heidelberg // Nachhaltig produzierte Lebensmittel stehen hier an oberster Stelle. Das Eissortiment im gemütlichen Eiscafé wechselt täglich (neben Milcheis werden Sorbets und vegane Sorten angeboten). Außerdem gibt es leckere Kaffee- und Kuchenspezialitäten – alles aus besten Zutaten.

// bio-eismanufaktur.de

schützten Haus in der Heidelberger Altstadt sind Dauerausstellungen sowie Sonderausstellungen zu sehen. Zudem finden Veranstaltungen statt.

○ LIEBESSTEIN

Heidelberg hat etwas ganz Besonderes zu bieten. Hier haben Liebespaare einen mächtigen Liebesstein bekommen. An diesem können sie ihre Schlösser anbringen. Der Sandstein steht an der Nordseite der Alten Brücke, unterhalb der Nepomukterrasse.

○ ALTE BRÜCKE

Die Brücke ist ein hervorragendes Zeugnis für die alte Brückenbaukunst in Stein. Erbaut wurde sie im 18. Jahrhundert auf Geheiß von Kurfürst Karl Theodor. Heute verbindet sie die Altstadt mit dem Neckarufer am Stadtteil Neuenheim. Von der früheren mittelalterlichen Brücke erhalten geblieben ist das Brückentor, das Teil der einstigen Stadtmauer war.

○ KURPFÄLZISCHES MUSEUM

Das Kurpfälzische Museum der Stadt Heidelberg ist im Palais Morass – einem Barockpalais in der Heidelberger Altstadt – untergebracht. Es beherbergt die kunst- und kulturhistorischen Sammlungen der Stadt Heidelberg. Ein herrliches Rundbogenportal bildet den Eingang in das Museum. Erbaut wurde das Gebäude im Jahre 1712 im Auftrag des Juristen Johann Philipp Morass, der zuvor als Rektor an der Universität Heidelberg tätig war.

ÜBERNACHTEN

Midori // Deutschlands erste Unterkunft im energieeffizienten Passivhaus-Standard befindet sich in Dossenheim am Rand von Heidelberg. 66 Zimmer, vier Suiten und zwei Dachterrassen sorgen für viel Komfort.

// www.midori-guesthouse.com

Boutique Hotel Heidelberg Suites // Die Heidelberg Suiten sind ein offenes Geheimnis. Die großen Schlagworte hier sind Design, Luxus, Service und Entspannung.

// www.heidelbergsuites.com

Qube Heidelberg // 44 Zimmer stehen in dem gepflegten Hotel zur Verfügung. Von der Dachterrasse aus hat man einen herrlichen Blick auf den Neckar und über die Stadt. Das Restaurant wurde vielfach für seine hervorragende regionale und frische Küche ausgezeichnet. Besonders hervorzuheben sind der leckere Biokaffee und das Biobier.

// qube-hotel-heidelberg.de

REGIONAL EINKAUFEN

○ HÖLLWERK

Handgefertigten Schmuck und Accessoires aus Platin, Gold, Silber und Palladium sowie aus Holz und Edelstahl gibt es in dieser Goldschmiedewerkstatt zu kaufen.

// www.hoellwerk.com

○ BLAO GALERIE FÜR KUNSTHANDWERK

Besondere Geschenke für besondere Menschen oder auch neue Lieblingsstücke für sich selbst findet man im Blao. Handgefertigte Keramik, Schmuckunikate und nachhaltige Mode sind die Hauptakteure.

// Untere Straße 4

○ GOODSHOUSE

Hier gibt es »designorientierte, alltagstaugliche Sachen« zu kaufen – Mode, Möbel, Einrichtungsgegenstände, Geschirr, Spielzeug.

// goodshouse.wordpress.com

○ VIERLING

In dem Conceptstore erhält man Design-Artikel aus Materialien, die fair gehandelt und handgemacht sind. Das Augenmerk liegt auf kleinen Handwerksbetrieben, Künstlern und Regionalem.

// vierling.eu

GANZ BEWUSST ERLEBEN

MIT DER HEIDELBERGER BERGBAHN FAHREN

Die Heidelberger Bergbahn besteht eigentlich aus zwei Bergbahnen. Die untere Bahn – die »Molkenkurbahn« – startet am Kornmarkt in der Altstadt, vorbei am Heidelberger Schloss bis zur Molkenkur. Die »Königstuhlbahn« ist praktisch die Anschlussbahn. Sie fährt weiter zum Königstuhl. Heute zählt die obere Bahn – die Königstuhlbahn – zu den ältesten deutschen Standseilbahnen.

AUF DEN KÖNIGSTUHL WANDERN

Am Schloss führt die Himmelsleiter ganz hinauf auf den fast 570 Meter hohen Königstuhl, den Hausberg Heidelbergs. Auf dem Königstuhl hat man nicht nur einen tollen Blick über die Stadt und über die reizvolle Neckarlandschaft, sondern es führen auch diverse Wanderwege um und auf den Berg, die sich auch im Winter lohnen.

AUF DEM PHILOSOPHENWEG GEHEN

Der Philosophenweg führt den Heiligenberg hinauf. Dort, wo einst die großen Dichter und Denker wie Hölderlin und Scheffel durch die Weinberge spazierten, erholen sich heute Einheimische und Besucher der Stadt. Vom Weg aus bietet sich ein grandioser Panoramablick auf das Heidelberger Schloss, die Altstadt und den Neckar.

DIE HEIDELBERGER SCHLOSSFESTSPIELE BESUCHEN

Die Heidelberger Schlossfestspiele sind eine feste Institution im Jahreslauf der Stadt. Die Tradition der Schlossfestspiele wurde 1974 wiederbelebt, nachdem sie aufgrund des Zweiten Weltkriegs abgebrochen war. Das sommerliche Festspielprogramm begeistert mit verschiedenen Veranstaltungen für große und kleine Zuschauer.

EINEN SCHIFFSAUSFLUG ZUR BENEDIKTINERABTEI NEUBURG MACHEN

Die Benediktinerabtei liegt wunderbar ruhig am Rand von Heidelberg und lohnt eine geführte Besichtigung. Zum Kloster gehört auch eine Brauerei mit Gastwirtschaft, in der man besonderes Biobier und regionale Speisen genießen kann. Im kleinen Hofladen gibt es ebenfalls regionale Produkte zu kaufen.

05 FREIBURG

MEHR ALS BÄCHLE UND GÄSSLE: DIE UMWELTHAUPTSTADT IM BREISGAU

Das Münster ist Freiburgs bekanntestes Wahrzeichen – nicht die einzige Sehenswürdigkeit, die die Stadt an der Dreisam zu bieten hat. Entdeckerlust paart sich hier mit Visionen und ökologischem Anspruch. Einzigartig sind die Freiburger Bächle. Die Freiburger Bächle fließen munter durch die malerischen Gassen der Altstadt. Sie sind seit dem Mittelalter urkundlich belegt und werden mit Wasser aus der Dreisam gespeist. Wahrzeichen Freiburgs ist das Münster. Berthold V. begann im Jahr 1200 mit dem Bau der ehemaligen Pfarrkirche, die mit ihrem 116 Meter hohen Turm alle anderen Gebäude in der Stadt überragt. Kunsthistoriker Jacob Burckhardt nannte ihn den »schönsten Turm auf Erden«. In ihrer langen, wechselvollen Geschichte musste die Stadt einige Belagerungen überstehen und wechselte mehrfach die Herrschaft. 1821 wurde sie Bischofssitz. 1899 machte die Freiburger Universität dann Schlagzeilen: Sie immatrikulierte als Erste in Deutschland eine Frau. Auch heute noch sind die Studenten der Universität ein Garant für die Zukunft.

Oben: Die lange Bauzeit des Freiburger Münsters von 1200 bis 1513 hat sich gelohnt. Laut Jacob Burckhardt soll der Kirchturm nämlich »der schönste Turm auf Erden« sein und für immer bleiben. Selbst der herbstlichen Umgebung und dem Sonnenuntergang stiehlt er die Show.

Links: Das »Tor zum Südschwarzwald« wird die Stadt auch genannt. Aber das allein ist es noch nicht, was Freiburg zu den schönsten Städten Deutschlands zählen lässt. Es ist auch die sehenswerte Altstadt mit ihren Bürgerhäusern aus dem 15./16. Jahrhundert.

○ MÜNSTER UNSERER LIEBEN FRAU

Freiburg und sein Münster, das gehört unbedingt zusammen. Bevor es ins Kirchenschiff oder zur beschwerlichen Turmbesteigung geht, genießt man den Blick auf die Häuser rund um den Platz: das Kaufhaus mit den Türmchen und bunten Dachziegeln, das Kornhaus mit dem spätgotischen Fischbrunnen davor, die »Alte Wache« aus der Zeit, als Freiburg zum Habsburgerreich gehörte. Nach 328 Stufen, von der Hauptgalerie des Turms aus, sehen die markanten Giebel plötzlich aus wie niedliche Spielzeuge. Von den Dächern geht der Blick ungehindert weiter, zum Schlossberg und den Schwarzwaldhöhen oder nach Westen gen Kaiserstuhl – denn das Münster ist mit Abstand das höchste Gebäude in der Altstadt. Der Bau des Freiburger Münsters zog sich über mehrere Jahrhunderte hin. Die heutige Kathedrale beherbergt in ihrem Inneren zahlreiche mittelalterliche Kunstwerke wie Altäre und Skulpturen. Einzigartig ist die durchbrochene Turmspitze.

○ MÜNSTERPLATZ MIT HISTORISCHEM KAUFHAUS

In jeder Jahreszeit trifft man sich am Münsterplatz, wo täglich ein Blumenmeer mit bunten Obst- und Gemüseständen um Aufmerksamkeit heischt. Mit seiner roten Fassade prächtig anzuschauen, dominiert das Historische Kaufhaus die Südseite des Münsterplatzes. Errichtet wurde es zwischen 1520 und 1532. Heute bieten die historischen Räume und der Innenhof einen stilvollen Rahmen für Veranstaltungen.

○ ALTSTADT

In der Altstadt von Freiburg lenkt vieles in Augenhöhe die Blicke auf sich. Dennoch sollten Fußgän-

CO_2-FREUNDLICH DURCH DIE STADT

Zu Fuß // Die Innenstadt ist bequem zu Fuß zu erreichen. Ein lohnender Spaziergang ist zum Beispiel auf dem Dreisamuferweg hinauf zum Schlossberg, von wo aus man eine tolle Aussicht auf die Stadt hat.

Mit Fahrrad und ÖPNV // Die Freiburger legen fast 80% aller Wege mit dem Fahrrad oder den öffentlichen Verkehrsmitteln zurück. Als Besucher kann man sich davon glatt anstecken lassen. Freiburgs 400 Kilometer Radwege erkundet man am besten auf dem gemieteten Fahrrad.

// www.vag-freiburg.de/mehr-mobilitaet/fahrrad-leihen, www.vag-freiburg.de

Ganz oben: Die Portalhalle des Freiburger Münsters ist mit detailliert gestalteten biblischen Figuren ausgestaltet. Oben: Der Hochaltar stammt von Hans Baldung Grien. Links oben: Das studentische Freiburg ist eine Fahrradstadt, auch auf der Wiwilibrücke ist man auf zwei Rädern unterwegs. Links unten: der gotische Brunnen am Münsterplatz.

Rechts: Direkt am Gewerbebach siedelten sich einst Fischer an, um ihrer Arbeit nachzugehen. Heute versprühen kleine Cafés und nette Lokale einen Hauch von Klein-Venedig.

ger zwischen Universität und Schwabentor ab und zu den Boden mustern – um nicht in ein »Bächle« zu treten. Diese im Pflaster verlaufenden Kanälchen werden mit Flusswasser gespeist und kühlen im Sommer heiß gelaufene Füße. Das rund 15,5 Kilometer lange Netz diente einst dem Gewerbe und der Brandbekämpfung. Schon im 13. Jahrhundert soll es die Bächle gegeben haben, deren Lauf mit Rheinkieseln befestigt wurde. Diese Steinchen sind heute überall im Pflaster der Altstadt zu finden, und auch für sie sollten Spaziergänger gelegentlich einen Blick vor die Füße riskieren: Denn überall im Trottoir sind aus den bunten Kieseln schöne Muster, Zunftwappen und Monogramme gelegt. Auf eines braucht in der Altstadt indes niemand zu achten: Autos bleiben draußen.

○ WENTZINGERHAUS/ MUSEUM FÜR STADTGESCHICHTE

In Erinnerung an den Maler, Bildhauer und Architekten Johann Christian Wentzinger (1710–1797) wurde in seinem von ihm selbst gestalteten Wohnhaus ein Museum eingerichtet. Das spätbarocke Gebäude beherbergt zahlreiche Kunstwerke aus mehr als 900 Jahren Stadtgeschichte.

○ ALTE WACHE

Einst war dies die Hauptwache der österreichischen Wachgarnison, heute beherbergt die Alte Wache das »Haus der Badischen Weine«. Das denkmalgeschützte Haus ist eines der wenigen Überbleibsel an Bauten aus dem 18. Jahrhundert.

○ ERZBISCHÖFLICHES ORDINARIAT

Heute ist es das Hauptverwaltungsgebäude der Erzdiözese Freiburg, früher war hier das Augustiner-Chorherrenstift Allerheiligen zu finden. Später dienten Teile des Klosters als Kaserne und als Militärhospital.

○ AUGUSTINERMUSEUM

Das Augustinermuseum – eine ehemalige Klosterkirche – beherbergt Kunst vom Mittelalter bis zum Barock. Auch Malerei des 19. Jahrhunderts ist hier ausgestellt.

○ INSELVIERTEL

Nur wenige Schritte vom Augustinerplatz entfernt befindet sich das Inselviertel, wie die malerische

Schneckenvorstadt genannt wird. Hier ist heute eine Vielzahl kleiner Geschäfte zu finden.

○ SCHWABENTOR

Das Schwabentor ist das jüngere der beiden noch erhaltenen Stadttore. Ursprünglich war es Teil der Stadtbefestigung. Seit dem Jahr 1969 ist hier ein kleines privates Zinnfigurenmuseum untergebracht.

NACHHALTIG GENIESSEN

Biokeller Bistro // In dem vegan-vegetarischen Bistro mit wöchentlich wechselnden Tagesgerichten kann man wunderbar frühstücken und Mittag essen. Die Zutaten sind frisch und regional, der Kaffee ist fairtrade.
// www.biokeller-bistro.com

Alte Wache: Haus der badischen Weine // Direkt am Münsterplatz wählt man aus über 200 regionalen Weinen.
// www.alte-wache.com

Joris Café & Co. // Im Stühlinger Gewerbehof unweit der Altstadt wird regional und nachhaltig gekocht. **// www.joris.bio**

○ MARTINSTOR

Das Martinstor ist älter als das Schwabentor und gehörte ebenfalls zur Stadtbefestigung im Mittelalter. Um 1900 wurde das Tor aufgestockt und wuchs von 22 auf seine heutigen 60 Meter.

○ ARCHÄOLOGISCHES MUSEUM COLOMBISCHLÖSSLE

Das Archäologische Museum im in den Jahren 1859 bis 1861 erbauten Colombischlössle nimmt die Besucher mit auf eine Zeitreise durch die Jahrtausende. Die Villa im Stil englischer Neugotik zeigt Ur- und Frühgeschichtliches. Seinen Namen verdankt es seiner Bauherrin: Gräfin Maria Antonia Gertrudis de Colombi y de Bode (1809–1863).

○ HAUS ZUM WALFISCH

Ebenfalls unter Denkmalschutz steht dieses spätgotische Bürgerhaus in der Franziskanerstraße. Erasmus von Rotterdam wohnte 1529–1531 in dem Haus, in einer Zeit, als er wegen der Reformation aus Basel geflüchtet war. Seinen skurrilen Namen hat es vermutlich von Jona und dem Wal aus der Bibel. »Zum Walfisch« wurde 1565 erstmals urkundlich erwähnt. Heute befindet sich in den alten Gemäuern eine Filiale der Sparkasse.

REGIONAL EINKAUFEN

○ BELLADONNA

Seit mehr als 15 Jahren schon gehört dieser Betrieb zu den führenden Anbietern von naturkosmetischen Produkten.

// belladonna.de-freiburg.de

○ MÜNSTERMARKT

Die ganze Palette frischer einheimischer, vor allem südbadischer landwirtschaftlicher Produkte werden jeden Werktag auf dem Münsterplatz zum Kauf feilgeboten.

○ KONVIKTSTRASSE

In Freiburgs »schönstem Gässle« mit seinen liebevoll restaurierten Häuserzeilen entdeckt man neben Boutiquen und Antiquariaten einige Läden und Cafés, die auf Nachhaltigkeit setzen.

AUSFLÜGE

○ HÖLLENTAL

Östlich von Freiburg präsentiert sich eines der imposantesten Schwarzwaldtäler, mit Schluchten, Engpässen (»Hirschsprung«) und steil aufragenden Felshängen.

○ BREISACH AM RHEIN

Wegen ihrer strategischen und politischen Bedeutung immer wieder heiß umkämpft, wurde die Stadt seit ihrer Gründung um 1200 mehrmals schwer zerstört. Am höchsten Punkt thront das gotische Münster mit dem berühmten dreiflügeligen, aus Lindenholz gefertigten Hochaltar (1526).

ÜBERNACHTEN

Green City Hotel Vauban // Das moderne Hotel setzt auf Nachhaltigkeit, sowohl bei den energetischen Baustandards als auch beim Essen, für das Bioprodukte aus der Region verwendet werden. Gäste genießen Gastfreundlichkeit und Komfort.

// green-city-hotel-vauban.de

Ringhotel Zum Roten Bären // Im Bären herrscht eine familiäre und herzliche Atmosphäre. Das älteste deutsche Gasthaus (seit 1120) verfügt über 25 moderne Zimmer und Suiten, die zum Innenhof oder zum Oberlinden hin liegen.

// roter-baeren.de

GANZ BEWUSST ERLEBEN

EINEM ORGELKONZERT IM MÜNSTER UNSERER LIEBEN FRAU LAUSCHEN

Eine hervorragende Akustik zaubert einen unvergesslichen Klang. Seit ihrer Gründung haben sich die Münsterorgelkonzerte einen erstklassigen Ruf verdient. Hier finden internationale Orgelkonzerte und Sommerkonzerte statt. Hervorzuheben sind die harmonischen Orgelklänge, die immer am Samstagmittag zur Marktzeit erklingen.

EINE WEINPROBE IM BIO-WEINGUT MACHEN

Freiburgs Bio-Winzer Jörg Scheel betreibt seit über 30 Jahren ökologischen Weinbau. Auf seinen fünf Hektar Weinbergen gedeihen mittlerweile 15 Bio-Rebsorten. Weinproben finden regelmäßig in dem 200 Jahre alten Weingut Sonnenbrunnen statt und werden vom Winzer höchstpersönlich gemacht. Gäste verkosten dabei edle Weißweine und kräftige Rote.

DEN SKULPTURENPFAD »WALDMENSCHEN« GEHEN

Am WaldHaus in Freiburg beginnt der Skulpturenpfad, für den der in Freiburg lebende Künstler Thomas Rees »Waldmenschen« geschaffen hat. »Mythen, Märchen, Ängste, Freude, Not in einer globalisierten Welt«, so beschreibt Rees seine zum Nachdenken anregenden Figuren. Viele entstanden aus alten Baumstämmen oder sind teils ins Holz eingearbeitet. Der Holzkünstler schuf auch die Skulpturen für den Pilzlehrpfad »Mycelium«, der oberhalb vom WaldHaus beginnt und Besuchern die Welt der Pilze näherbringt. Beide Pfade sind jederzeit frei zugänglich.

ÜBER DEN MÜNSTERMARKT SCHLENDERN

Vormittags ist von Montag bis Freitag auf dem großen Münstermarkt jede Menge los: Händler preisen ihr frisch geerntetes Obst und Gemüse an, bunte Blumen stehen an vielen Ecken zum Verkauf. Und da ist natürlich noch das Münster als Kulisse: Markant aus rotem Sandstein erbaut, ragt der Turm der Kirche über der Stadt, 333 Stufen führen hinauf. Der Blick auf die Stadt und den Schwarzwald ist unschlagbar.

FREIBURGER BÄCHLE BEWUNDERN

Seit dem Mittelalter fließt Wasser durch die Stadt. Und zwar in Form von kleinen, offenen Wasserläufen.Der Fluss Dreisam speist die flach gepflasterten Rinnen, die sich durch viele Gassen der Altstadt schlängeln. Früher diente der Gewerbekanal in der Freiburger Altstadt vielen Handwerksbetrieben zur Wasserversorgung. Heute erinnern nur noch die Namen wie die Fischerau oder die Gerberau an diese Zeit.

06 BASEL

GEMÜTLICHKEIT TRIFFT AUF INTERNATIONALES FLAIR

Die »Golden Pforte Helvetiens«, wie die ehemalige Bischofsstadt am Rheinknie einst genannt wurde, behauptet sich als wirtschaftliches und kulturelles Zentrum einer Region, durch die sich drei nationale Grenzen ziehen. Aus Südbaden und dem Elsass gelangen Tag für Tag Zehntausende von Grenzgängern nach Basel, das nicht nur Arbeitsplätze, sondern auch ein ausgesprochen attraktives Kulturprogramm bietet und sich als Messe- und Kongressstandort einen Namen gemacht hat. Nur wenige Städte der Schweiz können auf eine herausragende humanistische Tradition zurückblicken wie Basel. Dort öffnete schon 1460 die erste Universität auf Schweizer Boden ihre Pforten, zudem darf sich Basel als älteste Buchdruckerstadt des Landes betrachten. Neben der Altstadt lädt vor allem das Rheinufer mit seinen Cafés und Restaurants zum ausgedehnten Flanieren ein.

Oben: Eine ganz eigene Tradition hat die Basler Fasnet, die erst am Montag nach Aschermittwoch beginnt.

Links und rechts: Der Rhein durchfließt Basel und prägt das Leben in der Stadt. An seinen Ufern findet man Spaziergänger und Sonnenuntergangsanbeter, auf ihm tummeln sich in den Sommermonaten Schwimmer und Ruderer. Über ihm thronen die Türme des Basler Münsters.

○ MÜNSTER

Über dem Rheinufer erhebt sich sandsteinrot mit ornamentiert gedecktem Dach die ehemalige Bischofskirche, die von Weitem an den beiden unterschiedlichen Türmen erkennbar ist. Der Bau, der sich über fünf Jahrhunderte erstreckte (1019–1500), deckt im Wesentlichen zwei Stilphasen ab: Romanik und Gotik. Berühmt sind die Statuen der Heiligen Georg (1372) und Martin (1340) an der Fassade, das Rad der Fortuna mit seinen das Auf und Ab des Glücks symbolisierenden Figuren sowie das romanische Skulpturenensemble der Galluspforte (um 1180), das zu den bedeutendsten seiner Art in der Schweiz gehört.

○ KUNSTMUSEUM BASEL

Es zählt zu den international renommiertesten Museen und umfasst 4000 Gemälde, Skulpturen, Installationen und Videos sowie 300 000 Zeichnungen und Druckgrafiken aus sieben Jahrhunderten.

○ ALTSTADT

Historische Tore, altehrwürdige Prachtbauten, nostalgische Marktplätze, und das alles am idyllischen Rheinufer: Die Attraktionen der Altstadt entdeckt man am besten zu Fuß.

CO_2-FREUNDLICH DURCH DIE STADT

ÖPNV // Basel verfügt über ein hervorragendes öffentliches Verkehrsnetz. Alle wichtigen Orte der Stadt sind leicht per Tram oder Bus zu erreichen. Wer die »Baselcard« erwirbt, darf sich gratis durch die Stadt bewegen und bekommt zudem ermäßigten Eintritt in Museen, Ausstellungen und anderen Sehenswürdigkeiten.

Mit dem Fahrrad // Leihfahrräder bieten u. a. Rent a Bike am Bahnhof Basel oder Pick-e-Bike.

// www.pickebike.ch

Ganz oben: Das Rathaus dominiert mit seinem roten Sandstein den Marktplatz. Oben: Die Merian-Gärten sind das Naherholungsziel der Stadt. Teile entstanden bereits im 18. Jahrhundert. Links oben: Der Kiosk Buvette am Rheinufer ist beliebter Treffpunkt bei Jung und Alt. Links unten: Die größte Fastnacht der Schweiz findet in Basel statt.

Rechts: Das Spalentor war ein Bestandteil der einst mächtigen inneren Basler Stadtmauer.

○ MARKTPLATZ MIT RATHAUS

Das auffälligste Gebäude am Basler Marktplatz ist zugleich sein wichtigstes: Der leuchtend rote Sandsteinbau ist das Rathaus der Stadt. Auf seinem Vorplatz finden wochentags regelmäßig Märkte statt, auf denen Schweizer Köstlichkeiten probiert werden können.

○ TINGUELY-BRUNNEN

Wo ehemals Basels Stadttheater stand, befindet sich seit 1977 der außergewöhnliche Brunnen des Künstlers Jean Tinguely. Zehn bewegliche Wasserskulpturen turnen hier verspielt in einem Wasserbecken und zählen zu Basels populärsten Wahrzeichen.

○ KUNSTHALLE BASEL

Die Kunsthalle ist eine Institution in der Stadt. In der zweiten Hälfte des 19. Jahrhunderts errichtet, ist sie heute ein Ort für künstlerische Werke und Ausstellungen von heimischen und internationalen Künstlern der zeitgenössischen Avantgarde.

○ STADTTORE

Das Spalentor ist das imposanteste der drei heute noch erhaltenen Basler Stadttore. Wer genauer hinsieht, findet einen üppigen Figurenschmuck, u. a. Konsolfiguren aus dem 15. Jahrhundert: eine Madonna und zwei Propheten. Das St.-Alban-Tor wurde nach einer Renovierung wieder in seinen ursprünglichen Zustand zurückgebaut, inklusive seiner schweren Rammpfähle. Die massive hölzerne Absperrung wurde im Falle einer Gefahr herabgelassen und so der Zugang zur Stadt versperrt. Drittes Tor im Bunde ist das St.-Johanns-Tor aus dem 14. Jahrhundert.

○ MERIAN-GÄRTEN

Wer hätte gedacht, dass die Schweiz so blütenreich sein kann? In dieser Anlage vereinen sich Nutzgärten und Landwirtschaft, ein Englischer Garten sowie mehrere Sammlungsgärten und die Villa Merian zu einem bemerkenswerten Naherholungsgebiet.

○ ROCHE-TURM

Mit 178 Metern ist er der höchste Turm der gesamten Schweiz. Dieses Bürogebäude des Schweizer Pharmakonzerns Hoffmann-La Roche wird von Einheimischen mit Stolz als das modernste Wahrzeichen der Stadt präsentiert.

NACHHALTIG GENIESSEN

Bio Bistro // Natürlichkeit, Nachhaltigkeit und Frische werden in Basels erstem Bistro, das mit der Bio-Knospe zertifiziert ist, groß geschrieben. Auf der Karte stehen leckere Sandwiches, knackfrische Salate und wöchentlich wechselnde Menüs in Bioqualität.

// Dornacherstrasse 192

Sri Veda Restaurant // »Sri Veda« (Sanskrit) heißt »kostbares Leben« – und diese Einstellung wird hier zelebriert: mit glutenfreien und veganen ayurvedischen Gerichten und einem einmaligen Ausblick auf den Rhein.

// www.sriveda.ch

Café Frühling // Das Augenmerk liegt hier auf Spezialitätenkaffee, der aus der eigenen Kaffeemacher-Rösterei stammt. Sämtliche Produkte sind regional und bio-zertifiziert. Ideal zum Frühstück und Lunch.

// www.cafe-fruehling.ch

REGIONAL EINKAUFEN

○ ALTE MARKTHALLE

Original Schweizer Käse und Schokolade oder vielleicht doch lieber luxuriöse Austern? In der atmosphärischen Markthalle findet man alles unter einem Dach. Ein Tipp für alle Eltern: Es gibt hier sogar eine Kinder-Markthalle, in der die Kleinen spielen und toben können.

// www.altemarkthalle.ch

ÜBERNACHTEN

Hotel Odelya // Das historische Gebäude befindet sich im größten privaten Park der Stadt, sodass die Gäste Erholung im biologischen Wildgarten finden und dennoch mitten in der Stadt sind. Hotelgäste erhalten eine »Basel Card« gratis.

// www.odelya.ch

Bildungszentrum21 // Das ehemalige Missionshaus empfängt seine Gäste in geschmackvoll renovierten Räumlichkeiten. Die Dachterrasse sowie der Wintergarten mit Rosengarten erhöhen den Wohlfühlfaktor. Hotelgäste fahren gratis mit den öffentlichen Verkehrsmitteln.

// bz21.ch

Biohotel Gaia // Direkt am Hauptbahnhof gelegen, sind die Sehenswürdigkeiten nur einen Katzensprung entfernt. Das Restaurant bietet allergikerfreundliche Produkte und Zutaten aus Bio-Landwirtschaft.

// www.gaiahotel.ch

○ ABFÜLLEREI

In diesem Supermarkt in der Güterstraße 169 ist alles unverpackt. Man bringt seine eigenen Behältnisse und Tüten mit oder kauft Gläser und Jutebeutel im Laden. An der Kasse wird lediglich das Gewicht des Eingekauften gemessen. Die Ware stammt vorwiegend aus der Region und aus der gesamten Schweiz.

// www.abfuellerei-basel.ch

○ CHEMISERIE+

In diesem etwas anderen Laden werden Kleider direkt im Shop ange-, verkauft und getauscht. Je nach Marke und Zustand der Textilien oder Schuhe wird ein Kaufpreis festgelegt. Durch die ständige Zirkulation der Ware gibt es immer wieder Neuheiten und Lieblingsstücke. Am besten vorher anrufen und sich informieren!

// www.chemiserieplus.ch

AUSFLÜGE

○ VITRA DESIGN MUSEUM IN WEIL AM RHEIN

Dieses weltweit führende Designmuseen bietet seinen Besuchern so viel Sehenswertes, dass in jedem Fall eine Tagestour eingeplant werden sollte. Bereits von außen bringt der futuristische Bau des amerikanischen Architekten Frank O. Gehry nicht nur Freunde des modernen Designs zum Staunen. Der kurvenreiche Bau ist außergewöhnlich und hat drei Jahre Bauzeit in Anspruch genommen. Im Inneren zeigt das Museum pro Jahr zwei bis drei Ausstellungen zu historischen und aktuellen Entwicklungen im Bereich Design.

○ RHEINFALL

Mit einer Höhe von 23 Metern und einer Breite von 150 Metern gilt er als der größte Wasserfall Europas. Eine Tagestour hierher lohnt sich auch wegen der angrenzenden unberührten Landschaft, die zum Spazieren einlädt.

GANZ BEWUSST ERLEBEN

BASLER LÄCKERLI IM LÄCKERLI-HUUS PROBIEREN

Dass sich die Schweizer mit Schokolade auskennen, ist bekannt. Dass sie aber auch das Backhandwerk vorzüglich verstehen, zeigt sich in Basel. Das Basler Läckerli ist ein lebkuchenartiges Gebäck, das vorzüglich schmeckt und ein tolles Mitbringsel ist.

MIT EINER »FÄHRI« DEN RHEIN ENTLANGSCHIPPERN

Auf diesen nostalgischen Schiffen bekommt man nicht nur einen tollen neuen Blick auf Basels Uferseite, sondern entdeckt so manches architektonische Highlight, das zu einer intensiveren Stadterkundung anregt. Informationen zu Abfahrtszeiten erteilt der Fähri e.V. unter www.faehri.ch/faehren

IN DEN MERIAN GÄRTEN ABSCHALTEN

Die Parkanlage am Stadtrand mit botanischem Garten lädt zum Entspannen ein. Die Blütenpracht kennt hier keine Grenzen. Zur Anlage gehören schöne Gutshäuser und Villen aus dem 18. und 19. Jahrhundert. Wer im Café Merian eine kleine Stärkung zu sich nehmen will, der bekommt Obst und Gemüse aus den eigenen Gärten frisch auf den Teller.

SICH DEN RHEIN HINUNTERTREIBEN LASSEN

Der Rhein prägt das Bild der Stadt und lädt alle Besucher ein, sich von ihm und seiner Idylle mitreißen zu lassen. Immer beliebter wird das Schwimmen im Rhein. Man lässt sich einfach mit der Strömung langsam den Fluss hinuntertreiben, die Kleider dabei sicher verpackt in wasserdichten Beuteln, die die Stadt Basel zur Verfügung stellt.

DURCH DIE GEWÄCHSHÄUSER DES BOTANISCHEN GARTENS SCHLENDERN

Eintauchen in die Faszination Pflanze kann man in den diversen Gewächshäusern des Botanischen Gartens. Die Anlage zählt zu den ältesten botanischen Gärten der Welt. Das Viktoriahaus wurde 1898 extra für die Riesenseerose Victoria erbaut. Drei weitere Gewächshäuser beherbergen verschiedenste Pflanzen – einheimische, tropische oder Sukkulenten. Es werden regelmäßig Führungen angeboten.

07 ZÜRICH

BANKENMETROPOLE ZWISCHEN TRADITION UND AUFBRUCH

Als größte Stadt und Wirtschaftsmetropole zieht das ostschweizerische Zürich dank seiner Lebensqualität und nicht zuletzt wegen seiner hohen Löhne auch viele Deutsche an. Das einstige Image als verschlafene Bankenstadt hat die Stadt an der Limmat längst schon abgestreift. Sie genießt heute weltweit den Ruf einer blühenden Metropole. Inzwischen wurden die ehemaligen Industriequartiere, deren Betriebe schon lange stillgelegt sind, zu schrillen Ausgehmeilen umfunktioniert. Wo einst Stahl produziert wurde, pulsiert heute das legendäre Zürcher Nachtleben. In den einstigen Industrievierteln im »Kreis 5« zwischen Hauptbahnhof und Zürich West haben Künstler Ateliers eröffnet. Dort proben auch Musiker, zudem beleben Theater und Galerien die Kulturszene. In den Gassen der Altstadt bewahrt Zürich freilich seinen kleinstädtischen Charme.

○ ZÜRICHSEE

Aus der Vogelperspektive gleicht der Zürichsee einer Banane. Er ist bis Rapperswil rund 28 Kilometer lang und erreicht zusammen mit dem Obersee rund 42 Kilometer. An der breitesten Stelle zwischen Stäfa und Richterswil misst er knapp vier Kilometer. Zwischen Rapperswil und Pfäffikon liegen zwei Inseln, die bewohnte Ufenau und die unter Naturschutz stehende unbewohnte Lützelau. Bei Rapperswil weist der See eine Verengung auf, gebildet durch die Halbinsel Hurden. Dort erbaute man einen Seedamm. Seither nennt man den Teil zwischen Rapperswil und Schmerikon Obersee. Das rechte Ufer heißt wegen seiner sonnigen Lage und der überdurchschnittlich einkommensstarken Bevölkerungsschicht im Volksmund »Goldküste«, während das meteorologisch weniger verwöhnte linke Ufer leicht herablassend »Pfnüselküste« (Pfnüsel = Schnupfen) genannt wird.

○ FRAUMÜNSTER

Das Fraumünster war ursprünglich die Kirche eines Klosters für Frauen aus dem süddeutschen Hochadel, das 853 von König Ludwig dem Deutschen gestiftet wurde. 874 wurde an dieser Stelle eine dreischiffige Säulenbasilika mit Querschiff und drei Apsiden geweiht, in die man Reliquien der Stadtheiligen Felix und Regula verbrachte. Im 12. und 13. Jahrhundert wurde die Kirche in großem Stil umgebaut. Der Chor blieb romanisch, das Querschiff hingegen erhielt ein hohes gotisches Deckengewölbe. Im 13. Jahrhundert wurde es mit einem Fresko geschmückt, das die Ursprungslegende des Stifts darstellt. Heute ist nur noch eine Kopie zu sehen. Absolute Glanzpunkte des Fraumünsters sind der Fensterzyklus im Chor von 1970 und die 1978 fertiggestellte Rosette im südlichen Querschiff von Marc Chagall sowie das wunderschöne Buntglasfenster von Augusto Giacometti von 1945.

Links: Die in den Zürichsee mündende Limmat teilt den historischen Kern. Rechts ragen Grossmünster und Wasserkirche auf, an der hier sichtbaren linken Uferseite die Türme von Stadthaus, Fraumünster und St. Peter.

○ OPERNHAUS

Kein Geringerer als Richard Wagner, der in den 1830er-Jahren im Zürcher Exil lebte, wirkte am ersten Theater der Limmatstadt. Nachdem es niedergebrannt war, erbaute man am Bellevue-Platz das heutige Gebäude nach Plänen der österreichischen Architekten Fellner und Helmer. Das Opernhaus zählt zu den bekanntesten der Schweiz, seine Aufführungen sind von Weltrang.

○ SCHWEIZERISCHES LANDESMUSEUM

Ein Museum, das an eine kleine Burg erinnert. Erzählt wird die Geschichte der Schweiz, von der Archäologie über Schmuck und Uhren bis zu Zeitzeugen.

○ GROSSMÜNSTER

Der Legende nach entdeckte Karl der Große an der heutigen Stelle des Grossmünsters die Gräber der Stadtheiligen Felix und Regula und ließ eine erste Kirche als Chorherrenstift errichten. Mit ihren charakteristischen und markanten Zwillingstürmen gehört sie zu den Wahrzeichen der Stadt. Ursprünglich hieß sie einfach nur Zürcher Kirche. Der Name Grossmünster taucht erstmals im Jahr 1322 auf – wahrscheinlich, um sie sprachlich vom kleineren Fraumünster abzugrenzen. In der ersten Hälfte des 16. Jahrhunderts wurde das Grossmünster zum Ausgangspunkt der deutschschweizerischen Reformation. Die damals dem Stift angeschlossene theologische Schule wurde zur Keimzelle der Zürcher Universität. Das Glasfenster von

CO_2-FREUNDLICH DURCH DIE STADT

ÖPNV // In Zürich stößt man etwa alle 300 Meter auf eine Bus- oder Tramhaltestelle. Die Tickets gelten zwischen einer Stunde und einem Tag bzw. für verschiedene Zonen und sogar für Schiff, Zahnrad- und Standseilbahn. Wer länger fahren will, für den lohnt sich der Erwerb der »Zürich Card«.

Mit dem Fahrrad // Fahrrad-Verleihstationen werden auf der Internetseite www.zuerich-nachhaltig.ch angezeigt. Fahrräder kann man sich u. a. bei Züri Rollt gratis ausleihen.
// www.stadt-zuerich.ch/zuerirollt

Sigmar Polke, die romanische Krypta sowie das Reformationsmuseum im Kreuzgang sind nur einige Höhepunkte, die es dort zu bestaunen gibt.

○ ST. PETER

Die ältesten Mauern der Pfarrkirche stammen aus dem 9. Jahrhundert. Auffällig an dem Gotteshaus ist die Turmuhr mit dem größten Ziffernblatt Europas.

○ SCHLOSS KYBURG

Die Burg aus dem 11. Jahrhundert war Landvogt-Residenz. Seit 1865 ist sie ein Museum, in dem sowohl mittelalterliches Leben als auch Baugeschichte und politische Entwicklung dargestellt werden.

○ LINDENHOF

Der Platz, auf dem früher ein römisches Kastell gestanden hat, liegt erhöht, sodass man einen wunderbaren Blick auf die Stadt genießt.

○ UETLIBERG

Der Uetliberg ist Zürichs Hausberg schlechthin und bietet an den meist mit üppiger Vegetation versehenen Flanken eine Fülle lauschiger Trampelpfade. Wer es bequemer haben will, nimmt die Bahn vom Hauptbahnhof bis zur Station Uetliberg. Von dort sind es zehn Gehminuten zum 871 Meter hohen Gipfel. Man hat eine prachtvolle Rundsicht über die Stadt, den Zürichsee und das Limmattal bis hin zu den Alpen. Auch ein kleiner Klettergarten ist am Uetliberg zu finden. Sehr beliebt ist der Berg vor allem im November, da der Gipfel des Uetlibergs oft oberhalb der Zürcher Hochnebeldecke liegt. Im Winter werden die Wanderwege dann zu Schlittenwegen umfunktioniert.

○ BAHNHOFSTRASSE

Gehören Bahnhofstraßen in Deutschland nicht unbedingt zu den nobelsten Adressen, ist das in Zürich genau umgekehrt. Die wohl berühmteste Bahnhofstraße aller Länder führt dort vom Hauptbahnhof zum Zürichsee. Auf halber Höhe der Flanier- und Geschäftsmeile betritt man den Paradeplatz, wo neben der Confiserie Sprüngli auch Schweizer Großbanken ihren Sitz haben.

○ QUAIANLAGEN

Innerhalb von fünf Jahren entstanden die Quaianlagen zwischen dem Hafen Enge und dem Hafen Ries-

Links oben: Mit ihren vielen bunt gestrichenen Erkern ist die Augustinergasse eine der schönsten Gassen Zürichs. Von der geschäftigen Bahnhofstraße führt sie über die namensgebende Augustinerkirche zur St.-Peter-Kirche.

Links unten: PubliBike ist ein System, das Velos – das ist das Schweizer Wort für Fahrrad – verleiht.

Rechts: Mitten im Zürcher Industrieviertel schaffen grüne Pflanzen des Stadtgartens Raum zum Atmen und Erholen. Dazu tragen neben der Bepflanzung ein eigener Nutzgarten, eine frische Küche und kleine Shops bei.

bach. Die liebevoll angelegte Promenade ist das Wohnzimmer der Züricher. Von einer Aussichtsterrasse am Bürkliplatz aus kann man die Anlagen gut überschauen.

○ RATHAUS
Der prachtvolle Sandsteinbau am Limmatquai entstand Ende des 17. Jahrhunderts. Viele der Räume sind aufwendig gestaltet.

○ THOMAS-MANN-ARCHIV
Thomas Mann verbrachte seine letzten Jahre in der Nähe von Zürich und war Ehrendoktor der Eidgenössischen Technischen Hochschule. Das Archiv umfasst Manuskripte, Briefe, Notiz- und Tagebücher sowie die Einrichtung des letzten Arbeitszimmers.

○ KUNSTHALLE
Seit 1989 präsentiert man in einem alten Fabrikgebäude zeitgenössische Kunst aus aller Welt – immer unter einem außergewöhnlichen Blickwinkel.

○ WASSERKIRCHE
Der Legende nach steht die Kirche dort, wo die Stadtheiligen Regula und Felix von Römern hingerichtet wurden. Früher stand sie auf einer Insel in der Limmat, heute wird sie nur noch vom rechten Ufer begrenzt, da die Insel durch die Aufschüttung der Limmatquais zerstört wurde. Im 13. Jahrhundert wurde die romanische Kirche in eine gotische umgebaut.

○ KUNSTHAUS
Aus der Gemäldesammlung einer Künstlervereinigung wurde eine der wichtigsten Kunstsammlungen der Moderne in der Schweiz. Schwerpunkte sind die Schweizer Malerei oder auch der Norweger Edvard Munch.

○ ZOO
Den größten und schönsten zoologischen Garten im ganzen Land darf Zürich sein Eigen nennen. Der große Besuchermagnet ist die Masoala-Halle, eine Nachbildung eines tropischen Regenwaldes im Osten Madagaskars. Wer sich Zeit nimmt, wird sich wie der Entdecker eines Naturschatzes fühlen, wenn er unvermittelt einen der nur in Madagaskar vorkommenden Lemuren oder eine imposante Riesenschildkröte wahrnimmt.

NACHHALTIG GENIESSEN

Justus // Gemütliches Ambiente trifft hier auf Frisch-Saisonales. Lieferanten aus dem Umland bringen die Zutaten für die abwechslungsreichen vegetarischen oder veganen Gerichte, aber auch Fleisch und Fisch aus der Region kommen auf den Teller. Samstag von 10 bis 14 Uhr findet immer ein Bio-Brunch statt.
// www.justus-roemerhof.ch

Hiltl // Dieses traditionell vegetarische Restaurant existiert schon seit 1898. Das Hiltl setzt Maßstäbe für die kreative Küche ohne Fleisch. Empfehlenswert ist das indische Buffet.
// www.hiltl.ch

Mohini // In diesem ayurvedisch-vegetarischen Restaurant oberhalb des Centrals wird der Gast täglich neu mit wohlriechenden Gewürzen und farbenfrohen Gerichten verwöhnt.
// www.mohini.ch

REGIONAL EINKAUFEN

○ SAUS & BRAUS

Hier gibt es außergewöhnliche, lokal und fair produzierte Mode sowie Accessoires und Heimwaren aus nachhaltigen Produkten. Die meisten Labels sind aus der Schweiz, viele von jungen Designern.

// www.sausbraus.ch

○ FREITAG FLAGSHIP STORE ZÜRICH

Wer kennt sie nicht, die trendigen Freitag-Taschen, die LKW-Planen oder Fahrradschläuche recyclen und von denen jede ein Unikat ist? Wenn man schon in der Limmatstadt ist, kauft man sie sich natürlich dort.

○ ROSENHOFMARKT

Am Rosenhof öffnet von März bis Dezember ein Markt seine Pforten, der mehr als nur ein Flohmarkt mit Antiquitäten und Dingen zum Stöbern ist. Händler und Künstler bieten in buntem Treiben Handwerk und Ausgefallenes aus aller Welt an.

○ CIRCLE

Mit gutem Gewissen einkaufen kann man in diesem Shop im Herzen der Altstadt. Hier ersteht man exklusive Marken von Anbietern auf der ganzen Welt, die auf nachhaltige Produktion Wert legen.

AUSFLÜGE

○ RIGI

Die Zürcher lieben ihre Rigi, ein bis zu knapp 1800 Meter hohes Bergmassiv. Herrliche Wanderwege, gute Gastronomie und Aussichten, die einem den Atem verschlagen. Hinauf geht es mit Bergbahnen.

○ SIHLWALD

Teile des Sihlwalds befinden sich noch auf dem Stadtgebiet von Zürich, man kann ihn mit der Sihltalbahn in rund 20 Minuten bequem erreichen. Dort bleibt der Wald seit Jahren sich selbst überlassen.

Hinter dem Limmatquai und auf direktem Weg hinter der Münsterbrücke erheben sich die zwei berühmtesten Wahrzeichen von Alt-Zürich: das Grossmünster und die (hinter dessen Doppeltürmen aufragende) Wasserkirche. Dort erstreckt sich auch das Amüsierviertel Niederdorf.

ÜBERNACHTEN

Romantik Seehotel Sonne // Direkt am Wasser gelegen, bietet das Traditionshotel nicht nur einen wunderbaren Blick auf den Zürichsee, in seinen 40 Zimmern fühlt man sich wie zu Hause. Im Sommer genießt man die Liegewiese und den Biergarten.

// sonne.ch

Hotel Glärnischhof // Zürichsee, Bahnhofstrasse und Altstadt sind von dem nachhaltigen Luxushotel aus in wenigen Gehminuten zu erreichen. Ein Pumpsystem nutzt das Wasser aus dem Zürichsee und beheizt damit 90% des Hotels. In den beiden Restaurants und in der Tapasbar werden Bioprodukte aus der Region verarbeitet.

// www.hotelglaernischhof.ch

GANZ BEWUSST ERLEBEN

»ZÜRI-GSCHNÄTZLETS« ESSEN

Die Nationalspeise der Schweizer besteht aus Kalbfleisch, meist in Kombination mit Kalbsnieren. Das Ganze kommt in einer cremigen Sahnesoße daher. In der »Kronenhalle« verspeist man es seit 1924 in der Gesellschaft von Künstlern und Bildungsbürgern besonders stilecht.

FRIEDHOF SIHLFELD: OASE DER RUHE

Shopping und Sightseeing bei einem Kurztrip können ganz schön anstrengend sein. Wer zwischendurch eine Verschnaufpause braucht, der findet eine Ruheoase auf dem Friedhof Sihlfeld. Man kann über die ausgedehnte Parkanlage spazieren und dabei die letzten Ruhestätten berühmter Schweizer Autoren wie etwa Johanna Spyri, Gottfried Keller oder Hugo Loetscher besuchen.

EINE FAHRT MIT EINEM LIMMATSCHIFF MACHEN

Dank der Glasdächer hat man von jedem Platz aus einen tollen Blick auf die Uferlinie mit ihren Sehenswürdigkeiten. Es geht durch die Limmat, die die Altstadt teilt, bis in den Zürichsee hinein.

EINE FAHRT MIT DER TRAMBAHN NR. 4 UNTERNEHMEN UND DIE VIELFALT ZÜRICHS AUF SICH WIRKEN LASSEN

Vom Bahnhof Tiefenbrunn am See zum Bahnhof Altstetten im Nordwesten der Stadt schlängelt sich die Trambahnlinie 4. Im nostalgischen Wagen geht es auf Apéro- oder Fondue-Tour durch die Innenstadt und vorbei an Sehenswürdigkeiten. Die Verkehrsbetriebe bieten auch Sonderfahrten an.

SCHWEIZER SCHOKOLADE IM SPRÜNGLI ERWERBEN

Bereits seit 1836 verwöhnt die Traditionskonfiserie mit bester Schweizer Schokolade. Unbedingt sollte man die Schokoladentafeln oder Pralinen aus Bergheumilch kosten. Allein in Zürich gibt es mehrere Filialen, einige mit Café.

08 CHUR

HISTORISCHE ALPENSTADT IN ATEMBERAUBEND SCHÖNER LAGE

Die älteste Stadt der Schweiz, die auch den Beinamen Alpenstadt trägt, bezaubert inmitten einer imposanten Bergwelt mit verwinkelten Gassen und historischen Gebäuden. Zahlreiche Boutiquen, Restaurants, Bars, Museen und Galerien sorgen in der durchgehend autofreien Altstadt für ein geradezu mediterranes Flair. Kelten, Römer, Ostgoten, Franken – sie alle beherrschten einst Chur als Tor zu wichtigen Handelsrouten und Alpenübergängen. Geblieben sind eine über 5000-jährige Geschichte, belegt durch jungsteinzeitliche, bronzezeitliche und römische Funde sowie aus der jüngeren Vergangenheit beeindruckende Bauten wie die Kathedrale am Bischofssitz aus dem 13. Jahrhundert. Mit dem Hausberg Brambrüesch besitzt die Stadt ein Winter- und Sommersportgebiet. Im Sommer lassen sich von Chur aus Wanderungen und Weingutbesichtigungen in der Bündner Herrschaft unternehmen.

NACHHALTIG GENIESSEN

Fondue-Stübli // Das Restaurant im Hotel Franziskaner verwöhnt seine Gäste mit Fondue-Spezialitäten und Graubündner Hausmannskost.

// Untere Gasse 25

Restaurant Süßwinkel // Bereits seit 1677 gibt es dieses Altstadtlokal. Im Sommer lockt die Gartenterrasse.

// www.restaurant-suesswinkel.ch

Giger Bar // In seiner Geburtsstadt eröffnete Hans Rudolf Giger (1940–2014), der oscarprämierte Künstler, der den »Alien« in Ridley Scotts gleichnamigem Science-Fiction-Streifen schuf, auch eine Bar. Die Einrichtung besteht aus schaurig-schönen Möbeln, die Fantasiegeschöpfe und Skelette modellieren.

// Comercialstrasse 23

Werkstatt // Mitten in der Altstadt befindet sich diese Kultbar, in der man sorgfältig ausgewählte Rohstoffe in Form von guten Drinks und geballte Kultur in Form von Literatur, Musik und Kulinarik geliefert bekommt.

// werkstattchur.ch

○ ALTSTADT

Der historische Churer Stadtkern wurde in den letzten 20 Jahren umfangreich restauriert und zählt zu den intaktesten Altstädten der Schweiz. Hinweisschilder geleiten den Besucher zu Sehenswürdigkeiten wie etwa dem bischöflichen Schloss mit der dreischiffigen Kathedrale oder dem Bärenloch, dem am besten erhaltenen Teil der Altstadt.

○ OBERTOR

Es ist ein Relikt der mittelalterlichen Stadtbefestigung und heute eines der Wahrzeichen von Chur. Das Obertor beeindruckt allein durch seine Erscheinung: Seine vier Stockwerke verleihen ihm eine stattliche Größe und machen es zu einem beliebten Fotomotiv.

○ KATHEDRALE UND BISCHÖFLICHER HOF

Das Bistum Chur ist seit dem 5. Jahrhundert belegt. Innerhalb der bischöflichen Festung befindet sich die

Links: Die Schweizer Alpenstadt Chur ist der Hauptort des Kantons Graubünden. Voller urbaner Lebenslust liegt sie inmitten einer alpinen Zauberwelt. Umrahmt wird das idyllische Städtchen vom fruchtbaren Land des Churer Rheintals.

Rechts: Der geschnitzte Hochaltar der Kathedrale St. Mariä Himmelfahrt wurde 1492 von Jakob Russ fertiggestellt.

CO_2-FREUNDLICH DURCH DIE STADT

Zu Fuß // Da die gesamte Altstadt autofrei ist und man ohnehin alle wichtigen Sehenswürdigkeiten gut zu Fuß erreichen kann, bewegt man sich in Chur ganz von allein CO_2-frei.

ÖPNV // Wer des Gehens müde ist, der setzt sich in den Bus: Der bringt seine Fahrgäste bequem durch die Stadt. Für Ausflüge ins Umland lohnt es sich, mit dem »GraubündenPASS« unterwegs zu sein; dieser deckt den gesamten Kanton ab. Für Mountainbiker und Radler gibt es zusätzlich noch den »GraubündenPASS Bike«.

// churbus.ch

Kathedrale St. Mariä Himmelfahrt. Sie ist die einzige frühmittelalterliche Bischofskirche des Landes. Ihr Bau geht auf die Zeit von 1150–1272 zurück; unverkennbar ist der romanische Charakter, über die Jahrhunderte kamen Elemente der Gotik hinzu. Ein gotischer Bilderzyklus ist im Westjoch des nördlichen Seitenschiffes zu bestaunen. Auch der spätgotische Hochaltar ist einen Blick wert.

○ ST.-MARTIN-KIRCHE

Im Gegensatz zur Kathedrale wirkt die auf den Überresten einer karolingischen Dreiapsiden-Saalkirche erbaute St.-Martin-Kirche schlicht. Ihr Bau wurde 1491 fertiggestellt; seit 1526 ist das Gotteshaus reformierte Stadtkirche. Die Attraktion sind drei große, von Augusto Giacometti (1919) geschaffene Glasfenster.

○ ARCAS

Unweit der Martinskirche liegt einer der schönsten Plätze der Stadt: Er wurde in den 1970er-Jahren von Theodor Hartmann neu gestaltet und versprüht dank seiner historischen Häuserzeilen mittelalterlichen Charme. Cafés und Restaurants laden zum Verweilen ein.

REGIONAL EINKAUFEN

○ CHURER WOCHENMARKT

Jeden Samstag von Mai bis Oktober bieten ab 8 Uhr morgens 40 Bauernfamilien aus der Region ihre frischen Produkte an. Das breite Angebot reicht von Obst und Gemüse über Alpkäse bis zu Brot, Gebäck, Wein und Fleischerzeugnissen.

// www.churer-wochenmarkt.ch

○ MUI

»Frech, frisch, hochwertig und nachhaltig«, so wird der Laden auf der AltstadtChur-Webseite beschrieben. Und das zu Recht! Wer trendige, bunte Outfits und noch dazu nette Beratung sucht, ist hier richtig.

// www.mui.ch

ÜBERNACHTEN

Schlaf-Fässer // Übernachten in einem Schlaf-Fass kann man etwas außerhalb der Stadt in Maienfeld und in Jenins. Die Fässer liegen malerisch in den Weinlagen.

// schlaf-fass.ch/schlaf-faesser

Biohof Danuser // Warum nicht einmal unkonventionell nächtigen? Schlafen im Stroh kann man auf dem Biohof in Felsberg von Mai bis Oktober.

// www.biohof-danuser.ch

Drei Könige // Mitten in der Altstadt liegt das Traditionshaus, das bereits seit 1793 seine Gäste verwöhnt. Die wichtigsten Sehenswürdigkeiten sind in wenigen Minuten erreichbar.

// www.dreikoenige.ch/de

GANZ BEWUSST ERLEBEN

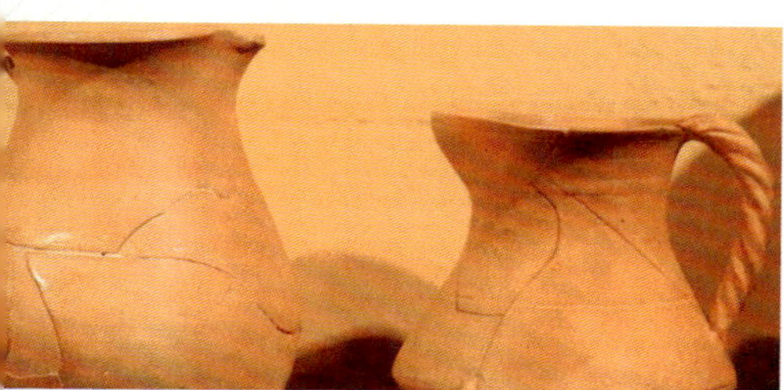

RÖMISCHE AUSGRABUNGEN BESTAUNEN

Chur ist bekanntlich die älteste Stadt der Schweiz. Dass hier bereits die alten Römer siedelten, ist anhand der Ausgrabungen am Seilerbahnweg nachgewiesen. Chur wurde nämlich als Curia Raetorum auf den Resten einer keltischen Siedlung von den Römern gegründet. Die rund 2000 Jahre alten Funde stammen aus dem Welschdörfli südlich der Plessur. Dort fanden Archäologen eine römische Straßenstation vor.

EINE KULINARISCHE STADTFÜHRUNG MACHEN

Alles Wissenswerte über die Altstadt auf einer Führung erfahren und dabei immer wieder leckere Häppchen probieren? Eine kulinarische Stadtführung macht's möglich! Von Mittwoch bis Samstag kann man Schokolade, Salsiz, Käse, Churer Röteli und weitere Besonderheiten kennenlernen.

DAS BÄRENLOCH BESICHTIGEN

Einen Eindruck davon, wie die Menschen im Spätmittelalter wohnten, bekommt man am Bärenloch: Es handelt sich dabei um zwei malerische Innenhöfe zwischen Kirchgasse und Arcas. Wer im Sommer im ersten Hof verweilt, spürt fast südländische Atmosphäre; der zweite Innenhof war bis Mitte des 19. Jahrhunderts eine Zinngießerwerkstätte.

DIE LIKÖRSPEZIALITÄT CHURER RÖTELI KENNENLERNEN

Familie Ullius produziert seit mehr als 100 Jahren den traditionellen Röteli. In der Churer Altstadt, im sogenannten Ochsenhof am Obertor, befindet sich heute die Herstellung; bei einer Führung lernen Besucher Interessantes über die Geschichte des Likörs. Dessen uraltes Rezept wurde im Laufe der Zeit immer mehr verfeinert. Natürlich darf man den Röteli dann auch selbst verkosten.

DEN WEINWANDERWEG BÜNDNER RHEINTAL GEHEN

Von Chur aus gelangt man auf diesem 40 Kilometer langen Wanderweg in die umliegenden Weinbaugemeinden. Verschiedene Rundwanderwege stehen zur Verfügung, z. B. Trimmis/Zizers (vier Kilometer), Malans/Jenins (zehn Kilometer) oder Maienfeld/Fläsch (zehn Kilometer). Die malerische Landschaft und die bezaubernden kleinen Ortschaften tun der Seele gut.

Weinhaus
Happ

INNSBRUCK

DIE STADT DER HABSBURGER: ALPIN UND URBAN

Innsbrucks landschaftliche Lage begeisterte schon Goethe. Der große Dichter wollte allerdings anfangs nicht bleiben, bis er schließlich doch von der Stadt - »herrlich in einem breiten, reichen Tale zwischen hohen Felsen und Gebirgen« - gefangen war. Doch es war weniger die schöne Umgebung als die Lage an einer der Hauptverkehrsadern Europas, die Innsbruck von einem Römerlager zur heutigen Landeshauptstadt Tirols erblühen ließ. Ein Mann prägte die Geschicke der Stadt ganz besonders: Kaiser Maximilian I. Der Habsburger regierte von 1490 bis 1590 über das Heilige Römische Reich Deutscher Nation und erkor Innsbruck nicht nur zu seiner Lieblingsstadt, sondern auch - und als Kaiser hatte er eine große Auswahl - zu seiner Hauptresidenz. Wie für einen Herrscher damals üblich, begann er sofort, die Stadt prächtig auszubauen.

○ GOLDENES DACHL

Kaiser Maximilians wichtigste Hinterlassenschaft – zumindest aus touristischer Sicht – ist das Goldene Dachl, das Wahrzeichen der Stadt. 2657 vergoldete Kupferplatten verzieren Europas wohl berühmtesten Hauserker. Der Balkon und die Fensterumrahmungen sind mit einem bis heute rätselhaft gebliebenen geschnitzten Relief geschmückt. Der Zweck des Prunkerkers – stilistisch ist er der Spätgotik zuzuweisen – war auf jeden Fall relativ profan. Hier zeigte sich der Kaiser dem Stadtvolk oder war Zuschauer bei Festen oder Turnieren.

○ INNUFER

Bevor Innsbruck-Besucher sich der Altstadt mit ihren vielen Sehenswürdigkeiten widmen, sollten sie noch einen Blick auf das gegenüberliegende Nordufer werfen. Die am Fluss aufgereihten bunten Häuser heben sich äußerst reizvoll von dem hinter ihnen liegenden Bergpanorama ab. Der nördliche Ortsteil an der Innbrücke ist nicht weniger antik als sein südlicher Gegenpart. Im Waltherpark an der Innbrücke kann man sogar die Stadtsilhouette des 15. Jahrhunderts mit der gegenwärtigen vergleichen – ein Modell aus Stahl macht dies möglich.

○ ALPENZOO

Abwechslung von der umfangreichen Kunsthistorie bietet der Alpenzoo. Auf dem Weg dorthin sollte man auch einen Blick auf das herrliche Barockschloss Büchsenhausen werfen. Im Zoo warten dann Fischotter, Braunbären, aber auch Steinadler und der zerzauste Waldrapp auf den Besucher. Der Zoo gilt übrigens als einer der höchstgelegenen Tierparks in Europa.

○ DOM ZU ST. JAKOB

Elegant erhebt sich die nach innen schwingende Doppelturmfassade des Innsbrucker Doms vor dem staunenden Besucher. Die hohe Kuppel, die den Chor bekrönt, ist nicht weniger beeindruckend. Zu Beginn des 18. Jahrhunderts wurde der Dom an der Stelle einer spätgotischen Kirche errichtet. Stuck und Malerei stammen aus den Händen der berühmten Brüder Asam, Cosmas Damian und Egid Quirin. Auch wenn zudem die reich verzierte Orgel die Blicke auf sich zieht – der berühmteste Kunstschatz des Doms ist das »Gnadenbild Mariahilf«, ein Werk Lucas Cranach des Älteren. In der Mitte des 16. Jahrhunderts für den sächsischen Kurfürsten gefertigt, kam es über diverse Umwege bis nach Innsbruck. Die zärtliche Hinwendung der heiligen Jungfrau zum Jesuskind, das sich liebevoll an sie schmiegt, war Vorbild für viele weitere Darstellungen dieser Art.

Links: Innsbrucks Altstadt ist nicht nur berühmt für ihr Goldenes Dachl. Barocke Häuserfassaden und Arkaden sowie traditionelle Läden prägen das Stadtbild.

Rechts: Eindeutig barocker Natur ist der üppige Baustil des Doms zu St. Jakob: Prächtige Stuckaturen und glanzvolle Deckenmalereien zieren das Innere der sehr sehenswerten Kirche aus dem frühen 18. Jahrhundert.

CO_2-FREUNDLICH DURCH DIE STADT

ÖPNV // Für Touristen ist das 24-Stunden-Ticket zu empfehlen. Damit ist man zwei Tage lang beliebig oft mit Bus oder Tram unterwegs.

Mit dem Fahrrad // Leihräder erhält man über die Nextbike-App, unter www.stadtrad.ivb.at oder über die Hotline der Stadträder: +43 512 90 80 69. Außerdem kann man sich in einem Fahrradladen Räder leihen, so etwa bei www.crazybikez.com nahe dem Westbahnhof. Auf den 90 Kilometer Radwegen in Innsbruck kommt man sicher und schnell vorwärts.

Innsbruck Card // Museen und Sehenswürdigkeiten, die Bergbahnen und der Hop-on Hop-off Bus sind bei der Innsbruck Card inklusive.

○ HOFKIRCHE

»Schwarzmander« genannte Bronzefiguren umgeben in der Hofkirche das Grabmal Maximilians I. 28 bedeutende Herrschergestalten sind es, vom sagenhaften König Artus bis hin zum Habsburger Friedrich III., dem Vater des Kaisers. Das Grab, das sie so würdevoll im Auge behalten, ist allerdings leer, denn der Kaiser ließ sich in Wien bestatten. Die Innsbrucker Hofkirche aus dem 16. Jahrhundert wurde mit dem Ziel erbaut, das Grabmal aufzunehmen, allerdings nicht etwa als Grabstätte, sondern als Denkmal für den Kaiser. Die wichtigste Pilgerstätte der Kirche ist heute wohl das Grabmal Andreas Hofers.

○ KAISERLICHE HOFBURG

An der Hofburg bauten diverse Herrscherpersönlichkeiten mit, angefangen bei Sigmund dem Münzreichen über Kaiser Maximilian I. bis hin zu Maria Theresia. Die Kaiserin zog der Schlossanlage ihr heutiges Rokokogewand über. Gute Erinnerungen verband sie allerdings nicht mit der Hofburg: Hier verstarb ihr geliebter Gatte, sein Sterbezimmer ließ sie zur Hofkapelle umbauen. Der bedeutendste Prunkraum ist der Riesensaal. Sein Name bezieht sich jedoch nicht auf dessen durchaus stattliche Dimensionen, sondern auf die ursprünglichen Wandmalereien. Maria Theresia ließ hier statt mythischer Giganten Familienporträts und ihre Dynastie preisende Deckengemälde anbringen.

○ MARIA-THERESIEN-STRASSE

Die unzähligen Einkaufsmöglichkeiten auf der Maria-Theresien-Straße, die teilweise zu einer Fußgängerzone umgewandelt wurde, sollten den Innsbruck-Touristen nicht von den hier sehenswerten Gebäuden und Monumenten ablenken. Alles überragend, dominiert die Annasäule die belebte Straße. Die Statue zeigt wohlgemerkt die Jungfrau Maria; ihren Namen bekam die Säule, weil sie am Annatag gestiftet wurde. Das prächtige Alte Landhaus lohnt ebenfalls einen Blick. Der barocke Palast beeindruckt durch seine aufwendig gestaltete Fassade. Heute tagt hier der Landtag von Tirol unter Deckenfresken von Cosmas Damian Asam. Ihren Abschluss findet die Maria-Theresien-Straße in der Triumphpforte.

○ SCHLOSS AMBRAS

Schmuck und in Weiß hebt sich das Schloss vom umgebenden Bergpanorama ab. Der idyllische Park setzt die entsprechenden grünen Farbakzente. Schloss Am-

Links: Die Herzog-Friedrich-Straße führt von der Innbrücke durch die Innsbrucker Altstadt vorbei an zahlreichen Sehenswürdigkeiten wie dem Goldenen Dachl oder dem Rathaus und seinem Turm. Auf 31 Meter Höhe befindet sich dort eine Aussichtsplattform.

bras kommt einem Märchenschloss verdächtig nahe. Schon seine Geschichte könnte aus einem Märchen stammen: Erzherzog Ferdinand heiratete heimlich die nicht standesgemäße Kaufmannstochter Philippine Welser und überschrieb ihr das Schloss. Der Herzog brachte seine Kunstkammer und seine Waffensammlung mit, die auch heute noch beide hier zu besichtigen sind. Am beeindruckendsten ist aber der Spanische Saal, ein frühes Beispiel der Raumkunst der Renaissance im deutschsprachigen Raum.

○ STIFT WILTEN

Am Anfang stand ein Mord: Der Riese Haymon erschlug einen anderen seiner Art und grämte sich so sehr, dass er an der Stelle ein Kloster stiftete, allerdings erst, nachdem ein Mönch ihn mahnend auf die Abscheulichkeit seines Verbrechens hingewiesen hatte. Mit Sicherheit weiß man von dem Kloster erst seit dem 12. Jahrhundert. Die Klosterkirche wurde immer wieder umgebaut, der heute sichtbare Bestand stammt aus dem Barock. Anlass für den erneuten Umbau war der Einsturz von einem der Türme, der allerdings nicht neu errichtet wurde.

NACHHALTIG GENIESSEN

klein & fein // Wer unter der Woche ein Lokal zum Frühstück oder Lunch sucht, wird hier fündig: hand- und hausgemachte Kuchen und Gebäck und Mittagsgerichte aus wertvollen Zutaten aus der Region.

// www.klein-und-fein.com

Die Wilderin // Auf den drei Pfeilern regional, saisonal, nachhaltig baut das Restaurant auf. Unbedingt vorher reservieren!

// www.diewilderin.at

Olive // In dem vegetarischen Restaurant am Wiltener Platzl gefallen die skandinavische Einrichtung und die kreativen Gerichte.

// Leopoldstr. 36 (Wiltener Platzl)

○ BERGISELSCHANZE

Normalerweise würde sich niemand mit gesund ausgeprägtem Selbsterhaltungstrieb auf Skiern nach fast 70 Metern Schussfahrt in die Lüfte katapultieren lassen. Wie verrückt Skispringer sein müssen, kann man auf der Skisprungschanze hautnah miterleben. In den Jahren 1964 und 1976 war der Bergisel sogar Austragungsort der olympischen Wettkämpfe. Die Stararchitektin Zaha Hadid, die auch die Nordkettenbahn neu gestaltete, entwarf das Schanzenareal 2001 ebenfalls neu. Vom atemberaubend geformten Kopf des Sprungturms genießt man einen herrlichen Ausblick über die Innsbrucker Landschaft. Doch der Bergisel ist nicht nur Stätte sportlicher Historie und jährlich einer der Austragungsorte der Vierschanzentournee; hier fochten auch die Tiroler unter Andreas Hofer vier Schlachten für ihre Freiheit. Ein gewaltiges Panoramagemälde erinnert daran.

Rechts oben: Das von 28 Bronzefiguren umgebene Grabmal Kaiser Maximilians I. bildet den zentralen Mittelpunkt im Inneren der Hofkirche.

Rechts unten: Beinahe senkrecht steht die neu gestaltete Bergiselschanze über Innsbruck.

REGIONAL EINKAUFEN

○ MARKTHALLE UND BAUERNMÄRKTE

Die Markthalle mit lokalen Spezialitäten ist täglich geöffnet. Zudem finden diverse Bauernmärkte statt: Freitag 9–18 Uhr am Sillpark, Freitag 8.30–14 Uhr am Sparkassenplatz, Samstag 7.30–12 Uhr am Wiltener Platzl und Samstag 8.30–11 Uhr am Brunnenplatzl in St. Nikolaus.

○ TIROLER HEIMATWERK

»Ich kauf' mir lieber einen Tirolerhut« … Nach der Devise dieses Schlagers lässt sich hier, nahe der Maria-Theresien-Straße, echte regionale Tracht erstehen. Ein fesches Dirndl und ein schicker Janker sind eben wirklich authentische Mitbringsel.

// www.tiroler.heimatwerk.at

○ WALDE SEIFEN

In der ältesten Seifenfabrik Österreichs werden seit über 230 Jahren Seifen, Kerzen, Kosmetika und Reinigungsmittel aus natürlichen und naturnahen Rohstoffen hergestellt.

// www.walde.at

AUSFLÜGE

○ STIFT STAMS

Wuchtig prangen die Doppeltürme des Stifts Stams in weiß-gelbem barocken Glanz über der Landschaft. Die Stiftskirche ist ein barockes Juwel. Der Innenraum präsentiert sich in weißer Pracht mit herrlichen Deckenfresken des Malers Johann Georg Wolcker und feinen Stuckaturen des Münchner Stuckateurs Franz Xaver Feuchtmayr. Besonders beachtenswert ist der geschnitzte Hochaltar, der den Lebensbaum repräsentiert. Im Klosterladen kann man auch die Früchte der klostereigenen Schnapsbrennerei sowie hausgemachte Marmelade oder Honig genießen.

Wie eine kleine »Einkaufsmeile« wirkt die beleuchtete Maria-Theresien-Straße.

ÜBERNACHTEN

Goldener Adler // Das älteste Restaurant der Stadt befindet sich in diesem Traditionshaus. Die Geschichte des ältesten im Original erhaltenen Hotels Europas reicht mehr als 600 Jahre zurück, bereits 1390 wurde der Goldene Adler erwähnt.

// www.bestwestern.at/hotels/Innsbruck

NALA individuellhotel // Jedes der 55 Zimmer dieses Hotels ist ein Einzelstück: Designer gestalteten ganz individuelle Übernachtungsräume, die Namen wie Zen, Garten oder Nachtigall tragen. Egal welches Zimmer man bucht, man wird angenehm überrascht sein.

// www.nala-hotel.at

Hotel Sonnhof // In Mutters, etwa 30 Minuten mit der Straßenbahn vom Stadtzentrum Innsbrucks entfernt, liegt diese Oase im Grünen. Das Panoramahotel besticht durch seine Lage und Nachhaltigkeit.

// www.sonnhof-mutters.at

GANZ BEWUSST ERLEBEN

MIT DER NORDKETTENBAHN FAHREN

Wer Innsbruck von oben sehen will, muss mit der Nordkettenbahn auf den Hafelkar hinauffahren, der 2334 Meter hoch ist. Die Bahn führt in drei Streckenabschnitten auf den Karwendelgebirgszug. Den ersten Abschnitt legt man mit der »Hungerburgbahn« zurück, die in den entsprechenden Stadtteil Innsbrucks fährt. Alle Stationen sind Beispiele spektakulärer moderner Architektur. Die 2016 früh verstorbene britische Stararchitektin Zaha Hadid gewann den 2004 veranstalteten Wettbewerb für die Neugestaltung der Nordkettenbahn. Auf der Fahrt wird man also nicht nur mit einem herrlichen Blick über die Landeshauptstadt belohnt, sondern kann auf dem Weg zum Gipfel noch moderne Architektur vom Feinsten genießen.

IN DEN GÄRTEN ENERGIE TANKEN

Nach ausgiebigem Sightseeing kann man sich in den grünen Oasen mitten in der Stadt erholen, etwa im Hofgarten oder im botanischen Garten in Hötting. In Ersterem ist das Palmenhaus mit seinen über 1800 Pflanzen sehenswert. Wenn es denn gerade geöffnet hat (Juni bis Oktober), sollte man dem Schmetterlingshaus im botanischen Garten einen Besuch abstatten.

DAS KULTURGASTHAUS BIERSTINDL BESUCHEN

Hervorgegangen aus den Pradler Ritterspielen (»Der schurkische Kuno«), ist das Kulturgasthaus Bierstindl mittlerweile eine Innsbrucker Institution für sich. Vom Boulevardstück über das Ritterspiel bis zum Kabarett, von der Literaturlesung bis zum Jazzbrunch reicht die Spannweite des Programms, das weit über Innsbrucks Grenzen hinaus Beachtung findet.

DURCH DIE MARIA-THERESIEN-STRASSE SCHLENDERN

Die am meisten frequentierte Straße der Stadt ist heute ein Einkaufsparadies und eine Flaniermeile. Einst siedelten Handwerker und Geschäftsleute sich in der Neustadt an, im 17. und 18. Jahrhundert entstanden schließlich die bis heute erhaltenen Barock- und Renaissancehäuser der Wohlhabenden in dieser Straße. Seit 2009 ist der Nordteil Fußgängerzone. Wer im Dezember in Innsbruck ist, sollte unbedingt den Christkindlmarkt besuchen!

10 SALZBURG

KULTUR UND BUMMELN: EINE STADT FÜR »JEDERMANN«

Das »Herz vom Herzen Europas« nannte Hugo von Hofmannsthal die Hauptstadt des Salzburger Landes. Diese Stadt brachte nicht nur einen Wolfgang Amadeus Mozart hervor, sondern inspiriert bis heute Künstler aus aller Welt zu kreativen Höhenflügen. Festung Hohensalzburg, Dom, Kollegienkirche, Residenz, St. Peter und Schloss Mirabell – das urbane Gesamtkunstwerk an der Salzach zwischen Kapuziner-, Mönchs- und Festungsberg belebt und betört die Sinne seiner Besucher mit seinem überquellenden Barockambiente und einem faszinierenden Kulturangebot. Zu verdanken hat die Nachwelt dieses Juwel von einer Stadt wesentlich Erzbischof Wolf Dietrich von Raitenau. Der ließ um 1600 ihren halben mittelalterlichen Kern abreißen und die zentralen Freiräume anlegen. In der Folge komplettierten seine ebenso kunstsinnigen Nachfolger das einzigartige Architekturensemble.

Oben: Als Barockjuwel präsentiert sich die Altstadt von Salzburg, wo durch Salzabbau reich gewordene Fürstbischöfe im 17. und 18. Jahrhundert prächtige Kirchen und Paläste errichteten.

Links: Der Schloss Mirabell umgebende Mirabellgarten geht auf Fischer von Erlach zurück. 1730 wurde er zu einem Barockgarten umgestaltet, mit Betonung der Längsachse, die die Anlage auf Dom und Feste Hohensalzburg hin ausrichtet (im Hintergrund). Seine charakteristischen Elemente sind ein zentraler Brunnen und Figurengruppen, darunter historische Zwergerlfiguren.

○ FESTUNG HOHENSALZBURG

Hoch oben über Salzburg blickt sein Wahrzeichen wachend auf die Bewunderer herab: Die Festung Hohensalzburg ist Mitteleuropas größte erhaltene Burg und ganzer Stolz der Stadt. Das Wahrzeichen Salzburgs hat seine Anfänge im 11. Jahrhundert. Der Festungsberg mit seinem Park auf 120 Höhenmetern eignet sich für einen schönen Spaziergang mit atemberaubendem Ausblick. Die Burg ist mit einem dreifachen Festungsring gesichert und nur durch drei Tore zugänglich. Im inneren Mauerring ist die trutzige Festung wie eine kleine Stadt ausgebaut. Die Festungs-Bahn bringt Besucher auf den Berg.

○ DOMKIRCHE ST. RUPERT UND ST. VIRGIL

Der Salzburger Dom, vor dessen grandioser Fassade seit 1920 allsommerlich Hugo von Hofmannsthals »Jedermann« zur Aufführung kommt, ist die älteste Bischofskirche im heutigen Österreich. Die Wurzeln seiner Baugeschichte reichen tief ins frühe Mittelalter zurück und finden sich im Domgrabungsmuseum dokumentiert. Dort, unter der Chorkrypta, förderten Archäologen Reste sowohl einer ersten dreischiffigen Basilika als auch des 1181 nach einer Brandkatastrophe von Konrad III. veranlassten fünfschiffigen Baus zutage. Der heutige Dom entstand 1614 bis 1628 nach Plänen des damaligen Hofbaumeisters Santino Solari. Der ließ sich von italienischen Gotteshäusern inspirieren und gestaltete die Vorderfront als barocke Schaufassade.

○ GEBURTS- UND WOHNHAUS MOZARTS

Wer auf den Fußspuren von Salzburgs berühmtesten Sohn wandeln will, besucht Mozarts Geburtshaus und

CO_2-FREUNDLICH DURCH DIE STADT

Zu Fuß und per ÖPNV // Die Mozartstadt ist relativ klein und so sind viele der wichtigen Sehenswürdigkeiten gut zu Fuß zu erreichen; für weitere Wegstrecken nutzt man das Netz der öffentlichen Verkehrsmittel.

Standseilbahn und Aufzug // Auf die Festung Hohensalzburg gelangt man innerhalb von 54 Sekunden mit der Standseilbahn (Festungsbahn). Der Mönchsbergaufzug am Anton-Neumayr-Platz transportiert seine Gäste auf den Mönchsberg und ins Museum der Moderne.

Mit dem Fahrrad // Mehr als 180 Kilometer Radwegenetz stehen sportlichen Besuchern in Österreichs Fahrradstadt Nr. 1 zur Verfügung. Beiderseits der Salzach bieten sich Genusstouren für Radler an. Ausleihen kann man sich Fahrräder an verschiedenen Stellen der Stadt. Die Radwege innerhalb der Stadt sind verzeichnet unter: **// www.radinfo.at/radwegenetz/radwegenetz-salzburg**

das aufwendig renovierte Wohnhaus am Makartplatz. In der Getreidegasse 9 steht das gelb gestrichene Hagenauerhaus, in dem das musikalische Wunderkind Wolfgang 1756 das Licht der Welt erblickte. Seine Eltern waren nach ihrer Hochzeit 1747 eingezogen, die Familie lebte bis 1773 dort. Heute befindet sich in dem Haus ein Museum.

○ STIFT ST. PETER

Vor allem architektonisch beeindruckend sind die Bauten der Stiftskirche St. Peter aus dem 7. Jahrhundert. Das eigentliche Highlight ist aber ihr Friedhof mit den in den Mönchsberg gehauenen Katakomben.

○ HAUS DER NATUR

Dass es in Salzburg auch ausgestorbene Saurier oder eine faszinierende Unterwasserwelt zu bestaunen gibt, erfährt jeder, der das Haus der Natur besucht.

○ RESIDENZ UND RESIDENZPLATZ

Wer sich wie ein König fühlen will, besucht diese ehemalige Palastanlage. Die mit fast verschwenderischem Prunk ausgestattete Residenz und der romantische Residenzplatz sind Zeugen barocker Baukunst.

○ SCHLOSS MIRABELL UND MIRABELLGARTEN

Mit der gleichen musischen Mischung aus üppigem Barock und strengem Mittelalter wie der Stadtkern am linken Salzachufer wartet auch der Bezirk Neustadt jenseits des Flusses auf. Da spaziert man durch die Prunkräume des fürsterzbischöflichen Lustschlosses Mirabell und den dazugehörigen Park mit seinem

Oben: Heller Untersberger Marmor bestimmt das Innere des Salzburger Doms.

Links: Treppenaufgang am Mönchsberg mit herrlicher Sicht auf die Stadt.

Heckentheater (eine Art Freilichtbühne, deren Wände und Gassen aus Hecken bestehen) und dem Barockmuseum. Schloss Mirabell wurde 1606 von Fürsterzbischof Wolf Dietrich von Raitenau für seine Geliebte Salome Alt (mit der er 15 Kinder zeugte) errichtet.

○ MOZARTPLATZ

Er wurde nach dem Abriss mehrerer Bürgerhäuser angelegt und wird vor allem vom Mozart-Denkmal dominiert. Das von Ludwig Schwanthaler entworfene Denkmal wurde am 5. September 1842 im Beisein von Mozarts Söhnen enthüllt.

○ MUSEUM DER MODERNE

Wer sich für zeitgenössische Kunst interessiert, findet über den Dächern der Stadt auf dem Mönchsberg, was er sucht. Auf insgesamt vier Ebenen gibt es im Museum der Moderne Kunst aus dem 20. und 21. Jahrhundert zu entdecken.

NACHHALTIG GENIESSEN

Café Tomaselli // Über 300 Jahre alt und das am längsten permanent betriebene Kaffeehaus der Donaumonarchie. Schon von Mozart und von Karajan gern besucht.
// www.tomaselli.at

Bio-Restaurant Humboldt // Die Naturbelassenheit und biologische Herkunft der Lebensmittel ist den Betreibern des Lokals wichtig. Hier kehrt man am besten vor oder nach dem Besuch des Museums der Moderne ein!
// www.humboldtstubn.at

The Green Garden // Im grünsten Restaurant der Stadt gibt es vegetarische und vegane Köstlichkeiten, frisch und regional. Für Schlemmer: veganes Bio-Eis. Auch das Café und die Vinothek können sich sehen lassen.
// thegreengarden.at

○ MARIONETTENTHEATER

Zum Staunen für Groß und Klein ist das Marionettentheater. Mit handgeschnitzten Puppen werden Theater- und Musikstücke aufgeführt, ein Highlight darunter ist Mozarts »Zauberflöte«.

○ SPIELZEUGMUSEUM

Im historischen Spielzeugmuseum ist Ausprobieren ausdrücklich erlaubt. Die kunstvollen Spielsachen sind schließlich zum Spaß da. Selbst erwachsene Augen beginnen hier zu leuchten.

○ SCHLOSS HELLBRUNN

Das prächtige Lustschloss ist ein architektonisches Meisterwerk der Spätrenaissance. Im weitläufigen Schlosspark begeistern die berühmten Wasserspiele, die besonders an lauen Sommerabenden in romantischem Licht erstrahlen.

○ STIFT NONNBERG

Singende Nonnen, historische Wandmalereien und gotische Baustile gibt es im Benediktinenstift Nonnberg zu entdecken. Vor allem in den frühen Morgenstunden lohnt sich ein Besuch, denn dann finden die Chorproben statt.

○ HANGAR-7

Wer sich für Technik interessiert, ist im Hangar-7 am Flughafen goldrichtig und wird von der beachtlichen Sammlung historischer Flugzeuge begeistert sein.

Rechts: In der einstigen Wohnung der Familie Mozart ist heute ein Museum untergebracht, das über das Leben des berühmtesten Sohns von Salzburg informiert.

○ SCHLOSS LEOPOLDSKRON

Unter Touristen ist es ein echtes Muss. Allein die Parklandschaft mit dem romantischen Weiher und den Bergen im Hintergrund fühlt sich an wie im Märchen.

○ KAPUZINERKLOSTER

Wer das Kapuzinerkloster auf dem Kapuzinerberg besuchen will, tut dies am besten zu Fuß. Als Belohnung warten ein Wahnsinnsausblick sowie die geschichtsträchtigen Klostergemäuer.

○ DOMQUARTIER SALZBURG

Das DomQuartier Salzburg vereint die Ausstellungen von fünf Museen, die sich in den Räumen der Residenz, des Doms und des Klosters St. Peter befinden. Während des Rundgangs erhascht man umwerfende Ausblicke über die Stadt, während man im Inneren Prunkräume und Kunstschätze bewundern kann.

REGIONAL EINKAUFEN

○ GETREIDEGASSE

Internationale Mode neben traditionellen Gasthäusern und handwerklichen Traditionsbetrieben findet man in der Getreidegasse. Außergewöhnlich sind hier vor allem die schmiedeeisernen Zunftzeichen, die es vor fast jedem Geschäft zu bewundern gibt.

○ CAFÉ-KONDITOREI FÜRST

Pralinen und Trüffel vom Feinsten. Die Original Salzburger Mozartkugeln, die Konditor Paul Fürst 1890 erfand, sind bis heute Salzburgs und Österreichs Souvenir Nummer eins und in aller Welt begehrt.

○ SCHRANNENMARKT

Über 100 Jahre alt und mit 12 000 Quadratmetern Fläche und fast 200 Anbietern einer der größten Wochenmärkte des Landes.

○ ERDBÄR

Die Kleidung aus nachhaltigen Materialien wie Bio-Baumwolle oder Leinen wird in Salzburg von dem Designteam rund um Stephan Deino gestaltet.

// www.erdbaer.eu

Alte Zunftzeichen und historische Ladenschilder schmücken die Geschäfte in der Getreidegasse.

ÜBERNACHTEN

Eco-Suite Hotel // Das direkt an der Salzach gelegene Hotel ist energieautark und darf sich »Haus der Zukunft« nennen: Photovoltaik-Anlage, Wärmeenergie aus anfallendem Abwasser und E-Tankstellen für Elektroautos. Morgens wartet ein reichhaltiges Frühstücksbuffet auf die Gäste.

// www.ecosuitehotel.at

Grünes Hotel zur Post // Den perfekten Tag in Salzburg beginnt man mit einem Biofrühstück: hausgemachte Aufstriche, regionale Wurst- und Käseprodukte und Bio-Backwaren – auch Veganer finden eine große Auswahl an Köstlichkeiten.

// www.hotelzurpost.info

Hotel Auersperg // Schon seit 1860 ist das Stadthotel in Familienbesitz. Entspannung finden die Gäste im zauberhaften kleinen Garten oder im Spa; mehrmals die Woche gibt es Yoga-Kurse. Das Frühstück ist bio-zertifiziert und geeignet für vegane und glutenfreie Ernährung.

// www.auersperg.at

GANZ BEWUSST ERLEBEN

INS KAFFEEHAUS GEHEN

Wer sich auf seiner Reise wie ein echter Salzburger fühlen will, startet seinen Tag am besten in einem der vielen traditionellen Kaffeehäuser. Hier treffen sich die Einheimischen zum Plaudern, Genießen und natürlich auch für den neuesten Klatsch und Tratsch. Tomaselli ist das älteste Kaffeehaus Österreichs. Auch das Café 220° ist eine beliebte Adresse bei Einheimischen. Ins Café Wernbacher zieht es nach wie vor Künstler und Intellektuelle. Dichter und Denker finden sich auch im Café Bazar ein. Zu den jungen Adressen zählen das Kaffee-Alchemie und das Coffeesmith.

EIN KLASSISCHES KONZERT BESUCHEN

Wer in Salzburg ist, sollte es nicht verpassen, ein klassisches Konzert zu besuchen. Während der Festspiele bietet sich dieses Event natürlich am besten an, aber auch außerhalb dieses Kulturhighlights hält die Stadt zahlreiche Möglichkeiten für musikalischen Hochgenuss mit Gänsehautgarantie parat.

MIT DEM FIAKER FAHREN

Wer weniger Lust hat zu laufen, fährt Fiaker. Die berühmten Pferdekutschen führen durch die historische Stadt und zeigen sämtliche Sehenswürdigkeiten bequem vom Kutschbock aus.

SALZBURGER NOCKERL SCHLEMMEN

Wer die berühmte süße Eischneespeise bestellt, muss meist etwas Geduld mitbringen, da diese Nachspeise frisch zubereitet wird und ihre Zeit braucht. Am besten teilt man sich das köstliche, jedoch sehr mächtige Dessert und genießt einen Kaffee dazu.

DEN AUSBLICK VON EINEM DER STADTBERGE GENIESSEN

Bei einer Wanderung auf einen der Salzburger Stadtberge wie Mönchsberg, Festungsberg oder Kapuzinerberg kann man die Kalorien von Mozartkugeln und Nockerln abtrainieren und hat dabei einen atemberaubenden Ausblick auf die Stadt.

NGER
ROMA
gelateria

 11

LINZ

KREATIV UND ZUKUNFTSWEISEND

Traditionell ein Zentrum von Handel und Schwerindustrie, hat sich Oberösterreichs mehr als 200 000 Einwohner zählende Landeshauptstadt binnen nur einer Generation zu einem Hotspot für Hightech und postmoderne Kunst gemausert. Brucknerhaus, Design- und Ars Electronica-Center, Nordico Stadt- und LENTOS Kunstmuseum heißen die Marksteine dieses Imagewandels. Im Kern ist Linz, auf dessen Boden bereits die Römer ein Kastell namens Lentia unterhielten, freilich architektonisch nach wie vor barock geprägt. Und das Landhaus sowie jenes Schloss an der Donau, in dem Ende des 15. Jahrhunderts kurze Zeit sogar ein Babenberger Kaiser residierte, stehen rein äußerlich seit der Renaissancezeit weitgehend unverändert da.

Oben: Zukunftsweisend zeigt sich Linz in seinem Miteinander von Alt und Neu, von historischen Gebäuden wie der Urfahrer Josefskirche aus dem 17. Jahrhundert und dem hypermodernen Ars Electronica Center.

Links: Das Herz der Stadt schlägt am Hauptplatz: Die Dreifaltigkeitssäule (1723) und der Neptunbrunnen (16. Jahrhundert) stehen in der Mitte.

○ HAUPTPLATZ

Angelegt wurde er um 1260 auf Geheiß der Babenberger. Seither ist der Hauptplatz mit seiner Fläche von über 1,3 Hektar einer der größten umbauten Plätze Österreichs, der Treff- und Knotenpunkt der Stadt. In seiner Mitte steht eine wunderschöne, im Jahr 1720 zum Gedenken an die Pest errichtete Dreifaltigkeitssäule. Unter den geschichtsträchtigen Häusern, die den Platz umstehen, ist das Alte Rathaus an der Ostseite das bedeutsamste. Es geht in seiner heutigen Form mit dem achteckigen Turm und dem prachtvollen dreigeschossigen Arkadenhof auf das frühe 16., seine barocke Fassade auf das frühe 17. Jahrhundert zurück. Von seinem Balkon hielt Adolf Hitler am 12. März 1938 im Zuge des Anschlusses an Deutschland eine kurze Rede, in der er seine Ergriffenheit über den jubelnden Empfang betonte. Kein Wunder: In den Jahren zuvor war Linz das Zentrum der noch illegalen Nationalsozialisten gewesen.

○ LANDHAUS

Seit Ende des 13. Jahrhunderts ist Linz Sitz des Landeshauptmanns und somit zentraler Ort von Österreich ob der Enns. 200 Jahre später wählte Friedrich III. es, nachdem Ungarnkönig Matthias Corvinus Wien erobert hatte, sogar für kurze Zeit zur Residenzstadt und so zum Mittelpunkt des Heiligen Römischen Reiches. Schon im Jahr 1457 hatte erstmals ein oberösterreichischer Landtag auf dem hiesigen Schloss stattgefunden. 1490 wurde Linz erstmals als Landeshauptstadt bezeichnet. Das heutige Landhaus ist allerdings rund 170 Jahre jünger. Es beherbergte von Beginn an eine protestantische Schule mitsamt einer reich bestückten Bibliothek. Diese fiel im Jahr 1800 zusammen mit anderen Bauteilen einem Großbrand zum Opfer. Kurz danach erhielt der Komplex, in dem heute das Landesparlament tagt, seine klassizistische Fassade und der über 400 Jahre alte Turm seinen barockisierenden Zwiebelhelm.

CO_2-FREUNDLICH DURCH DIE STADT

ÖPNV // Die öffentlichen Verkehrsmittel in Linz – Bus und Straßenbahn – werden von den Bewohnern viel genutzt. Besitzer der »Linz-Card«, die Eintrittsermäßigungen beinhaltet, fahren gratis.

Pöstlingbergbahn // Hinauf auf den Gipfel des Linzer Hausberges geht es mit dieser Bahn ab dem Hauptplatz. Die Fahrt mit der bereits seit 1898 verkehrenden Bahn ist mit der »3-Tages-Linz-Card« gratis.

Mit dem Fahrrad // Wer nicht mit dem eigenen anreist, kann sich ein Rad oder ein E-Bike bei der Donau Touristik ausleihen. E-Bike-Ladestationen gibt es an mehreren Orten in der Stadt. Linz liegt übrigens am Donauradweg – einem der längsten Radfernwege Europas.

○ SCHLOSS

Auf einem Hügel über der Donaulände, in Sichtweite der Nibelungenbrücke, die von der Innenstadt in den Bezirk Urfahr führt, erhebt sich, wo früher das Römerkastell Lentia stand, das Linzer Schloss. Es wurde 799 erstmals urkundlich erwähnt und 1499 durch Friedrich III. um- und ausgebaut. Der heutige monumentale viergeschossige Block ist das Ergebnis neuerlicher Umbauten zur Zeit Rudolphs II., um 1600. Nachdem er beim großen Stadtbrand im Jahr 1800, der von hier ausging, anderthalb Trakte eingebüßt hatte, diente der Komplex erst als Gefängnis, später als Kaserne. In den 1960er-Jahren wurde in ihm das Landesmuseum eingerichtet. Gemeinsam mit dem neuen, 2009 eröffneten Südflügel, einer hochmodernen Glas-Stahl-Konstruktion, bietet es nunmehr als ein »Universalmuseum« einen Überblick auf die Natur-, Kultur- und Kunstgeschichte des Landes.

○ MARTINSKIRCHE

Dieses Gotteshaus – es steht westlich des Linzer Schlosses nahe der Donaulände – wurde im Jahr 799 erstmals urkundlich erwähnt und galt lange als die älteste erhaltene Kirche Österreichs. Jüngste Forschungen ergaben, dass sie über den Fundamenten eines karolingischen Vorgängerbaus vermutlich »erst« im 10. oder 11. Jahrhundert erbaut worden ist. Was den Charme dieses schlichten, unprätentiösen, nach mehrfachen Umgestaltungen heute gotischen Gotteshauses freilich nicht schmälert. Auffallend sind die in sei-

Oben: der »Neue Dom«, auch Mariä-Empfängnis-Dom genannt.

Links: Das Donautal ist eine höchst attraktive Ferienregion und als solche eine Pionierzone des Radtourismus; im Bild: der Donauradweg.

nen Wänden vermauerten Spolien, vor allem römische Grabsteine aus dem 3. Jahrhundert, aber auch die in das 14./15. Jahrhundert datierenden Fresken. Empfehlenswert ist ein Spaziergang von hier auf dem Stadtwanderweg, die Römerstraße entlang Richtung Westen bis zu der ganzjährig und täglich öffentlich zugänglichen Franz-Josefs-Warte auf dem Freinberg.

○ NEUER DOM

Der Linzer Dom zur Unbefleckten Empfängnis Mariens (im Unterschied zum »Alten« auf dem Hauptplatz auch »Neuer« Dom genannt) wirkt wie ein typischer Bau der französischen Kathedralgotik. Erst bei genauerem Hinsehen wird klar, dass es sich um eine neogotische Schöpfung handelt. Der Startschuss für den vom Kölner Diözesanbaumeister Vinzenz Statz geleiteten Dom fiel 1862. Sieben Jahre später wurde die Votivkapelle geweiht. Weitere 16 Jahre vergingen bis zur Vollendung des Chores mit seinem Kapellenkranz. Im Jahr 1906 fand zu guter Letzt auch der Turm seinen Abschluss. Beeindruckend sind die gewaltigen Ausmaße, übertrifft die Grundfläche des Mariendoms doch sogar die des Wiener Stephansdoms. Der Turm freilich hatte der seinerzeitigen klerikalen Rangordnung folgend mit 134,80 Metern, um gut zwei Meter niedriger als der in der Residenzstadt zu bleiben.

NACHHALTIG GENIESSEN

Gragger // Die Bäckereierzeugnisse werden aus regionalem Getreide und mit Zutaten aus Bio-Landwirtschaft hergestellt. Der Betrieb engagiert sich im Bereich der Ausbildung Jugendlicher mit Lernschwächen. Hier frühstückt man genüsslich und mit gutem Gewissen.
// www.gragger.at

Salonschiff Fräulein Florentine // Das Salonschiff am Donauufer bietet neben leckeren Verköstigungen in Bioqualität, teils sogar vegan, auch ein tolles Kulturprogramm. Am Wochenende kann man hier auch frühstücken.
// www.frl-florentine.at

Die Donauwirtinnen // Erst seit 2017 existiert dieses auf Nachhaltigkeit setzende Lokal. Aus regionalen und saisonalen Zutaten entsteht ein fast täglich wechselndes Menü. Die Spezialität des Hauses sind Flammkuchen.
// www.diedonauwirtinnen.at

○ ALTER DOM ST. IGNATIUS

Linz ist urkundlich bereits im 10. Jahrhundert als Markt genannt und erlebte als wichtige Mautstation an der Donau schon früh wirtschaftliche Blüte. Einen eigenen Bischof erhielt das Land ob der Enns aber erst unter der josephinischen Kirchenreform 1785. Damals erkor man die bisherige Jesuitenkirche in der Hauptstadt zum Dom, dessen Innenausstattung man in der Folge aus anderen, soeben säkularisierten Sakralbauten anreicherte. Errichtet wurde der Bau 1699–1708. Wobei sich Pietro Francesco Carlone, sein Schöpfer, an das für Kirchen der Societas Jesu charakteristische Schema mit drei längsgerichteten Kapellen im Langhaus hielt. Bei der Gestaltung des unteren Fassadenbereichs hatte er Kompromisse einzugehen: Denn ein prächtiges Portal hätte inmitten der engen Altstadthäuser wenig Wirkung gezeigt. Umso üppiger fiel dafür die Gestaltung der Doppeltürme und des Mittelgiebels aus.

○ STIFTERHAUS

Er gilt als Meister der präzisen Naturschilderungen und wird – heute wieder verstärkt – für seine episch

Rechts: Straßencafés bieten in der Fußgängerzone Erholung von Kulturgenuss und Shoppingvergnügen gleichermaßen.

breite Prosa als biedermeierlicher Autor der Entschleunigung geschätzt. Adalbert Stifter, der Schöpfer vorwiegend im Mühlviertel angesiedelter Erzählungen und Romane wie »Der Hochwald«, »Der Nachsommer« oder »Witiko«, wohnte von 1848 bis zu seinem Tod im Jahr 1868 in einem Haus unweit des Linzer Hauptplatzes, nahe der Unteren Donaulände. Die Adresse dieses im Jahr 1844 erbauten Gebäudes, das inzwischen, wenig überraschend, Stifterhaus heißt, lautet Adalbert-Stifter-Platz 1. Es beherbergt heute das Oberösterreichische Literaturmuseum und ein Stifter-Forschungsinstitut. Zudem ist es ein Brennpunkt der regionalen Literaturszene. In der ehemaligen Wohnung des Böhmerwald-Dichters im zweiten Stock sind im Originalambiente Handschriften, Erstausgaben und Memorabilia aus seinem Leben und Werk ausgestellt.

○ BRUCKNERHAUS

Als Kunststadt setzte Linz Anfang der 1970er-Jahre einen wegweisenden Akzent: Da wurde an der Donaulände ein nach Anton Bruckner benanntes hypermodernes Konzert- und Kongresshaus eröffnet. Die Akustik der drei Säle, deren größter 1500 Zuhörer fasst, gilt als hervorragend. Auch das Orchester des Hauses, das »Bruckner Orchester Linz«, genießt einen ausgezeichneten Ruf. Dieses fungiert auch als Grundsäule des Brucknerfestes, bei dem alljährlich im Frühherbst zahlreiche renommierte Orchester und Solisten Gastauftritte absolvieren. Den Startschuss für dieses vierwöchige Festival markiert stets die Linzer Klangwolke, ein Open-Air-Event im Donaupark vor dem Brucknerhaus, bei dem vor rund 100 000 Zuschauern über Mega-Lautsprecher unter anderem ein Auftragswerk eines zeitgenössischen Komponisten, visualisiert mit Feuerwerk, Laser, Videoprojektionen, zur Uraufführung kommt.

REGIONAL EINKAUFEN

○ ECO – ETHICALLY CORRECT OUTFITS

2013 wurde der Laden mit dem Preis »Linzer Unternehmen des Jahres« in der Kategorie Corporate Social Responsibility ausgezeichnet. Jungunternehmer Florian Neumüller bedruckt die Textilien teils selbst.

// eco-store.at

○ FILZ UND FORM: ATELIER LEBENSART

Aus Holz, Filz, Strick oder Gewebtem zaubern die Mitglieder dieses Ateliers Textilien und Accessoires mit originellem Design.

// www.filzundform.at

○ SANFTE PFLEGE

Hier gibt es Naturkosmetik nach höchsten ökologischen und ethischen Qualitätsstandards: Viele der Produkte sind vegan.

// www.sanfte-pflege.com

○ XILING

Caroline Binder-Pöstinger verkauft in ihrer Boutique seit Jahrzehnten fair produzierte und fair gehandelte Kleidung, sogar öko-faire Sportmode.

// www.xiling.at

ÜBERNACHTEN

Hotel Kolping // Umwelt- und Klimaschutz liegen diesem Hotel am Herzen. Seit mehr als zehn Jahren besitzt es das österreichische Umweltzeichen und unterstützt Projekte in Peru und Kenia.

// www.hotel-kolping.at

Arcotel Nike // Die Hotelgruppe engagiert sich für den Erhalt der Bienen, trägt durch Energiesparlampen und Wassereinsparung zum Umweltschutz bei und verwendet faire Baumwollwäsche.

// www.arcotelhotels.com/de/nike_hotel_linz

ibis Styles Linz // 115 Wohlfühlzimmer und ein reichhaltiges Frühstücksbuffet warten auf die Besucher in diesem zentral gelegenen Hotel.

// www.accorhotels.com/de/hotel-0519-ibis-styles-linz

GANZ BEWUSST ERLEBEN

IM ARS ELECTRONICA CENTER STAUNEN

Neben dem nördlichen Kopf der Nibelungenbrücke im Stadtteil Urfahr liegt das »Museum der Zukunft«, auch Ars Electronica Center (AEC) genannt. Es wurde 1996 mit dem erklärten Ziel gegründet, künftige Technologien bereits heute für ein Laienpublikum erfahrbar zu machen, und war von Anbeginn ein Riesenerfolg. Denn es gelang, mit einer Melange aus Medienkunst und interaktiven Installationen ein breites Publikum zu begeistern. Mit Blick auf das Jahr 2009, in dem Linz europäische Kulturhauptstadt war, wurde das AEC aufwendig um- und ausgebaut. Seither beherbergt der gläserne Kubus neben Ausstellungshallen, Testräumen und einem Medienarchiv auch das Forschungslabor Futurelab.

AUF DEM WOCHENMARKT STÖBERN

Einer der vielen Linzer Wochenmärkte ist der am Südbahnhof. Er ist der größte Grünmarkt Oberösterreichs und bietet in seinen 28 Marktkiosken und 45 Betrieben Lebensmittel, Textilien und vieles mehr an. Die Gastronomie hält zahlreiche regionale und internationale Schmankerl bereit. Hier kann man mehrere Stunden verbringen. // www.suedbahnhofmarkt.com

AUF DEN PÖSTLINGBERG FAHREN

Ein Fixpunkt jeder Besichtigungstour ist die Fahrt mit der Pöstlingbergbahn. Sie wurde 1897 errichtet, gilt bis heute als eine der steilsten Adhäsionsbahnen der Welt und führt auf 900 Millimeter schmaler Spur, seit 2009 in das Straßenbahnnetz integriert, gut vier Kilometer weit vom Hauptplatz auf den Linzer Hausberg. Der 539 Meter hohe Pöstlingberg ist ein allseits beliebtes Ausflugsziel: zunächst und vor allem, weil man von seiner Aussichtsplattform die Landeshauptstadt wie auf dem Servierbrett unter sich liegen sieht. Kinder lieben die Grottenbahn, eine in einen historischen Wehrturm integrierte touristische Märchenwelt, und Kunstinteressierte lockt auf dem Scheitel des Berges eines der Wahrzeichen des Landes: die barocke Wallfahrtsbasilika.

IM BOTANISCHEN GARTEN FLANIEREN

Solch ein Juwel von einem botanischen Garten können nicht viele Städte ihr Eigen nennen: Mehr als 40 000 Quadratmeter misst die auf der Gugl gelegene Prachtanlage; nicht eingerechnet das zugehörige, 14 Hektar große Arboretum ein Stück weiter draußen, am Abhang des Freinberges. 1853 gegründet und 1952 an seinem heutigen Standort eröffnet, gedeihen auf dem Gelände mehr als 10 000 verschiedene Pflanzen. Die Besucher bewundern, über alle Saisons verteilt, insbesondere die Kakteen- und Orchideensammlung und den prächtigen Rosengarten.

LINZER TORTE KOSTEN

Das älteste überlieferte Rezept der Linzer Torte fand sich in dem im Stiftsarchiv von Admont aufbewahrten »Buech von allerley Eingemachten Sachen, also Zuggerwerckh, Gewürtz und sonsten allerhandt guett und nützlich Ding« (1653). Bis heute basiert es auf einer Masse aus Mehl, Zucker, Butter, Ei und Mandeln. Darauf werden Gelee der Ribisel (Rote Johannisbeere) sowie ein Teiggitter aufgetragen. Nach dem Backen wird die Torte mit heißer Aprikosenkonfitüre bestrichen. Danach soll sie für einige Tage »ruhen«. Als Schöpfer der weltberühmten Leckerei wird Johann Konrad Vogel (1796–1883) kolportiert. Doch besteht sein Verdienst nur darin, die Torte durch Massenproduktion und Versand populär gemacht zu haben.

12

WIEN

KULTURGENUSS UND KAFFEEKLATSCH

Wien ist eine geschichtsträchtige Stadt. Auf ihrem Boden haben schon die Römer gesiedelt, später regierten von hier aus mächtige Kaiser viele Jahrhunderte lang ein riesiges Reich. Ihre Dichter und Denker, Musiker und Maler eroberten die Welt mit bahnbrechenden Ideen und Werken. Heute bildet Wien ein pulsierendes Zentrum Mitteleuropas, in dem imperiale Pracht, biedermeierliche Idylle und der dynamische Gegenwartsrhythmus fröhliche Hochzeit feiern – die Stadt wächst und gedeiht, ist mode- und traditionsbewusst zugleich sowie, was etwa Luft, Wasser und Grün, öffentlichen Verkehr und Sicherheit betrifft, von kaum zu überbietender Lebensqualität.

○ HOFBURG

Die Wiener Hofburg war über 600 Jahre Zentrum des Habsburgerreiches, vor allem aber Hauptresidenz der kaiserlichen Familie, und ist zu besichtigen. Heute kommen der österreichische Bundespräsident sowie mehrere Minister und Staatssekretäre in den prunkvollen Repräsentationsräumen ihrem Dienst nach.

○ MOZARTHAUS

1784 bis 1787 wohnte der Komponist in diesem Haus. Seit dem Jubiläumsjahr 2006 informiert eine Dauerschau über diese Zeit. Es finden sich Bildnisse, Notendrucke, Autografe und vieles mehr.

○ STEPHANSDOM

Wiens wichtigstes Gotteshaus und das weithin sichtbare Wahrzeichen der Stadt wird von den Einheimischen gern liebevoll »Steffl« genannt: ein Wunderwerk der Steinmetzkunst mit einer gut 750 Jahre zurückreichenden Geschichte.

○ KUNSTHISTORISCHES MUSEUM

Besucherattraktion ist die Gemäldegalerie mit Meisterwerken aus fünf Jahrhunderten, u. a. von Martin Schongauer, Cranach und Dürer, Brueghel, Rubens und Rembrandt, Tintoretto, Tizian oder Velázquez; sehenswert ist außerdem das Münzkabinett, die hochkarätige ägyptisch-orientalische sowie eine Skulpturen-, Kunstgewerbe- und Antikensammlung.

○ NATURHISTORISCHES MUSEUM

Die 39 Säle bergen eine der größten naturwissenschaftlichen Sammlungen Europas mit Mineralien und Meteoriten, Fossilien, Skeletten sowie zeitgenössischen Tier- und Pflanzenarten. Höhepunkte sind u. a. die steinzeitliche Statuette der »Venus von Willendorf« und das rund 13 000-bändige »Wiener Herbarium« mit Belegpflanzen aus der ganzen Welt.

○ STAATSOPER

Das »Erste Haus am Ring« bietet erlesene Opernkultur auf höchstem Weltniveau. Hier stellen Abend für Abend die besten Sänger und Dirigenten in prachtvoller Ausstattung ihr Können unter Beweis.

○ ALBERTINA

Das Palais beherbergt die weltweit größte grafische Sammlung mit rund 44 000 Aquarellen und Zeichnungen sowie rund 1,5 Millionen Druckgrafiken.

○ NATIONALBIBLIOTHEK

Eine der bedeutendsten Bibliotheken der Welt mit mehr als 6,7 Millionen Objekten, darunter einzigartige Handschriften und Inkunabeln. Glanzstück europäischer Barockarchitektur ist der kuppelbekrönte Prunksaal. Er dient regelmäßig als Schauplatz interessanter Themenausstellungen.

Links: Als »Predigt in Stein« wird der Stephansdom auch gern bezeichnet. Rund 230 000 Ziegel bedecken das Dach des »Steffl«.

Rechts: Das Kunsthistorische Museum beherbergt nicht nur Kunstwerke aus sieben Jahrtausenden, vom Alten Ägypten bis zum Ende des 18. Jahrhunderts, sondern ist auch selbst ein Kunstwerk. Im – unter anderem von Ernst und Gustav Klimt ausgemalten – Treppenhaus dominiert eine marmorne Theseusgruppe von Antonio Canova.

CO_2-FREUNDLICH DURCH DIE STADT

ÖPNV // Das öffentliche Verkehrsnetz Wiens zählt zu den besten weltweit! Für einen Wochenendtrip lohnt es sich, ein »24, 48 oder 72 Stunden Wien«-Ticket oder gleich die »Wien-Karte« (ermäßigter Eintritt und Rabatte) zu kaufen. Die »8-Tage-Klimakarte« ist an acht beliebigen, nicht zwingend aufeinanderfolgenden Tagen gültig.
// www.wienerlinien.at

Mit dem Fahrrad // Mit 1300 Kilometer Radwegen ist Wien bestens ausgestattet, um mit dem Drahtesel erkundet zu werden. Fahrräder leiht man sich von einer der 121 Stationen von Citybikes oder bei einem der Fahrrad- oder E-Bikeverleihe in der Stadt wie etwa bei Donkey Republic, Pedal Power oder listnride.com.
//www.citybikewien.at

○ BURGTHEATER
»Die Burg« ist die unbestrittene Nummer eins unter den örtlichen Sprechbühnen. Das Ensemble zählt zu den besten der deutschsprachigen Schauspielerwelt. Der Bau ist auch architektonisch interessant.

○ NEUES RATHAUS
Der Prunkbau des Neuen Rathauses entstand zwischen den Jahren 1872 und 1883 und wurde in gotisierenden Formen errichtet. Der Arkadenhof, die Feststiege und der Festsaal können im Rahmen von Führungen besichtigt werden.

○ VOTIVKIRCHE
Nicht ohne Grund wird sie auch »Ringstraßendom« genannt: Die 1879 geweihte Kirche gilt weltweit als einer der bedeutendsten neogotischen Sakralbauten.

○ KAISERGRUFT
Im Kellergewölbe unter der Kapuzinerkirche wurden seit dem 17. Jahrhundert die habsburgischen Herrscher und ihre engsten Angehörigen bestattet.

○ NASCHMARKT
Wiens größter innerstädtischer Lebensmittelmarkt – seine Wurzeln reichen bis ins 18. Jahrhundert – erstreckt sich rund 500 Meter weit von der Kettenbrückengasse bis zum Karlsplatz. Am östlichen Ende, nahe der Secession, sind der Markt, seine Waren und sein Publikum am erlesensten. In der Mitte des Marktes atmet man exotische Düfte und findet viele internationale Spezialitäten. Am Samstagvormittag wird in diesem Bereich auch ein Bauernmarkt und gleich daneben ein uriger Flohmarkt abgehalten.

○ SECESSION
Josef Maria Olbrich schuf in den Jahren 1897 bis 1898 für die »Wiener Secession« – eine avantgardistische Künstlergruppe, die sich von ihren im Künstlerhaus organisierten konservativen Kollegen abgegrenzt hatte – dieses Ausstellungsgebäude. Es zählt zu den Hauptwerken des Wiener Jugendstils.

○ KARLSKIRCHE
Sie wurde 1713 von Kaiser Karl VI. anlässlich einer überstandenen Pestepidemie in Auftrag gegeben. Ihre Schöpfer, Fischer von Erlach senior und junior, vereinten klassische Formen der griechischen, römischen und byzantinischen Architektur.

Links: Am besten erkundet man Wien zu Fuß oder auf dem Drahtesel.

○ MUSEUMSQUARTIER

An der Nahtstelle von 7. und 1. Bezirk wurde 2001 das MuseumsQuartier (MQ) eröffnet. Es vereint die Barockstrukturen der ehemals kaiserlichen Stallungen mit postmoderner Architektur und zählt mit Kunsthalle, Museum moderner Kunst und Leopold Museum zu den zehn größten Kulturzentren der Welt.

○ HUNDERTWASSERHAUS

In einer unscheinbaren Gasse im 3. Bezirk steht jenes merkwürdige Haus, das in der Liste der meistbesuchten Attraktionen gleich nach dem Stephansdom und Schönbrunn rangiert. Sein Schöpfer, Friedensreich Hundertwasser, stellte dabei optisch alles Gewohnte auf den Kopf: Er durchsetzte Mauern und Kanten mit krummen Linien und Buckeln, schuf schiefe Böden, ließ Balkone und Dächer mit Bäumen bepflanzen und dekorierte die Fassade mit grellbunten Tropfen, Kringeln und Kachelmosaiken.

NACHHALTIG GENIESSEN

Health Kitchen // Gleich zwei Lokale gibt es in der Stadt. Regionale und biologische Zutaten kommen hier in die Salate, Suppen und wechselnden Mittagsgerichte. Auch das Frühstück ist sehr gut.

// myhealthkitchen.com

Limoni's // Ob vegan, vegetarisch oder fleischlastig – hier findet jeder etwas Passendes.

// www.limonis.at

Dreiklang // Seit 1991 landen in diesem Lokal saisonale, vollwertige und überwiegend vegetarische Gerichte auf den Tellern, die mal mediterran, mal orientalisch gewürzt sind.

// www.3klang.info

Yamm! // »The restaurant for everyone« legt großen Wert auf Nachhaltigkeit und Qualität. Zu Frühstück, Brunch, Lunch und Buffet werden Produkte aus der hauseigenen Patisserie und selbst gemachte Getränke serviert.

// www.yamm.at

○ SCHLOSS BELVEDERE

Zu Wiens Hauptwerken des Barock zählt das von Lukas von Hildebrandt entworfene Belvedere. Errichtet wurde das aus zwei Schlössern bestehende Sommerpalais in den Jahren 1714 und 1723 für den legendären Feldherrn und Türkenbezwinger Prinz Eugen von Savoyen. In den Prunkräumen zeugen Meisterwerke von Waldmüller, Klimt, Kokoschka & Co. von der Blüte der Malerei des 19. und frühen 20. Jahrhunderts.

○ ZENTRALFRIEDHOF

Wiens zentrale Begräbnisstätte liegt im südöstlichsten Bezirk Simmering, auf halbem Weg zwischen der Stadt und dem Flughafen von Schwechat. Sie wurde 1874 eröffnet und umfasst auf 2,4 Quadratkilometer Fläche mehr als 300 000 Gräber, in denen etwa drei Millionen Menschen ihre letzte Ruhe fanden.

○ SCHLOSS SCHÖNBRUNN

Die Ikone des imperialen, barocken Wien schlechthin ist das im Villenbezirk Hietzing gelegene Schloss Schönbrunn. Als feudale Schöpfung des frühen 18. Jahrhunderts spiegelt es die Lust am architektonischen Überschwang wider, die nach dem Triumph über die Türken die aristokratischen Bauherren beflügelte. Bis zum Jahr 1918 war Schönbrunn die Sommerresidenz der Habsburger. Heute besichtigen in der Hochsaison bis zu 11 000 Schaulustige täglich die prunkvollen

Rechts: Hundertwasser konzipierte sowohl das Hundertwasser-Krawina-Haus als auch das Museum Kunst Haus Wien in der Unteren Weißgerberstraße als eine Art dreidimensionales Pamphlet gegen die Normen und Regeln der seiner Meinung nach »seelenlos-tristen« Baukunst der Moderne.

Kaiserappartements, die historischen Kutschen in der Wagenburg, das Palmenhaus wie den Tiergarten.

○ PRATER

Der Prater bildet eine Oase der Erholung und der Kurzweil. Diese zwischen Donau und Donaukanal gelegene, fast 15 Kilometer lange Wald- und Wiesenlandschaft war einstmals ein kaiserliches Jagdrevier. Joseph II. machte es 1766 für die Öffentlichkeit zugänglich. In dem westlichen, stadtnahen Bereich lockt der sogenannte Wurstelprater mit Biergärten, Spielhallen und Geisterbahnen, verschiedenen Hightech-Schleudern und Hochschaubahnen. Und, nicht zu vergessen, mit dem Riesenrad – jener 67 Meter hohen, spektakulären Eisenkonstruktion, von deren Waggons aus man ein prächtiges Panorama genießt.

Auf dem Prater locken Fahrgeschäfte und Geisterbahnen. Eine Fahrt mit dem Riesenrad ist beinahe Pflicht bei einem Wienbesuch. Im Dinner Waggon wird sogar ein Candle-Light-Dinner serviert.

REGIONAL EINKAUFEN

○ K.U.K. HOFLIEFERANTEN

Auf der Kärntner Straße bieten Gerstner und Schlumberger exquisite Süßwaren und erlesenen Sekt an. Ein Laden wie ein Märchenland. Man kann hier auch wunderbar frühstücken.

○ ZERUM

Die von diesem Label hergestellte Mode ermöglicht einen »nachhaltigen Lifestyle für faire Individualisten«. Auch Holzuhren sind im Sortiment.

// www.zerum.at

○ GREEN GROUND

Seit über zehn Jahren gibt es in dieser Boutique eine enorme Auswahl an Bio-Textilien, die den angesagtesten Modetrends entsprechen.

// www.greenground.at

○ WIENER SEIFENMANUFAKTUR

Nach einer traditionellen Wiener Rezeptur werden die Seifen auf Kokosölbasis hergestellt und mit natürlichen Ölen und Pflanzenextrakten verfeinert.

// wienerseife.at

ÜBERNACHTEN

Bio-Hotel Praterstern // Das familiengeführte, charmante Stadthotel trägt seit 2002 das Umweltzeichen für Tourismus. Viele Sehenswürdigkeiten sind von hier zu Fuß erreichbar. Das Hotel verfügt auch über einen eigenen Fahrradverleih.

// www.hotel-praterstern.at

Boutiquehotel Stadthalle // Dank Photovoltaik und Solarenergie ist dies das erste Stadthotel mit Null-Energie-Bilanz. Ein grüner Innenhof und ein mit Lavendel bepflanztes Dach sorgen für Wohlbefinden. Herausragend: das Biofrühstück.

// www.hotelstadthalle.at

Der Wilhelmshof // Das von Wiener Künstlern ausgestaltete Hotel gehört zu den energieeffizientesten der Stadt. Auch beim Essen wird auf regionale und biologische Herkunft geachtet. Als Mitglied von »United against waste« versucht das Haus so wenig Abfall wie möglich zu produzieren.

// www.derwilhelmshof.com

GANZ BEWUSST ERLEBEN

EIN SPAZIERGANG DURCH DEN WIENERWALD MIT ANSCHLIESSENDER EINKEHR

Außer Burgen, Schlössern und Kirchen gibt es im Naturparadies Wienerwald Weinlokale, »Heurige« genannt. Klassische Rebsorten: Zweigelt, Zierfandler oder auch Rotgipfler. Das altehrwürdige Winzerdorf Grinzing am Fuß des Kahlenbergs ist der bekannteste Heurigenort im Raum Wien. Seine Nobellokale bieten den Gästen in der Regel einen stimmungsvollen Garten, ein reichhaltiges Buffet und Livemusik in Form originaler Wienerlieder.

SPEZIALITÄTEN IN EINEM WIENER KAFFEEHAUS GENIESSEN

Ob Kleiner Schwarzer oder Wiener Melange – ein Stück Sachertorte gehört dazu. Am besten im Café Hawelka, wo Udo Jürgens oder Elias Canetti saßen. Eine Traditionsadresse für Liebhaber exquisiter Kaffeehäuser ist natürlich das Café Sacher, gelegen im Erdgeschoss des gleichnamigen Nobelhotels, direkt hinter der Staatsoper. Gleich nebenan, im zugehörigen Laden, gibt's auch die legendäre Schokoladentorte, die man reisetauglich eingepackt mit nach Hause bringen kann.

DEN GRÜNEN PRATER GENIESSEN

Dass die Stadt Wien viel Grünflächen besitzt, ist weit bekannt. Als Besucher kann man sich am besten ein Bild davon machen, wenn man den sechs Quadratkilometer großen Prater erkundet. Und damit ist nicht der Vergnügungspark gemeint: Die Parkanlage lädt ein zu langen Spaziergängen und Wanderungen, aber auch zu sportlicheren Aktivitäten wie Joggen und Radfahren oder zu einem entspannten Picknick.

SCHLENDERN ÜBER DEN KARMELITERMARKT

Plüsch und Fast Food sucht man hier vergeblich. Der Karmelitermarkt ist modern, stylisch und sehr im Trend. Es gibt Bioläden oder In-Bistros zu entdecken.

EINE TRAMTOUR ÜBER DIE RINGSTRASSE MACHEN

Vom Schwedenplatz geht es vorbei an den wichtigsten Sehenswürdigkeiten. Bildschirm und Kopfhörer ersetzen den Reiseführer.

13 GRAZ

VIELSEITIGE HAUPTSTADT DER STEIERMARK

Ihre Altstadt ist ein architektonisches Juwel von europäischem Rang – eine mustergültig restaurierte Landschaft aus verwinkelten Straßenzügen und Schindeldächern, Bürgerhäusern und Adelspalais aus Renaissance und Barock. Doch die steirische Landesmetropole an der Mur, einst wichtiges Bollwerk gegen die Osmanen und heute mit 250 000 Einwohnern zweitgrößte Stadt Österreichs, wartet nicht nur mit einer anmutigen Kulisse auf. Zu Füßen des Uhrturms, des Grazer Wahrzeichens auf dem Schlossberg, herrscht auch ein äußerst reges Kultur- und Geistesleben. Hochrangige Universitäten und Bühnenhäuser, Festivals wie die »Styriarte« oder der »Steirische Herbst« und Museen wie das Kunsthaus, das Joanneum mit Alter und Neuer Galerie oder das Landeszeughaus mit seinen historischen Rüstungen und Waffen sorgen für ein fruchtbares Miteinander von Tradition und Moderne.

Oben: Seit dem Jahr 2003 schwimmt die spektakuläre Murinsel im gleichnamigen Fluss, geschaffen von Vito Acconci.

Links: Eine Standseilbahn führt seit 1894 auf den Grazer Schlossberg. Während der Fahrt kann man die herrliche Aussicht auf die Altstadt genießen.

○ HAUPTPLATZ

Er bildet das unbestrittene Herzstück der Grazer Altstadt und das schon seit Mitte des 12. Jahrhunderts. Der trapezförmige Hauptplatz, den Herzog Ottokar III. als Standort für den zentralen Markt anlegen ließ, gleicht einem lebendigen Freilichtmuseum der Stadtgeschichte. Die ihn säumenden Häuser haben alle einen mittelalterlichen bis spätgotischen Baukern. Manche, wie jene am Luegg, der Ecke zur Sporgasse, erinnern noch an die frühere merkantile Funktion: Unter ihren Lauben pflegten einst Händler ihre Waren zu präsentieren. Ein besonderes Schmuckstück stellt am Südende das historistische Rathaus mit seinen vielen Türmchen dar, einen Blickfang in der Mitte der Trinkbrunnen, von dem Erzherzog Johann, in Bronze gegossen und gesäumt von weiblichen Allegorien für die vier Hauptflüsse des Landes, Enns, Mur, Drau und Sann, das bunte Treiben verfolgt.

○ SACKSTRASSE

Man könnte sie als Schaumeile der steirischen Aristokratie bezeichnen – jene zentrale Achse, die vom Fuß des Schlossbergs, parallel zur Mur schnurgerade bis hinaus zum Jakominiplatz, in die Nähe des Opernhauses führt. Entlang der Sackstraße und auch noch in deren Verlängerung, der Herrengasse, ließen sich am Zenit ihrer Blüte viele Adelsfamilien prachtvolle Stadtpläste bauen. Heute bildet der über einen Kilometer lange Straßenzug als Fußgängerzone die wichtigste Einkaufszone der Stadt. Hier steht, gleich neben dem Traditionshotel Erzherzog Johann, das ebenfalls schon altehrwürdige Kaufhaus Kastner & Öhler. Ihren Platz hat vor allem in der Sackstraße speziell auch die Kunst gefunden. Mit ihrer Vielzahl an Galerien und Geschäften für Schmuck, Antiquitäten, alte und neue Kunst vermarktet sie sich aus gutem Grund als »Kunst Meile Graz«.

CO_2-FREUNDLICH DURCH DIE STADT

Zu Fuß und ÖPNV // Die Innenstadt von Graz erkundet man am besten zu Fuß. Mit dem 72-Stunden-Ticket ist man als Tourist recht günstig mit Bus und Bahn unterwegs. Die Bahn in der Altstadt, die »Altstadtbim«, fährt sogar gratis. Wem der Weg zu steil ist, der nimmt die Standseilbahn hinauf zum Schlossberg.

Mit dem Fahrrad // Graz ist eine der fahrradfreundlichsten Städte Österreichs. Das dichte Netz an Radwegen macht es einfach, sich in der Stadt fortzubewegen. Mit den Karten der App von Bikecitizens geht man auch nicht verloren. Ausleihen kann man Räder über bicycle.at. Graz ist außerdem Teil des 360 Kilometer langen Murradwegs.

// www.bikecitizens.net, bicycle.at/verleih

Links: Über den Dächern von Graz sorgt der urige Biergarten am Schlossberg für gute Stimmung. Man erreicht ihn entweder zu Fuß oder – wenn es schneller gehen muss – mit der Gondel..

○ LANDHAUS

Es ist ein Prunkstück der Frührenaissance und gilt als eine der schönsten architektonischen Schöpfungen in diesem Stil außerhalb Italiens: jenes Landhaus, das sich die steirischen Landstände Mitte des 16. Jahrhunderts von Festungsbaumeister Domenico dell'Allio nach dem Vorbild lombardischer Adelspaläste in der Herrengasse errichten ließen. Charakteristisch sind die kunstvollen Rundbogenfenster an der straßenseitigen Fassade. Als besonderes Juwel glänzt der große Innenhof mit seinen dreigeschossigen, luftigen Arkaden, den kupfernen Dachspeiern und der bronzenen Brunnenlaube, einem von einer geharnischten Kriegerfigur gekrönten Meisterwerk manieristischer Metallgusskunst. Der Hof wurde restauriert, ist seither öffentlich zugänglich und im Sommer häufig Schauplatz von stimmungsvollen Theateraufführungen und Konzerten.

○ LANDESZEUGHAUS

Das im Süden dem Landhaus unmittelbar angeschlossene Landeszeughaus wurde in den 1640er-Jahren als zentrales Waffendepot der Steiermark errichtet. Mit den Beständen dieser »Rüstkammer« wurde das Landesaufgebot bewaffnet, dessen Hauptaufgabe in der Verteidigung der Militärgrenze im Südosten gegen die Osmanen lag. Ausrüstung für rund 16 000 Mann – Fuß- und Reitersoldaten in erster Linie – wurde hier gelagert und instand gehalten. Das Arsenal ist über alle Fährnisse der Geschichte hinweg in seiner Gesamtheit erhalten geblieben. Überzeugte Pazifisten mag beim Anblick der Abertausenden Harnische, Helme, Schilde, Panzer, der Musketen, Büchsen, Pistolen, Blank- und Stangenwaffen zwar das große Grauen überkommen. Doch Fakt ist: Es handelt sich hierbei um das umfassendste historische Arsenal der Welt – eine auch aus kunsthandwerklicher Sicht veritable Sensation.

○ UNIVERSALMUSEUM JOANNEUM

Das Fundament legte Erzherzog Johann von Österreich (1782–1859), seines Zeichens Bruder von Kaiser Franz I., Feldmarschall, im Revolutionsjahr 1848 deutscher Reichsverweser und im Herzogtum Steiermark unermüdlicher Förderer und Modernisierer von Industrie und Landwirtschaft, Verkehrs-, Kultur- und Bildungswesen. Auf Basis seiner naturwissenschaftlichen Sammlungen gründete er 1881 das Joanneum. Inzwischen ist dieses österreichweit älteste und, nach dem Wiener Kunsthistorischen, zweitgrößte Museum, zu einem Universalmuseum herangewachsen, das an zwölf über Graz und die Steiermark verstreuten Standorten ein breites Themenspektrum präsentiert. Seine Keimzelle, das Naturkundemuseum, wurde zu seinem 200. Geburtstag erneuert und mit Landesbibliothek und Neuer Galerie zu einem hochmodernen, multifunktionellen Komplex verschmolzen.

○ DOM- UND BURGBEZIRK

Der Grazer Dom, ein dem heiligen Ägydius geweihter spätgotischer Bau, war zunächst bloß eine Stadtpfarrkirche, wurde später den Jesuiten überantwortet und erst 1786 zum Dom der Bischöfe des Bistums von Seckau aufgewertet. Sein Äußeres ist bemerkenswert schlicht: Statt mit einem Turm ist er bloß mit einem Dachreiter versehen, der, wie die Kapelle und Sakristei, zur Zeit des Barock hinzugefügt wurde. In der benachbarten, ebenfalls um 1450 entstandenen Burg, von deren historischer Bausubstanz nur noch Teile erhalten sind, waltet der steirische Landeshauptmann seines Amtes. Frei zu besichtigen sind nur ihre Höfe und, als Meisterwerk spätgotischer Steinmetzkunst, eine Zwillingswendeltreppe. Als eine der raren Schöpfungen im Stil des Manierismus kunsthistorisch höchst bedeutsam ist, an der Südseite des Doms gelegen, das Mausoleum Kaiser Ferdinands II.

○ MURINSEL

Die Mur-Metropole, wie Graz wegen seiner Lage am Hauptfluss des Landes auch heißt, wird für ihre rege Kunst- und Intellektuellenszene gepriesen und war nicht ohne Grund 2003 europäische Kulturhauptstadt. Als Gegenstück zur bläulich schimmernden Blase des Kunsthauses, das wie ein am Murufer gelandetes extraterrestrisches Objekt wirkt, schuf der New Yorker Künstler Vito Acconci zeitgleich die Murinsel – eine 47 Meter lange, netzartige Stahlkonstruktion, die von den Grazern gern als Veranstaltungsort und Café genutzt wird.

NACHHALTIG GENIESSEN

Mangolds // Als Gast hat man die Qual der Wahl aus 40 knackigen Salaten, wechselnden Gerichten und frisch gepressten Fruchtsäften.
// www.mangolds.com

Ginko Greenhouse // In der Altstadtpassage sollte man seine Kaffeepause hier einlegen, denn es kommen nur fair gehandelte Bohnen aus Brasilien und El Salvador in die Tasse. Lecker sind die Bowls und Kuchen.
// www.greenhouse-ginko.at

Standl 5 // Am Hauptplatz und am Jakominiplatz gibt es einen nachhaltigen Würstelstand.

Während der Schlossberg, von dem aus man eine traumhafte Aussicht auf die Stadt genießen kann, das traditionelle Wahrzeichen von Graz ist (rechts oben), wurde mit der künstlichen Murinsel ein modernes Wahrzeichen geschaffen (rechts unten).

○ SCHLOSSBERG

Auf dem Schlossberg hatten Slowenen um das Jahr 800 eine Burg errichtet. An eine hier später erbaute Renaissance-Festung, die Napoleon zerstören ließ, erinnert heute nur noch der Uhrturm von 1561 (die Uhr stammt aus dem Jahr 1712). Dieser ist das Wahrzeichen der Stadt.

○ SCHLOSS EGGENBERG

Als architektonisches Spiegelbild des Universums wollte der Bauherr Fürst Hans Ulrich von Eggenberg (1568 bis 1634) das 1625 von dem Palladio-Schüler Pietro de Pomis errichtete Schloss Eggenberg mit seinem Planetensaal verstanden wissen. Herausgekommen ist das größte Barockschloss der Steiermark: Schloss Eggenberg in Graz beherbergt in seinem Inneren 24 Prunkräume mit jeweils herrlichen Deckengemälden. Das Prunkstück ist der Planetensaal mit großen Ölgemälden an Decke und Wänden, auf denen die Planeten zu sehen sind. In den übrigen Räumen der Beletage, die kranzförmig angeordnet ist, sind überwiegend Szenen aus dem Alten Testament sowie aus der griechischen Mythologie und der europäischen Geschichte abgebildet.

ÜBERNACHTEN

Hotel Feichtinger // Mit dem aus regional-biologischen Zutaten zusammengestellten Frühstück startet man perfekt in den Tag. Das Stadtzentrum ist nur wenige Gehminuten entfernt, die Atmosphäre im Hotel sehr herzlich.

// www.hotel-feichtinger.at

Hotel zum Dom // Herrliches Wohnen im Herzen der UNESCO-Weltkulturerbestadt. 29 individuelle, behagliche Gästezimmer. Die Grundmauern des Stadtpalais stammen aus dem 14. Jahrhundert.

// www.domhotel.co.at

Augarten Art Hotel // Der österreichische Architekt Günther Domenig entwarf die Pläne zu diesem eleganten Design-Hotel, in dem Kunst und Design eine große Rolle spielen. Über 200 Werke zeitgenössischer Künstler sind im Hotel ausgestellt. Und die Zimmer und Suiten bieten höchsten und modernsten Standard.

// www.augartenhotel.at

○ BASILIKA MARIATROST

Etwa fünf Kilometer nordöstlich der Grazer Altstadt grüßt von einer grünen Anhöhe, dem Purberg, in freundlichen Gelb- und Weißtönen die Wallfahrtskirche Mariatrost ins Land. Ihre zwei Türme umrahmen einen Mittelteil mit geschwungenem Giebel, an die beiderseits die niedrigeren Flügel der zugehörigen Klostergebäude anschließen. Das Ensemble, eine der zentralen Pilgerstätten der Steiermark, entstand in der ersten Hälfte des 18. Jahrhunderts, als die Verehrung der Gnadenmutter, einer spätgotischen, heute in den Hochaltar integrierten Madonna, die Erweiterung einer kleinen Kapelle notwendig machte. Die Fresken im Inneren verherrlichen allegorisch den Sieg der Kirche, thematisieren aber auch den Triumph des habsburgischen Österreich über die Türken. Zusammen mit der barocken Einrichtung verleihen sie dem Raum einen festlichen Charakter.

REGIONAL EINKAUFEN

○ HOFBÄCKEREI EDEGGER-TAX

Das schnitzwerkverzierte Entree zu Graz' ältester Bäckerei ist eine Sehenswürdigkeit und unvergleichlich sind die k.u.k. Köstlichkeiten mit Namen wie Kaiserzwieback, Pantertatzen, Rudolfstaler, Sissibusserl und »Hetschpetsche-Bäckerei«.

// www.hofbaeckerei.at

○ CHIC ETHIC

Der Laden setzt bei seinen Produkten – u. a. Mode, Taschen, Schals, Wohnaccessoires – auf fairen Handel, biologischen Anbau und europäisches Handwerk.

// www.chic-ethic.at

GANZ BEWUSST ERLEBEN

BEIM »STEIRISCHEN HERBST« MITFEIERN

Theater, Performance, Tanz, Bildende Kunst, Architektur, Film, Musik, Literatur – das Spektrum des Programms des internationalen Festivals für zeitgenössische Kunst ist vielfältig. Der Steirische Herbst ist eines der ältesten Festivals für »neue« Kunst. Alljährliche Höhepunkte sind die Uraufführungen und Auftragsarbeiten.

EINE VORSTELLUNG IM HIN & WIDER BESUCHEN

Seit schon fast 25 Jahren eine der bedeutendsten Kleinkunstbühnen im deutschsprachigen Raum und stets gut besucht. Sie befindet sich im Theatercafé, gar nicht weit vom Opernhaus, und ist Ort des Grazer Kleinkunstwettbewerbs.

DAS KUNSTHAUS SEHEN

Dieses Museum bemüht sich um eine »lebendige Begegnung mit Kunst«. Das Kunsthaus selbst hat keine eigene Sammlung, es gehört zum Universalmuseum Joanneum und stellt zeitgenössische Werke aus. Allein von außen ist der Bau schon sehenswert!

DURCH DEN AUGARTEN SCHLENDERN

Der weitläufige Park mit seinen Wiesen und Alleen zählt zu den grünen Oasen der Stadt. Über die Mur führt der Augartensteg und vom Fluss her weht immer mal wieder eine erfrischende Brise durch den Park. Wer also vom Sightseeing eine Pause braucht, der ruht sich in diesem Stadtpark perfekt aus.

EINEN KULINARISCHEN STADTRUNDGANG MACHEN

Auf einer kulinarischen Tour lernt man eine Stadt intensiv kennen. Dazu bietet sich Österreichs Genuss-Hauptstadt ja förmlich an! Anmeldung bei der Graz Tourismus Information (Tel. +43 316 807 50).

Coca-Cola
Cafe Mayer
Erzeugung
Torten
auf Bestellung

14 BRATISLAVA

ALT TRIFFT NEU IN DER KRÖNUNGSSTADT AN DER DONAU

Lange schien Bratislava im Schatten größerer Metropolen wie Wien, Budapest oder Prag zu liegen. Dabei wirkten auch hier bedeutende weltliche und geistliche Herrscher und wurde Geschichte geschrieben. Die Stadt liegt am linken Ufer der Donau in einem Gebiet am Fuß der Kleinen Karpaten, das jahrhundertelang von Menschen mehrerer Nationalitäten bewohnt war. Bratislava ist Regierungssitz und kulturelles Zentrum der Slowakei, Universitätsstadt, wichtiger Binnenhafen und Handelsstadt mit vielfältiger Industrie. Die Altstadt ist reich an historischen Bauten aus diversen Epochen seit dem Mittelalter. Auffällig sind vor allem die zahlreichen Barockpaläste und die große Anzahl von Springbrunnen, denen man in der Altstadt begegnet. Beherrscht wird das Stadtbild jedoch von der erhöht liegenden Burg Bratislava und deren optischem Kontrapunkt, der »Neuen Brücke« über der Donau.

Oben: Auf 85 Meter Höhe wacht die Burg Bratislava über ihre Altstadt mit dem markanten Martinsdom (links im Bild) – gerade bei Sonnenuntergang ein majestätischer Anblick.

Links: Ein stadtbekanntes Original und ein Charmeur der alten Schule war Ignác Lamár, genannt der » Schöne Náci« (1897 bis 1967). Stets adrett mit Frack und Zylinder gekleidet stolzierte er durch die Gassen Bratislavas und sorgte für gute Laune, besonders bei den Damen. Ein Denkmal vor dem Café Mayer am Hauptplatz erinnert heute an ihn.

○ BURG BRATISLAVA

Hoch über der Donau thront der Blickfang und das Wahrzeichen der Stadt, die massive, auf einem rechteckigen Grundriss erbaute Burg Bratislava. Spätestens seit dem 10. Jahrhundert stand auf dem Felsen eine Burganlage. Nach einer gängigen Auslegung wurde hier 1207 die heilige Elisabeth geboren, nach der auch eine Kirche in Bratislava benannt ist. Im Lauf der Zeit wurde die Festung ständig umgebaut, bis sie im 18. Jahrhundert in etwa ihr heutiges Aussehen erhielt. Im Jahr 1811 zerstörte ein Feuer die gesamte Anlage, die daraufhin fast anderthalb Jahrhunderte als Ruine auf die Stadt herabblickte. Erst 1953 begann der Wiederaufbau, und das slowakische Nationalsymbol wurde originalgetreu wiederhergestellt. Heute beherbergt die Burganlage mehrere Abteilungen des Nationalmuseums und wird teilweise auch vom Nationalrat – dem slowakischen Parlament – für Festakte und ähnliche Zwecke genutzt. 1992 fand hier die feierliche Unterzeichnung der slowakischen Verfassung statt.

○ MARTINSDOM

Am nördlichen Donauufer nahe der Altstadt Bratislavas treffen zwei Welten aufeinander: die gotische Kathedrale und eine Stadtautobahn, die den Fluss über eine futuristische Brücke überquert. Der im 14. Jahrhundert errichtete Martinsdom zählt zu den bedeutendsten Bauten der Stadt. Nachdem im 16. Jahrhundert das nördliche Ungarn an die Habsburger gefallen war, wurde Bratislava 1536 zur Hauptstadt der »ungarischen Reichshälfte«. Danach war der Dom bis 1830 die Krönungskirche der habsburgischen Monarchen Ungarns. Auch Maria Theresia wurde hier inthronisiert. Das Innere der dreischiffigen Kirche birgt vier Kapellen und zahlreiche Kunstwerke, etwa eine Büste von Franz Liszt.

○ NEUE DONAUBRÜCKE

Der Turm des Doms ist der höchste der Stadt und übertrifft mit 85 Metern sogar das Pylonenpaar der 1972 eröffneten Donaubrücke am gegenüberliegen-

CO_2-FREUNDLICH DURCH DIE STADT

ÖPNV // Die wichtigsten Sehenswürdigkeiten Bratislavas liegen in der Innenstadt und sind daher zu Fuß gut zu erreichen. Daneben gibt es Busse oder Straßenbahnen, mit denen man sich auch außerhalb des Zentrums zuverlässig bewegen kann. Die Ticketpreise sind günstig. Mit der Bratislava Card fährt man gratis durch das ganze Stadtgebiet.

Mit dem Fahrrad // Wer nicht mehr laufen will, kann einfach aufs Fahrrad steigen. Etwa 550 Fahrräder stehen, verteilt auf vier Stadtteile, zur Verfügung. An verschiedenen Stationen können sie ausgeliehen und wieder abgestellt werden.

Bratislava ist während einer Stadtführung gut auf dem Segway zu erkunden (links unten). So passiert man während der Tour unter anderem das Rokoko-Haus zum Guten Hirten (links oben) oder den Martinsdom (oben). Zur genaueren Inspektion sollte man jedoch vom Segway absteigen.

Links: Einst als Residenz des Kardinals József Batthyány errichtet, beherbergt das Primatialpalais heute die städtische Gemäldegalerie (links im Bild). Seit 1868 befindet sich im Alten Rathaus das Museum der Stadtgeschichte Bratislavas (Bildmitte).

den Ufer. Auf dieser einzigen Trägerkonstruktion der asymmetrisch aufgehängten, über 430 Meter langen Neuen Brücke befindet sich in schwindelerregender Höhe ein Restaurant, das von außen an eine fliegende Untertasse erinnert und treffend »UFO« heißt. Ins Restaurant im linken Pylon gelangt man mit einem Aufzug. Dort wird man mit einem fantastischen Blick über die Stadt belohnt.

○ HAUPTPLATZ

Der Hauptplatz (Hlavné námestie) ist nicht nur der belebte zentrale Platz der Altstadt Bratislavas, an dem regelmäßig Veranstaltungen stattfinden, sondern auch der Standort von wichtigen Gebäuden und Stadtpalästen. Hier befindet sich u.a. das Palais des ungarischen Magnaten- und Adelsgeschlechts Esterházy, in dem heute die französische Botschaft residiert. Bevor die Esterházy das 1762 errichtete zweistöckige Bauwerk erstanden, gehörte es dem Baron von Kutschersfeld – dem Betreuer der königlichen Besitztümer – und wird deshalb auch Kutschersfeld-Palais genannt.

○ MAXIMILIANSBRUNNEN

Etwas von der Mitte des Hauptplatzes versetzt steht ein großer Renaissancebrunnen, der Maximilians- oder Rolandsbrunnen. Entstanden ist das eindrucksvolle Wasserspiel 1572 im Auftrag Kaiser Maximilians II. nach einem großen Stadtbrand. Die Unklarheit über den Namen verursacht die Figur auf der verzierten zentralen Säule: Sie könnte sowohl den Spender, Kaiser Maximilian, darstellen als auch den legendären Ritter Roland, den Beschützer der Städte.

○ ALTES RATHAUS

Am anderen Ende des Hauptplatzes steht das Alte Rathaus (Stará radnica), das durch sein schräges rotes Ziegeldach mit den mehrfarbigen dreieckigen Dachgauben und dem hohen Uhrenturm auffällt. Das gotische Bauwerk ist ein Komplex aus drei Gebäuden, ergänzt und umgebaut in späteren architektonischen Stilen. Der älteste Teil wurde im 14. Jahrhundert als Wohnhaus gebaut. Vom 15. bis zum 19. Jahrhundert dienten die Gebäude als Rathaus von Bratislava, heute residiert hier das Stadtmuseum. Erst im 20. Jahrhundert entstand der neugotische Ostteil. Das Portal dagegen ist spätgotisch mit einem darüberliegenden, von Statuen und Türmchen flankierten Erker. Sehenswert ist schließlich der arkadengesäumte Innenhof.

○ PALAIS GRASSALKOVICH

Das Palais ist der Amtssitz des slowakischen Präsidenten. Der Barockbau entstand 1760 im Auftrag des Finanzverwalters Maria Theresias, Graf Grassalkovich, der hier Bälle und Konzerte veranstaltete.

○ PRIMATIALPALAIS

Das klassizistische Palais, in dem 1805 mit Frankreich der Frieden von Pressburg unterzeichnet wurde, ließ sich 1781 Erzbischof Jozef Batthyány erbauen. Heute residiert hier die städtische Gemäldegalerie.

○ NATIONALTHEATER

Das Alte Nationaltheater am Hviezdoslavovo-Platz entstand 1886 im Stil der Neorenaissance. Seit 2007 gibt es auch ein Neues Nationaltheater.

NACHHALTIG GENIESSEN

Made with Laf // Das gemütliche Bistro mit den bunten Stühlen und den Holztischen in der Dunajská bietet vegane Gerichte an. Unter der Woche wird ein Mittagsmenü serviert. Das Café ist sehr beliebt. Um nicht Schlange stehen zu müssen, empfiehlt es sich daher, vor dem großen Andrang da zu sein.

// www.facebook.com/madewithlaf

U Kubistu // Die Betreiber des sympathischen Lokals sehen sich selbst nicht als fanatische Öko-Freaks. Tomaten werden aber selbst angebaut und auf den Teller kommt nur Frisches aus der Region. Das schmeckt man!

// www.ukubistu.sk

Mondieu // Das beliebte Café findet man an mehreren Standorten. Kleine Gerichte werden mit Biozutaten, verschiedene Kaffeegetränke und heiße Schokoladen mit Biomilch zubereitet. Smoothies, frische Säfte und hausgemachte Getränke runden das Angebot ab.

// mondieu.sk

Das Business und Shopping Centre Eurovea wurde 2010 eröffnet. Direkt an der Donau gelegen, gilt es als neuer gesellschaftlicher Hotspot der Stadt.

REGIONAL EINKAUFEN

○ BURZOBLSAK-FLOHMARKT

Auf diesem Flohmarkt geht es nicht nur darum, gebrauchte Kleidung zu recyceln und weiterzuverwenden. Wer möchte, kann sie auch an Waisenkinder in Bratislava spenden. Der Markt findet am ersten Samstag im Monat statt und endet nicht vor 2 Uhr nachts.

○ THE GOOD MARKET

Ursprünglich wurde dieser Markt von einer Niederländerin eingerichtet, um versteckten Plätzen und unscheinbaren Straßen in der Stadt wieder Aufmerksamkeit zu schenken. Seitdem beleben örtliche Hersteller, Bauern und Kreative mit ihren Produkten wie Secondhand- und Designerklamotten, Essen und Trinken oder alten Büchern die unterschiedlichsten Orte der Stadt. Zeitgleich werden außerdem Konzerte und Picknicks veranstaltet.

○ ELEVEN BOOKS & COFFEE

In dem kleinen Buchladen kann man es sich an einem der runden Holztische gemütlich machen und bei einer Tasse Kaffee Bücher aller möglichen Genres und unterschiedlicher Sprachen durchblättern und zu einem günstigen Preis auch mit nach Hause nehmen.

// elevenbooks.sk

○ NOX VINTAGE SHOP

Nicht nur Vintage-Fans werden in dem kleinen Laden bestimmt fündig. Die Auswahl reicht von Kleidung unterschiedlicher Stile über Schmuck und Accessoires bis hin zu Geschirr.

// Ventúrska 3

ÜBERNACHTEN

Hotel Galeria // Das kunterbunte und in sich asymmetrisch geformte Gebäude, auch »Schmetterlingshaus« genannt, liegt ganz in der Nähe des Bahnhofs. Das Hotel verfügt über fantasievolle Zimmer, jedes von ihnen ist individuell und fantasievoll gestaltet. Im zugehörigen Kunstcafé kann man zeichnen und selbst ein Kunstwerk schaffen. Das Stadtzentrum ist etwa 1,5 Kilometer entfernt, eine Bushaltestelle befindet sich direkt vor dem Hotel.

// Vancurova 1, Nove Mesto

Lindner Hotel Gallery Central // In den Häusern der Lindner-Hotelkette wird Nachhaltigkeit groß geschrieben. Auch das Lindner Gallery Central achtet auf Energieeffizienz und sparsamen Verbrauch von Ressourcen sowie eine klimaschonende Hotelführung und ist – wie alle Lindner-Hotels weltweit – mit dem Nachhaltigkeitssiegel »Greensign« zertifiziert. Höchster Komfort versteht sich dabei von selbst.

// www.lindner.de/bratislava-hotel-gallery-central.html

GANZ BEWUSST ERLEBEN

DIE DONAU ENTLANG

Vor allem im Sommer lädt das Ufer rechts der Donau zu einer Tour mit Fahrrad oder Inlineskates ein. Besonders gut ausgebaut und asphaltiert ist die Strecke von der Alten Brücke bis zum Wasserwerk von Čunovo (etwa 15 Kilometer). Unterwegs kann man sich in einem der zahlreichen Cafés oder Bars erfrischen und stärken.

ZEITGENÖSSISCHE KUNST IN EINER PRIVATWOHNUNG BESICHTIGEN

Seit 2012 kann man zu Hause bei Andrej Jaroš wechselnde Ausstellungen zeitgenössischer Künstler besuchen. In seiner geräumigen Altbauwohnung mit dem warmen Holzboden und den hohen Wänden stellt der Kunsthistoriker vorwiegend Arbeiten junger Künstler aus. Wer in der Altstadt unterwegs ist, kann einfach spontan bei Andrej klingeln und eine kleine Runde durch die Flat Gallery drehen. Die Gemälde werden etwa alle zwei Monate gewechselt.

IM ÄLTESTEN GEMISCHTWARENLADEN DER STADT VORBEISCHAUEN

Im Obchod v Muzeu fühlt man sich zurückversetzt in die 1920er-Jahre. Die breite Theke mit der alten Kasse und dahinter der Holzschrank mit den kleinen Schubfächern entführen in Großmutters Zeiten. Zu durchstöbern und kaufen gibt es alte Postkarten, aber auch landestypische Kuchen und traditionelle Weine.

DIE THREAD FACTORY BESUCHEN

Das ehemalige Fabrikgelände ist heute ein Kulturzentrum mit besonderem Flair. Graffiti-Künstler, Maler, Fotografen, Filmemacher, Designer, Architekten und Musiker haben hier ihre Werkstätten, Galerien und Ateliers. Außerdem gibt es einen Coworking-Bereich, eine Bar, einige Showrooms und sogar ein Yoga-Studio. Einmal pro Jahr darf man den Künstlern beim Tag der offenen Tür über die Schulter schauen. Das übrige Jahr über werden Konzerte, Partys, Workshops, Diskussionsrunden, Ausstellungen und Theateraufführungen organisiert.

BEGEGNUNG MIT KURIOSEN BRONZEFIGUREN

Ein Gaffer, ein Paparazzo, der schöne Náci sowie ein napoleonischer Soldat wollen in der Altstadt gesehen werden. Märchenbegeisterte wird die Statue von Hans Christian Andersen erfreuen, der die Stadt einst besuchte und aus dem Schwärmen nicht mehr herauskam.

15 BUDAPEST

HEILBÄDER, JUGENDSTIL UND MUSIKKULTUR

Prachtvolle Bauten und breite Boulevards, elegante Kaffeehäuser und üppige Jugendstilbäder wie aus 1001 Nacht – nicht nur wegen ihres glanzvollen Musik-, Theater- und Kulturlebens nennt man Budapest oft auch das »Paris des Ostens«. Die Donau teilt Ungarns Hauptstadt in das bergige Buda mit dem Burgviertel auf der einen und das flache Pest mit dem kuppelbekrönten Parlamentsgebäude auf der anderen Uferseite.

Oben: Prinz Eugen von Savoyen wird in Form eines bronzenen Reiterstandbildes vor dem Haupteingang des Burgpalasts geehrt. Der Feldherr gilt als Nationalheld, nachdem er die Osmanen in der Schlacht von Zenta besiegte.

Links: Nicht nur von außen ist die Stephans-Basilika prächtig, vor allem der üppige Baudekor im Inneren verzaubert die Besucher.

○ BURGBERG UND FISCHERBASTEI

Im 13. Jahrhundert entstand die Burg Buda als Festung an der Südspitze des Burgbergs und wurde bald danach zur Königsburg auserkoren. Zugleich erwuchs auf dem übrigen Teil der Erhebung eine mittelalterliche Bürgerstadt. Heute erstreckt sich das Burgviertel über etwa zwei Drittel des Plateaus, vom Wiener Tor im Norden bis zum St.-Georgs-Platz vor den Toren der Burg. Nach den Verwüstungen während der Türkenkriege musste das gesamte Viertel neu aufgebaut werden. Das verspielte, festungsartige Ensemble der Fischerbastei steht am Rand des Vorplatzes der Matthiaskirche am Steilabhang zur Donau. Es entstand 1902 nach Plänen des Budapester Architekten Frigyes Schulek, der romanische Formen mit solchen anderer Epochen kombinierte. Vom Viertel »Wasserstadt« direkt unterhalb führt eine zugehörige monumentale Treppenanlage den Berg hinauf.

○ BURGPALAST

Wie zwei Geschwister stehen sie sich gegenüber – auf der einen Donauseite der Burgpalast mit seiner Kuppel, auf der anderen das Parlament. Ein wohl einzigartiges Panorama tut sich in Budapest auf. Auch wenn er vom fernen Ufer der Donau aus noch so schön aussehen mag – es lohnt sich, den Burgpalast einmal näher zu untersuchen. Seine Anfänge reichen zurück bis ins 13. Jahrhundert, als König Béla IV. sich hier einen gotischen Palast errichten ließ. Die Anlage überspannt fast den gesamten südlichen Hügel, sie ist 400 Meter lang und 200 Meter breit und größte Burg Ungarns. In ihrer mehr als 800-jährigen Geschichte hat sie viele Belagerungen gesehen und wurde vielfach zerstört, zuletzt im Zweiten Weltkrieg.

UNGARISCHE NATIONALGALERIE

Im Burgpalast befindet sich die Nationalgalerie. Zu Kirchenkunst, mittelalterlichen Werken und moderner ungarischer Kunst gesellen sich Wechselausstellungen.

○ MATTHIASKIRCHE

Die 1255 bis 1269 als romanische Basilika entstandene Kirche auf dem Burgberg von Buda wurde als Liebfrauenkirche geweiht. Ihr inoffizieller Name geht auf Matthias I. Corvinus zurück; ihm verdankt das im 14. Jahrhundert zur dreischiffigen gotischen Hallenkirche umgebaute Gotteshaus den 80 Meter hohen Südturm (1470). So scheint die Matthiaskirche mit ihrem

CO_2-FREUNDLICH DURCH DIE STADT

ÖPNV // Das Verkehrsunternehmen BKV betreibt drei Metrolinien, Straßenbahn und Bus sowie mehrere Schnellbahnlinien. Die M1 zählt als erste Metrolinie auf dem europäischen Festland zum UNESCO-Welterbe. Auch das Straßenbahn- und Busnetz sind gut ausgebaut und ergänzen die Metro ideal. Die Budapest Card berechtigt zur kostenfreien Nutzung der öffentlichen Verkehrsmittel.

Mit dem Fahrrad // Budapest lässt sich ebenso gut mit dem Fahrrad erkunden. Die MOL BuBi Bikes stehen an verschiedenen Stellplätzen in der Stadt zur Verfügung. Einfach ein 24-Stunden- oder Mehr-Tages-Ticket lösen, ID- und PIN-Code eingeben und los geht's!

Dach aus bunten Keramikziegeln unversehrt die Zeiten überdauert zu haben. Weit gefehlt: Ihre heutige Gestalt geht auf eine umfassende Restaurierung (1874–1896) im Stil der Neogotik zurück.

○ GELLÉRTBAD

Die Thermalquellen rund um Budapest verführten schon die Römer, an der Donau zu bleiben und sich anzusiedeln. Später nutzen die türkischen Besatzer die heilenden Quellen am Fuße des Gellért-Berges als Hamam. Als Anfang des 20. Jahrhunderts wirtschaftlicher Aufschwung nach Budapest kam, wurde auch das Hotel Gellért erbaut, das viele Budapest-Besucher nur wegen des Bades kennen. Tatsächlich zählt der Komplex zu den schönsten Thermalbädern der Stadt. Eklektisch im Jugendstil errichtet, haben die Bauherren nicht an Verzierungen gespart: Herrlich verspielte Säulen stützen die zwei Etagen des Hauptschwimmbades, Glasmalereien, handgearbeitete Kacheln machen den Charme des Baus aus, der über drei Innen- und zehn Außenschwimmbecken verfügt.

○ GELLÉRTBERG

Der nach Bischof Gellért benannte Berg ist 235 Meter hoch und bietet eine herrliche Sicht auf die Stadt. Oben hat man dem Märtyrer ein Denkmal gesetzt. Die Zitadelle erinnert an die Unabhängigkeitsrevolte 1848/49. Am südlichen Hang des Berges wurde 1926 eine Kapelle in eine Höhle gebaut.

○ GROSSE SYNAGOGE

Das Judentum hat in Ungarn eine lange, leider meist traurige Geschichte. Die Synagoge ist die zweitgrößte der Welt und kann im Rahmen einer Führung besichtigt werden. Eindrucksvoll das Jüdische Museum und das Holocaust-Denkmal im Innenhof, wo Tausende Opfer des Faschismus bestattet wurden.

○ KETTENBRÜCKE

Winter können in Ungarn nicht nur sehr kalt werden, auch die Donau kann sich zu einem mächtigen Eisstrom entwickeln. Selbst die stärksten Holzpfeiler würden der starken Strömung und dem Druck nicht standhalten, deswegen spannten die Budapester im Sommer eine Brücke aus Pontons zwischen ihre beiden Stadtteile und hofften im Winter auf eine zugefrorene Donau. Erst der Reformer István Széchenyi fasste den Mut für ein damals in ganz Europa einzigartiges Vorhaben – über einen derart starken und breiten

Links: Schon seit 1870 ist die Standseilbahn auf den Budaer Berg die bequemste Möglichkeit, ins Burgviertel zu gelangen.

Rechts: Vorbild für den Bau des Parlaments war der Palace of Westminster in London. Der in prominenter Lage unmittelbar am Pester Donauufer gelegene Komplex bildet ein Gegengewicht zur Budaer Burg auf der gegenüberliegenden Flussseite. Die kunstvollen Fresken und Deckenmalereien im Inneren sind im Stil des Klassizismus gehalten und stellen die Geschichte Ungarns dar. Für die zahlreichen goldenen Verzierungen wurden mehr als 40 Kilogramm Gold verarbeitet.

Fluss eine Brücke bauen zu lassen. Der Bau begann 1839, Széchenyi organisierte Tonnen von Stahl und stellte das Vorhaben unter englische Bauleitung. Zehn Jahre später konnte die Brücke eingeweiht werden.

○ PARLAMENT

Das mit 365 Türmchen und 88 Statuen und Figuren geschmückte Gebäude besteht aus einem Mitteltrakt und zwei symmetrischen Seitenflügeln mit einer neugotischen Fassade, die auch Stilelemente des Barock und der Renaissance zeigt. Die Spitze der Kuppel schwebt 96 Meter über dem Boden, und die auf Pfeilern ruhende Decke des Kuppelsaals im Inneren erreicht eine lichte Höhe von 27 Metern. Damit zählt es zu den größten Parlamentsgebäuden der Welt.

NACHHALTIG GENIESSEN

Napfényes Étterem // In der Bäckerei gibt es ausschließlich vegane Leckereien. Im zugehörigen Café kann man kleine traditionelle Gerichte oder ein täglich wechselndes Menü (alles vegan und mit Biozutaten) bestellen.
// napfenyesetterem.hu

Nem Adom Fel // Das gemütliche Café wurde von Menschen mit körperlicher und geistiger Behinderung gegründet. Kellner mit Down-Syndrom, Taubstumme und Autisten schenken hier Getränke aus, bereiten Speisen zu, bedienen und organisieren kulturelle Veranstaltungen. Jeder ist willkommen.
// nemadomfelkavezo.hu

Naspolya Nassolda // Alles, was man in dem kleinen, liebevoll eingerichteten Café verzehren kann, wird auch vor Ort hergestellt: Kuchen, Säfte, Müsli, der legendäre Chia-Pudding oder die Mandelmilch. Auch ungewöhnliche und innovative Kreationen stehen zur Auswahl.
// naspolya.hu

○ ST.-STEPHANS-BASILIKA

Als die St.-Stephans-Basilika im Jahr 1848 errichtet wurde, musste schon der Aushub unterbrochen werden, weil die Revolution ausgebrochen war. Als drei Jahre später die Arbeiten fortgesetzt werden konnten, starb der Baumeister József Hild kurze Zeit darauf. Und dann brach auch noch die stolze Kuppel des Gebäudes zusammen. Der neue Baumeister Miklós Ybl ließ sie wieder neu errichten, verstarb aber auch wenig später. Allen Widrigkeiten zum Trotz ist die größte Kirche der Donau-Stadt dennoch fertiggestellt worden. Sie ragt mit ihrer Kuppel 96 Meter hoch in den Himmel. Die wichtigste Reliquie des Gotteshauses ist die einbalsamierte rechte Hand des heiligen Stephan, des ersten christlichen Königs von Ungarn.

○ HELDENPLATZ

In der Mitte des Heldenplatzes steht das Millenniumsdenkmal, eine 36 Meter hohe Säule, die eine Statue des Erzengels Gabriel trägt. Einer Sage nach ist er dem heiligen Stephan erschienen und hat ihm die Krone überreicht. Umgeben ist der Heldenplatz von zwei Kolonnaden. Zwischen den Säulen befinden sich die Statuen großer Persönlichkeiten der ungarischen Geschichte.

○ UNGARISCHE STAATSOPER

Sie gehört zu den prachtvollsten Opernhäusern in ganz Europa. Die im Stadtteil Pest gelegene Oper ist im Stil der Neorenaissance errichtet, ganz nach dem Willen des österreichischen Kaisers Franz Joseph, der damals eine Wien ebenbürtige Bühne in Budapest erbauen ließ. Der Kaiser hatte den berühmten Architekten Miklós Ybl beauftragt und dazu die besten Künstler der damaligen Zeit nach Budapest reisen lassen, um Fresken und Marmorarbeiten auszugestalten. 1200 Menschen finden in dem Saal Platz, er ist bis heute weltberühmt für seine erstklassige Akustik.

So stellt man sich eine Oper vor: goldene Verzierungen, barocke Gestaltung und roter Samt. Kein Wunder, dass die Ungarische Staatsoper schon bald nach ihrer Eröffnung zur Kulisse für den Film »Phantom der Oper« wurde.

○ MARGARETENINSEL

Mitten in der Donau liegt Budapests autofreier Park. Es gibt Strände, Joggingzonen, ein Schwimmbad, den Rosengarten und die Ruinen alter Klöster. Außerdem das Zentenariumsdenkmal, das an die Vereinigung von Buda und Pest erinnert, sowie den Springbrunnen mit musikalischer Untermalung.

REGIONAL EINKAUFEN

○ MEDENCE CSOPORT

Ein ganz besonderer Taschenladen: Nicht nur, dass junge Designer die originellen Stücke aus umweltfreundlichen und nachhaltigen Materialien herstellen. Wer möchte, kann seine eigene Tasche sogar selbst kreieren. // www.medencedesign.com

○ KABINET GALÉRIA

Wer ein besonderes Andenken mit nach Hause nehmen möchte, wird in dem kleinen Laden zwischen Taschen, Schmuck, Keramik, Zeichnungen und Postkarten fündig. Die Einnahmen kommen Künstlern und Kindern aus schwierigen Verhältnissen zugute.

// Kőfaragó u. 15

○ PALOMA ARTIST COURTYARD

Der prunkvolle Innenhof beherbergt Showrooms, Geschäfte und Kunstgalerien. Beim Bummel durch die Läden kommt man mit den jungen Designern und Künstlern ins Gespräch, die ihre Stücke in den von ihnen selbst gestalteten Läden zum Verkauf anbieten.

○ SCHUHE VON LÁSZLÓ VASS

In dem 1978 gegründeten Betrieb kann man sich Schuhe nach Maß anfertigen lassen. Diese werden noch mit traditionellen Schuhmacherwerkzeugen in sorgfältiger Handarbeit gefertigt.

// www.vass-shoes.com

ÜBERNACHTEN

Budapest Museum Central Hotel // Das Hotel liegt direkt gegenüber dem Nationalmuseum und verfügt über geräumige Zimmer. Der Betrieb setzt auf alternative Energien und verwendet nur schadstofffreie, biologisch abbaubare Reinigungsmittel. Auf dem Dach wurden Solarzellen angebracht. Wer möchte, bekommt zum Frühstück Bio- oder Fairtrade-Produkte. Im Ausstellungsbereich können die Hotelgäste zeitgenössische Kunst bewundern.

// www.museumhotel.hu

Danubius Hotel Flamenco // Den Titel »Evergreen Hotel« bekam die Unterkunft nicht nur wegen der herrlich grünen Parklandschaft, von der sie umgeben ist. Das Hotel achtet ganz besonders auf Umweltschutz und Energieeffizienz. Ein Wellness- und Fitnessbereich mit diversen Sportangeboten steht ebenfalls zur Verfügung. Im Restaurant genießt man traditionelle Gerichte, aber auch spezielle Wellness-Menüs sowie vegetarische Speisen.

// www.danubiushotels.com

GANZ BEWUSST ERLEBEN

ZEIT AUF DEM MARKT IM SZIMPLA KERT VERBRINGEN

Jeden Sonntag verkaufen ansässige Bauern in der wohl bekanntesten Ruinenbar der Stadt an über 30 Ständen Käse, Honig, Marmelade, Saft, Obst und Gemüse, Fleisch, frisch gesammelte Pilze, Trüffel und Kräuter. Doch das sonntägliche Event ist längst mehr als ein Bauernmarkt. Hier trifft sich Jung und Alt regelmäßig, man sitzt zusammen, plaudert, diskutiert. Dazu spielen Live-Bands Jazz, Folk und andere Musik. Zudem bereitet jede Woche eine andere gemeinnützige Organisation aus den frischen Zutaten ein leckeres Mittagsgericht zu, das man für einen fairen Preis erwerben kann. Der Erlös wird gespendet. Ein Brunch aus frischen Marktzutaten steht ebenfalls zur Verfügung.

AUF SKULPTURENSUCHE GEHEN

In der ganzen Stadt stößt man hier und da auf kunstvoll gearbeitete Skulpturen, viele von ihnen gibt es im Stadtteil Óbuda zu bestaunen. Da sitzt ein Schriftsteller an einem Tisch, ein Kind auf einem Geländer, in der Nähe des Hauptplatzes stehen vier Damen unter Schirmen. Meist verbergen sich dahinter berühmte ungarische Persönlichkeiten. Eine ganze Reihe Skultpuren ist auch im Statuenpark Szobor zu sehen. Die Denkmäler stammen aus der Zeit des Realsozialismus, darunter die Stiefel von Stalin oder Standbilder von Karl Marx und Friedrich Engels.

EIN KLEZMER-KONZERT ERLEBEN

Die Musik, die einst von jüdischen Wandermusikanten geprägt wurde, erlebt in Budapest eine Renaissance. Zum Beispiel jeden Freitagabend im Spinoza (hier bekommt man sogar ein Menü inklusive!).

BUDAPEST VON ANDEREN SEITEN BETRACHTEN

Zu Budapest gehören keineswegs nur Brücken, herrliche Gebäude und städtischer Trubel. Die Stadt besitzt auch Berge und grüne Landschaften, die schön bei einer Fahrt mit einer der Bahnen zur Geltung kommen. Am besten man fährt mit der alten Zahnradbahn auf den Berg Széchenyi und genießt von dort das einmalige Panorama auf die Stadt. Ein besonderes Erlebnis ist auch die Fahrt mit dem Sessellift durch die Berglandschaften von Budapest. Für ganz besondere Ausblicke steigt man nach der Endstation noch auf den Erzsébet-Aussichtsturm.

EIN HEILENDES BAD NEHMEN

Der Thermalbadbesuch gehört in Budapest einfach dazu. Man hat die Qual der Wahl. Das Gellért-Bad ist sehr groß und hat besonders warmes Wasser – gut bei Gelenk- und Gefäßbeschwerden. Im Rudas-Bad fühlt man sich wie in einem türkischen Tempel.

 16

MERAN

ENTSPANNTE STIMMUNG IM HERZEN SÜDTIROLS

An der Pfarrkirche steht lebensgroß der heilige Nikolaus und deutet mit erhobenem Finger durchs Bozner Tor hinaus zur Passer, als wolle er sagen: »Bürger von Meran, passt auf ihre Fluten auf!« Die Schäden von früher sind vergessen, seit flussaufwärts Staubecken die Wassermengen regulieren. Entlang der Passer wird jetzt sorgenlos promeniert, in den nahen Geschäften geshoppt, im Kursaal getanzt und im Jugendstiltheater applaudiert. Das mediterrane Klima beglückt die 37 000 Einwohner große Stadt, die deshalb seit Jahrhunderten von Persönlichkeiten wie Kaiserin Elisabeth besucht wird.

Meran ist zu schön zum Arbeiten, aber noch schöner zum Bummeln: sei es durch die verträumte Altstadt mit ihrer Laubengasse, sei es in den Gärten von Schloss Trauttmansdorff (oben), vorbei an Blauweiderich, Mohnblumen und Storchschnabel, oder rund um die katholische Kirche St. Nikolaus, das Wahrzeichen der Stadt mit dem 78 Meter hohen Turm (links).

○ LAUBENGASSE

Zu einem Stadtbummel lädt die Laubengasse ein, die vom Pfarrplatz zum Kornplatz führt. Die Besonderheit der Häuser, die durchweg sehr schöne Fassaden mit Erkern besitzen, ist der Laubengang, durch den man auch bei Regenwetter trockenen Fußes an den Schaufenstern entlangspazieren kann. Torbögen geben immer wieder interessante Einblicke in hübsche Höfe. Die eleganten Laubengeschäfte stammen aus der Zeit um 1420, als Meran Landeshauptstadt war, und lassen kaum ahnen, dass sich hier früher Kuhställe befanden.

○ KURHAUS

Der ältere Teil des Kurhauses von Meran wurde im Jahr 1874 eröffnet. Doch heute wird der Gesamteindruck vom 1913/14 neu gebauten Trakt dominiert, zu dem auch die Rotunde und der Große Kursaal gehören. Dieser neue Trakt wurde von Friedrich Ohmann entworfen, einem Vertreter der Wiener Secession und Meister des Jugendstils, was man deutlich am verzierten Bau ablesen kann.

NACHHALTIG GENIESSEN

Yosyag Biorestaurant // Das moderne Restaurant bietet regionale Gerichte und verwendet nur biologische Zutaten. Die Gewürze stammen aus dem hauseigenen Kräutergarten. Vegetarische Speisen stehen ebenso auf der Karte wie gluten- oder laktosefreie Gerichte.
// www.altoadigepertutti.it

Chiosco PulverSturm // Der gemütliche Imbissladen nahe dem Pulverturm kann nicht nur mit einer herrlichen Aussicht punkten. Hier werden nur Lebensmittel aus der Region verarbeitet, und es gibt sogar vegane Burger.
// Tappeinerweg 3

CO_2-FREUNDLICH DURCH DIE STADT

Zu Fuß // Das Zentrum Merans erkundet man am besten gemütlich zu Fuß. Will man die umliegende Berglandschaft erwandern, kann man den öffentlichen Nahverkehr nutzen.

Vinschgerbahn // Die Bahn verläuft durch den Vinschgau bis Mals. Sechs Bahnhöfe entlang der Strecke sind mit Leihfahrrädern ausgestattet, die man an jeder der Stationen auch wieder zurückgeben kann.

// www.suedtirol-it.com/vinschgau/vinschgerbahn.html

bikemobil Card // Das Ticket ermöglicht unbegrenzte Fahrt mit den öffentlichen Verkehrsmitteln an einem, drei oder sieben Tagen inklusive einem Tagesausflug mit einem Leihfahrrad in ganz Südtirol.

○ LANDESFÜRSTLICHE BURG

Die kleine Burg im Herzen der Stadt ließ Erzherzog Sigmund von Österreich Ende des 15. Jahrhunderts erbauen. Im 16. Jahrhundert erfolgte eine Umgestaltung. Die Inneneinrichtung stammt aus der Gotik bzw. der Renaissance. Zu sehen sind auch eine Waffensammlung und historische Musikinstrumente.

○ STADTPFARRKIRCHE ST. NIKOLAUS

Die dreischiffige gotische Kirche erhebt sich majestätisch am Ende der Laubengasse. Ihr Turm ist mit seinen 83 Metern einer der höchsten Kirchtürme in Südtirol. In ihrer heutigen Form wurde das Gotteshaus 1465 geweiht. Auch die filigrane Innenausstattung (Altäre, Chorgestühl) hat sich rein gotisch erhalten.

○ HEILIGGEISTKIRCHE

Das gotische Kirchlein wurde 1271 als Kapelle für ein heute nicht mehr existierendes Spital außerhalb der Stadtmauern errichtet. Bei einem Hochwasser der Passer wurde es im 15. Jahrhundert zerstört und dann neu errichtet. Sehenswert ist das gotische Portal mit einer Marienstatue mit Kind; im Innern stellen Fresken die dramatische Überschwemmung dar.

○ SCHLOSS TRAUTTMANSDORFF

Das Schloss liegt etwas außerhalb Merans. Das Highlight sind seine Gärten, in denen Pflanzenarten der verschiedensten Regionen unserer Erde vorgestellt werden – es gibt einen Zypressensumpf, einen immergrünen Lorbeerwald und einen Bambuswald.

ÜBERNACHTEN

Bio- und Wellnesshotel Pazeider // Am Marlinger Berghang mit herrlichem Blick auf Meran gelegen, lässt dieses Hotel kaum Wünsche offen. Natürliche und hochwertige Zutaten sind fester Bestandteil der zertifizierten Bioküche. Das hauseigene System »O_2=Ok« sorgt im Großteil der Zimmer konstant für Frischluft und schafft ein angenehmes Raumgefühl. Nachhaltige Materialien wie Echtholz und Stein machen den Aufenthalt gemütlich.

// www.pazeider.com

Riedingerhof // Urlaub wie im Bilderbuch: Das familiengeführte Apfel- und Weingut bietet seinen Gästen komfortable Zimmer und eine entspannte Atmosphäre. Zum Frühstück gibt es ein reichhaltiges Buffet mit Produkten aus eigenem Anbau sowie aus regionaler Landwirtschaft. Obst und Gemüse aus dem eigenen Garten sowie hausgemachte Kuchen werden natürlich auch angeboten.

// www.riedingerhof.com

GANZ BEWUSST ERLEBEN

IN DER THERME MERAN ENTSPANNEN

Ist kein Thermalwasser da, wird danach gebohrt. So tief wie eben nötig, und wenn es bis zur Magma reicht, schließlich ist das heilende Wasser für die Kurstadt Meran ein Muss. Das Kuren hat hier eine lange Tradition. Es begann nach den Empfehlungen eines Habsburger Leibarztes 1837, der Meran als Ort des milden und gesunden Klimas entdeckte. Vom Herzstück der Thermenanlage, einem riesigen gläsernen Kubus, reicht der Blick bis zur imposanten, im Winter schneebedeckten Bergwelt. Der Kurbetrieb wird mit radonhaltigem Wasser aus den nahen Bergen gespeist, das beruhigend und schmerzlindernd wirkt. Außerdem sorgen ein Fitness- sowie ein Spa-&-Vital-Center für Wohlbefinden.

MIT DEM KORBLIFT AUF DEN BERG

In einem Korb stehend über grüne Almwiesen zu schweben ist ein einzigartiges Erlebnis. Der Korblift von Vellau nach Algund wurde einst eigens für Wanderer entworfen, ist seit 1965 in Betrieb und der letzte seiner Art in Südtirol. Auf der Fahrt hinauf genießt man einen herrlichen Ausblick über die Berglandschaft der Texelgruppe. Oben angekommen, kann man den Weg durch den Naturpark zu Fuß fortsetzen, zum Beispiel zu den Spronser Seen. Natürlich gibt es mehrere Almen zur Einkehr, und auch der Meraner Höhenweg führt in der Nähe vorbei.

EINEN WAALWEG LAUFEN

Die sogenannten Waalwege sind eine Besonderheit Südtirols und ausschließlich rund um Meran und im Vinschgau zu finden. Schon seit dem 12. Jahrhundert wird in den Waalen, speziell angelegten Kanälen, Wasser vom Berg zur Bewässerung ins Tal geleitet. Meist liegen die Wege auf mittlerer Höhe und bescheren eine einmalige Aussicht auf die umliegende Landschaft. Aufgrund des geringen Höhenunterschieds sind sie für jedermann geeignet. Der Malinger Waalweg ist der längste Waalweg Südtirols. Von der Töll verläuft er bis zum Raffeingraben in Lana. Wer hier entlangläuft, bekommt sogar noch das historische Wasserrad zu sehen.

KINO EINMAL ANDERS: AUSFLUG NACH VÖRAN

Im »Knottnkino« auf dem Roststeinkogel in Vöran oberhalb von Hafling gibt es je nach Jahres- und Tageszeit eine andere Vorstellung. 30 Freiluft-Kinosessel aus Stahl und Kastanienholz laden ein, innezuhalten und einen wunderbaren Panoramablick über das Etschtal und die Bergspitzen der Texelgruppe zu genießen. Ganz besonders beeindruckend ist der Blick im Winter, wenn die Berge mit Schnee bedeckt sind.

 17

MAILAND

ZU GAST IN DER HEIMLICHEN HAUPTSTADT ITALIENS

Mailand ist das wichtigste Wirtschaftszentrum Oberitaliens mit einer jahrhundertealten Tradition und Geschichte, die ihren Ausdruck in prächtigen Kirchen und Palästen findet. Kunstliebhaber, Opernenthusiasten und Freunde des eleganten Lebens sind begeistert. Von hier aus wurde in der Spätantike zeitweise das römische Weltreich regiert, im Mittelalter war die Stadt Kristallisationspunkt des neuen Italien. Die erste Blütezeit begann im 11. Jahrhundert. Im Lombardischen Städtebund erlangte Mailand eine politisch führende Stellung. Zum Zentrum für Kunst und Kultur wurde die Stadt unter den Visconti- und Sforza-Herzögen. Die Blütezeit endete 1500, als die Selbstständigkeit des Stadtstaats endete.

Oben: Der Mailänder Dom ist eine der größten gotischen Kirchen der Welt. Die Bauarbeiten zogen sich über fast 500 Jahre hin und wurden erst 1858 beendet.

Links: Die berühmte Galleria Vittorio Emanuele II nördlich des Doms ist die prunkvollste Einkaufspassage Mailands, in der exklusive Luxusgeschäfte, Restaurants, Bars und Hotels residieren. Der »Laufsteg der Mailänder« wurde ab 1867 nach Plänen des Architekten Giuseppe Mengoni in Form eines Kreuzes errichtet und 1877 fertiggestellt.

○ MAILÄNDER DOM

Diese drittgrößte Kirche der Welt mit all ihren kleinen Winkeltürmchen sollte sich niemand entgehen lassen, der nach Mailand reist. Der Dom ist ein Meisterwerk der italienischen Gotik. Nicht weniger als 2245 einzelne Statuen zieren seine Fassade aus weißem Marmor. Selbst wer sich nicht für Kirchen interessiert, wird auf ihrem Vorplatz auf seine Kosten kommen: Das rege Treiben versprüht italienisches Flair.

○ PINACOTECA AMBROSIANA

Die Pinacoteca Ambrosiana zählt zu den bedeutendsten Gemäldesammlungen Italiens. In zahlreichen Sälen können hier Werke von Meistern wie da Vinci, Botticelli, Tizian und Caravaggio bewundert werden.

○ SAN BABILA

Die wohl älteste Kirche Mailands, die San Babila, liegt im gleichnamigen Viertel. Das ursprünglich romanische Bauwerk befindet sich heute zwischen Dutzenden Ateliers berühmter Modedesigner, weshalb San Babila auch das Modeherz der Stadt genannt wird.

○ GIUSEPPE-MEAZZA-STADION

Fußballfans werden sich besonders für das Giuseppe-Meazza-Stadion interessieren, die Heimat der Clubs Inter Mailand und AC Mailand. Auch außerhalb der Spieltage kann man den legendären Rasen betreten und die Kabinen inspizieren.

○ GIARDINI DI VILLA REALE

Von seiner malerischen Seite zeigt sich Mailand in den Giardini di Villa Reale, der ältesten Parkanlage der Stadt. Der See und die Statuen laden zum Ausruhen ein.

○ CASTELLO SFORZESCO

Das prächtige Schloss Castello Sforzesco beherbergt heute mehrere Museen und Ausstellungen. Hier soll-

CO_2-FREUNDLICH DURCH DIE STADT

ÖPNV // Vier Metrolinien (betrieben von der Verkehrsgesellschaft ATM Milano), zahlreiche Stadtbusse und Trambahnen sowie zehn S-Bahnlinien (betrieben von Trenord) verkehren im Stadtgebiet von Mailand. Wer im Besitz der MilanoCard ist, fährt kostenlos mit den öffentlichen Verkehrsmitteln.

Mit dem Fahrrad // Die Bikesharing-Anbieter Bikemi und Mobike stellen über die Stadt verteilt an verschiedenen Orten Fahrräder und E-Bikes zur Verfügung. Ausleihen kann man sie entweder per Registrierung auf der jeweiligen Website oder per App.

// www.bikemi.com, www.mobike.com/global

te man auch unbedingt durch den angegliederten Simplonpark mit seinen prachtvollen Rosenzüchtungen schlendern.

○ MUSEO BAGATTI VALSECCHI

Wer einen Blick in die Vergangenheit Italiens wagen will, der ist in diesem Museum bestens aufgehoben. Die Sammlungen enthalten Kunst aus der Renaissance, aber auch Möbel, Gobelins oder kostbare Tischplatten aus Elfenbein.

○ TEATRO ALLA SCALA

Für musikbegeisterte Besucher ist das Opernhaus Teatro alla Scala Pflicht, immerhin sind hier Größen wie Rossini, Bellini, Verdi, Donizetti oder Puccini aufgetreten.

○ SANTA MARIA DELLE GRAZIE

Santa Maria delle Grazie gehört zu den Mailand-Klassikern. Die Kirche, eine Stiftung des Grafen Gaspare da Vimercate, entstand von 1463 bis 1490 als dominikanische Klosterkirche. Im einstigen Refektorium malte Leonardo da Vinci im Auftrag von Ludovico il Moro von 1495 bis 1497 sein weltberühmtes, neun Meter breites und 4,50 Meter hohes Gemälde »Das letzte Abendmahl«. Darin ist der Augenblick festgehalten, in dem Jesus seine prophetischen Worte sprach: »Einer von euch wird mich verraten.«

○ PIAZZA MERCANTI

Die Piazza Mercanti galt im Mittelalter als Herz von Mailand. Hier tummelten sich täglich Mailands Händler und Handwerker, heutzutage kann man noch imposante Gebäude und zahlreiche Skulpturen bewundern.

○ PALAZZO REALE

Zu den schönsten Sehenswürdigkeiten Mailands zählt die ehemalige Heimat von Maria Theresa, Napoleon und Ferdinand I., der Königspalast Palazzo Reale. Trotz der Bombenangriffe des Zweiten Weltkriegs ist viel erhalten geblieben.

○ CIMITERO MONUMENTALE

Ein berühmter Zeitzeuge der Vergangenheit Mailands ist der Monumentalfriedhof Cimitero Monumentale. Auf 250 000 Quadratmetern sind hier atemberaubende Skulpturen und Kunstwerke sowie berühmte Gräber zu besichtigen.

Links: Auffallen um jeden Preis, das ist das Motto der Fashion Week in Mailand. Hier trägt ein Model eine Kreation von Vivienne Westwood.

Rechts oben: Einer der markantesten Bauten Mailands – das Opernhaus Teatro alla Scala mit seinem prachtvollen Saal.

Rechts unten: Seit 1980 Weltkulturerbe: Leonardo da Vincis »Letztes Abendmahl« in der Kirche Santa Maria delle Grazie.

○ TORRE BRANCA

Wer sich Mailand von oben ansehen will, kann dies auf einer Höhe von 108,60 Metern tun: Auf dem Aussichtsturm Torre Branca, der sich im Simplonpark befindet, hat man eine tolle Sicht.

○ GIARDINI PUBBLICI INDRO MONTANELLI

Wer sich bei all dem Sightseeing eine kleine Verschnaufpause gönnen will, tut dies am besten in Mailands grüner Lunge, dem Park Giardini Pubblici Indro Montanelli. Die gepflegten Rasenflächen laden nicht nur Einheimische zum Picknicken ein.

○ BASILICA DI SANT'AMBROGIO

Ein Pflichtbesuch ist die Basilica di Sant'Ambrogio. Die Kirche wurde vom Schutzheiligen der Stadt, Bischof Ambrosius, initiiert und ist den Märtyrern Gervasius und Protasius gewidmet, deren Überreste hier sogar noch bewundert werden können.

NACHHALTIG GENIESSEN

Trippa // Bodenständig und ohne Schnickschnack – so lässt sich die Trattoria nahe der Porta Romana am treffendsten beschreiben. Traditionelle Speisen der italienischen Küche stehen auf der Karte – natürlich auch die Innereien, nach denen das Lokal benannt ist.
// www.trippamilano.it

Walden // Eine Mischung aus Buchladen, Café, Bar und Bio-Restaurant bietet mitten im Großstadtgetümmel einen Rückzugsort. In dem »grünen Wohnzimmer« finden auch Kultur-, Kunst- und Musikveranstaltungen statt.
// www.waldenmilano.it

Thursday Pizza // Kein CO_2-Verbrauch, steingemahlenes Biomehl, erstklassige Zutaten – und es geht noch besser: Für jede bestellte Pizza wird ein Baum gepflanzt.
// www.thursdaypizza.com

○ MUSEO NAZIONALE SCIENZA E TECNOLOGIA LEONARDO DA VINCI

Mailand hat eines der wichtigsten naturwissenschaftlichen Museen der Welt zu bieten, nämlich das Nationalmuseum für Naturwissenschaft und Technologie, das mit vielen interaktiven Ausstellungen begeistert.

○ PINACOTECA DI BRERA

Die Pinakothek im Palazzo Brera war eigentlich als ein Ort des Lernens gedacht. Heute handelt es sich um eines der bedeutendsten Kunstmuseen Italiens, in dem vor allem Malerei der Renaissance und Barockzeit zu sehen ist.

○ CAPELLA PORTINARI

Zu Mailands wichtigen Bauwerken zählt auch die Capella Portinari. Gestaltet wurde diese Prachtkirche von Vincenzo Foppa, dem wichtigsten lombardischen Maler der Renaissance.

REGIONAL EINKAUFEN

○ MERCATONE DELL'ANTIQUARIATO
Immer am letzten Sonntag im Monat verwandeln sich die Uferpromenaden des Naviglio Grande zu einem großen Antiquitätenmarkt. An über 400 Ständen können Antiquitäten, Möbel aus den 1950er-Jahren, Schmuck und Kleidung erstanden werden.

○ ASAP – AS SUSTAINABLE AS POSSIBLE
Hier werden nachhaltige Kleidung und von Hand gefertigte Lederwaren und Accessoires angeboten. Alles natürlich ausschließlich »Made in Italy«.

○ BAUERNMARKT NAHE DER PORTA ROMANA
Auf dem Markt in der Nähe der Porta Romana gibt es alles, was das Herz begehrt: Von unterschiedlichen Obst- und Gemüsesorten über Fleisch- und Wurstwaren und Fisch sowie Brot bis hin zu weiteren landwirtschaftlichen Erzeugnissen ist natürlich alles aus der Region. Verkauft wird immer mittwoch- und freitagvormittags sowie samstagnachmittags. Achtung: Die Öffnungszeiten sind variabel.

○ BELLE & BIÒ
Dieser kleine Laden hat es sich zum Ziel gemacht, für Körper-, Haar- und Gesichtspflege nur ausgewählte Bioprodukte anzubieten. Zur Beratung gehört ein ausgiebiges Gespräch über Vorstellungen und Bedürfnisse zur Pflege. Hochwertige Pflanzenöle sowie Kosmetikanwendungen runden das Angebot ab.

○ L'ECOLAIO
Ökologisch nachhaltig, qualitativ hochwertig, ästhetisch schön mit hohem Qualitätsstandard, aber vor allem innovativ darf es sein? Hier findet man plastikfreie Dosen, pflanzliche Körperpflegeprodukte, Schreibwaren aus recyceltem Material und noch vieles mehr.

○ FIERA DI SINIGAGLIA
Am Samstagvormittag geht es für viele Einheimische traditionell auf den Fiera di Sinigaglia. Auf diesem Trödelmarkt kann man tolle Second-Hand-Ware sowie Kunst und Antiquitäten finden.

AUSFLÜGE

○ CREMONA
Wer mehrere Tage in Mailand verbringt, sollte unbedingt einen Abstecher in die Stadt der Geigenbauer machen. Der Geigenbau hat hier eine lange Tradition, die bis heute lebendig ist. Mit dem Zug erreicht man das reizende Städtchen binnen einer Stunde.

ÜBERNACHTEN

Biocity Hotel // Grün und trotzdem mitten in der Stadt? Das ist möglich! Im Jahr 2012 wurde dieses Hotel komplett saniert und basiert seitdem rundum auf einem nachhaltigen Konzept.
// www.biocityhotel.it

Klima Hotel Milano Fiere // Das erste grüne Hotel in Mailand setzt auf alternative Energien. Solarzellen bedecken die gesamte Front des Hauses und decken beinahe den ganzen Energieverbrauch des Hotels ab. Zwar befindet sich das Hotel in der Nähe des Messegeländes, die Innenstadt ist jedoch gut mit der Metro erreichbar.
// klimahotelmilano.com

Eco Hotel La Residenza // Für sein umweltbewusstes Konzept und seine nachhaltige Hotelführung erhielt das im Mailänder Norden gelegene 3-Sterne-Hotel das EcoWorldHotel-Siegel. Zum Frühstück werden natürlich ausschließlich Bio-Produkte serviert.
// www.ecohotelresidenzamilano.it

GANZ BEWUSST ERLEBEN

IM NAVIGLI-VIERTEL SCHLENDERN

Italien lebt durch die Sprache, die Stimmung und den Sinn für gutes Essen. Dies bekommt man hautnah mit, wenn man sich auf die Straßen des ehemaligen Handwerkerviertels Navigli, die gemütliche und ruhigere Seite Mailands, begibt und sich treiben lässt.

DURCH LEONARDO DA VINCIS WEINGARTEN SPAZIEREN

Eine Oase mitten in der Großstadt. Im Jahr 1498 schenkte der damalige Herzog von Mailand, Ludovico il Moro, Leonardo da Vinci, der zu der Zeit an seinem berühmten »Cenacolo« arbeitete, einen eigenen Weinberg. Jahre später machte man anhand alter Schriftstücke den Ort ausfindig, an dem sich der Weinberg befunden haben soll, 2015 wurde das Grundstück rekonstruiert. Die angrenzende Casa degli Atellani, eine romantische Renaissance-Villa, kann heute besichtigt werden, im angrenzenden Garten mit Weinberg lockt ein Spaziergang.

MIT DER HISTORISCHEN TRAM DURCH DIE STADT

Seit mehr als 100 Jahren verkehren Straßenbahnen in Mailand. Die Tram der Linie N1 ist die älteste Straßenbahn der Stadt. Im Inneren ist sie noch mit dunklem Holz und Glaslampen ausgestattet. Wie damals im Jahr 1929 sitzt man auf längs eingebauten Holzbänken. Zum Ein- und Aussteigen wird eine kleine Holztreppe ein- und ausgeklappt. So taucht man richtig in Mailands Vergangenheit ein, während man die historischen Sehenswürdigkeiten passiert.

DEN VERTIKALEN HOCHHAUSWALD BEGUTACHTEN

Bis heute hat Mailand vorwiegend den Ruf einer »grauen Stadt«, jedoch werden mehr und mehr Projekte angekurbelt, um das Stadtbild grüner zu gestalten. Der berühmte »Bosco Verticale«, ein Projekt des Architekten Stefano Boeri, ist das beste Beispiel dafür. Im Jahr 2014 wurde die Bepflanzung zweier Hochhaustürme im Stadtteil Porta Nuova fertiggestellt. Mit rund 800 verschiedenen Baum- und etwa 15000 Pflanzenarten sowie 4500 verschiedenen Arten von Sträuchern bekamen die tristen Balkone und Terrassen der Türme ein neues Gesicht. In der umliegenden Gegend schuf man Grünflächen zur Erholung und Entspannung. Inzwichen sind mehr als 20 Vogelarten in diesem innerstädtischen Biotop zu Hause.

ESPRESSO AUF EINER PIAZZA GENIESSEN

So, wie man es sonst in der Werbung sieht, so sollten Sie es hier auch machen: Auf einer Piazza lässig in der Sonne sitzen, gemütlich einen Espresso schlürfen, dazu Zeitung lesen oder das Treiben beobachten.

18 VERONA

ROMANTISCHER CHARME UND OPERNGENUSS

Ein Pilgerort der Liebenden wurde Verona dank William Shakespeare – vor dem freilich schon ein halbes Dutzend anderer Autoren die melodramatische Geschichte des glücklich-unglücklichen Muster-Liebespaars erzählt hatte. Zahllose Gäste besuchen die Casa Giulietta und streichen der Bronzefigur der Julia über die rechte Brust in der Hoffnung auf Liebesglück. Doch nicht nur wegen Romeo und Julia kommen die Besucher, sondern auch wegen der Opernfestspiele in der antiken Arena. Im Jahr 89 v. Chr. gründeten die Römer hier eine Kolonie, die sich bald zur Großstadt entwickelte. Der Schachbrettgrundriss innerhalb der Flussschleife des Adige (Etsch) strukturiert bis heute die Altstadt.

○ ARENA DI VERONA

Imposante Monumente wie das im 1. Jahrhundert errichtete Amphitheater oder die im selben Zeitraum entstandene Porta dei Borsari bezeugen den antiken Ursprung Veronas. Die Opernfans feierten hier schon 100-jähriges Jubiläum: Am 10. August 1913, dem 100. Geburtstag Giuseppe Verdis, ließ sich das Publikum zum ersten Mal in der Arena zu Begeisterungsstürmen hinreißen, damals zu »Aida«. Tausende entzündeten bei Einbruch der Dunkelheit Kerzen und führten damit ein Lichterritual ein, das bis heute zu diesen Festspielen gehört, die ebenso Volksfest wie gesellschaftliches Ereignis sind. Das Oval der Arena – 152 Meter lang, 128 Meter breit – fasst 25 000 Menschen. Während es im Parkett bequem gepolsterte Sessel mit Lehne gibt, sitzt man weiter oben auf Stufen – Kissen, Decken, Picknickkorb und Getränke bringt man mit.

Links: Die Ponte Pietra führt über die Etsch und zum Dom hin. An der Fassade des Gotteshauses ist die typische Veroneser Streifenbauweise zu erkennen – Stein und Backstein, die sich abwechseln.

Rechts: Der Piazza Brà stellt den Empfangsplatz Veronas dar, bevor man in die Altstadt vordringt. Die Arena, ein gut erhaltenes römischen Amphitheater, ist heute noch Veranstaltungsort, glücklicherweise nicht mehr für Gladiatorenkämpfe, sondern für Opern und Konzerte.

○ PIAZZA DELL'ERBE

Die Piazza dell'Erbe mit dem Brunnen der Madonna Verona, der Markussäule und dem Palazzo Maffei ist tagsüber ein belebter Marktplatz. Schon Goethe faszinierten hier Gemüse und Früchte. Erst abends kehrt zwischen den Marktbuden wieder Ruhe ein.

○ DUOMO SANTA MARIA MATRICOLARE

Erdbeben hatten die hier zuvor stehenden Gotteshäuser zerstört, sodass man sich jetzt für einen monumentalen Bau entschied. Der Duomo Santa Maria Matricolare wurde als romanische Basilika im 12. Jahrhundert errichtet. Im Jahr 1187 weihten Priester das neue Gotteshaus. Doch der Stil hielt nicht lange. Aus der Zeit der Romanik ist der Kreuzgang linksseitig des Doms geblieben, er stammt aus dem Jahr 1123. Im 15. Jahrhundert wurde der Duomo gotisiert und mit

NACHHALTIG GENIESSEN

Piu Gusto Bio // Der kleine Imbiss bietet Bio-Lebensmittel und täglich wechselnde vegetarische und vegane Gerichte mit den Schwerpunkten Detox und Proteinreiches.

// www.piugustobio.it

Dulcamara Vegan Bakery & Bistrot // Vegane Kuchen und kleine Gerichte kommen in niedlichem Ambiente auf den Tisch.

// Via Francesco Berni 7

CO_2-FREUNDLICH DURCH DIE STADT

ÖPNV und zu Fuß // Die Sehenswürdigkeiten der historischen Altstadt lassen sich am besten zu Fuß erkunden. Das Liniennetz der Azienda Trasporti di Verona besteht aus Bussen.

Mit dem Fahrrad // Wer schnell vom Fleck kommen möchte, leiht sich am besten ein Fahrrad. An insgesamt 24 Bikesharing-Parkstellen in der Innenstadt und am Rande des Stadtzentrums stehen Fahrräder bereit und können dort nach der Fahrt auch wieder geparkt werden.

// www.bikeverona.it

aufstrebenden Fenstern versehen. Auch barocke Elemente sind zu finden. In dem dreischiffigen Bau beeindrucken reich verzierte Kapellen. Roter Marmor und Fresken sind ebenso Zeichen der Kunstfertigkeit vergangener Jahrhunderte wie die Flachreliefs an der Fassade. In der Capella Nichesola befindet sich ein Bild von Tizian und in der Mazzanti-Kapelle der Sarkophag der heiligen Agathe.

○ BASILICA DI SAN ZENO

Die Basilika San Zeno entstand im 12. und 13. Jahrhundert über einem Vorgängerbau und ist eine der bedeutendsten romanischen Kirchen Oberitaliens. Die Reliquien des namensgebenden Bischofs Zeno von Verona werden in einer Krypta aus dem 10. Jahrhundert verwahrt, über der sich der Hochchor erhebt. Dort befindet sich der San-Zeno-Altar, ein Meisterwerk des Renaissancemalers Andrea Mantegna. Das dreiteilige Bild zeigt die Muttergottes. Wie die Langhauswände wechselt auch der frei stehende Glockenturm zwischen hellem Tuffstein und roten Ziegeln ab.

○ PONTE PIETRA

Der fünfbögige Ponte Pietra führt über die Etsch. Durch immer wiederkehrende Zerstörungen und Restaurierungen besteht die Brücke heute aus verschiedenen Bausubstanzen, die jeweils charakteristisch für die jeweilige Epoche waren.

REGIONAL EINKAUFEN

○ QUID STORE – PROGETTO QUID

Aus den Restbeständen renommierter italienischer Modelables entstehen hier einzigartige Stücke. Viele der Beschäftigten sind sozial benachteiligte Frauen.

○ WOCHENMARKT

Donnerstags zwischen 8 und 13 Uhr bieten Landwirte aus der Region in der Nähe des Castel Vecchio Frisches aus eigener Produktion an.

ÜBERNACHTEN

B&B Casa e Natura Breviglieri // Das kleine Bed & Breakfast, das bewusst nach den Richtlinien der Bioarchitektur gestaltet wurde, zielt darauf ab, den Gast während des Aufenthalts mit positiver Energie zu umgeben. Dazu tragen ausgewogene Zutaten beim Frühstück sowie ein außergewöhnlicher Schlafkomfort durch natürliche Materialien bei.

// www.casaenaturabreviglieri.com

La Casa di Paolo // Hier startet man mit einem Biofrühstück in den Tag. Das kleine B&B liegt etwa 15 Gehminuten vom historischen Zentrum entfernt. Die Arena di Verona erreicht man in etwa 20 Minuten zu Fuß. Eine Bushaltestelle befindet sich nur etwa 50 Meter von der Unterkunft entfernt.

// www.lacasadipaolo.it

GANZ BEWUSST ERLEBEN

FANTASTISCHE OPERN SEHEN

Die von Römern im Jahr 30 n. Chr. erbaute Arena von Verona fasste seinerzeit 30 000 Zuschauer. Noch heute wird hier nach dem Start der sommerlichen Opernsaison manch sehenswerte Aufführung geboten. Veranstaltungen gibts von Juni bis Anfang September. Wenn eine Weltklasse-Diva eine Passage aus »Aida« in diese historischen Gemäuer schmettert, ist das schon ein erhebender Moment. Selbst wer kein gesungenes Wort versteht, kann sich der lauen Abende im »Bravo!« rufenden Publikum erfreuen, beim Licht der Kerzen, die bei Sonnenuntergang angezündet werden. Nur nicht vergessen, ein Kissen mitzunehmen!

VERONA VON OBEN

Um Verona bewusst und von allen Seiten zu erleben, sollte man die Stadt unbedingt auch von oben bewundern. Der schönste Blick bietet sich vom Castel San Pietro, am besten in den Abendstunden, wenn Häuser und Gebäude, die Etsch und ihre Brücken in ein besonderes Licht getaucht werden.

GIARDINO GIUSTI – EINE OASE MITTEN IN DER STADT

Der schöne Renaissancegarten wurde ursprünglich im 16. Jahrhundert zusammen mit dem Palazzo Giusti von der gleichnamigen Adelsfamilie errichtet. Im 19. Jahrhundert wandelte man ihn in einen englischen Park um. Heute verbirgt sich hier mitten in der Stadt eine herrliche Oase. Man schlendert durch die alte Zypressenallee, zwischen zahlreichen Terrassen und Marmorstatuen und vorbei an kunstvoll beschnittenen Hecken. Vom höchsten Punkt des Gartens aus genießt man ein herrliches Panorama.

RISOTTO UND WEIN GENIESSEN

Es sind die bekanntesten Spezialitäten der Region: Risotto und Wein. Der Besuch in einer traditionellen Osteria (zum Beispiel die Slow-Food-Osteria Verona Antica) gehört einfach dazu. Wer den edlen Tropfen dort verkosten will, wo er herkommt, kann einen Ausflug in die Weinberge rund um die Stadt machen, wie zum Beispiel in die Region des Valpolicella.

VENEDIG

GEHEIMNISVOLLE WASSERWEGE IN DER EINZIGARTIGEN LAGUNENSTADT

Der Zauber Venedigs - da summiert sich einiges: enge Gassen und stille Kanäle, die Piazza San Marco mit der grandiosen Basilika, der Canal Grande und die Parade der Palazzi, die volkstümlichen Campi in Dorsoduro und der herrliche Blick vom Campanile der Kirche San Giorgio Maggiore. Und natürlich: all die Menschen mit ihrer Lebendigkeit, der Eleganz ihrer Mode, die traditionellen Masken des Karnevals, die lebhaften Bars, die munteren Märkte und noblen Hotels. Und wer der Hektik entfliehen möchte, kann per Boot zu den Inseln der Lagune aufbrechen und die Welt der Glasbläser oder Spitzenklöpplerinnen entdecken.

○ PIAZZA SAN MARCO

Der, so sah es Napoleon, »schönste Salon der Welt« ist das Herz der Stadt. Tauben flattern, Wiener Kaffeehausmusik erklingt, am Uhrturm schlagen zwei Bronzemohren die Stunde. Umgrenzt wird der Platz von den Arkaden der Prokuratien, des alten Sitzes der Stadtverwaltung. Zur Lagune hin bildet die kleinere Piazzetta mit zwei Säulen (deren eine der Markuslöwe, die andere der heilige Theodor krönt) den Abschluss.

○ SAN MARCO

Die im frühen Mittelalter gegründete Kirche verdankt ihre Formgebung der Bindung Venedigs an Konstantinopel. Wie dort üblich, ist der marmorverkleidete, fünf Kuppeln aufweisende Dombau mit Mosaiken geschmückt. Besonders schön sind jene in der rechten Vorhallenkuppel. Die Kuppeln selbst, aber auch die Pala d'Oro, ein byzantinischer Altaraufsatz aus Gold, Email und Edelsteinen, zählen zu den besonderen Kostbarkeiten.

○ CAMPANILE UND LOGGETTA

Der Turm von San Marco bietet einen überwältigenden Blick über die Stadt. Der 95 Meter hohe Bau stürzte am 14. Juli 1902 ein, wurde jedoch umgehend wieder aufgebaut. Auch die von Jacopo Sansovino errichtete Loggetta am Fuß des Campanile, durch den Einsturz schwer in Mitleidenschaft gezogen, hat man originalgetreu rekonstruiert. Ursprünglich war sie als Repräsentationsbau Kulisse für die Zeremonien der Serenissima, später dann zog hier die Palastwache ein. Reicher Skulpturenschmuck deutet auf Macht und Bedeutung Venedigs hin: Man sieht die antiken Götter Minerva, Apoll und Merkur, die für Wissenschaft, Kunst und Handel stehen, sowie eine in Stein gehauene Allegorie des Friedens.

○ MARKUSBIBLIOTHEK

Der von Jacopo Sansovino errichtete und später zur Lagune hin verlängerte Bau zählt zu den Höhepunkten der Renaissance in der Stadt. Der plastisch-körperhafte Stil hat seine künstlerischen Wurzeln allerdings in Rom, wo Jacopo Sansovino seine Ausbildung erhielt. Die Vorliebe für die kleinteiligen Schmuckformen und die Gleichmäßigkeit der langen Front sind jedoch charakteristisch für die Lagunenstadt Venedig. Im Innern ist das Archäologische Museum untergebracht. Die Bibliothek hat heute ihren Sitz gleich nebenan in der Zecca, dem ehemaligen Münzgebäude.

○ DOGENPALAST

Ursprünglich war der Sitz der venezianischen Stadtrepublik ein von Wasser umgebenes Kastell – das bereits im 12. Jahrhundert eher einem Palast glich denn einer Burg. Leicht und filigran wirkt seine aus der Gotik stammende Fassade. Im Innern kann man – im Hof – die Gigantentreppe, auf der die Dogen gekrönt wurden, und im Palast selbst die Goldene Treppe, dazu Repräsentationsräume, die Ratssäle mit ihren

Links: Der Markusplatz ist das Herz der Serenissima. Wer auf dem Wasserweg kommt, betritt ihn über die zur Lagune hin offene Piazzetta mit dem Dogenpalast und der gegenüberliegenden Biblioteca Marciana.

Rechts: Die reich geschmückte Fassade der Basilica di San Marco mit ihren goldglänzenden Mosaiken, säulenverzierten Portalen, gotischen Tabernakeln und Statuen zieht alle Blicke am Markusplatz auf sich. Die einstige Hauskapelle des Dogen und Staatskirche der Republik ist das bedeutendste mittelalterliche Bauwerk Venedigs.

CO_2-FREUNDLICH DURCH DIE STADT

Zu Fuß // Da Venedig für den Autoverkehr nicht zugelassen ist, gibt es hier praktisch keine Autos oder Busse. Venedig lässt sich sehr gut zu Fuß entdecken. Abseits der Touristenpfade gibt es jede Menge verwinkelter Gassen, wo man ganz in Ruhe noch echtes venezianisches Flair genießen kann.

ÖPNV // In Venedig bewegt man sich öffentlich vor allem mit den Vaporetti, einer Art Wasserbusse, der Gesellschaft ACTV Spa (Azienda del consorzio trasporti veneziano). Sie verkehren ab circa 4 Uhr morgens bis Mitternacht. Die Linien 1 und 2 durchfahren den Canal Grande. Preislich ist es am günstigsten, ein Mehrtagesticket zu erwerben. Für mehrere Tage Aufenthalt empfiehlt sich der City Pass, damit fährt man gratis.

Kassettendecken, Gemälden (u. a. von Tizian, Tintoretto und Paolo Veronese), die Wohnung des Dogen und die berüchtigten Gefängnisse hinter der Seufzerbrücke besichtigen.

○ SAN GIORGIO MAGGIORE

An der Mole vom Markusplatz setzt ein Vaporetto zur Insel über. Die Klosterkirche (1566–1610) besticht durch ihre Fassade, die zwei antike Tempelfronten hintereinander staffelt. Von der Ausstattung sind zwei Bilder von Tintoretto beachtenswert. Vom Campanile aus ist der Blick auf Venedig grandios.

○ ARSENALE

Das bereits 1104 gegründete Arsenal war einst die durch Mauern gesicherte Schiffswerft der gefürchteten venezianischen Seeflotte. Um 1420 arbeiteten hier 16000 Leute. Und auch den venezianischen Schiffszwieback produziert man im Arsenal.

○ IL REDENTORE

Die 1592 vollendete Erlöserkirche, ein Spätwerk Andrea Palladios, wurde 1576, als in Venedig die Pest wütete, in Auftrag gegeben. Alljährlich kam zum Dank für die Überwindung der Not eine große Prozession des Dogen und seines Gefolges von San Marco über eine Bootsbrücke herüber. Das Erlöserfest wird bis heute am dritten Sonntag im Juli begangen. Die Kirchenfassade zeigt die für Palladio charakteristischen hintereinandergeschichteten Giebelmotive, im Innern dominiert strahlendes Weiß.

○ CANAL GRANDE

Die – nasse – Hauptstraße Venedigs wird von prächtigen Palästen und von einigen Kirchen gesäumt, aber nur vier Brücken überspannen ihn: gleich neben dem Bahnhof der Ponte Scalzi und die neue Calatrava-Brücke, ferner, weiter zum Zentrum hin, der Ponte Rialto und die Accademia-Brücke. Gondeln und Vaporetti sind die Haupt-Fortbewegungsmittel auf dem fast vier Kilometer langen und im Schnitt nur fünf Meter tiefen Wasserweg.

○ CA' PESARO

Der wuchtige, von Baldassare Longhena errichtete Bau mit schwerem, vor der Fensterreihe platziertem Säulenschmuck und vielen plastischen Akzenten ist ein Lehrbeispiel für den Barock. Im Palast sind die Galerie für moderne Kunst (u. a. mit Werken von De

Links: Das Spiel mit Masken und Kostümen: Beim Carnevale di Venezia sind der Fantasie heute keine Grenzen gesetzt. Im 18. Jahrhundert wurde der Karneval offiziell von einem vermummten Staatsdiener eröffnet. Zwei Monate lang, bis Aschermittwoch, war das Tragen von Masken erlaubt. Venedig galt damals als die amüsierfreudigste Stadt Europas: »Wer sich amüsiert, macht keine Revolution«, meinten die Behörden.

Rechts oben: Prunkvoll zeigen sich die historischen Barken vor der Rialtobrücke, die hier zur Regata Storica auslaufen. Die Ursprünge des Wettbewerbs reichen bis ins 13. Jahrhundert zurück.

Rechts unten: Die Klosterkirche San Giorgio Maggiore (1566–1610) besticht durch ihre Fassade, die zwei antike Tempelfronten hintereinander staffelt.

Chirico, Boccioni, Bonnard, Chagall, Rouault und Matisse, Klimt, Kandinsky und Klee) sowie das Museum für orientalische – überwiegend japanische – Kunst (so mit Lackarbeiten, Waffen, Porzellan) aus der Zeit vom 17. bis zum 19. Jahrhundert zu Hause.

○ CA' D'ORO

Der berühmteste gotische Palast der Stadt hat eine ehemals vergoldete Fassade, die ihm den Namen gab. Auftraggeber war der Kaufmann Marino Contarini, Hauptarchitekt der Venezianer Bartolomeo Bon. Filigranes Maßwerk mit Vierpässen und Kielbögen bestimmt die asymmetrisch gegliederte Marmorfassader. Drinnen hat die Galleria Franchetti, ein Museum, ihren Sitz. Sie präsentiert Kunstwerke der Zeit vom 14. bis zum 18. Jahrhundert, darunter überwiegend Arbeiten venezianischer Künstler.

NACHHALTIG GENIESSEN

Fiumefreddo Bio // Klein, aber fein! Das Lokal im Süden des Stadtviertels Cannaregio bietet in gemütlicher Wohnzimmeratmosphäre vegetarische und vegane Gerichte an.
// fiumefreddo-bio.business.site

La Tecia Vegana // Hier trifft ethnische Küche auf italienische Kochkunst – das Ergebnis sind interessante Kreationen. Alles auf der Speisekarte dieses im Stadtteil Beschreibung Dorsoduro gelegenen Restaurants ist 100% vegan, auch die fantastischen Kuchen und Torten.
// www.algiubagio.net

Bella & Brava // Im Viertel Cannaregio befindet sich diese Pizzeria, die auf einem nachhaltigen Konzept basiert. Alle Zutaten stammen aus der Region und aus biologischer Landwirtschaft, für den Pizzateig wird ausschließlich hochwertiges Biomehl verwendet. Alle Verpackungsmaterialien sind recycelbar.
// www.bellabrava.it

○ GALLERIA DELL'ACCADEMIA

Hier sind Werke sämtlicher venezianischer Meister vom frühen Mittelalter bis zum Rokoko zu finden. Besondere Anziehungspunkte sind Giorgiones märchenhaftes Gemälde »Das Gewitter« (um 1507), Paolo Venezianos Polyptychon mit Marienkrönung sowie Vittore Carpaccios achtteiliger Zyklus zum Leben der heiligen Ursula (1490–1500).

○ RIALTOBRÜCKE

Die berühmteste Brücke Venedigs mit ihrem weitgespannten Brückenbogen, den Treppenstufen, Durchblicken und Souvenirläden wurde 1588 bis 1591 von Antonio da Ponte erbaut und war bis ins 19. Jahrhundert der einzige Übergang über den Canal Grande überhaupt. Seinerzeit breitete sich in dieser Gegend das alte Handelszentrum der Stadt aus. Der schöne Rialtomarkt erinnert auch heute noch ein bisschen daran.

○ PALAZZO CORNER (CA' GRANDE)

Der ab 1537 von Jacopo Sansovino erbaute Palast ist ein Beispiel für eine Anlage der Hochrenaissance. Gegenüber, auf der rechten Kanalseite, hat die Sammlung Peggy Guggenheim mit grandioser moderner Kunst ihren Sitz.

○ SANTA MARIA DELLA SALUTE

Dieser großartige Sakralbau ist wie Il Redentore eine Votivkirche, gestiftet vor dem Hintergrund einer Pestepidemie. Städtebaulich meisterhaft platziert, gehört er zu den Wahrzeichen Venedigs. Ab 1631 wurde die barocke Kirche mit ihrer Kuppel und dem reichen Skulpturenschmuck durch Baldassare Longhena errichtet. Der Gründungszweck zeigt sich am Hochaltar: Eine allegorische Figur, Venezia, kniet vor der Madonna, die ihr Hilfe gewährt, während die Pest – in Gestalt einer alten Frau – verjagt wird.

ÜBERNACHTEN

Corte di Gabriela // Recyclen und Energiesparen werden in diesem Hotel ganz groß geschrieben. Elf Zimmer und Suiten sowie ein Suite-Appartement bieten höchsten Komfort im Zentrum der Stadt.

// www.cortedigabriela.com

Villa Casanova // Die kleine Villa wurde als eine der ersten Unterkünfte der Stadt zugunsten von Nachhaltigkeit und Umweltfreundlichkeit restauriert. Jedes der einladenden sechs Zimmer ist zudem nach den Prinzipien der Feng-Shui-Lehre eingerichtet und bringt Körper und Geist in Einklang.

// www.casanovavenice.com

Ca' della Corte // In der Nähe der Piazzale Roma liegt dieses gemütliche Biohotel, das für den Einsatz natürlicher Energiequellen sowie recyclebarer und biologisch abbaubarer, umweltfreundlicher Materialien zertifiziert wurde.

// www.cadellacorte.com

REGIONAL EINKAUFEN

○ BRAGORÀ

Dieser interessante Laden befindet sich im Stadtteil Castello. Die angebotenen Produkte reichen von Kleidung und Schmuck bis hin zu Accessoires aller Art und zeichnen sich durch raffiniertes Design und innovative Materialien aus. Alle Stücke werden von Hand gefertigt. Recycling in seinen unterschiedlichsten Formen ist ein fester Bestandteil des Betriebs.

○ ALIANI

Ein alteingesessenes Feinkostgeschäft und ein Traum für Liebhaber von gutem italienischem Käse, Schinken und geräucherter Wurst aus erstklassiger Herstellung und von bester Qualität.

// Campo Cesare Battisti

○ MERCATI DI RIALTO

Am Campo di Rialto, dem einst wichtigsten Handelsplatz Venedigs, unweit der Rialto-Brücke, finden zwei Märkte statt: Von montags bis samstags wird den ganzen Tag Obst und Gemüse verkauft und von dienstag- bis samstagvormittags auch frischer Fisch.

AUSFLÜGE

○ MURANO, BURANO UND TORCELLO

Venedig ist nicht die einzige lohnende Insel in der Lagune. Murano ist für seine Glasbläser bekannt, denen man zusehen kann. Burano dagegen hat eine lange Tradition der Spitzenstickerei. Außerdem geben die bunten Fischerhäuser so manches Fotomotiv ab. Torcello war einst Bischofsresidenz.

○ CHIOGGIA

Die nette Stadt am südlichen Rand der Lagune von Venedig wird häufig auch »Klein-Venedig« genannt. Bunte Häuser und Kanäle gibt es auch hier, aber weitaus weniger Trubel, Boote und Touristen. Man erreicht den Ort von Venedig aus mit Linienschiffen.

GANZ BEWUSST ERLEBEN

IN DIE NATUR DER LAGUNE EINTAUCHEN

Die Lagune von Venedig ist von zahlreichen Inseln umgeben. Die bekanntesten und am meisten besuchten sind sicherlich Murano und Burano. Daneben gibt es jedoch auch eine ganze Reihe noch ursprünglicher Inseln, auf denen meist nur die Venezianer selbst zugegen sind und wo man noch unberührte Idylle genießen kann. Beispiele hierfür sind Mazzorbo, Certosa und Vignole oder das hübsche Pellestrina mit den bunten Häuschen. An seinem südlichen Ausläufer erstreckt sich das Naturschutzgbiet Ca'Roman, in dem zahlreiche Möwen, Eisvögel und andere Vogelarten zu Hause sind. Ein kleines Paradies – nicht nur für Ornithologen!

DER ÄLTESTEN GONDELWERKSTATT VENEDIGS EINEN BESUCH ABSTATTEN

Im Squero San Trovaso, der ältesten Gondelwerkstatt Venedigs, werden die Gondeln noch von Hand und nach den traditionellen Techniken aus frühen Jahrhunderten gebaut. Acht unterschiedliche Arten von Holz und monatelange feine Handarbeit sind notwendig, um ein solches traditionelles Boot fertigzustellen. Jede Gondel ist ein Unikat und wird speziell nach den Wünschen des jeweiligen Auftraggebers angefertigt.

REGIONALE KÖSTLICHKEITEN UNTER EINHEIMISCHEN GENIESSEN

Von Touristen wird das schlichte Lokal »Vini da Gigio« in einer ehemaligen Weinhandlung leicht übersehen. Umso mehr wissen Einheimische die typische regionale Küche, die sich an Frischem der Saison orientiert, zu schätzen.

BEI CA'MACANA KARNEVALSMASKEN DEKORIEREN

In dem kleinen Laden werden die typisch venezianischen Masken noch von Hand gefertigt, und jede Maske ist ein Unikat. Hier kann man nicht nur stöbern und das Handwerk studieren, sondern auch selbst aktiv werden: Erst ein bisschen Theorie, dann die eigene Maske aus Pappmaché dekorieren!

IN DER LIBRERIA ACQUA ALTA SCHMÖKERN

Man muss nicht unbedingt eine Leseratte sein, um hier ins Staunen zu geraten. In dem ganz besonderen Buchladen stapeln sich die Bücher nicht nur bis zur Decke, sondern auch in Wannen, als Treppe und sogar in einer riesigen alten Gondel, um ihnen vor – wie der Name schon sagt – Hochwasser bestmöglich Schutz zu bieten. Unter den zahlreichen antiquarischen und gebrauchten Werken findet man auch seltene oder vergriffene Exemplare. Auch fremdsprachige Bücher sind vertreten.

BOLOGNA

RICHTIG SCHLEMMEN IN »LA GRASSA«

»La Rossa« ist nicht nur Universitäts- und Hauptstadt der Emilia-Romagna, sondern auch ein wichtiger Verkehrsknotenpunkt am Fuß der Apenninen. Die Stadt geht auf das etruskische Felsina zurück, aus dem die Römer ihr Bononia machten. Vom 13. bis 16. Jahrhundert regierten die Bürger ihre Stadt selbst und verhalfen ihr damit zur schönsten Blütezeit: Stadtmauern, Türme, Paläste und Kirchen wurden um die Wette gebaut, die Universität, eine der ältesten der Welt, konnte sich frei entfalten.

○ PIAZZA MAGGIORE

Der Hauptplatz von Bologna wurde im 13. Jahrhundert als Marktplatz geschaffen, seine heutige Struktur bekam er im 16. Jahrhundert. Gesäumt von bedeutenden Gebäuden, mehreren Palazzi und der Basilika San Petronio bildet er den Mittelpunkt der Stadt.

○ PALAZZO COMUNALE

Schönstes Gebäude an der Piazza Maggiore ist der Palazzo Comunale mit Arkaden im Erdgeschoss, kunstvoll ausgeschmückten Räumen wie der Sala Farnese und prächtigem Aufgang im Hof.

○ LAUBENGÄNGE

Bolognas Kennzeichen sind die Laubengänge – insgesamt 35 Kilometer lang. Am bekanntesten sind die Portici del Pavaglione von 1560. Sie beginnen in einer Ecke, die der Bologneser »degli imbecilli« nennt, »Ecke der Dummköpfe«, was sich auf diejenigen bezieht, die sich dort verabredet haben, pünktlich sind und nun warten müssen.

○ PALAZZO DEL PODESTÀ

Das bedeutende Bauwerk wurde um 1200 für die Erledigung öffentlicher Aufgaben errichtet. Darüber ragt der Torre dell'Arengo auf, ein Glockenturm, mittels dem die Bevölkerung bei wichtigen Ereignissen zusammengerufen wurde. Kurios: Im Gewölbe unterhalb des Turms kann man sich von jeder Ecke aus im Flüsterton verständigen.

Bologna ist mit einem 38 Kilometer langen Arkadensystem ausgestattet. Bei Regen kommt man also dennoch trocken ans Ziel. Ob das auch der Sinn dieser Kunstinstallation ist?

○ PIAZZA NETTUNO

Der Platz grenzt an die Piazza Maggiore und wurde 1565 als idealer Standort für den Neptunbrunnen gestaltet. Am Platz befindet sich auch das frühere Börsengebäude, das im Jahr 2001 zur Bibliothek umgestaltet wurde.

○ FONTANA DEL NETTUNO

Die Fontana del Nettuno (1566) in der Mitte der gleichnamigen Piazza ist ein Werk des Künstlers Jean Bologne, auch Giambologna genannt. Die Delfine und Sirenen stammen von Tommaso Laureti.

NACHHALTIG GENIESSEN

All'Osteria Bottega // Das familiengeführte Lokal bietet authentische emilianische Küche. Alle Gerichte werden mit Zutaten aus der Region oder aus eigener Produktion zubereitet.
// Via Santa Caterina 51

Bio's Kitchen Bologna // Das gepflegte Ambiente mit hohen Decken und Hängepflanzen vermittelt den Eindruck, man befände sich in einem begrünten Hinterhof. Die Gerichte (traditionell, vegetarisch oder vegan) variieren je nach Saison. Zutaten aus der Region.
// www.bioskitchen.com

Simoni // Seit 1960 stellt die Familie Simoni Wurst- und Fleischwaren, Pasta, Brot und weitere Spezialitäten her. Vor Ort kann man sich ein Panino für unterwegs zubereiten lassen oder eine Kleinigkeit essen. Spezialität des Hauses: das »Tortellino di pane«, eine mit Mortadella gefüllte Brottasche.
// www.salumeriasimoni.it

CO_2-FREUNDLICH DURCH DIE STADT

ÖPNV // Die Gesellschaft TPER betreibt mehrere Buslinien. Tickets sind verhältnismäßig günstig und etwa 75 Minuten in alle Richtungen gültig.

Zu Fuß // Bolognas Innenstadt ist relativ weitläufig, das Zentrum mit den wichtigsten Sehenswürdigkeiten lässt sich dennoch prima zu Fuß erlaufen.

Mit dem Fahrrad // Das Stadtgebiet ist weitgehend flach und daher bestens für Erkundungen per Rad geeignet, was gleichzeitig die Möglichkeit gibt, italienisches Lebensgefühl zu genießen. Am besten lädt man die App des Bikesharing-Anbieters Mobike aufs Smartphone, mit der man Fahrräder in der Stadt ausfindig machen kann.
// www.mobike.com/global

○ SAN PETRONIO

Die Fassade von Bolognas Hauptkirche ist ein regelrechter Blickfang an der Piazza Maggiore. Das Gotteshaus wurde 1390 gotisch begonnen, doch blieben Querschiff und Chor mit Kapellenkranz unvollendet.

○ PIAZZA DI PORTA RAVEGNANA

Hier stehen die Wahrzeichen Bolognas, zwei schiefe alte Geschlechtertürme. Die Torre degli Asinelli aus dem Jahr 1119 ist knapp 100 Meter hoch und ermöglicht einen großartigen Blick über die Stadt.

○ MUSEO CIVICO ARCHEOLOGICO

Das Archäologische Stadtmuseum ist im eindrucksvollen historischen Palazzo Galvani untergebracht.

○ PINACOTECA

Das Kunstmuseum beherbergt Werke einheimischer Maler vom 14. bis zum 18. Jahrhundert.

REGIONAL EINKAUFEN

○ LE SFOGLINE

Tortellini, Tagliatelle, Ravioli, Passatelle, Strozzapreti und wie sie nicht alle heißen werden hier von erfahrenen Händen täglich frisch geformt. Seit 1996 boomt der Verkauf frischer Pasta in der Via Belvedere. Das Erfolgsrezept: ausgewählte Zutaten bester Qualität und eine überragende Kundenphilosophie.

ÜBERNACHTEN

La Ciliegia Green B&B // Die zentral gelegene Unterkunft bezeichnet sich zu Recht als »eco-friendly« und »green«. Neben einem Frühstück mit regionalen oder fair gehandelten Produkten aus biologischer Landwirtschaft (zusätzlich gibt es vegane, vegetarische und laktosefreie Alternativen) ist die Pension auf Nachhaltigkeit und einen schonenden Umgang mit natürlichen Ressourcen bedacht. Die Einrichtung besteht teilweise aus Möbeln und Gegenständen zweiter Hand und sorgt für einen ganz besonderen Charme.
// la-ciliegia.blogspot.com

BW Hotel San Donato // Im Rahmen des Projekts »Stay for the Planet« achtet das Hotel besonders auf umweltbewusstes Management, einen effizienten Umgang mit Energie und einen nachhaltigen Einkauf. Die Unterkunft befindet sich zentral in der Nähe der Piazza Maggiore und der Zwillingstürme, die man auch von den beiden Dachterrassen aus sehen kann.
// www.hotelsandonato.it

GANZ BEWUSST ERLEBEN

SPEZIALITÄTEN VON BAUERN AUS DER REGION PROBIEREN

Der Mercato Ritrovato ist mehr als nur ein Markt. Neben den köstlichen Erzeugnissen, die die lokalen Bauern aus einem Umkreis von maximal 40 Kilometern hier aus der eigenen Landwirtschaft anbieten, finden auch Verkostungen sowie kleine Kochkurse statt und weitere Veranstaltungen. Der Bauernmarkt wird jeden Samstagvormittag (im Sommer jeden Montagabend) nahe der Piazza Pasolini (Via Azzo Gardino) abgehalten.

MITTEN IN DER STADT IM GRÜNEN GARTEN SITZEN

Um Bologna grüner zu machen, wurde der »Senape Vivaio Urbano«, ein Stadtgarten mit grünem Wohnzimmer, angelegt. Hier kann man nicht nur zwischen bunten Blumen und Pflanzen gemütlich sitzen, fair gehandelten Kaffee oder Tee und andere Biogetränke schlürfen und nebenbei in Büchern zu Blumen, Pflanzen und Garten schmökern. Der Ort soll auch als grüne Inspiration für die eigene Wohnung und Terrasse oder den Balkon dienen. Außerdem werden neben Pflanzen auch nachhaltige, handgefertigte Dekoartikel und Wohnaccessoires aus biologischen Materialien zum Verkauf angeboten. Jeden Samstag wird das grüne Wohnzimmer zum Strickcafé, außerdem kann man an Workshops rund um Pflanzen und das Gärtnern teilnehmen.

DIE MANIFATTURA DELLE ARTI BESUCHEN

Bis in das 19. Jahrhundert war die 100 000 Quadratkilometer große Fläche das Hafen- und Handelsviertel Bolognas. Heute ist es ein Ort für Kreatives und Kreative. Im alten Tabakfabrikgebäude ist mittlerweile ein Institut für Filmrestaurierung untergebracht, hinter dem Park befindet sich die Fakultät für Film, Musik und Theater sowie das Kino Lumière, das auch Filmvorführungen mit Regisseuren und weitere Veranstaltungen organisiert. Im Sommer finden im Garten Livekonzerte statt, außerdem gibt es ein Kulturzentrum und eine Kunstgalerie.

DURCH DEN MERCATO DELLE ERBE SCHLENDERN

Täglich ab 7 Uhr erwacht Bolognas Markthalle zum Leben. Ob Fisch, Fleisch, Wurst oder Käse, Obst oder Gemüse, Wein oder Öl – hier bekommt jeder, was er sucht, und alles stammt aus der Region. Das eindrucksvolle historische Gebäude, das nach dem Zweiten Weltkrieg neu aufgebaut wurde, lädt mit Tischen und Stühlen zum Verkosten und Genießen von Traditionellem und Vegetarischem ein.

IN DIE ÄLTESTE OSTERIA DER STADT EINKEHREN

Die kleine »Osteria del Sole« besteht seit 1465 und trägt noch heute den Charme einer mittelalterlichen Weinschenke. Hierher kommt man in erster Linie zum Trinken. Sein Essen darf man aber selbst mitbringen und es zum Wein verzehren. Unter den süffigen Sorten sind auch einige aus biologischem Anbau.

FLORENZ

HÖHEPUNKTE DER RENAISSANCE UND TOSKANISCHE LEBENSART

Nicht nur politisch war und ist Florenz die Hauptstadt der Toskana. Ihre kunstgeschichtlich einzigartige Altstadt wurde 1982 als erster Ort der Region in die Liste des UNESCO-Welterbes aufgenommen. »Der Gott, der die Hügel von Florenz geschaffen hat, war ein Künstler«, meinte Anatole France. Von hier ausgehend verbreitete sich die auf die Antike zurückgreifende Formensprache der Renaissance und das an den Lehren der klassischen Philosophen geschulte Denken des Humanismus in der Welt. Keine italienische Stadt außer Rom brachte ähnlich viele bedeutende Künstler und Literaten, Politiker und Päpste hervor.

Links: Die gewaltige Kuppel der Kathedrale Santa Maria del Fiore ist das Hauptwerk des Architekten Filippo Brunelleschi. 16 Jahre lang dauerte der Bau der 107 Meter hohen Kuppel, für den kein Lehrgerüst verwendet wurde. Sie gilt als technische Meisterleistung der frühen Renaissance.

Rechts: In der Galleria dell'Accademia befindet sich seit 1873 die aus einem einzigen Marmorblock gehauene, weltweit bekannte Skulptur des David von Michelangelo.

○ SANTA MARIA DEL FIORE UND CAMPANILE

Die mächtige Kuppel der Kathedrale ragt weit über die Dächer der Stadt hinaus und ist ein Meisterstück der Handwerkskunst. Als viertgrößte Kirche der Welt ist sie nach dem Vatikan der wichtigste sakrale Bau in Italien. Der Campanile geht auf Giotto zurück. Typisch für die Toskana sind die verschiedenfarbigen Marmortafeln, die beiden Bauten ihr charakteristisches Aussehen verleihen. Im Dominneren beeindrucken vor allem das Kuppelfresko von Giorgio Vasari, die gemalten Reiterdenkmäler sowie eine Darstellung Dantes.

○ BAPTISTERIUM

Die Taufkirche, einer der ältesten Bauten der Stadt, ist für ihre Türen berühmt. Die südliche, von Andrea Pisano gestaltet, ist noch der Gotik zuzurechnen, die nördliche, ein Werk Lorenzo Ghibertis von 1401, wird als »Paradiestür«bezeichnet, da Michelangelo die darauf in Reliefs gestalteten Szenen mit den überaus lebendig wirkenden Figuren für würdig hielt, die Pforten des Paradieses zu schmücken.

○ GALLERIA DELL' ACCADEMIA

Seit 1873 steht das Original der berühmten Davidfigur in der Galerie der Kunstakademie. Michelangelo hat sein Meisterwerk aus einem als nicht mehr brauchbar angesehenen Marmorblock gefertigt. Auch seine unvollendeten Figuren vom Grabmal Papst Julius' II., deren skizzenhafte Formgebung heutige Betrachter besonders anspricht, und die Pietà Palestrina sind hier ausgestellt, dazu Gemälde verschiedener Künstler zwischen dem 13. und dem 16. Jahrhundert.

○ PALAZZO MEDICI-RICCARDI

Der Wohnsitz der Medici, geschlossen in der Form und mit hübschem Innenhof, ist ein Frührenaissancepalast. Sehenswert sind die Palastkapelle mit dem Zug der Heiligen Drei Könige von Benozzo Gozzoli und die barocke Galerie Luca Giordanos.

○ SAN LORENZO

Die dank Stiftungen der Medici zum Juwel gewordene Kirche ist ein Werk Brunelleschis. Außen eher unscheinbar, zeigt sie einen schönen Frührenaissanceraum, zwei Bronzekanzeln von Donatello, ein Verkündigungsbild von Fra Filippo Lippi und die von Donatello ausgeschmückte Alte Sakristei. Den Kreuzgang passierend, gelangt man zur Biblioteca Laurenziana mit ihrem von Michelangelo gestalteten Vorraum. Außerhalb der Kirche liegt der Zugang zur barocken Fürstenkapelle und zur Neuen Sakristei Michelangelos, der auch die Grabmäler Giuliano und Lorenzo de Medicis schuf.

○ SANTA MARIA NOVELLA

Italienische Gotik lässt sich in der Dominikanerklosterkirche erleben. In ihr befinden sich das Trinitätsfresko Masaccios, in dem zum ersten Mal die Zent-

CO_2-FREUNDLICH DURCH DIE STADT

Zu Fuß // Die wichtigsten Sehenswürdigkeiten liegen im Stadtzentrum und lassen sich gut mit einem Spaziergang verbinden.

ÖPNV // Das Busnetz von Florenz ist gut ausgebaut, allerdings sind die Busse gern überfüllt oder verspätet. Seit 2010 führt eine Straßenbahnlinie (Tramvia) von der Innenstadt in die Nachbargemeinde Scandicci, 2018 wurde sie bis ins nördliche Stadtgebiet verlängert. Zudem gibt es eine Linie, die den Flughafen mit dem Stadtzentrum verbindet. Zwei weitere Linien sind in Planung. Tickets der ATAF für Bus und Tram gibt es in Bars, an Kiosken oder in Tabakläden. Mit dem FirenzePASSport spart man sich die Ticketkosten und erhält zudem Ermäßigungen in Museen.

ralperspektive zur Anwendung kam sowie Kapellendekorationen von Ghirlandaio und Filippino Lippi. Andrea da Firenze schmückte die Spanische Kapelle links von der Kirche mit einem grandiosen Freskenzyklus (14. Jahrhundert).

○ PALAZZO STROZZI

Der als schönster Renaissancepalast von Florenz geltende Bau wurde ab dem Jahr 1489 errichtet und besticht durch seine ausgewogenen Proportionen.

○ PIAZZA DELLA SIGNORIA

Die Piazza zählt zu den berühmtesten Plätzen Italiens und ist der Mittelpunkt der Stadt. Zahlreiche sehenswerte Gebäude umrahmen die Piazza, die vielen Kunstwerken aus der Renaissance wie etwa dem Neptunbrunnen oder einer Kopie von Michelangelos »David« Platz bietet.

○ PALAZZO VECCHIO

Wehrhaft ist er, der Palast des Stadtregiments aus dem 14. Jahrhundert. Unter Cosimo I. wurde er Sitz der Großherzöge und so prächtig wie ein Schloss ausgestaltet. Besonders sehenswert sind der Saal der Fünfhundert, das Studierzimmer Francescos I. und die Prunkräume.

In Florenz stehen die herausragendsten Baudenkmäler Seite an Seite. Auf der Piazza della Signoria (oben) fällt der Blick auf den Palazzo Vecchio, dessen Innenhof mit Fresken geschmückt ist (links oben). Die Basilika di San Lorenz wurde bereits 393 geweiht und war die Pfarrkirche der Medicii (links unten).

○ UFFIZIEN

Die von Giorgio Vasari ab dem Jahr 1559 errichteten Verwaltungsbauten beherbergen eine der bedeutendsten Gemäldegalerien der Welt. Ausgestellt sind Meisterwerke der Zeit von der Gotik bis zum Barock, von Giotto und Duccio über Botticelli, Leonardo, Tizian und Dürer bis hin zu Caravaggio und Rubens.

○ SANTA CROCE

Diese weiträumige gotische »Predigtscheune« des Franziskanerordens wurde, obwohl der Orden sich dem Armutgelübde verpflichtet fühlte, dennoch von den Florentinern zu einer der am reichsten ausgestatteten Kirchen der Stadt erhoben. Hier finden sich Werke bildender Renaissancekünstler wie Giotto und Donatello. Bestattet sind hier Ghiberti und Michelangelo, aber auch die Komponisten Cherubini und Rossini, der große Staatsmann Machiavelli und der Humanist Leonardo Bruni fanden hier eine letzte Ruhestätte.

○ PONTE VECCHIO

Schon im 13. Jahrhundert gab es auf der ältesten Brücke von Florenz Läden, doch seit 1593 durften hier nur noch »bessere« Handwerker wie Goldschmiede ihre Geschäfte abwickeln. Man sollte den Blick nicht nur in die einladenden Schaufenster richten, sondern auch über die Stadt und, flussabwärts, den eleganten Ponte S. Trinità lenken. In den Ponte Vecchio intergriert ist der Geheimgang vom Palazzo Vecchio zum Palazzo Pitti.

○ PALAZZO PITTI

Der ehemalige Familienpalast der Pitti ging 1550 durch Kauf in den Besitz der Medici über und wurde, vergrößert und ausgebaut, zur Hauptresidenz der Großherzöge. Heute beherbergt er neben Prunkgemächern die Galleria Palatina, in der bedeutende Gemälde, darunter auch Werke von Raffael und Tizian, zu sehen sind. Ferner gibt es Sammlungen von klassizistischer Malerei, Kostümen und Kutschen.

○ BOBOLI-GARTEN

Der von der Familie der Medici angelegte Park ist seit dem Jahr 1766 öffentlich zugänglich. Mit seinen Statuen, versteckten Grotten und Brunnen und weitläufigen Zypressenalleen zählt er zu den wohl schönsten Gartenanlagen im italienischem Stil überhaupt.

NACHHALTIG GENIESSEN

5 e Cinque // Das vegetarische Biorestaurant versteht es, traditionelle Gerichte mit Raffinesse zu versehen. Alle Zutaten lassen sich auf ihre Herkunft zurückverfolgen.

// 5ecinque.it

Vivanda // Im Jahr 2005 starteten Lapo und Giulio ein Projekt und ließen brach liegende Weinberge wieder aufleben. Heute bewirtschaften sie zusammen mit lokalen Weinbauern ganze elf Hektar im Umland von Florenz. In ihrer Weinbar kann man neben dem Biowein frische Pasta und hausgemachte Nachspeisen genießen. Wasser gibt es gratis dazu.

// www.vivandafirenze.it

Gelateria Edoardo // Direkt an der Piazza Duomo gelegen, setzt diese Eisdiele ein Statement: »Der Natur und sich selbst etwas Gutes tun«. Hier gibt es Bioeis, frei von Konservierungs- und Farbstoffen, von synthetischen Zusätzen oder genmodifizierten Zutaten. Die Eiswaffeln werden vor Ort frisch gebacken.

// www.edoardobio.it

Rechts: Bei einer der berühmtesten Brücken über den Arno-Fluss, dem Ponte Vecchio, spiegelt sich die Altstadt von Florenz.

Der Mercato Centrale findet in einer Halle statt und bietet von Obst und Gemüse bis zu Fleisch und Käse alles an.

○ SANTO SPIRITO

Die Vollendung seiner zweiten großen Kirche nach San Lorenzo hat Brunelleschi nicht mehr erlebt. Der harmonisch proportionierte Bau besticht durch Ausgewogenheit. Vom Augustinerkloster, zu dem Santo Spirito gehörte, ist nur das Refektorium erhalten, in dem heute ein Museum untergebracht ist. Die Fragmente der Abendmahldarstellung und der Kreuzigung Christi stammen von Andrea Orcagna.

○ SANTA MARIA DEL CARMINE

In dieser Kirche findet sich, in der Brancacci-Kapelle, einer der berühmtesten Freskenzyklen der Frührenaissance. Die Maler waren Masolino und Masaccio. Dabei ist die »Vertreibung von Adam und Eva aus dem Paradies« von Masaccio dramatischer und wirklichkeitsnäher gehalten als Masolinos »Sündenfall«.

○ SAN MINIATO AL MONTE

Die ab dem 11. Jahrhundert errichtete Kirche mit offenem Balkendachstuhl zeigt eine mosaikgeschmückte Fassade von großer Wirkung auf den Betrachter. In der Sakristei des Gotteshauses erzählt Spinello Aretino das Leben des heiligen Benedikt.

REGIONAL EINKAUFEN

○ MERCATO CENTRALE

Die traditionelle Markthalle lässt keine Wünsche offen: Metzger aus der Region preisen ihr Fleisch und Geflügel an, es gibt frischen Fisch, und Obst und Gemüse sind hier oft günstiger als im Supermarkt. Auch kleine lokale Mittagsgerichte werden angeboten.

○ MOKAFLOR – FAIR GEHANDELTER KAFFEE

Erlesene Kaffeebohnen aus aller Welt werden seit 1950 in dieser Kaffeerösterei geröstet. Direkte Beziehungen zu Kaffeebauern und Lieferanten garantieren faire Produkte bester Qualität.

○ FORNO PINTUCCI

Die kleine Bäckereikette ist vor allem für die typischen Cantuccini bekannt, die hier noch nach traditionellem Rezept von Hand gebacken werden. Auch Brot und Pizzen kommen täglich frisch aus dem Ofen.

ÜBERNACHTEN

Eco Urban B&B // Die individuell gestalteten Zimmer mit den von lokalen Schreinern aus recyceltem Holz gestalteten Möbeln sorgen für eine wohlige Atmosphäre. Morgens bekommt man ein liebevoll zubereitetes Biofrühstück.

// www.ecourbanbb.com

Hotel Laurus al Duomo // Das 4-Sterne-Hotel im florentinischen Stil befindet sich in unmittelbarer Nähe zur Piazza Duomo. Die Unterkunft hat sich ein klima- und umweltbewusstes Handeln zum Ziel gesetzt und engagiert sich für verschiedene bis 2030 gesteckte Klimaziele.

// www.florencehotellaurusalduomo.com

Il Guelfo Bianco // Die Stärke dieses sonst eher schlichten Hotels ist das reichhaltige Biofrühstück: frische Cornetti (auch vegan) vom nahe gelegenen Bäcker, frische Milch aus der Toskana (oder auch Soja- und Reismilch), Wurst und Käse aus der Region. Auch Allergiker werden bestens umsorgt.

// ilguelfobianco.it

GANZ BEWUSST ERLEBEN

EIN STÜCK FLORENTINISCHE HANDWERKSKUNST LEBEN

Wer hochwertige, von Hand verarbeitete Lederwaren schätzt, der ist in der ältesten Lederschule von Florenz genau richtig. Sie befindet sich hinter der Kirche Santa Croce und wurde nach dem Zweiten Weltkrieg von Franziskanermönchen gegründet, um Waisenkindern ein ordentliches Handwerk beizubringen. Bis heute ist die Schule darauf bedacht, diese großartige Kunst zu erhalten. Nur die Talentiertesten dürfen zartestes Leder in feinster Handarbeit zu Taschen, Geldbörsen, Gürteln, Jacken und weiteren besonderen Stücken verarbeiten. Im kleinen Museum kann man die Geschichte der Lederschule verfolgen und dem ein oder anderen Künstler bei der Verarbeitung über die Schulter schauen.

URBAN ART VON CLET FOTOGRAFIEREN

In vielen Städten sind gewöhnliche Verkehrsschilder hier und da mittlerweile zu kleinen Kunstwerken geworden. Die Hingucker stammen von dem französischen Künstler Clet, der bereits seit etwa 20 Jahren in Florenz lebt und bei den Einheimischen längst für seine außergewöhnliche Urban Art berühmt ist. In Florenz kann man die mit viel Witz und Kreativität und manchmal auch Kritik versehenen Schilder an besonders vielen Ecken bewundern. Man muss nur die Augen offen halten …

CANTUCCINI PROBIEREN

Florenz und seine Umgebung sind für ein süßes Gebäck berühmt: Cantuccini. Das Mandelgebäck wird traditionell mit dem Dessertwein Vin Santo gegessen. Aber auch in den Cappuccino getunkt, schmeckt es herrlich. Einige alteingesessene Bäckereien in Florenz stellen das Gebäck noch nach altbewährtem Rezept und ausschließlich von Hand her.

DURCH DAS »ECHTE« FLORENZ STREIFEN

Wer Florenz richtig erleben will, der sollte unbedingt das Oltrarno, die Gegend jenseits des Arno, erkunden. Vor allem das Viertel San Frediano ist noch weitgehend von den Touristenmassen verschont geblieben. Aber auch Santo Spirito lohnt einen Besuch: Ob Buchbinder, Bildhauer, Schmiede oder Stuckateure – in diesem Handwerkerviertel findet man alles. Viele Künstler lassen sich sogar bei ihrer Arbeit auf die Finger schauen.

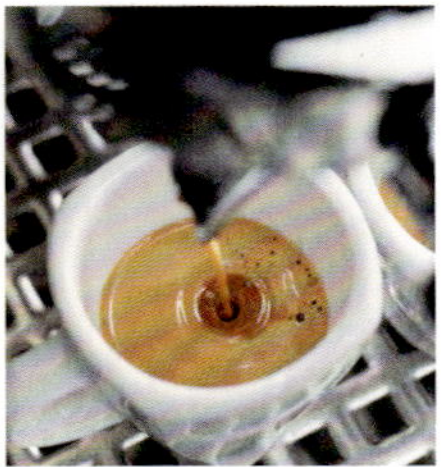

PANORAMA MIT ESPRESSO

Um einen schönen Ausblick über die Dächer der Stadt zu genießen, muss man nicht unbedingt auf die Domkuppel steigen. Unweit der Kathedrale befindet sich die Biblioteca delle Oblate. Vom Café im zweiten Stock aus hat man auch den Dom mit im Blick, und man kann das Panorama ganz in Ruhe, vielleicht auch bei einem Espresso, auf sich wirken lassen.

NI CAELORVM TV ES PETRVS
A FIDES
MVNDO

22 ROM

DOLCE FAR NIENTE IN DER EWIGEN STADT

Bei einem Spaziergang durch diese Stadt wird einem ihr mythischer Begründer Romulus ebenso präsent wie die Kaiser des Römischen Reichs oder die Päpste, die zur Zeit der Renaissance und des Barock in der Hauptstadt der Christenheit auch als weltliche Herrscher residierten. Rom führt wie keine andere Stätte die Entwicklung der europäischen Kultur vor Augen. Dabei hat diese Stadt nichts Museales an sich. Im Schatten der alten Monumente wird gelebt, auf eine mitreißende, »vitale« Weise. Hier gibt es Restaurants, Bars, Theater, von geschäftigem Treiben erfüllte Plätze. Im Naturell der Römer verschmelzen Lebhaftigkeit und Lässigkeit; die Atmosphäre ist stimulierend und entspannend, man wird angeregt und kann sich doch auch treiben lassen. Oder wie Goethe sagte: »Hier trägt einen der Strom fort, sobald man nur das Schifflein bestiegen hat.«

Oben: In Rom »trägt einen der Strom fort, sobald man nur das Schifflein bestiegen hat« (Goethe). Und die Historie ist allgegenwärtig: Die zahlreichen Kirchenkuppeln zeugen von der Macht der Kurie, die vielen archäologischen Fundstätten von der langen und ereignisreichen Geschichte der Ewigen Stadt.

Links: Rom, Stadt der Pilger: Der Petersdom ist die wichtigste Kirche des Christentums.

○ KOLOSSEUM

Das Kolosseum, 72 bis 80 n. Chr. erbaut, hat seinen Namen von einer Kolossalstatue des Kaisers Nero. Einst diente es als Amphitheater für Schaukämpfe von Gladiatoren und Tierhetzen. Es fasste etwa 75 000 Zuschauer, besaß Sonnensegel sowie ein sehr vorbildliches System von Ein- und Ausgängen.

○ FORUM ROMANUM

Hier lag das Zentrum der Stadt und der politische Mittelpunkt des Römischen Reiches. Tempelanlagen und Staatsbauten wie die Kurie für die Senatsversammlungen wurden ergänzt durch Triumphbogen, Rednerbühnen, Hallen für Gerichts- und Geschäftsverkehr sowie Tavernen.

○ KAPITOL

Das religiöse Zentrum des antiken Rom mit dem Tempel des Jupiter Optimus Maximus besitzt eine Platzgestaltung nach Plänen Michelangelos. Der Palazzo Nuovo links und der Konservatorenpalast rechts bergen die Kapitolinischen Sammlungen. Die Reiterstatue von Kaiser Marc Aurel im Zentrum ist eine Kopie.

○ ENGELSBRÜCKE UND ENGELSBURG

Die Engel auf der Brücke tragen die Passionswerkzeuge Christi und wurden nach Entwürfen von Bernini durch dessen Schüler ausgeführt. Die Engelsburg, einst das Grabmal römischer Kaiser von Hadrian bis Caracalla, ist heute ein Museum.

○ PETERSDOM

Die bis 1989 größte Kirche der Welt ist das Zentrum der katholischen Christenheit, aber auch ein überragendes kunstgeschichtliches Monument. Nach Plänen von Bramante und Michelangelo ab 1506 als Zentralbau erbaut, von Maderno und Bernini verlängert und mit Fassade und Platzanlage ausgestattet, birgt

CO_2-FREUNDLICH DURCH DIE STADT

ÖPNV // Die Verkehrsgesellschaft ATAC betreibt zwei U-Bahn-Linien, eine dritte befindet sich im Bau. Außerdem gibt es Straßenbahn und Busse. Mit der Metro erreicht man die wichtigsten Sehenswürdigkeiten. Es gibt 1-, 2-, 3- oder 7-Tagestickets. Mit dem RomaPass kann man die öffentlichen Verkehrsmittel gratis nutzen, zudem hat man freien Eintritt in eine oder mehr Sehenswürdigkeiten (je nach Tickettyp).

Mit dem Fahrrad // Über den Anbieter JUMP kann man an unterschiedlichen Orten in Rom E-Bikes ausleihen. Zum Entsperren und Bezahlen einfach die App herunterladen.

// www.uber.com

der Bau auch im Inneren eine Fülle an Kunstwerken, darunter die Hauptwerke von Bernini und die Pietà Michelangelos. Von der Kuppel aus ergibt sich ein herrlicher Blick auf die Stadt.

○ SANTA MARIA IN TRASTEVERE

Die älteste Marienkirche Roms ist berühmt für ihre Mosaiken. Das Außenmosaik an der Fassade zeigt Maria zwischen Heiligen, im Apsismosaik im Inneren thront sie neben Christus. Die Szenen aus ihrem Leben darunter stammen von Pietro Cavallini (1291). Die Gegend um die Marienkirche ist ein Szeneviertel.

○ CAMPO DE' FIORI

Um das Denkmal für Giordano Bruno, des vom »rechten« Weg abgekommenen Dominikanermönchs, der hier im Jahr 1600 als Ketzer verbrannt wurde, herum findet vormittags einer der größten Märkte Roms statt, und abends herrscht hier buntes Straßenleben.

○ SPANISCHE TREPPE

Über den Hügel Pincio mit schönem Blick auf Rom, vorbei an der Villa Medici mit der Französischen Akademie und der Kirche Santa Trinità dei Monti, gelangt man zur »Treppe aller Treppen« – der Spanischen Treppe mit ihrem organischen Schwung. Um die darunterliegende Piazza di Spagna spielte sich früher das Künstlerleben ab. Von hier aus erschließen sich heute die noblen Einkaufsstraßen um die Via Condotti.

○ FONTANA DI TREVI

Einer der Anziehungspunkte für Touristen ist dieser Schaubrunnen von Nicola Salvi. Gespeist von einer antiken Wasserleitung, zeigt er barocke Fülle nicht nur im Schmuck, sondern auch in der Wasserführung.

○ PANTHEON

Ehemals ein Tempel für alle Götter, verdankt der Bau heute seinen guten Erhalt der Umwandlung in eine Kirche. Ursprünglich unter Augustus errichtet, bekam das Pantheon dann unter Kaiser Hadrian seine berühmte Rundform mit der den Götterhimmel symbolisierenden Kuppel. Die klassische Proportion von 1:1 im Verhältnis zur Zylinderkuppelhöhe (43,20 Meter) verleiht dem Bau Vollkommenheit.

○ PIAZZA NAVONA

Der längsovale Platz über dem Grundriss eines antiken Stadions besitzt drei Brunnen, darunter der die

Links: Das Pantheon gilt als eines der besterhaltendsten Bauwerke der römischen Antike. Hauptattraktion ist die Rotunde, der überwölbte Rundbau mit einer runden Öffnung am höchsten Punkt der Kuppel.

Mitte beherrschende »Vierströmebrunnen« mit den Flüssen Donau, Nil, Ganges und Rio de la Plata von Gianlorenzo Bernini. Dahinter erstrecken sich die barocken Fassaden der Kirche Sant'Agnese in Agone und des Palazzo Pamphili.

○ SAN GIOVANNI IN LATERANO

Die eigentliche Bischofskirche des Papstes ist somit die ranghöchste Kirche der katholischen Christenheit. Sie bewahrt in ihrem Mauerkern noch den frühchristlichen Bau aus Konstantinischer Zeit, geht in ihrer heutigen Form aber auf eine barocke Neugestaltung durch Francesco Borromini und das 19. Jahrhundert zurück.

○ SANTA MARIA MAGGIORE

Die Pilgerkirche geht auf eine Legende zurück, derzufolge im August Schnee auf eine Stelle fiel, auf der ein Gotteshaus errichtet werden sollte. Im Inneren des vor allem im Barock veränderten Baus stammen die Kolonnaden und die Mosaiken an der Hochwand und am Triumphbogen vor dem Chorbereich noch aus der Erbauungszeit ab 432.

○ QUIRINALSPALAST

Der Palast, ursprünglich die päpstliche Sommerresidenz, dann die Residenz der italienischen Könige, ist heute Sitz des italienischen Staatspräsidenten. Den Platz davor schmücken ein ägyptischer Obelisk und die Gruppe der Dioskuren Kastor und Pollux aus den Thermen des Kaisers Konstantin.

NACHHALTIG GENIESSEN

Ditirambo // In dem familiengeführten Restaurant unweit des Campo de' Fiori werden ausgewählte Zutaten zu hervorragenden, teils ausgefallenen Gerichten verarbeitet. Woher Fleisch oder Fisch stammen, ist auf der Speisekarte vermerkt.

// www.ristoranteditirambo.it

Écru Raw Food // Das Café hält eine große Auswahl an innovativen Gerichten bereit, die alle auf Bio-Rohkost basieren. Das hübsche Lokal ist gleichzeitig eine kleine Kunstgalerie mit wechselnden Ausstellungen aus verschiedensten Bereichen.

// www.ecrurawfood.it

Il Margutta // Das gehobene Restaurant liegt in der Nähe der Spanischen Treppe und bietet vegetarische und vegane Speisen an. Alle Zutaten der kreativen Gerichte sind natürlich frisch und aus biologischer Landwirtschaft.

// ilmargutta.bio

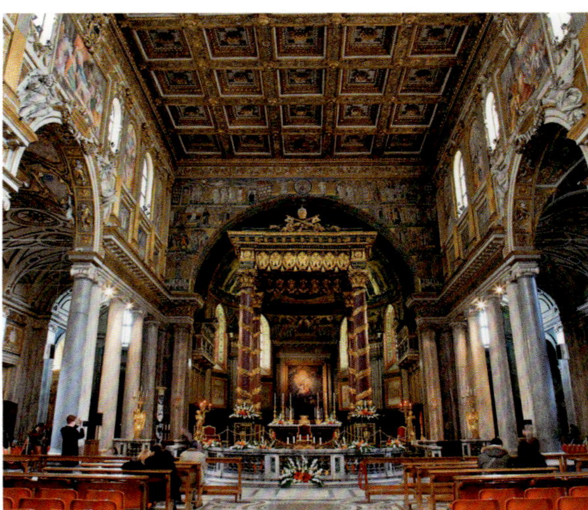

Rechts oben: In die Fontana della Barcaccia auf der Piazza di Spagna setzte Bernini eine halb verfallene Barke – eine Erinnerung an das Tiberhochwasser im Jahr 1598, als der Platz nur mit einem Boot erreicht werden konnte.

Rechts unten: Über die Jahrhunderte wurde der Bau von Santa Maria Maggiore immer wieder ergänzt und verändert, sodass man daran heute fast wie in einem Musterbuch die verschiedenen Kunst- und Architekturstile ablesen kann.

REGIONAL EINKAUFEN

○ MERCATO MONTI

Kreative, Kunsthandwerker und junge Designer stellen hier ihre Waren aus. Viele Künstler verwenden recyceltes Material oder schaffen Kurioses aus alten Gegenständen. Der Markt findet zwischen September und Juni samstags und sonntags von 10 bis 20 Uhr im Konferenzsaal des Grand Hotel Palatino statt.

○ FARMERS MARKET GARBATELLA

Das Konzept dieses Marktes ist »0 km«, gemeint ist die äußerst kurze Distanz von der Produktions- zur Verkaufsstätte. Ob also Obst oder Gemüse, Fleisch oder Käse – hier stammt garantiert alles aus dem unmittelbaren Umkreis.

○ BÜCHERFLOHMARKT NAHE DER ENGELSBURG

Täglich von etwa 10 bis 18 Uhr reihen sich entlang des Tibers in der Nähe der Engelsburg mehrere Bücherstände aneinander, die zum Stöbern und Schmökern einladen. Neben alten Büchern gibt es hier auch alte Filmplakate zu erwerben.

○ ECO & GEA – ETHICAL LIVING

Nachhaltige Kleidung, vegane Schuhe, Naturkosmetik, ökologische Unterwäsche sowie weitere Produkte für den täglichen Bedarf. Alles fair, vegan, frei von Tierversuchen und umweltbewusst.

// Via Pietro Giordani

AUSFLÜGE

○ OSTIA & OSTIA ANTICA

In Roms südwestlichster Region Ostia, 30 Kilometer von der Stadt selbst entfernt, findet sich das Freilichtmuseum Ostia Antica. Tempel, eine Ruinenstadt, mehrstöckige Wohnhäuser und der Friedhof sind zum Teil gut erhalten. Man sollte auch seine Badesachen einpacken: Unweit erholen sich die Römer gern am Strand von Ostia.

Ostia Antica, der Handels- und Kriegshafen des antiken Rom, entstand im 4. und 3. vorchristlichen Jahrhundert. Dass diese Stadt über Jahrhunderte hinweg florierte, zeigen die Ausgrabungsstätten: Es gab prächtige Häuser, Märkte, Bäder, Tavernen und ein Theater.

ÜBERNACHTEN

Ecohotel Roma // Von Grün umgeben, ist es kaum zu glauben, dass sich dieses Hotel nur wenige Kilometer außerhalb des Stadtzentrums befindet. Die Unterkunft bietet die idealen Voraussetzungen, um vom hektischen Stadtleben zu entspannen. Ein bewusster Umgang mit der Umwelt und erneuerbaren Energien in allen Bereichen liegen dem Hotel am Herzen.

// www.roccofortehotels.com

Hotel Raphael // Das mit Efeu umrankte 5-Sterne-Biohotel verwöhnt seine Gäste mit einer spektakulären Lage unweit der Piazza Navona, gepflegten Zimmern und vor allem mit kreativen Speisen aus erstklassigen Zutaten. Einzigartige Kunstwerke, die die Lobby und die weiteren Räumlichkeiten schmücken, versprühen nicht nur für Kunstliebhaber eine besondere Atmosphäre. Ein weiterer Höhepunkt ist die romantische Dachterrasse. Wer hier speist, bekommt nur Vegetarisches serviert.

// www.raphaelhotel.com

GANZ BEWUSST ERLEBEN

SICH IN COPPEDÈ VERZAUBERN LASSEN

Im Südosten der Stadt zeigt sich das sonst überlaufene Rom von einer ganz anderen Seite. Hier stehen regelrechte Juwelen der Jugendstilarchitektur. Verziert mit Gesimsen, Voluten, barocken Figuren und Malereien oder mit Türmchen, kleinen Fenstern und schrägen Dächern, scheinen die Gebäude und Wohnhäuser einem Märchen entsprungen. Sie wurden zwischen 1913 und 1926 vom florentinischen Architekten Gino Coppedè entworfen. Das ruhige Viertel erreicht man durch einen von Coppedè gestalteten Torbogen.

DURCH DAS AUTHENTISCHE TESTACCIO STREIFEN

Das einstige Arbeiterviertel ist noch weitgehend unentdeckt geblieben. Hier lohnt sich ein gemütlicher Spaziergang durch die Straßen oder ein Besuch auf dem täglichen Markt, wo man unter Einheimischen lokale Produkte kaufen kann. Im ehemaligen Schlachthof gibt es zudem Kunst und Kultur zu bewundern.

BEI SORA LELLA ESSEN GEHEN

Römischer geht es kaum. Seit 1960 ist diese auf der Tiberinsel gelegene, familiär geführte Trattoria eine römische Institution. Sora Lella (Elena Fabrizi), die die Trattoria einst mit ihrem Ehemann eröffnete, ist über ihren Tod hinaus zudem eine Schauspiellegende geblieben. Die Trattoria wird heute von drei Enkeln in ihrem Namen geführt. Die Gerichte sind typisch römisch, gekocht wird nur mit ausgewählten Zutaten aus der Gegend.

STREETART IN TOR MARANCIA BESTAUNEN

Etwas außerhalb des Stadtzentrums kann man in einer Art kostenlosem Freilichtmuseum grandiose Streetart bewundern. Im Zuge des sozialen Projekts »Big City Life Tor Marancia« bekamen Streetart-Künstler aus aller Welt die Möglichkeit, die Hauswände im Wohnblock zu verschönern.

SONNENUNTERGANG AUF DEM GIANICOLO

Seine geschichtliche Bedeutung, seine Denkmäler und botanischen Schätze sind vergessen, wenn man vom Hügel auf die Stadt schaut. Nirgends hat man einen besseren Blick auf Vatikan, antike Ruinen und die Palazzi.

RIJEKA

LIEBLICHE KÜSTENSTADT AN DER NÖRDLICHEN ADRIA

Rijeka ist die drittgrößte kroatische Stadt nach Zagreb und Split und das kulturelle und wirtschaftliche Zentrum der Kvarner-Region. Insbesondere der Hafen hat für den Ort eine große Bedeutung. Hier verkehren gewaltige Containerschiffe ebenso wie zahlreiche Fähren. Daneben gibt es sämtliche Institutionen, die Rijeka ein großstädtisches Flair verleihen: eine Kathedrale, eine Universität, ein Theater, eine schöne Uferpromenade mit herrschaftlichen Palazzi sowie eine quirlige Altstadt mit guten Einkaufsmöglichkeiten. Und auch einige schöne Badeplätze gibt es hier. Die älteste Kirche Rijekas ist Mariä Himmelfahrt aus dem 12. Jahrhundert. Ihre Besonderheit ist ihr schiefer Glockenturm, der von den Einwohnern auch gern der »schiefe Turm von Rijeka« genannt wird.

○ KATHEDRALE DES HEILIGEN VEIT

Der heilige Veit ist der Schutzpatron der Stadt Rijeka. Nach dem Vorbild der venezianischen Santa Maria della Salute bauten die Jesuiten die runde Barockkirche mit der säulengetragenen Kuppel ab 1638. Heute ist sie die Einzige dieser Art in ganz Kroatien und das geistliche Zentrum der Stadt. Im Gotteshaus wird ein kostbares gotisches Kruzifix aufbewahrt sowie ein Stein, den ein zorniger Mann auf dieses Kruzifix geworfen haben soll, weil er beim Glücksspiel verloren hatte. Weil der Gekreuzigte daraufhin begonnen habe zu bluten, wird das Kruzifix von den Gläubigen als wundertätig verehrt. Sehenswert ist auch die Sammlung von Sakralkunst in der Galerie im oberen Teil der Kirche.

○ ALTSTADT

Die Kathedrale erhebt sich oberhalb der kleinen, aber malerischen Altstadt von Rijeka, in der römische Fundamente, mittelalterliche Häuser und die barocken Bauten der Habsburger-Ära ein harmonisches Ensemble bilden. Der Korzo, auf dem die Rijeker abends gerne promenieren, wird von zahlreichen Geschäften und Cafés sowie vom auffälligen Stadtturm, dem ursprünglichen Zugang zur Altstadt, gesäumt.

○ RÖMISCHES TOR

Der verwitterte Stein des römischen Tors wirkt wie ein Fremdkörper in der Altstadtgasse Stara Vrata: Der steinerne Bogen ist das älteste Bauwerk in Rijeka und stammt aus dem vierten Jahrhundert. Früher spannte er sich über den Eingang zum Zentrum der römischen Stadt Tarsatika, auf deren Überresten Rijeka heute steht.

○ KATHEDRALE MARIÄ HIMMELFAHRT

Im ersten Jahrhundert stand hier eine römische Therme. Die ersten Christen dieser Region bauten diese im 5. und 6. Jahrhundert in Gebetsräume um. Später wurde der Bau erweitert, bis er seine heutige Gestalt als Barockkirche bekam. Bekannt ist die Kathedrale wegen des Glockenturms: Der »schiefe Turm von Rijeka« hat eine deutliche Neigung.

○ FESTUNG VON TRSAT

Wer einen fantastischen Blick über die Stadt nicht verpassen möchte, überquert Richtung Osten den Fluss Rječina und marschiert bergauf: In über 500 Stufen führt der alte Pilgerweg auf die Anhöhe von Trsat. Dort kann man nicht nur einen wunderbaren Blick genießen, sondern neben der Festung auch den ältesten Marien-Wallfahrtsort Kroatiens besichtigen,

Links: Der barocke Stadtturm von Rijeka verfügt über ein großes Ziffernblatt und ein Kuppeldach. Bereits im 17. Jahrhundert errichtet, dominiert er auch heute noch die Fußgängerzone.

Rechts: Trsat ist eine Anhöhe und mittelalterliche Festung in Rijeka auf 138 Metern über dem Meeresspiegel. Der Ort, der zudem als ältester Marienwallfahrtsort Kroatiens gilt, bietet herrliche Ausblicke über die Küstenstadt.

CO_2-FREUNDLICH DURCH DIE STADT

ÖPNV // Stadtbusse verkehren im 15-Minuten-Takt durch das Stadtgebiet von Rijeka, größtenteils werden sie mit natürlichem Druckgas betrieben. Ein Ticket ist immer für zwei Fahrten gültig, an Zeitungskiosken gibt es auch Tagestickets.

Zu Fuß // Alle wichtigen Sehenswürdigkeiten und die schönsten Ecken der Stadt sind zu Fuß am besten zu erreichen. Außerdem kann man so die Stadt richtig auf sich wirken lassen.

Mit dem Fahrrad // In der Stadt gibt es mehrere Geschäfte, die Fahrräder verleihen. Ein Bikesharing-System ist in Planung.

die Kirche der Muttergottes von Trsat. 2003 besuchte Papst Johannes Paul II. die Wallfahrtskirche. Die Anfänge der Festung selbst gehen noch auf die Römerzeit zurück: Der Name Trsat leitet sich von Tarsatika ab, der römischen Vorgängerstadt.

○ GOUVERNEURSPALAST

Der Palast, erbaut im Jahr 1892, war früher Sitz des Gesandten der Habsburger Monarchie. Seit 1961 befinden sich hier zwei Museen: Das Historische Museum zeigt eine umfangreiche Möbel-, Uhren- und Porträtsammlung von der Renaissance bis zum Historismus. Das Marinemuseum bietet einen Überblick über die kroatische Seefahrtsgeschichte.

○ KAPUZINERKIRCHE

Die imposante neogotische Kapuzinerkirche Maria von Lourdes fällt schon von Weitem auf: Weiß-braun leuchtet die mit Ornamenten geschmückte Fassade. Der Innenraum überrascht durch seine Helligkeit und bietet einen sehr passenden Rahmen für die sehenswerten Malereien des kroatischen Künstlers Romulo Venucci.

○ JADRANPALAST

Der Palast ist ein Symbol für Rijekas Seefahrt: Vier Barockskulpturen, die die Hauptberufe der Seeleute darstellen, wachen hoch oben am Eingang über das Gebäude. Heute ist der Palast Sitz der kroati-

Oben: Dass Rijeka Europäische Kulturhauptstadt 2020 ist, fällt bereits vom Meer aus auf: Majestätische Paläste aus der österreichisch-ungarischen Monarchie säumen würdevoll den Hafen.

Links: Seit 1982 feiert Rijeka jährlich einen der größten und buntesten Karnevals in ganz Kroatien. Jedes Jahr kommen dafür rund 120 000 Maskierte in der Stadt zum Feiern zusammen.

schen Reederei Jadrolinija. Der große Jadranplatz davor mit seinen hübschen Springbrunnen geht direkt in die Haupteinkaufsstraße von Rijeka über, den berühmten Korzo.

○ MUSEUM FÜR MODERNE UND ZEITGENÖSSISCHE KUNST

Wechselnde Ausstellungen zeigen Werke von Künstlern aus dem 19., 20. und 21. Jahrhundert: Skulpturen, Gemälde, Fotografien, Poster, aber auch Kunstinstallationen. Unbekannten, jungen Nachwuchskünstlern gibt das Museum zudem die Chance, hier ihre Werke einer größeren Öffentlichkeit zu präsentieren.

○ STADTTURM

Der markante Stadtturm »Gradski Toranj«, 1750 erbaut, ist ein wichtiges Wahrzeichen der Stadt. Er zeigt das Wappen der Habsburger und die eingemeißelten Gesichter der österreichischen Kaiser Leopold I. und Karl VI: Ihnen verdankt die Stadt ihre Freihafenrechte und eine freie Wirtschaftspolitik. Sogar die alte Uhr stammt aus Österreich: Sie tickte einst im Jahr 1873 auf der Weltausstellung in Wien.

○ MOLO LONGO

So nennt der Volksmund den über 1700 Meter langen Wellenbrecher des Haupthafenbeckens. Von hier aus eröffnet sich ein wunderschöner Blick auf die Uferpromenade von Rijeka. Wer hier entlangflaniert, kann dabei unzählige Schiffe beim An- und Ablegen beobachten, denn Rijeka hat den größten Hafen Kroatiens.

NACHHALTIG GENIESSEN

Konoba Fiume // Im Hafen ganz in der Nähe des Fischmarkts liegt dieses kleine familiäre Fischrestaurant, in dem man von Scampi über Muscheln bis hin zu den typischen Riesenscampi aus der Kvarner Bucht alles fangfrisch genießen darf. Reservierung empfohlen!
// Ul. Vatroslava Lisinskog 12

Priroda i društvo // Die Saft- und Salatbar ist vor allem für ihre große Auswahl an Säften bekannt, die alle aus frischen Früchten zubereitet werden. Die Zutaten enthalten keine Zusatz- oder Konservierungsstoffe.
// www.prirodaidrustvo.com

Tifan Company // Das vegetarische Bistro hält auch vegane Varianten bereit. Auf Verpackungsmaterialen wie Plastik oder Styropor wird gänzlich verzichtet.
// www.tifan.hr

Rica // In dieser Konditorei kann man sicher sein, dass alles von Hand gebacken wird. Das Besondere an den Leckereien: Sie sind glutenfrei. Denn Rica hat sich das Wohlbefinden von Menschen mit Zöliakie zum Ziel gesetzt.
// www.rica.hr

Rechts oben: Nicht verpassen sollte man einen Besuch von Trsat. Der Ort über der Stadt bietet wundervolle Ausblicke über Rijeka und die Kvarner Bucht.

Rechts unten: Majestätisch streckt sich das gelb gestrichene Gemäuer des Stadttores in den blauen Himmel.

○ NATIONALTHEATER

Das Architektengespann Ferdinand Fellner und Hermann Helmer errichtete zahlreiche Theater in den Städten der Donaumonarchie; auch das Kroatische Nationaltheater Ivan Zajc in Rijeka ist ein Werk der beiden. Allerdings waren sie in diesem Fall nur mit der Modernisierung eines älteren Baus beauftragt. Am 3. Oktober 1885 wurde das Theater nach zwei Jahren Bauzeit feierlich mit Verdis »Aida« eröffnet. In Ausstattung und Architektur ähnelt es anderen Schaubühnen des Habsburger Reiches; man sagt, Gustav Klimt sei an der Deckenbemalung des Zuschauerraums beteiligt gewesen. Benannt ist das Theater nach dem kroatischen Komponisten Ivan Zajc.

Erbaut im 18. Jahrhundert, wurde das Nationaltheater 1883 von den Wiener Architekten Hermann Helmer und Ferdinand Fellner modernisiert. Der Neorenaissancebau mit seinem zweistöckigem Portikus zieht auch heute noch alle Blicke auf sich.

○ MARKTHALLEN

Schräg gegenüber vom Theater entstanden um dieselbe Zeit von dessen Erbauung die beiden historischen Markthallen von Rijeka: In den Morgenstunden bieten hier Obst- und Gemüsehändler, Fleischer, Fischverkäufer frische regionale Waren feil.

REGIONAL EINKAUFEN

○ CRO DESIGN STUDIO

Wer nach dem Besonderen sucht, wird im Cro Design Studio fündig: 20 kroatische Designer verkaufen in dieser Boutique ihre Eigenkreationen.

○ CROATIA IN A BOX

Originell gestaltete Geschenkboxen in allerlei Farben, Mustern und Formen enthalten traditionelle Andenken und Spezialitäten. Mit dem Projekt sollen kleine lokale Hersteller unterstützt werden.

// croatiainabox.com

○ ŠPAJZA

Der »Zero Waste Store« bietet viele Produkte an: von Lebensmitteln über frisches Obst und Gemüse, Öl, Essig und Süßigkeiten bis hin zu Naturkosmetik.

// Ul. Erazma Barčića 11

○ VINTAGE GATEWAY

Selbst Geschneidertes, Gebrauchtes und Neues gibt es in dem kleinen Laden – alles im Vintage-Stil.

ÜBERNACHTEN

Dharma Hostel // Das sehr gepflegte Hostel befindet sich im Osten von Rijeka nur etwa 300 Meter vom Meer entfernt. Eine Bushaltestelle befindet sich in etwa 200 Meter Entfernung, von hier gelangt man in rund zehn Minuten in die Innenstadt. Zum Konzept des Hotels gehört es, Körper, Geist und Seele in Einklang zu bringen. Im Angebot sind Yoga, Meditation und Ayurveda-Workshops sowie vegetarische Kochkurse.

// www.dharmahostels.com

Hotel Continental // Seit über 100 Jahren begrüßt das wohl älteste Hotel in Rijeka seine Gäste. Der historische Hotelbau wurde 1888 fertiggestellt und ist auch nach seiner Renovierung im Jahr 2008 ein herrschaftliches Gebäude geblieben. Von 65 Zimmern und 4 Suiten genießen die Hotelgäste einen schönen Blick auf die Stadt sowie auf den Fluss Rječina. Alle Sehenswürdigkeiten sind bequem zu Fuß erreichbar.

// www.jadran-hoteli.hr/ unterkunft/hotel-47

GANZ BEWUSST ERLEBEN

EINEN TYPISCHEN MARKTSAMSTAG VERBRINGEN

Der wunderschöne Hauptplatz mit den drei Markthallen im Jugendstil bildet die Kulisse für den samstäglichen Markt. In den Markthallen werden Fleisch, Fisch und Milchprodukte verkauft, um das Gebäude herum reiht sich ein Obst- und Gemüsestand an den anderen, außerdem gibt es einen kleinen Blumenmarkt. Samstags kommt beinahe ganz Rijeka hier zusammen, um die Produkte aus der Region zu erwerben, aber auch um zu sehen und gesehen zu werden, um Freunde und Bekannte zu treffen. Nach dem Einkauf sollte man es den Einheimischen gleichtun und noch gemütlich in einem der Restaurants oder Cafés am Hafen sitzen und den Marktbesuch gemütlich – oder auch geschäftig – ausklingen lassen.

DIE NATUR ISTRIENS UND DER ADRIA KENNENLERNEN

Die Pflanzen- und Tierwelt aus der Region der Kvarner Bucht und Istriens sowie die geologische Geschichte der Adria sind Thema der Ausstellungen im Naturkundlichen Museum Rijeka. Die Besucher haben außerdem Zugang zu dem sehenswerten Botanischen Garten, in dem über 100 einheimische Pflanzenarten zu finden sind, sowie zum Aquarium, in dem Besucher die Tiervielfalt der Region kennenlernen dürfen.

ABSTECHER ZUM STRAND

Rijeka wird umrahmt von zahlreichen kleinen Stränden. Mehrere von ihnen, zum Beispiel Sablićevo oder Brajdica im Osten der Stadt, sind bequem zu Fuß zu erreichen, andere wiederum sind nur eine kurze Busfahrt Richtung Westen entfernt, wie Bivio, Skalete oder die Kostanj-Bucht. Freuen darf man sich auf kleine Buchten mit türkisblauem Wasser.

ZU FUSS IN DIE NATUR

Vom Zentrum der Stadt aus gelangt man an schöne Fleckchen und eindrucksvolle Aussichtspunkte der unmittelbaren Umgebung. Steigt man beispielsweise die über 500 Treppenstufen nach Trsat zur Burg hinauf, wird man mit einem unvergesslichen Blick auf die Kvarner Bucht belohnt. Auch der knapp zwei Kilometer lange Pier Molo Longo ermöglicht einen ausgiebigen Spaziergang mit Blick auf die Stadt, die Adria und Opatja.

MIT DEM RAD RUND UM RIJEKA

Ein Netz aus unterschiedlichen Radwegen erstreckt sich rund um Rijeka und verbindet einzigartige Landschaften und sehenswerte Orte der Umgebung. Die individuell kombinierbaren Routen führen über den sogenannten Ring von Rijeka durch die Orte Kastav, Klana, Viškovo, Jelenje, Čavle, Baker, Kostrena und Kraljevica.

24 ZAGREB

UNENTDECKTES KLEINOD: KROATIENS HAUPTSTADT

Oben: Die schmucke Hauptstadt Kroatiens präsentiert sich bei Sonnenuntergang von ihrer schönsten Seite und setzt ihre markanten Türme des Stephansdoms sowie der St.-Markus-Kirche gekonnt in Szene.

Links: Das Steintor ist ein besonderer Ort für die Zagreber. Der Legende nach soll ein Marienbild, das sich im alten Stadttor befand, auf wundersame Weise ein großes Feuer im Jahr 1731 unbeschadet überstanden haben. Seitdem wird das Tor täglich mit Blumen geschmückt. Das Reiterstandbild vor dem Tor stellt den heiligen Georg dar, der einst einen Drachen getötet und die Menschheit vor dem Bösen gerettet haben soll.

Mit knapp 800 000 Einwohnern ist Zagreb die größte Stadt Kroatiens, zugleich die wichtigste Industriestadt und das wirtschaftliche und kulturelle Zentrum des Landes. Es ist seit der kroatischen Unabhängigkeitserklärung 1991 Regierungssitz sowie katholischer und orthodoxer Erzbischofssitz. Prächtige Paläste, Barockkirchen und bunte Dächer kennzeichnen neben Parks und Grünflächen das Stadtbild. Ein Großteil der Stadt verteilt sich über die zwei Hügel Gradec (Oberstadt) und Kaptol (Bischofsstadt). Die früher hier bestehenden selbstständigen Siedlungen sind längst zusammengewachsen und bilden heute die Oberstadt (Gornji Grad) mit dem Stadtteil Kaptol. Hier findet man neben dem höchsten Gebäude Zagrebs, der Kathedrale, unter anderem ein Museum für naive Kunst und den romantischen Friedhof Mirogoj. Unterhalb liegt die moderne Unterstadt (Donji Grad).

○ KATHEDRALE

Heute heißt der frühere Stephansdom (Katedrala Svetog Stjepana) Kathedrale Mariä Himmelfahrt. Dementsprechend ziert den Platz vor der Kirche ein großer Madonnenbrunnen mit Mariensäule und vier strahlenden goldenen Engeln. Die auffälligen, 104 und 105 Meter hohen Doppeltürme, die die gesamte Oberstadt überragen, wie auch große Teile der Fassadengestaltung verdankt die Kathedrale dem Wiener Architekten deutscher Herkunft Hermann Bollé (1845–1926). Er baute das bei einem Erdbeben 1880 stark beschädigte Gotteshaus im neugotischen Stil wieder auf. Bei dieser Umgestaltung verbannte er zahlreiche barocke Kostbarkeiten in die Schatzkammer.

○ ST.-MARKUS-KIRCHE

Das Blau-Rot-Weiß des ehemaligen Wappens des Königreichs Kroatien, Slawonien und Dalmatien ruht neben dem Weiß-Rot des – heute ebenfalls geänderten – Stadtwappens Zagrebs. Die St.-Markus-Kirche besticht jedoch nicht nur durch ihre farbenfrohe Dacheindeckung, sondern auch durch die zahlreichen Statuen in ihrem Innenraum. Das Südportal schufen Prager Künstler im 14. Jahrhundert. Der Heilig-Kreuz-Altar der Kirche wurde seit Generationen besonders verehrt; alle Fürsten Kroatiens beteten hier, bevor sie zu Feldzügen aufbrachen. Im Inneren fällt außerdem das monumentale Kruzifix im Chor ins Auge, das der kroatische Bildhauer Ivan Meštrovic (1883–1962) geschaffen hat. Links und rechts umrahmte es der Künstler mit einer Pietà und einer Jungfrau mit Kind.

○ STROSSMAYER-PROMENADE

Am Rand des Stadthügels Gradec folgt die Strossmayer-Promenade dem Verlauf des früheren südlichen Befestigungsrings, der Anfang des 18. Jahrhunderts abgetragen wurde. Der Weg bietet einen hinreißenden Blick über die Dächer und die verschlungenen

CO_2-FREUNDLICH DURCH DIE STADT

Zu Fuß // Die wichtigsten Sehenswürdigkeiten liegen zwischen Unter- und Oberstadt und lassen sich gut zu Fuß verbinden. In der historischen Altstadt laden kleine Gassen und Fußgängerzonen zum Schlendern ein.

ÖPNV // Das Verkehrsunternehmen ZET betreibt Straßenbahnen, Busse und die Zahnradbahn von der Unter- in die Oberstadt. Neben Einzelfahrscheinen gibt es Tages-, Dreitages- oder Wochenkarten. Mit der Zagreb Card fährt man gratis.

Mit dem Fahrrad // An mehreren Orten stehen Fahrräder der Firma Next-Bike zum Verleih bereit.

Links: Seit 1893 erleichtert die Uspinjača, die Standseilbahn, den steilen Weg von der Unter- in die Oberstadt. Mit nur 66 Metern Länge überwindet sie zwischen der Straße Ilica und der Strossmayerovo šetalište 33 Höhenmeter und zählt damit zu den kürzesten und steilsten Standseilbahnen der Welt. Bereits 1934 lief die Bahn, die ursprünglich von einer Dampfmaschine angetrieben wurde, mit einem Elektromotor. Seit der Einweihung Ende des 19. Jahrhunderts hat sich an Waggons und Streckenführung kaum etwas geändert. Von der Bahn aus kann man auch einen Blick auf den berühmten LotršcakTurm erhaschen.

Gassen der Unterstadt und führt dabei an schmucken bunten Häusern vorbei. Die Promenade wurde im Jahr 1812 angelegt und später nach dem Bischof, Politiker und Kunstförderer Josip Juraj Strossmayer benannt. Auf einer der Parkbänke zwischen den Kastanien der malerischen Allee sitzt eine Statue des kroatischen Schriftstellers Antun Gustav Matoš (1873 bis 1914) und lädt dazu ein, Platz zu nehmen. Geschaffen wurde die Figur 1978 von dem international renommierten kroatischen Künstler Ivan Kožaric (geb. 1921).

○ STEINTOR

Das Tor Kamenita vrata am Ostrand von Gradac ist das einzige erhaltene Stadttor der Oberstadt. Als große Teile von Gradac bei einer Feuersbrunst 1731 zerstört wurden, blieben der mittelalterliche Stadteingang ebenso wie ein darin aufbewahrtes Marienbild wie durch ein Wunder nahezu unversehrt. Der Muttergottes errichteten die Gläubigen eine Andachtsstätte im Tor, die bis heute von Pilgern aufgesucht wird – die Votivgaben und Kerzen darin sind Zeugnisse der tiefen Volksfrömmigkeit. Die elegante Skulptur in einer Nische rechts des Tores stellt Dora Krupic dar, eine berühmte literarische Figur des Schriftstellers August Šenoa. Vom Steintor führt eine schmale Gasse steil hinunter zu einer der lebhaftesten Straßen des historischen Zagreb, der Tkalčićeva ulica. Sie verläuft entlang der Senke zwischen Grabac und Kaptol hinunter in die Unterstadt.

○ NATIONALTHEATER

Das Schauspielhaus errichtete das Wiener Architekturbüro von Ferdinand Fellner und Hermann Helmer 1895 in bewährter neoklassizistischer Bauweise. Ähnliche Theater desselben Architektenteams stehen in vielen anderen Städten des ehemaligen Habsburgerreiches, wie z. B. in Wiesbaden und Zürich. Sehenswert ist das üppig neubarock dekorierte Innere mit seinen Stuckgirlanden und dem imposanten Bühnenvorhang. Namhafte Künstler, die hier auftraten, waren Sarah Bernhardt, Franz Liszt und Richard Strauss. Als erster Intendant fungierte der bekannte Komponist Ivan Zajc. Den Platz davor gestaltete Ivan Meštrovic mit einem anrührend dekorierten Brunnen, der den Namen »Geschichte der Menschheit« trägt.

○ TOMISLAV-PLATZ

Mehr Park als Platz, ist der von neoklassizistischen Bauten eingerahmte Trg kralja Tomislava ein belieb-

Rechts oben: Hinter der im Renaissance-Stil errichteten Fassade des Museums für Kunst und Handwerk befinden sich rund 3000 Exponate der angewandten Kunst.

Rechts unten: Im Zentrum Zagrebs befindet sich der Hauptbahnhof, der 1890 unter Anleitung des österreich-ungarischen Architekten Ferenc Pfaff errichtet wurde.

ter Treffpunkt der Zagreber Jugend, die hier im Schatten alter Bäume ihre Mittagspause oder den schulfreien Nachmittag vertrödelt. Benannt ist der Platz nach Kroatiens erstem König Tomislav, der im 10. Jahrhundert das kroatische Territorium gegen die Ungarn verteidigte, die kleinen Fürstentümer zu einem Königreich einte und dafür 925 auch vom Papst als rechtmäßiger Herrscher anerkannt wurde. Sein monumentales Reiterdenkmal schuf Robert Frangeš Mihanovic 1938. Die zweite Attraktion am Tomislav-Platz ist der Umjetnički Paviljon (Kunstpavillon) der Zagreber Secessions-Architekten.

○ MIMARA-MUSEUM

Der repräsentative Neorenaissencebau beherbergt die Sammlung des kroatischen Malers und Kunsthändlers Ante Topic Mimara (1898–1987). Über dessen Leben und Wirken ist kaum etwas bekannt; umso überraschender ist die hohe Qualität der Sammlung, die er der Stadt Zagreb vermachte. Darunter befinden sich Werke von Rembrandt, Diego Velázquez, William Turner und Eugène Delacroix oder zumindest Arbeiten aus deren Werkstätten. Kunstkenner vermuten, dass Mimara nach dem Zweiten Weltkrieg günstig in den Besitz von Kunstwerken gelangte, die von den Nationalsozialisten beschlagnahmt und enteignet worden waren.

NACHHALTIG GENIESSEN

Simple Green // Seit 2016 bietet Jelena in ihrem kleinen Café vegane und rohe Kost an. Außerdem beliefert sie Firmen und Büros zum Mittagessen und kocht auf Wunsch bei Hochzeiten und anderen Feierlichkeiten.

// www.simplegreenbyjelena.com

Green Point // Die besonderen Spezialitäten dieses vegetarischen Cafés sind das Frühstück und die veganen Hanfburger.

// Varšavska ul. 10

Zrno Bio Bistro // Im Herzen von Zagreb liegt dieses kleine Bistro. Täglich wird es von der gleichnamigen eigenen Farm, der ältesten Biofarm Kroatiens, mit frischem Brot, Tofu und Gemüse beliefert. Hier bekommt man alles frei von chemischen Inhaltsstoffen und Pestiziden. Man hat die Qual der Wahl zwischen kleinen Gerichten, Bowls, frischen Säften, süßen Torten und Kuchen. Natürlich gibt es auch glutenfreie Speisen.

// zrnobiobistro.hr

○ STROSSMAYER-GALERIE

1884 wurde das Kunstmuseum auf Initiative des damaligen Bischofs von Đakovo eröffnet. Die ersten Sammlungen umfassten dabei primär Meisterwerke der venezianischen und florentinischen Rennaissance. Heute bietet sich den Besuchern ein größerer Rahmen, sowohl zeitlich als auch räumlich, präsentiert werden – aufgeteilt in italienische, französische und nordeuropäische (deutsche, flämische sowie dänische) Kunstwerke vom 14. bis zum 19. Jahrhundert.

REGIONAL EINKAUFEN

○ AROMATICNI KUTAK

Hier findet man Naturkosmetik von A bis Z: Haar-, Körper- und Gesichtspflege sowie ätherische Öle ausschließlich mit biologischen Inhaltsstoffen.

// Preradovićeva ul. 34

○ CAHUN

Seit 1935 wird hier – bereits in dritter Generation – jeder einzelne Hut von Hand hergestellt. Hochwertige Materialien und verschiedenste Formen und Farben kommen dabei zum Einsatz.

// Vlaška ul. 59

○ DOLAC-MARKT

Auf dem wohl bekanntesten der 23 Märkte Zagrebs lassen sich Obst und Gemüse, Fisch und Meeresfrüchte erwerben und nebenbei auch noch kroatische Lebensart erleben. Wer den Markt nicht gleich findet, hält nach dem Meer aus roten Schirmen Ausschau.

○ TAKE ME HOME

Der kleine Laden verkauft ausschließlich in Kroatien gefertigte Produkte. Die Auswahl reicht von Souvenirs und Schmuck über Geschirr und selbst genähte Stofftiere, Taschen und Kissen bis hin zu Kosmetika.

// takemehome.hr

○ KOZA

In sorgfältiger Handarbeit fertigt der Familienbetrieb Taschen, Geldbörsen und weitere Unikate aus weichstem Leder. Alle Materialien stammen aus Kroatien.

// Basaričekova ul. 18

○ PETRAS ATELIER

Einladende Mischung aus Atelier und Kunstladen – vor allem wegen des Schmucks, den Petra aus verschiedensten Materialien zaubert.

// Ul. Ignjata Đordića 6

○ MÄRKTE AUF DEM BRITANAC

Gebrauchte Möbel und Antiquitäten findet man hier jeden Sonntag; jede Woche donnerstags wird ein Bücherflohmarkt abgehalten.

Der Dolac-Markt in der Stadtmitte erteilt sich über zwei Ebenen: Oben bieten offene Marktstände Obst und Gemüse an und darunter die Markthalle Fleisch, Käse und Brot.

ÜBERNACHTEN

International Hotel Zagreb // Die günstig gelegene Unterkunft erhielt als eines der ersten Hotels in Kroatien den Titel »sustainable hotel«. Das Hotelrestaurant wurde außerdem für sein koscheres Essen ausgezeichnet.

// www.hotel-international.hr

Best Western Premier Hotel Astoria // Das Hotel bietet geräumige Zimmer im Herzen der Stadt. Alle wichtigen Sehenswürdigkeiten sind fußläufig zu erreichen. Das Hotel wurde aufgrund seines Einsatzes für Müllreduzierung, Recycling und Energiesparmaßnahmen als nachhaltiges Hotel ausgezeichnet.

// www.hotelastoria.hr

Panorama Hotel Zagreb // Das höchste Hotel Zagrebs setzt auf Energieeffizienz, CO_2-Reduktion und einen geringen Wasserverbrauch. Vom Hotel genießt man nicht nur einen Panoramablick auf die Stadt, sondern auch auf das Medvednica-Gebirge.

// www.panorama-zagreb.com

GANZ BEWUSST ERLEBEN

DURCH DEN BOTANISCHEN GARTEN SCHLENDERN

Die Ende des 19. Jahrhunderts gepflanzte Grünanlage beherbergt hübsche Blumenbeete, Teiche, einen französischen Barockgarten und neben vielen europäischen auch zahlreiche Pflanzenarten von anderen Kontinenten, insbesondere aus Asien. Nach einem Besichtigungstag in der Stadt bietet sich die ruhige Oase für eine Pause im Grünen an, für alle ist Platz genug auf dem 50 000 Quadratmeter umfassenden Gelände. Nach zehn Jahren der Planung wurde der Botanische Garten 1889 eröffnet, die Initiative gab Bohuslav Jiruš, Professor für Botanik an der Universität Zagreb. Heute ist der Garten als Sonderabteilung mit der Universität verbunden.

MUSEUM FÜR KUNSTHANDWERK UND GEWERBE

Von Möbeln über Instrumente bis zur Buchdruckkunst – im Museum für Kunsthandwerk und Gewerbe erhält man einen umfassenden Einblick in Kroatiens Kunsthandwerk abseits der Massenindustrie. Besucher dürfen sich über Möbel, Maler- und Metallarbeiten, Bildhauerei, Uhren, Photographie, Musikinstrumente, Elfenbeinarbeiten, Druckereierzeugnisse, bemalte und bedruckte Lederarbeiten freuen.

SPAZIERGANG DURCH DAS GRÜNE HUFEISEN

Sieben Plätze und Parkanlagen bilden mitten in der Stadt ein Hufeisen. Der verwunschen anmutende Zrinjevac zählt zu den romantischsten unter ihnen, der König-Tomislav-Platz verwandelt sich im Winter in einen Eispark für Schlittschuhläufer. Bei einem ausgiebigen Spaziergang durch das »Grüne Hufeisen« lassen sich die bekannten Sehenswürdigkeiten der Unterstadt miteinander verbinden.

ZWISCHEN GESCHICHTE UND GEGENWART IM GRIČ-TUNNEL

Im Stadtteil Grič verbindet ein unterirdischer Tunnel über eine Länge von etwa 350 Metern die Straßen Mesnička and Radićeva. Ursprünglich im Jahr 1943 zum Schutz vor Bombardierungen entstanden, wurde er ab den 1990er-Jahren anderweitig genutzt. Die erste Rave-Party fand hier statt, außerdem verleiht der Gang unter der Oberstadt Ausstellungen und Präsentationen immer wieder einen besonderen Rahmen. Von Einheimischen wird der Tunnel gern als Abkürzung oder während des heißen Sommers als kühler Durchgang genutzt.

BESONDERE FRIEDHOFSARCHITEKTUR BESTAUNEN

Der Mirogoi-Friedhof, größter Friedhof Kroatiens und gleichzeitig eine architektonische Besonderheit, liegt an den Ausläufern des Medvednica-Gebirges und ist mit den öffentlichen Verkehrsmitteln gut zu erreichen. Er entstand bereits 1876 nach Plänen des österreichischen Architekten Hermann Bollé, der hier neben berühmten Zeitgenossen beigesetzt ist. Bekannte kroatische Bildhauer und Künstler trugen zum architektonischen Glanz des Friedhofs bei. Bemerkenswert ist außerdem, dass hier Personen jüdischen, römisch-katholischen, orthodoxen und muslimischen Glaubens nebeneinander begraben liegen.

REGISTER

BILDNACHWEIS

C = Corbis, G = Getty, M = Mauritius
Cover: Look/age (Wien), Look/Arthur F. Selbach (Zürich), Look/age (Bahnhof Dresden), Look/robertharding (Budapest), Look/G. Bayerl (Berlin), Look/Brigitte Merz (Bratislava), Look/robertharding (Amsterdam), Look/Markus Hertrich (Tretroller, Hamburg), Look/ClickAlps (Zug, Schweiz), Look/age (Züge, Paris), Look/age (Zug, Deutschland), Look/age (Warschau), Look/Helge Bias (Fahrrad, Hamburg), Look/ClickAlps (Rom).
S. 2-3 G/Didier Marti, S. 4-5 Look/Arthur F. Selbach, S. 6-7 M/Alamy, S. 8 M/Michael Zegers, S. 9 Look/Blend Images, S. 10 M/William Perugini, S. 10 Look/Helge Bias, S. 11 Look/Robertharding, S. 12-013 G/Pure.passion.photography, S. 15 Look/Natalie Kriwy, S. 15 G/Max Bailen, S. 16 G/Jorg Greuel, S. 17 G/Martin Deja, S. 18 H. & D. Zielske, S. 18 M/Werner Dieterich, S. 18 Look/Arnt Haug, S. 19 Look/Helge Bias, S. 21 G/Peter Bischoff, S. 21 M/Ingo Boelter, S. 21 G/Bloomberg, S. 21 M/Axel Schmies, S. 21 G/Bloomberg, S. 21 M/Torsten Krüger, S. 22 M/Thomas Robbin, S. 23 Look/age, S. 24 H. & D. Zielske, S. 24 H. & D. Zielske, S. 24 M/Reinhard Eisele, S. 25 M/Alamy, S. 26 Look/Olaf Jainz, S. 27 M/Klaus-Gerhard Dumrath, S. 27 H. & D. Zielske, S. 27 M/Hans P. Szyszka, S. 27 M/Movementway, S. 27 M/Thomas Robbin, S. 27 M/Alamy, S. 28 G/Fhm, S. 30 Look/Natalie Kriwy, S. 30 H. & D. Zielske, S. 30 G/Klug photo, S. 31 H. & D. Zielske, S. 33 G/Patstock, S. 33 Look/Heinz Wohner, S. 33 M/Alamy, S. 33 Look/Konrad Wothe, S. 33 Look/Heinz Wohner, S. 33 G/Chris Stein, S. 34 M/Thomas Born, S. 35 M/Hans Zaglitsch, S. 36 M/Torsten Krüger, S. 36 M/Torsten Krüger, S. 37 Look/Heinz Wohner, S. 38 M/Imagebroker, S. 39 Look/Jan Greune, S. 39 G/izusek, S. 39 G /Pierre Aden, S. 39 Look/Thomas Grundner, S. 39 Look/Ulf Böttcher, S. 40 G/Thomas Roche, S. 41 M/Denis Debadier, S. 41 M/Alamy, S. 42 G/Balipadma, S. 42 G/De La Riva, S. 42 M/Alamy, S. 42 M/Alamy, S. 43 M/Christian Kober, S. 44 M/Alamy, S. 45 M/Walter Bibikow, S. 45 G/Andrea Rapisarda, S. 45 M/Alamy, S. 45 M/Alamy, S. 45 C/Andy Rouse, S. 46 G/Aleksandar Georgiev, S. 47 G/Roberto Moiola, S. 47 G/Alexander Spatari, S. 48 M/Christian Bäck, S. 48 M/P. Widmann, S. 49 G/Sergio Pitamitz, S. 49 M/Chris Seba, S. 50 M/Alamy, S. 51 G/Atlantide Phototravel, S. 51 G/Gerard Puigmal, S. 51 G/Johner Images, S. 51 G/Murat Taner, S. 51 M/Alamy, S. 51 M/Alamy, S. 52 M/Alamy, S. 53 M/A. Tamboly, S. 54 M/Alamy, S. 54 G/Holger Mette, S. 55 M/Alamy, S. 55 G/John Freeman, S. 56 G/Eugenio Marongiu, S. 56 G/Secablue, S. 57 M/Denis Debadier, S. 57 M/Alamy, S. 57 M/Alamy, S. 57 M/Kachel Katarzyna, S. 57 M/Alamy, S. 59 G/Frédéric Collin, S. 60 G/Daniela Ferraz, S. 61 G/Daniel Bellinghausen, S. 62 Look/Sabine Lubenow, S. 62 G/We-Ge, S. 63 G/Lukas Bischoff, S. 65 M/Barbara Boensch, S. 65 Look/Travel Collection, S. 65 M/Walter G. Allgöwer, S. 65 G/Patrik Stollarz, S. 65 M/Alamy, S. 65 M/Alamy, S. 65 M/United Archives, S. 66 Look/Günther Bayerl, S. 69 Naturkundemuseum Kassel/Peter Mansfeld, S. 69 GRIMMWELT Kassel/Nikolaus Frank, S. 69 GRIMMWELT Kassel/Nikolaus Frank, S. 69 G/Thomas Lohnes, S. 69 M/Stephan Rech, S. 69 M/Alamy, S. 70 Look/Arthur F. Selbach, S. 73 G/Hybrid Images, S. 73 G/Ralf Blechschmidt, S. 73 M/Konrad Wothe, S. 73 M/Imagebroker, S. 73 M/Travel Collection, S. 73 M/Alamy, S. 74 M/Alamy, S. 75 M/Alamy, S. 75 C/Frans Lemmens, S. 76 G/Sami Sert, S. 76 M/Alamy, S. 76 G/Greg Gibb, S. 76 G/Louise Heusinkveld, S. 77 G/Dennisvdw, S. 78 G/Leit Wolf, S. 79 M/Alamy, S. 79 G/Jean-Pierre Lescourret, S. 79 G/John Greim, S. 79 G/Leonid Andronov, S. 79 G/Frans Lemmens, S. 79 Look/Rainer Mirau, S. 80 Look/Helge Bias, S. 81 M/Alamy, S. 82 G/NurPhoto, S. 82 G/Franswillemblok, S. 83 M/Alamy, S. 84 Look/Robertharding, S. 85 M/Alamy, S. 85 G/Circle Eyes, S. 85 M/Alamy, S. 85 M/Alamy, S. 85 M/Alamy, S. 86 G/Ventura Carmona, S. 87 M/Alamy, S. 87 G/Werner Dieterich, S. 88 M/Alamy, S. 88 G/Photonaj, S. 89 M/Alamy, S. 89 M/Alamy, S. 90 M/Alamy, S. 91 Look/Holger Leue, S. 91 M/Jo Kirchherr, S. 91 M/Alamy, S. 91 A/Danita Delimont, S. 91 M/Alamy, S. 91 M/Alamy, S. 91 G/Siraanamwong, S. 92 G/Massimo Borchi, S. 93 G/Tomas Sereda, S. 94 G/Jared I. Lenz, S. 94 G/L. Toshio Kishiyama, S. 94 G/Adisa, S. 94 Look/Photononstop, S. 95 M/Dreamtours, S. 97 M/Alamy, S. 97 G/Summerphotos, S. 97 M/Alamy, S. 97 G/Dimarik, S. 97 M/Alamy, S. 98 G/Dado Daniela, S. 99 M/Hans-Peter Merten, S. 100 M/Mel Stuart, S. 100 G/Mel Stuart, S. 100 M/Heinz-Dieter Falkenstein, S. 100 G/Franz-Marc Frei, S. 102 M/Alamy, S. 103 M/BY, S. 103 G/YuriyS, S. 103 M/Alamy, S. 103 M/Alamy, S. 103 Look/Foto Herzig, S. 103 M/Werner Dieterich, S. 104 G/Joe Daniel Price, S. 105 C/Alan Copson, S. 106 G/Slawek Staszczuk, S. 106 Look/Franz Marc Frei, S. 107 G/Sergio Amiti, S. 108 M/Peter Phipp, S. 109 M/Dosfotos, S. 109 G/Bob Ingelhart, S. 109 G/Zakir Hossain Chowdhury, S. 109 G/Peter Phipp, S. 109 H. & D. Zielske, S. 109 G/Pawel Libera, S. 110 Look/Marion Beckhäuser, S. 111 Look/Hemis, S. 112 G/eLuVe, S. 112 Look/Photononstop, S. 113 Look/Franz Marc Frei, S. 114 M/Alamy, S. 115 Look/Photononstop, S. 115 G/De La Riva, S. 115 G/Jim Sugar, S. 115 M/Alamy, S. 115 M/Alamy, S. 115 G/Don Arnold, S. 116 Look/Travelstock44, S. 118 Look/Hemis, S. 119 Look/age, S. 119 G/Jens M., S. 119 M/Werner Otto, S. 119 G/Cameron, S. 119 M/Foodcollection, S. 119 M/Alamy, S. 119 M/Alamy, S. 120 M/STOCK4B-RF, S. 123 M/Rene Mattes, S. 123 G/Jon Boyes, S. 123 G/Meinzahn, S. 123 G/Alleko, S. 123 M/Alamy, S. 125 Look/Robertharding, S. 125 Look/age, S. 126 Look/Sabine Lubenow, S. 127 M/Peter Schickert, S. 128 M/Alamy, S. 128 Look/Bernhard Limberger, S. 129 Look/Sabine Lubenow, S. 129 Look/Travelstock44, S. 130 M/Alamy, S. 131 M/Alamy, S. 131 H. & D. Zielske, S. 131 G/Nikolay Tsuguliev, S. 131 M/Alamy, S. 131 M/Jürgen Henkelmann, S. 131 M/Alamy, S. 132 M/Pure.Passion.Photography, S. 133 H. & D. Zielske, S. 134 Look/Ulf Böttcher, S. 134 M/Alamy, S. 134 M/Werner Dieterich, S. 135 M/Alamy, S. 137 Look/Ulf Böttcher, S. 137 Look/Ulf Böttcher, S. 137 Look/Ulf Böttcher, S. 137 M/Torsten Elger, S. 137 Look/, S. 138 H. & D. Zielske, S. 139 M/Günter Gräfenhain, S. 140 M/Alamy, S. 140 Look/age, S. 140 H. & D. Zielske, S. 141 H. & D. Zielske, S. 143 M/Alamy, S. 143 G/Sean Gallup, S. 143 H. & D. Zielske, S. 143 M/Torsten Becker, S. 143 M/Chris Seba, S. 143 M/Ernst Wrba, S. 144 M/Alamy, S. 145 M/Slawek Staszczuk, S. 146 M/Slawek Staszczuk, S. 147 G/Maria Swärd, S. 147 M/Alamy, S. 147 G/Michal Piwowarski, S. 147 G/Marek Rabiasz, S. 147 G/Volha Halkouskaya, S. 147 G/Bob Douglas, S. 147 M/Alamy, S. 148 Look/age, S. 151 G/Anandoart, S. 151 G/Travel and Still life, S. 151 G/Kateryna Levchenko, S. 151 G/Arkadiusz Warguła, S. 151 G/Gkordus, S. 151 G/CCat82, S. 151 G/Karp85, S. 152 Look/age, S. 153 M/Alamy, S. 154 M/Alamy, S. 154 Look/age, S. 154 M/Alamy, S. 154 M/Eduardo Grund, S. 154 G/Flickr RF, S. 155 G/Jacek Kadaj, S. 156 G/Ewg3D, S. 157 M/Alamy, S. 157 M/Alamy, S. 157 G/Anna Dudek, S. 157 M/Alamy, S. 157 M/Alamy, S. 157 M/Alamy, S. 158 M/Mikolaj Gospodarek, S. 160 M/Alamy, S. 161 M/Werner Otto, S. 161 M/Imagebroker, S. 161 G/Efenzi, S. 161 M/Roland T. Frank, S. 161 M/Jacek Sopotnicki, S. 162 G/Kirill Rudenko, S. 163 M/John Warburton-Lee, S. 164 M/Alamy, S. 164 M/Alamy, S. 165 G/Radomir Hofman, S. 166 G/Roberto Cattini, S. 167 M/Günter Lenz, S. 167 M/Alamy, S. 167 G/Fabio, S. 167 G/Marek Kijevsky, S. 167 G/Mychadre77, S. 167 G/Tamara Volodina, S. 168 G/Harald Nachtmann, S. 168 M/Alamy, S. 169 M/Alamy, S. 171 M/Alamy, S. 171 M/Alamy, S. 171 M/Alamy, S. 171 G/Nikada, S. 171 M/Carlo Morucchio, S. 171 G/Robert B. Fishman, S. 171 M/Manfred Mehlig, S. 173 Look/Travelstock44, S. 174 G/Werner Dieterich, S. 176 STD GmbH, S. 176 G/Karlheinz Irlmeier, S. 177 G/Nedomacki, S. 178 G/Jones Etien, S. 179 Look/Florian Werner, S. 179 G/Werner Dieterich, S. 179 Look/Franz Marc Frei, S. 179 M/Alamy, S. 179 G/DAStagg, S. 179 G/Jean-Pierre Lescourret, S. 180 Look/Thomas Peter Widmann, S. 181 H. & D. Zielske, S. 181 M/Stefan Kiefer, S. 182 G/StGrafix, S. 182 G/Val Thoermer, S. 183 Look/Travel Collection, S. 185 G/SolStock, S. 185 G/Norbert Eisele-Hein, S. 185 G/Dougal Waters, S. 185 M/Imagebroker, S. 185 G/Fritz Malaman, S. 185 Look/Heinz Wohner, S. 186 A/ValmyImages, S. 187 M/Bernd Wittelsbach, S. 188 M/Martin Siepmann, S. 188 Look/Don Fuchs, S. 189 Look/Andreas Strauß, S. 191 G/Nabih a Dahhan, S. 191 G/Walter Bibikow, S. 191 M/Nabiha Dahhan, S. 191 M/Alamy, S. 191 M/Nabiha Dahhan, S. 191 M/Karl-Heinz Spremberg, S. 191 G/omersukrugoksu, S. 192 G/Iain Masterton, S. 193 M/Markus Lange, S. 193 M/Werner Otto, S. 194 M/Markus Lange, S. 194 G/Rudy Balasko, S. 194 G/Juergen Sack, S. 195 G/Meinzahn, S. 197 M/Edith Laue, S. 197 M/Volker

Preusser, S. 197 M/Hartmut Röder, S. 197 M/Udo Siebig, S. 197 G/AFP, S. 197 M/Werner Otto, S. 198 Look/Daniel Schoenen, S. 199 Look/Daniel Schoenen, S. 200 M/Alamy, S. 200 G/Werner Dieterich, S. 200 Look/Daniel Schoenen, S. 200 C/Blaine Harrington III, S. 201 Look/Walter Schmitz, S. 203 G/Hans-Peter Merten, S. 203 G/Gonzalo Azumendi, S. 203 M/Siepmann, S. 203 M/Daniel Schoenen, S. 203 Look/Daniel Schoenen, S. 203 Thomas Rees, S. 204 M/Rene Mattes, S. 205 G/Henryk Sadura, S. 205 Look/Daniel Schoenen, S. 206 M/Udo Bernhart, S. 206 Look/Daniel Schoenen, S. 206 M/R. Ian Lloyd, S. 206 G/Christian Kober, S. 207 Look/Ingolf Pompe, S. 209 G/Harold Cunningham, S. 209 M/Imagebroker, S. 209 M/Christian Beutler, S. 209 G/Mariha Kitchen, S. 209 Look/Daniel Schoenen, S. 209 Look/Travelstock44, S. 210 G/Zorazhuang, S. 212 M/Imagebroker, S. 212 M/Alamy, S. 213 M/Werner Dieterich, S. 214 Look/Arthur F. Selbach, S. 215 G/Alxpin, S. 215 M/Alamy, S. 215 M/Chromorange, S. 215 G/Heinz Baumann, S. 215 Look/GourmetPictureGuide, S. 215 M/Alamy, S. 215 Look/Arthur F. Selbach, S. 215 M/Alamy, S. 215 M/Alamy, S. 216 G/Bastian Bodyl, S. 217 G/Greg Dale, S. 219 M/United Archives, S. 219 M/Martina Raedlein, S. 219 G/Markus Ullius, S. 219 M/Gerard Guittot, S. 219 M/Gerth Roland, S. 219 Wikimedia Commons/Paebi - https://creativecommons.org/licenses/by-sa/3.0/ - https://de.wikipedia.org/wiki/B%C3%A4renloch_(Chur)#/media/Datei:Chur_B%C3%A4renloch02.JPG, S. 220 M/Alamy, S. 221 M/Alamy, S. 222 M/Raga, S. 223 M/Alamy, S. 223 M/Carlos Sanchez Pereyra, S. 224 G/Henryk Sadura, S. 225 M/Klaus Neuner, S. 225 M/Carlos S-nchez Pereyra, S. 225 M/Peter Lehner, S. 225 G/Tom Merton, S. 226 M/Udo Siebig, S. 227 C/Douglas Pearson, S. 228 M/FB-Schulz, S. 228 M/Martin Siepmann, S. 229 M/Martin Moxter, S. 230 C/Peter Adams, S. 231 M/Karl F. Schöfmann, S. 231 M/Foodcollection, S. 231 G/Bob Krist, S. 231 M/Alamy, S. 231 M/Alamy, S. 231 G/Chan Srithaweeporn, S. 232 G/Ken Scicluna, S. 233 Look/Travel Collection, S. 234 Look/Ernst Wrba, S. 234 M/Martin Siepmann, S. 235 Look/Andreas Straufl, S. 237 M/Alfred Schauhuber, S. 237 M/Alamy, S. 237 G/StockImages_AT, S. 237 M/Klaus Bossemeyer, S. 237 M/Alamy, S. 238 G/Stellalevi, S. 239 Look/Ingolf Pompe, S. 240 M/Alamy, S. 241 M/Wilfried Wirth, S. 242 M/Blickwinkel, S. 243 C/Bob Krist, S. 243 M/Alamy, S. 243 M/Westend61, S. 243 M/Alamy, S. 243 M/Ernst Wrba, S. 243 Look/Rainer Mirau, S. 243 M/Alamy, S. 244 M/Alamy, S. 245 Look/age, S. 246 M/Martin Siepmann, S. 247 M/Alamy, S. 247 G/Xbrchx, S. 249 G/Massimiliano Tuveri, S. 249 M/Alamy, S. 249 M/Alamy, S. 249 M/Alamy, S. 249 M/Alamy, S. 249 M/Alamy, S. 249 M/Alamy, S. 250 Look/ClickAlps, S. 251 M/Michael Abid, S. 252 Look/Thomas Stankiewicz, S. 252 Look/Brigitte Merz, S. 252 Look/Brigitte Merz, S. 252 Look/Brigitte Merz, S. 254 M/Volker Preusser, S. 255 M/Werner Dieterich, S. 255 M/Alamy, S. 255 G/Katarzyna Bialasiewicz, S. 255 M/Arno Images, S. 255 M/Alamy, S. 255 M/Alamy, S. 256 G/Domingo Leiva Nicolas, S. 257 M/age, S. 258 Look/Brigitte Merz, S. 259 M/Alamy, S. 260 M/Photononstop, S. 261 M/Alamy, S. 261 M/Alamy, S. 261 M/Alamy, S. 261 M/Alamy, S. 261 Look/Travel Collection, S. 261 Look/Travel Collection, S. 261 M/Stefan Kiefer, S. 261 M/Alamy, S. 262 M/age, S. 263 G/Helmuth Rier, S. 265 M/Lisa und Wilfried Bahnmüller, S. 265 G/Johannes86, S. 265 M/Go-images, S. 265 Look/Helmuth Rier, S. 265 Look/Helmuth Rier, S. 265 Look/Helmuth Rier, S. 266 Look/age, S. 267 Look/Ingolf Pompe, S. 268 G/Victor Virgile, S. 269 M/Marco Brivio, S. 269 M/Alamy, S. 271 Look/Ingolf Pompe, S. 271 G/Timofey Kuznetsov, S. 271 M/Alamy, S. 271 M/Hans-Peter Merten, S. 271 G/Radomir Rezny, S. 271 M/Marc Chapeaux, S. 272 Look/ClickAlps, S. 273 G/Hiroshi Higuchi, S. 275 Look/Arnt Haug, S. 275 G/Altrendo travel, S. 275 Look/age, S. 275 M/Michele Rossetti, S. 275 G/Lisovskaya Natalia, S. 276 G/Matteo Colombo, S. 277 H. & D. Zielske, S. 278 G/Federica Baldo, S. 279 G/Picavet, S. 279 M/Hwo, S. 281 M/Stefano Paterna, S. 281 M/Alamy, S. 281 G/Abstract Aerial Art, S. 281 M/Julian Birbrajer, S. 281 G/Elena Dijour, S. 281 G/Alessandro Cristiano, S. 281 Look/Holger Leue, S. 282 M/Inti St Clair, S. 285 M/Arno Images, S. 285 M/Alamy, S. 285 M/Alamy, S. 285 G/Emya Photography, S. 285 G/Anna Pekunova, S. 286 Look/Isabela Pacini, S. 287 M/Alamy, S. 288 G/Anna Pakutina, S. 288 G/Givaga, S. 288 C/Atlantide Phototravel, S. 289 Look/Juergen Richter, S. 290 M/Alamy, S. 291 G/Atlantide Phototravel, S. 291 M/Alamy, S. 291 M/Christian Vorhofer, S. 291 M/Alamy, S. 291 G/Alessandro0770, S. 291 M/Adam Eastland, S. 292 C/Ken Kaminesky, S. 293 C/Maurizio Rellini, S. 294 Look/age, S. 295 C/Sylvain Sonnet, S. 295 Look/age fotostock, S. 296 M/Alamy, S. 297 M/Alamy, S. 297 M/Pino Pacifico, S. 297 M/Angelo Calvino, S. 297 M/Alamy, S. 297 M/Alamy, S. 297 G/Paolo Toffanin, S. 297 G/JurgaR S. 298 G/Xbrchx, S. 299 M/Alamy, S. 300 M/Alamy, S. 300 M/Alamy, S. 300 M/Alamy, S. 301 M/Alamy, S. 301 M/Alamy, S. 302 M/Alamy, S. 303 G/Wolfgang Weinhäupl, S. 303 G/Jean-Francois, S. 303 M/Alamy, S. 303 M/Alamy, S. 303 M/Alamy, S. 303 M/Bruno Kickner, S. 303 M/Alamy, S. 304 G/Xbrchx, S. 305 Look/Robertharding, S. 306 G/Xbrchx S. 306 M/Alamy, S. 307 G/Flocu, S. 307 G/The Walker, S. 308 M/Alamy, S. 309 M/Alamy, S. 309 M/Alamy, S. 309 M/Alamy, S. 309 Look/age, S. 309 M/Alamy,

IMPRESSUM

MAIRDUMONT GmbH & Co. KG, Ostfildern
St.-Cajetan-Straße 41 | 81669 München
Telefon +49.89.45 80 20-0
www.kunth-verlag.de
info@kunth-verlag.de
2. Auflage

Printed in Slovakia

Texte: Anna Eckerl, Kerstin Majewski, Julia Schott, Annika Voigt
Redaktion: Jennifer Valentin // Gestaltung: Ulrike Lang